"博学而笃志,切问而近思。"
(《论语》)

博晓古今,可立一家之说;
学贯中西,或成经国之才。

复旦博学·复旦博学·复旦博学·复旦博学·复旦博学·复旦博学

主编简介

江伟，中国人民大学法学院教授，博士生导师。当代著名法学家，新中国民事诉讼法学奠基人之一。兼任中国法学会民事诉讼法学研究会名誉会长；最高人民检察院专家咨询委员会委员。为北京师范大学、西南政法大学等高等院校的特聘教授或客座教授。

独著：《探索与构建》《民事诉讼法》等书。主编：《民事诉讼法》（国家级规划教材）、《证据法学》（全国高等自学考试指定教材）、《民事诉讼法典专家修改建议稿及立法理由》等。在《中国社会科学》《中国人民大学学报》《中国法学》《法学研究》《法学家》和《日本国际商事法务》等报刊上，发表诸多有重大影响的学术论文。

曾获全国高校人文社会科学研究成果二等奖、教育部全国高等学校优秀教材一等奖、司法部优秀教材与优秀法学成果二等奖等国家级和省部级奖励。

执行主编简介

邵明，法学博士；中国人民大学法学院教授，博士生导师；教育部重点研究基地中国人民大学民商事法律研究中心专职研究员。教育部学位中心专家、北京电视台科教节目中心特约法学专家、首都高级法学法律人才库专家等。

独著：《民事诉讼法学》《正当程序中的实现真实》《现代民事诉讼基础理论》《现代民事之诉与争讼程序法理》等。参撰《中国大百科全书·法学卷》。合著《民事诉讼法》（国家级规划教材）和《民事诉讼法》（教育部"马工程"教材）等。发表《论诉的利益》《论民事诉讼程序参与原则》《论民事诉讼安定性原理》等论文。

博学·法学系列

民事诉讼法

（第三版）

江 伟 主编
邵 明 执行主编

复旦大学出版社

内容提要

民事诉讼法学是关于民事诉讼正当程序和国家治理的学科，其体系构成是：总论（正当程序原理和民事诉讼基本理论等）；总则（基本原则、审判基本制度、法院管辖、当事人、诉讼费用和及时救济等）；证明（由谁负责提供证据证明案件事实）；程序（审判程序和执行程序及涉外程序和司法协助）。

全书内容全面、结构合理、论述严谨，是法学专业本科生精品教材。本书第三版根据我国2010年6月～2016年7月颁行和修正的法律法规和司法解释，进行修正；根据新近研究成果和实务经验，进行修正。

本书作者分工（以撰写章节先后为序）

江伟（中国人民大学法学院，法学教授）：第一章；

邵明（中国人民大学法学院，法学教授）：前言、第一～三章、第七章、第九章、第十九～二十一章；

胡亚球（苏州大学法学院，法学教授）：第四章、第五章（第一～四节）、第六章；

章武生（复旦大学法学院，法学教授）：第五章第五节、第十三～十五章；

蔡虹（中南财经政法大学，法学教授）：第八章、第十二章、第十六～十八章、第二十二章、第二十三章；

涂书田（南昌大学法学院，法学教授）：第十章、第十一章；

武胜建（华东政法大学，法学教授）：第十九～二十一章；

王景琦（最高人民检察院干部，法学博士）：第二十四章。

全书由邵明统稿。恭请读者指正！

第三版前言

本书第三版根据我国2010年6月～2016年7月颁行或修正的法律法规和司法解释,进行修正;根据新近研究成果和实务经验,进行修正。

《中共中央关于全面推进依法治国若干重大问题的决定》(2014年)明确提出:"法律是治国之重器,良法是善治之前提。"

在现代法治社会,国家治理的正常途径是"法律治理"(或称"依法治国"),其基本方式有二:(1)一般性治理,主要是通过立法制定法律规则;(2)具体性治理,主要是通过司法解决具体纠纷保护权益。民事诉讼作为法律治理系统中不可或缺的重要组成部分,其主要治理方式是具体性治理。

"大道至简。"按照规律治理国家社会,如同"治水理玉",因水之性而"治水",顺璞之文而"理玉"。"民如水。"以司法来"保民",如同"治水",其法为"疏",这既是治理之道,又是诉讼之理(故起诉条件不得严格而滥诉要件却须严格)。

民事诉讼法学是关于民事诉讼正当程序的学科,是关于国家治理和社会治理的学科,所以应当从国家治理和社会治理的层面,研习和适用民事诉讼法理。

尚须说明的是,本书末尾没有列出参考文献,而是放在正文脚注中。

第二版前言

本书第二版根据我国2002年以来颁行或修正的法律法规和司法解释,作出了相应修正;根据新近的研究成果和实务经验,做出了深度修正;根据读者特别是学生的建议,做出了适度修正。

有两条建言,仅供参考:(1)遵循荀子所言。荀子云:"不知法之义而正法之数者,虽博,临事必乱。"西方古老法谚亦云:"法律需要理解而非阅读。"因此,应当根据现代法治精神和正当程序保障来理解民事诉讼法(学)。(2)学习治理之道。现代国家治理和社会治理的正当途径是"法律治理",司法或诉讼则为法律治理系统的重要组成部分。因此,应当在国家治理、社会治理和法律治理的框架内来学习民事诉讼法(学)。

中国人民大学法学院学生周文、董静、赵静、朱永、蒙国文、徐俊、邓媛斐、张学永、王磊、黄筱筱、傅珊、吴园妹、曹媛媛、陈骁、韩香、初杭等提出了诸多修正意见,多被采纳。特表感谢!

第一版前言

通过本教材的写作,我们试图做到:一是向读者传递有关民事诉讼的比较系统的知识;二是传播正当程序保障的价值和法的精神(秩序、正义和自由等),以及民事诉讼制度所应蕴涵的人文精神;三是培养人们(尤其是法律家)的法律思维方式。

民事诉讼法学,作为一门专门性的法学学科,首先表现为一种专门知识系统,即基于民事诉讼制度及其运行而产生的专门的概念、命题和民事诉讼原则,以及将它们按照一定的逻辑原理有机地组合成民事诉讼理论体系;作为一门应用性学科,理应与民事诉讼法律规范保持一定的协同性,具有指导民事诉讼实践的功能,时刻关注社会对民事诉讼的反应、评价和期望。据此,本教材一方面致力于揭示民事诉讼制度的法理基础,比较系统地阐释民事诉讼法学的基本理论;另一方面较为系统深入地解说和评析我国现行民事诉讼制度,评述我国民事诉讼领域中的实践理性及其对我国民事诉讼制度的影响,并就我国民事诉讼在立法论与解释论方面提供参考性意见。

本教材有意从宪法的角度和民事诉讼法与民事实体法的联结点上来阐述和探讨民事诉讼问题。在法治社会,宪法具有最高权威地位,民事诉讼的立法及运作理所当然地遵行宪法,是对宪法的具体实践,在这个意义上,可以称民事诉讼法是"被适用的宪法"。如今,民事诉讼法的宪法化已呈现出一种普遍化的趋势,那么如何从宪法的角度来考察民事诉讼(法)问题,在民事诉讼(法)领域如何充分实践宪法的精神、原则和规范?这是我们所必须认真对待的问题。同时,由于民事诉讼是民事实体法和民事诉讼法共同作用的"场",摆正民事诉讼(法)与民事实体法的关系是合理建构我国民事诉讼法律制度和理论体系的必要前提之一,所以从民事实体法和民事诉讼法的联结点来阐述和探讨民事诉讼问题,则是本教材写作的另一个基点。

我们尝试运用多种方法来阐释和探究民事诉讼问题。然而,作为一本教材,我们还是首先着眼于对我国现行民事诉讼制度的阐释,即采用了法条主义(或概念法学)的方法。其次我们还致力于运用比较分析方法,但是限于篇幅,主要是就制度规范层面进行比较,很少就我国与其他国家和地区民事诉讼制度产生和运作的具体环境作比较分析。总体上说,我国民事诉讼法学主要关注民事诉讼法律制度本身的建设和完善,而很少探究民事诉讼法律制度与整个社会的发展和变革之间所产生的相互影响,所以本书虽然将主要精力集中于阐释民事诉讼规范,但是也适当地运用"实然"性的法社会学研究方法,期望通过实证性材料和一般命题之间的相互验证来加深对民事诉讼的认识和理解。

在本教材的写作上,对于争议性问题,主要介绍有关的观点及其根据,同时也阐明我们自己的观点及其根据。之所以这样做,是因为我们不愿将自己的观点灌输或强加于读者,尊重读者的思想自由。在资料的采用方面,本教材运用了我国和外国最新的立法和实务资料,尽量吸收新近的研究成果。

在此,我们诚挚地希望读者提出宝贵意见!

规范文件略语

《决定》：《中共中央关于全面推进依法治国若干重大问题的决定》（2014年）
《民诉法》：《中华人民共和国民事诉讼法》（2012年修正）
《解释》：《最高人民法院关于适用〈中华人民共和国民事诉讼法〉的解释》（法释〔2015〕5号）
《案由规定》：《民事案件案由规定》（法发〔2011〕41号）
《费用办法》：《国务院诉讼费用交纳办法》（2006年）
《登记立案》：《最高人民法院关于人民法院登记立案若干问题的规定》（法释〔2015〕8号）
《环境公益诉讼》：《最高人民法院关于审理环境民事公益诉讼案件适用法律若干问题的解释》（法释〔2015〕1号）
《证据规定》：《最高人民法院关于民事诉讼证据的若干规定》（法释〔2001〕33号）（注：最高人民法院正在起草有关民事诉讼证据的新解释）
《执行规定》：《最高人民法院关于人民法院执行工作若干问题的规定（试行）》（法释〔1998〕15号）
《执行解释》：《最高人民法院关于适用〈中华人民共和国民事诉讼法〉执行程序若干问题的解释》（法释〔2008〕13号）
《执行立案结案》：《最高人民法院关于执行案件立案、结案若干问题的意见》（法发〔2014〕26号）
《执行异议复议》：《最高人民法院关于人民法院办理执行异议和复议案件若干问题的规定》（法释〔2015〕10号）
《执行期限》：《最高人民法院关于人民法院办理执行案件若干期限的规定》（2006年）
《制裁规避执行》：《最高人民法院关于依法制裁规避执行行为的若干意见》（法释〔2011〕195号）

目 录

第一编 总 论

第一章 多元化民事纠纷解决机制 ... 3
  第一节 民事纠纷的类型和可诉性 ... 3
  第二节 自力救济：自决与和解 ... 5
  第三节 社会救济：调解与仲裁 ... 6
  第四节 公力救济：行政裁决与民事诉讼 ... 9

第二章 民事诉讼法 ... 12
  第一节 理解民事诉讼法 ... 12
  第二节 民事诉讼规范 ... 14
  第三节 对妨害民事诉讼的强制措施 ... 15

第三章 正当程序与民事诉讼基本理论 ... 19
  第一节 正当程序、司法规律与基本理论 ... 19
  第二节 民事诉讼"基石"理论：目的与价值 ... 21
  第三节 民事诉讼"客体"和"启动"理论：诉与诉讼标的和诉权 ... 25
  第四节 民事诉讼"过程"理论：诉讼安定与关系和行为 ... 36
  第五节 民事诉讼"终结"理论：既判力 ... 40

第二编 总 则

第四章 民事诉讼基本原则 ... 47
  第一节 民事诉讼基本原则概述 ... 47
  第二节 我国民事诉讼基本原则 ... 50

第五章 民事审判基本制度 ... 60
  第一节 合议制与人民陪审制 ... 60
  第二节 回避制 ... 63
  第三节 公开审判制 ... 65

第四节　两审终审制 ·· 67

第六章　法院民事主管与管辖
　　第一节　民事主管与管辖原理 ·· 70
　　第二节　级别管辖 ·· 74
　　第三节　地域管辖 ·· 76
　　第四节　裁定管辖 ·· 81
　　第五节　管辖权异议 ·· 83

第七章　诉讼当事人
　　第一节　当事人概念和诉讼权利义务 ···································· 87
　　第二节　当事人要件 ·· 89
　　第三节　共同诉讼 ·· 94
　　第四节　群体诉讼和现代民事公益诉讼 ································ 96
　　第五节　诉讼第三人和第三人撤销之诉 ······························· 100
　　第六节　诉讼代理人 ··· 105

第八章　期间、送达和诉讼费用
　　第一节　期间 ·· 109
　　第二节　送达 ·· 113
　　第三节　诉讼费用 ··· 117

第九章　及时救济
　　第一节　财产保全和行为保全 ·· 128
　　第二节　人身安全保护令 ·· 132
　　第三节　先予执行 ··· 133
　　第四节　国家司法救助 ·· 135

第三编　民事诉讼证据与证明

第十章　民事诉讼证据
　　第一节　民事诉讼证据概述 ··· 141
　　第二节　民事诉讼证据种类 ··· 144
　　第三节　证据收集和保全 ·· 151

第十一章　民事诉讼证明
　　第一节　民事诉讼证明 ·· 156
　　第二节　民事诉讼证明对象 ··· 158

第三节　民事诉讼证明责任 ………………………………………………… 163
　　第四节　民事诉讼证明标准 ………………………………………………… 167
　　第五节　民事诉讼证明过程 ………………………………………………… 169

第四编　通常审判程序

第十二章　第一审普通程序 ………………………………………………… 179
　　第一节　第一审普通诉讼程序概述 ………………………………………… 179
　　第二节　起诉与受理 ………………………………………………………… 180
　　第三节　审前准备 …………………………………………………………… 184
　　第四节　开庭审理 …………………………………………………………… 186
　　第五节　撤诉、缺席审判与诉讼和解 ……………………………………… 189
　　第六节　延期审理、诉讼中止和诉讼终结 ………………………………… 194

第十三章　简易程序和小额诉讼程序 ……………………………………… 197
　　第一节　简易程序的概念和分类 …………………………………………… 197
　　第二节　我国民事诉讼简易程序 …………………………………………… 199
　　第三节　简易程序中的小额诉讼 …………………………………………… 202

第十四章　上诉审程序 ……………………………………………………… 204
　　第一节　上诉审程序总论 …………………………………………………… 204
　　第二节　上诉的提起和受理 ………………………………………………… 206
　　第三节　上诉案件的审理 …………………………………………………… 209
　　第四节　上诉案件的裁判 …………………………………………………… 211

第十五章　再审程序 ………………………………………………………… 213
　　第一节　再审程序概述 ……………………………………………………… 213
　　第二节　当事人申请再审 …………………………………………………… 215
　　第三节　法院决定再审 ……………………………………………………… 217
　　第四节　检察院抗诉提起再审 ……………………………………………… 218
　　第五节　再审案件的审判 …………………………………………………… 219

第五编　特别审判程序

第十六章　特别程序 ………………………………………………………… 225
　　第一节　特别程序总论 ……………………………………………………… 225
　　第二节　选民资格案件的审理程序 ………………………………………… 227
　　第三节　宣告公民失踪案件的审理程序 …………………………………… 229

第四节　宣告公民死亡案件的审理程序 ……………………………………………… 231
　　第五节　认定公民无民事行为能力和限制民事行为能力案件的审理程序 ……… 233
　　第六节　认定财产无主案件的审理程序 ……………………………………………… 234
　　第七节　调解协议的司法确认程序 …………………………………………………… 235
　　第八节　实现担保物权的特别程序 …………………………………………………… 237

第十七章　督促程序 ……………………………………………………………………… 241
　　第一节　督促程序总论 ………………………………………………………………… 241
　　第二节　支付令的申请与受理 ………………………………………………………… 242
　　第三节　支付令的发出及效力 ………………………………………………………… 244
　　第四节　支付令的异议和督促程序的终结 …………………………………………… 245

第十八章　公示催告程序 ………………………………………………………………… 248
　　第一节　公示催告程序总论 …………………………………………………………… 248
　　第二节　公示催告的申请与受理 ……………………………………………………… 249
　　第三节　公示催告案件的审理 ………………………………………………………… 251
　　第四节　除权判决与撤销除权判决之诉 ……………………………………………… 252

第六编　强制执行程序

第十九章　执行总论与一般规定 ………………………………………………………… 257
　　第一节　民事执行的目的·分类·基本原则 ………………………………………… 257
　　第二节　执行名义、执行标的和执行主体 …………………………………………… 259
　　第三节　执行管辖、委托执行、执行和解与执行担保 ……………………………… 263
　　第四节　程序救济与实体救济 ………………………………………………………… 266

第二十章　一般执行程序 ………………………………………………………………… 271
　　第一节　执行程序的开始 ……………………………………………………………… 271
　　第二节　执行程序的续行 ……………………………………………………………… 273
　　第三节　执行程序的终结 ……………………………………………………………… 279

第二十一章　执行措施 …………………………………………………………………… 283
　　第一节　金钱债权的执行措施 ………………………………………………………… 283
　　第二节　非金钱债权的执行措施 ……………………………………………………… 287
　　第三节　对特殊财产权和人身权的执行措施 ………………………………………… 288
　　第四节　民事执行的保障措施 ………………………………………………………… 290

第七编　涉外民事诉讼程序和民事司法协助

第二十二章　涉外民事诉讼程序的特别规定 ········· 297
　第一节　涉外民事诉讼程序总论 ········· 297
　第二节　涉外民事诉讼程序的一般原则 ········· 299
　第三节　涉外民事诉讼的管辖 ········· 302
　第四节　涉外民事诉讼的期间和送达 ········· 305

第二十三章　国际民事司法协助 ········· 309
　第一节　国际民事司法协助总论 ········· 309
　第二节　一般国际民事司法协助 ········· 310
　第三节　特殊国际民事司法协助 ········· 312

第二十四章　我国区际民事司法协助 ········· 315
　第一节　区际民事司法协助的概念与根据 ········· 315
　第二节　区际民事司法协助的原则 ········· 317
　第三节　区际民事司法协助中的公共秩序保留 ········· 319
　第四节　区际民事司法协助的现行规定 ········· 321

第一编

总　论

第一章
多元化民事纠纷解决机制

【本章要点】
　　本章首先阐释民事纠纷的含义和特性可诉性问题,然后分别阐释现代法治社会对民事纠纷自力救济、社会救济和公力救济的基本原理。在现代法治社会,自力救济、社会救济和公力救济共同构成了多元化的民事纠纷解决体系。

第一节　民事纠纷的类型和可诉性

一、民事纠纷的类型

　　民事纠纷(民事争议)因侵权、违约或其他事由而发生,是平等主体之间发生的以民事权益、民事义务或民事责任为内容的法律纠纷。民事纠纷包括有关财产关系的民事纠纷和有关人身关系的民事纠纷,两者在诉讼程序上有些不同(比如合同或者其他财产权益纠纷的当事人可以书面协议管辖法院)。

　　民事纠纷除私益性纠纷外,还有诸多公益性纠纷。民事诉讼中,处理民事私益纠纷应当适用处分主义和辩论主义,处理民事公益纠纷则应适用职权干预主义和职权探知主义。民事公益纠纷大致包括传统民事公益纠纷和现代民事公益纠纷。

　　传统民事公益纠纷比如损害公共利益的合同无效案件和人事诉讼案件。根据《合同法》第52条、《劳动法》第18条和《劳动合同法》第26条,损害公共利益的为合同绝对无效事由。有关婚姻、收养、亲权等人事诉讼案件,或关涉自然人的基本法律身份及婚姻家庭关系的稳定,或涉及未成年人的保护问题,在许多国家和地区被作为公益案件。

　　现代民事公益纠纷,比如公害纠纷、消费权纠纷、社会福利纠纷、反垄断纠纷等现代型纠纷,受害一方常常是数目众多且处于弱势,在人数和利益等方面具有集团性或扩散性,因包含公益(关涉人们的基本权利、基本生活秩序或自由市场秩序)而被看作公益案件。

二、民事纠纷的可诉性和法律属性

民事纠纷的可诉性(可司法性)是指能由民事诉讼解决的民事纠纷所应具备的条件或属性。民事纠纷只有适应民事诉讼或司法功能和特征,才具有可诉性。民事诉讼或司法的主要功能和基本特征是"依法""终局"解决"个案"或"具体"纠纷。因此,可诉性的民事纠纷通常具备以下属性:

(1)事件性。即纠纷主体应是具体的或特定的,并且是关于具体的民事权益、义务或责任的纠纷,纠纷事实是具体的。有关一般性的、抽象性的法律法规的效力的争议,属于立法处理的事项,不具有民事可诉性。

(2)法律性。即该纠纷可由法院适用民事实体法以判决的方式终局性(结论性)地解决(司法最终解决原则)。由其他国家机关或社会组织最终解决的事项,比如在我国,有关国防、外交等国家行为发生的争议等,不具有民事可诉性。

《民诉法》第3条对可诉性作出了一般性规定:"人民法院受理公民之间、法人之间、其他组织之间以及他们相互之间因财产关系和人身关系提起的民事诉讼,适用本法的规定。"同时,《民诉法》第124条第2款还列举没有可诉性的案件或者法院不予受理的案件范围。

虽然有些民事纠纷同时具备"事件性"和"法律性",但是立法者往往适当阻断某些特殊民事纠纷的可诉性。比如,对于具有高度专业性的有关专利、商标等特定的民事纠纷,《专利法》和《商标法》规定可由相关职能部门解决;破产案件不具有可诉性。

某个事项不具有民事可诉性,则不得通过民事诉讼处理,若对该事项提起民事诉讼,法院应当裁定驳回。不过,"可诉性"并不排斥以和解、调解和仲裁等非诉讼方式解决民事纠纷,非诉讼纠纷解决方式实际上是以民事可诉性为前提的。

具有可诉性的民事纠纷还有如下法律属性,决定其应予适用的诉讼原则:

(1)民事纠纷主体的平等性和对抗性。民事纠纷主体的实体地位和诉讼地位均是平等的(当事人平等原则)。双方当事人间的实体争议使诉讼呈现出平等对抗性的构造,双方当事人间的诉答、质证和辩论为争讼程序的必要构成部分,从而争讼程序以对审原则为首要原则。

(2)民事纠纷内容的民事性和处分性。民事纠纷是对民事权益、民事义务或民事责任①存在争议。基于私法自治原则,纠纷主体对发生争议的民事权益拥有处分权,为民事诉讼处分原则的基本内容。但是,民事公益纠纷采用法院职权干预主义。

三、民事纠纷解决机制的构成

民事纠纷解决机制是指解决民事纠纷的诸种方式及其法律关系。在现代社会中,自力救济、社会救济和公力救济共同构成了多元化的民事纠纷解决体系。

和解、调解和仲裁等替代性纠纷解决机制(Alternative Dispute Resolution,简称

---

① 当然,法律明文规定,对特定的民事法律事实的争议也可提起诉讼(详见下文确认之诉)。

ADR)能够及时解决纠纷,降低纠纷解决成本,也可以减缓纠纷对法院的压力,同时民间法(地方习惯和行业惯例等)在 ADR 中的适用较民事诉讼更频繁、更深入,能够满足当事人对民间法与国家法的不同需求,有利于民间法与国家法在民事解决纠纷领域中的协调。

在法治框架内,国家对 ADR 给予了制度上的支持,如国家法律赋予具有既判力的 ADR 结果以强制执行力。ADR 应当在法治的框架内建立和运作①,为当事人提供选择解决纠纷方式的可能性但并非取代民事诉讼,即当事人享有"民事纠纷解决选择权"。

依据《最高人民法院关于人民法院进一步深化多元化纠纷解决机制改革的意见》(法发〔2016〕14 号),法院应当在登记立案前评估诉讼风险,告知并引导当事人选择适当的非诉讼方式解决纠纷。② 鼓励当事人先行协商和解。③

第二节　自力救济:自决与和解

自力救济,俗称"私了",是指没有第三者协助或主持,纠纷双方主体依靠自己的力量来解决民事纠纷的方式或制度。在现代法治社会,自力救济主要有自决、和解等。

一、自决

自决是当事人一方自行来解决纠纷或保护权益。比如,远古时期的血亲报复、同态复仇、决斗等;现代法律所认可的正当防卫等。

通常,"自决"的过程很难受到正当程序的控制,"自决"的结果往往是强者的意志,所以法律禁止当事人采用强制性的"自决",比如《民诉法》第 117 条规定,非法拘禁罪包括"为索取债务非法扣押、拘禁他人"(《刑法》第 238 条)。

在现代法治社会,当事人一方能够使用的须是法律允许的自决方式。在我国现行民事法领域,当事人可以运用的自决方式,主要有:

(1) 当事人的自助行为和自卫行为(包括正当防卫、紧急避险等)。采取此种自决方式,应当符合民事实体法所规定的行为要件。

(2) 权利人可以行使民事实体法上的救济权。④ 采取此种方式没有达到预期效果的,权利人可以寻求其他的救济方式。

---

① 应当在遵循法律基本原则、强行法、公共利益或公序良俗的前提下,适用民间法来解决民事纠纷。
② 有条件的法院在医疗卫生、不动产、建筑工程、知识产权、环境保护等领域探索建立中立评估机制,聘请相关专业领域的专家担任中立评估员。对当事人提起的民商事纠纷,法院可以建议当事人选择中立评估员,协助出具评估报告,对判决结果进行预测,供当事人参考。
③ 当事人自行和解而申请撤诉的,免交案件受理费。当事人接受法院委托调解的,法院可以适当减免诉讼费用。一方当事人无正当理由不参与调解或者不履行调解协议、故意拖延诉讼的,法院可以酌情增加其诉讼费用的负担部分。
④ 比如,物权人可以行使物上请求权来保护受到侵害的物权。根据《物权法》的规定,物上请求权包括返还原物请求权(第 34 条);排除妨害或者消除危险请求权(第 35 条);修理、重作、更换或者恢复原状请求权(第 36 条);损害赔偿和其他民事责任请求权(第 37 条)等。

二、和解

"和解"(协商)是以"和"的方式(纠纷双方主体自由平等协商、相互妥协),达到"解"的目的(和平解决纠纷:达成和解协议)。和解的主要性质有:

(1) 高度的自治性。和解是依照纠纷双方主体自身力量解决纠纷,没有第三者裁决纠纷,和解的过程和结果均取决于纠纷双方主体的意思自治。

(2) 非严格的规范性。和解的过程和结果不受也无需规范(尤其是法律规范)的严格制约。和解通常是以民间习惯的方式或者纠纷主体自行约定的方式进行。

虽然"和解"具有高度的自治性和非严格的规范性,但是现代法治社会中"和解"应当遵守以下原则:

(1) 基本合法原则。可否运用和解、和解的过程和结果,均应遵守法律强行规范,遵循公共利益和尊重他人合法权益,否则和解协议"无效"。在法律效力层次上,基本合法原则强于基本自由与公平原则。

(2) 自愿原则。可否运用和解、和解的过程和结果,均应建立在纠纷双方主体自愿的基础上,其间不得存在强迫、欺诈、显失公平或重大误解等内容,否则纠纷主体可以变更或撤销和解协议。

通常情况下,和解协议具有民事合同或民事契约的性质和效力,不具有与法院判决相同的效力。和解协议经过一定程序转化为特定的法律文书,则有与法院判决相同的既判力、执行力、确认力或形成力等。①

第三节 社会救济:调解与仲裁

社会救济,比如调解、仲裁等,主要是基于纠纷双方主体的合意,依靠社会力量(第三者)来解决民事纠纷的方式或制度。

一、调解

(一) 调解的主要内涵和性质

调解是以调("言"与"周"谓"调")的方式达到解的目的,即调解人在纠纷主体双方自愿的前提下,依据地方风俗、行业惯例或法律规范等,在纠纷主体双方之间摆事实、明道理,以促劝其平等协商、相互妥协,达成解决纠纷的合意或协议。

我国现行调解有法院调解、行政机关调解、仲裁调解、人民调解(《人民调解法》)、消费者协会调解、公证机构调解、公证协会调解、律师协会调解、中国互联网协会调解、中国国际商会调解、劳动争议调解、农村土地承包经营纠纷调解等。

---

① 比如,民事诉讼中,当事人达成和解协议的,可以请求法院根据和解协议制作调解书(也可撤诉但不得制作判决书)(《解释》第148条、第339条)。仲裁过程中,当事人可以请求仲裁庭根据和解协议作出裁决书(也可撤回仲裁申请)(《仲裁法》第49条)。公证机构根据当事人申请,将和解协议制作为公证债权文书,具有给付内容并载明债务人愿意接受强制执行承诺的则有强制执行力(《公证法》第37条)。

民事调解人是中立的第三方,可以是国家机关或者是社会组织,均须遵循调解的性质和原则,不得强行适用调解并不得强制解决纠纷。调解的主要性质有:纠纷主体的自治性、非严格的规范性(与和解基本相同)和调解人的居中性(即调解人应当公平对待纠纷双方主体)。

(二) 调解的基本原则和法律效力

调解的基本原则包括基本合法原则和自愿原则(基本内涵和效力与和解相同)。

通常情况下,调解协议具有民事合同或民事契约的性质和效力,不具有与法院判决相同的效力。调解的自治性和非严格规范性无从保证调解是否遵循上述两项基本原则,所以不应直接赋予调解协议与法院判决相同效力。①

调解协议经过一定程序转化为特定的法律文书,则为公文书(比如法院调解书等),有与法院判决相同的既判力、执行力、形成力等。此种"转化程序"②,主要有:

(1) 民事诉讼中,法院调解(实际上是将法院调解程序与转化程序合二为一)。

(2) 仲裁庭根据调解协议制成仲裁调解书或仲裁裁决书,则有与法院判决相同的既判力、执行力等。

(3) 司法确认调解协议(参见本书第十六章)。

(4) 债权人向法院申请支付令。③

(5) 公证机构制作公证调解协议。④

当事人为达成调解或和解协议做出妥协而认可的事实,不得在后续的仲裁或诉讼中作为对其不利的根据(法律另有规定或者当事人均同意的除外)(参见《中国国际经济贸易仲裁委员会仲裁规则》第40条、《国际商事调解示范法》第10条和《解释》第107条)。

(三) 调解书的纠正

对于仲裁调解书违反调解基本原则的,我国现行法律并未规定纠正的程序。笔者认为,既然《仲裁法》《劳动争议调解仲裁法》赋予调解书与裁决书同等法律效力,就可比照仲裁裁决的有关规定处理。

对法院调解书,法院、当事人和检察院均有权启动再审程序予以纠正,第三人可以提起撤销或变更法院调解书之诉。

对公证调解协议,当事人或利害关系人可以请求公证处复查;公证书的内容违法或者与事实不符的,公证处应当撤销该公证书并予以公告,该公证书自始无效;公证书有其他错误的,公证处也应予以更正(《公证法》第39条)。

---

① 除了调解协议经过一定程序转化为特定的法律文书(不包括公证调解协议)之外,当事人之间就调解协议的(实体)内容发生争议的,当事人可以提起诉讼或申请仲裁等。比如,《人民调解法》第32条规定:"经人民调解委员会调解达成调解协议后,当事人之间就调解协议的履行或者调解协议的内容发生争议的,一方当事人可以向人民法院提起诉讼。"

② 用来审查调解是否遵循合法原则和自由原则。违反强者则无效,违反后者则可撤销或可变更。

③ 比如,债权人可以持以金钱或者有价证券给付为内容的调解协议(包括和解协议)申请支付令;因支付拖欠劳动报酬、工伤医疗费、经济补偿或者赔偿金达成调解协议,劳动者可以持调解协议书申请支付令(《劳动调解仲裁法》第16条)。

④ 具有与法院判决相同的执行力(《公证法》第37条)。根据《公证法》第40条的规定,当事人、公证事项的利害关系人对公证书的内容有争议的,可以就该争议提起民事诉讼。据此,公证调解协议无既判力。

(四)法院深化多元化纠纷解决机制改革

依据《关于人民法院进一步深化多元化纠纷解决机制改革的意见》(法发〔2016〕14号),法院可以在诉讼服务中心等部门配备专职调解员。法官主持达成调解协议的,依法出具调解书;司法辅助人员主持达成调解协议的,应经法官审查后依法出具调解书。立案阶段调解法官原则上不参与同一案件的裁判。审理过程中,双方当事人可以请求裁判法官调解。

登记立案前,法院可以委派特邀调解组织、特邀调解员进行调解,当事人明确拒绝调解的则应依法登记立案。登记立案后或者审理过程中,法院认为适宜调解的,经当事人同意,可以委托给特邀调解组织、特邀调解员或者由法院专职调解员进行调解。① 委派委托调解达成协议的,当事人申请司法确认的②,由调解组织所在地或者委派调解的基层法院管辖。

当事人未达成调解协议的,调解员在征得各方当事人同意后,可以书面记载调解中双方无争议事实,并由当事人签字确认;诉讼程序中,除了涉及公共利益或他人合法权益以外,当事人无须证明前述无争议事实(此谓无争议事实记载机制)。

当事人未达成调解协议,但对争议事实没有重大分歧的,调解员在征得各方当事人同意后,可以提出调解方案并书面送达双方当事人;当事人在7日内未提出书面异议的,调解方案即视为双方自愿达成的调解协议(此谓无异议调解方案认可机制)。

二、仲裁

(一)仲裁的民间性

"仲"乃"居中"之义,"仲裁"即"居中裁决",是指民事纠纷双方主体在纠纷发生前或发生后达成协议(仲裁协议)或者根据有关法律规定,将纠纷交给特定的中立的民间组织(仲裁机构)进行审理,并作出具有法律效力的裁决(仲裁裁决)。

仲裁的民间性体现为仲裁机构是民间组织、社会团体法人;仲裁员不是国家公务人员而是当事人选定或约定的律师、学者和专家等。

仲裁的民间性决定了仲裁机构和仲裁员无权采取强制措施,有关保全和执行由法院按照民事诉讼法的相关规定来完成。

仲裁的民间性决定了仲裁机构之间的平等性,无上下级之分,所以与民事诉讼不同,仲裁没有级别管辖,对仲裁裁决也就无法提起上诉,通常是"一裁终局"。

(二)自愿仲裁(需要仲裁协议)

仲裁多为自愿仲裁,即当事人双方自愿达成仲裁协议,申请仲裁来解决纠纷。我国《仲裁法》确立了自愿仲裁制度。合同纠纷和其他财产权益纠纷同时具有可仲裁性。有关婚姻、收养、监护、扶养、继承的纠纷不具有可仲裁性。

---

① 按照《最高人民法院关于人民法院特邀调解的规定》(法释〔2016〕14号),特邀调解是法院吸纳符合条件的人民调解、行政调解、商事调解、行业调解等调解组织或者个人成为特邀调解组织或者特邀调解员,法院立案前委派其调解或者立案后委托其调解。

② 以金钱或者有价证券给付为内容的和解协议、调解协议,债权人可以向法院申请支付令。

仲裁协议排除法院民事审判权,即当事人达成仲裁协议的,只能由仲裁机构受理。① 仲裁协议无效或被撤销的,法院才可受理当事人的起诉。若原告向法院起诉未声明有仲裁协议,法院受理,被告在首次开庭前未对法院受理该案提出异议的,视为放弃仲裁协议,法院继续审理,此为默示管辖(应诉管辖)。

自愿仲裁实行一裁终局。按照现行法,仲裁裁决违背仲裁程序或实体规范的,当事人可以向法院申请撤销仲裁裁决或申请裁定不予执行(两者法定理由基本一致),法院撤销仲裁裁决或裁定不予执行的,当事人可以就该纠纷重新达成书面仲裁协议申请仲裁,也可以向法院起诉。

(三)特殊仲裁(无需仲裁协议)

按照我国现行法,当事人无需仲裁协议就可依法申请劳动仲裁、人事仲裁和农地仲裁等,不同于自愿仲裁而属于特殊仲裁。

根据《劳动法》和《劳动争议调解仲裁法》,对劳动争议,不愿调解、调解不成或者不履行调解协议的,可以申请仲裁;对仲裁裁决不服的,可以起诉(法律另有规定除外)。

根据《公务员法》和《人事争议处理规定》,对人事争议,不愿协商调解或协商调解不成的,可以申请仲裁,也可以直接申请仲裁。对仲裁裁决不服的,可以起诉。

根据《农村土地承包法》和《农村土地承包经营纠纷调解仲裁法》,对农村土地承包经营纠纷,和解、调解不成或者不愿和解、调解的,可以申请仲裁,也可以直接起诉。

第四节 公力救济:行政裁决与民事诉讼

公力救济是指利用国家公权力(如司法权、行政权)来解决民事纠纷的方式或制度,在我国主要有民事诉讼和行政裁决。

一、行政裁决

法律没有明文允许的,行政机关不得裁决民事纠纷。我国许多法律直接规定了行政机关(包括具有行政职能的机构)依职权裁决法定的民事纠纷。举例如下:

(1)由行政机关处理,对处理决定不服的,可提起行政诉讼。比如,《商标法》(2013年修正)第45条、《土地管理法》(2004年修正)第16条。

(2)当事人可以请求行政裁决,也可以提起诉讼或者申请仲裁。比如,《中国互联网络信息中心域名争议解决办法程序规则》(2012修订)。

(3)由当事人选择向法院提起民事诉讼或是请求行政机关处理(对处理决定不服的可提起行政诉讼),比如《专利法》第60条、《商标法》第60条第1款。

行政裁决的民事纠纷通常具有高度的专业性,比如有关专利、商标、反垄断等,由具有相应职能的行政机关解决较能满足纠纷解决的专业性的要求。

---

① 合同无效、被撤销或者终止的,不影响合同中独立存在的有关解决争议方法的条款的效力(《合同法》第57条)。

二、民事诉讼

民事诉讼是法院运用国家司法权解决民事纠纷及其他事项的公力救济,即运用司法权保护民事权益或解决民事纠纷及其他事项的专门程序和行为活动;广义上包括民事审判(争讼和非讼)与民事执行。

(一)民事争讼程序基本构造

民事争讼活动和民事争讼程序解决的是民事争讼案件(民事之诉)。因此,(1)争讼程序的基本构造原理:法官是中立裁判者,平等对待原告(上诉人)与被告(被上诉人);原告与被告处于平等对抗和合作之态势。(2)争讼程序包括:初审程序、上诉审程序和再审程序;采用严格证明,原告与被告之间的质证和辩论为其必要阶段。

(二)民事非讼程序基本构造及其原理

法院(法官)————当事人(申请人)

民事非讼活动和民事非讼程序解决的是民事非讼案件。因此,(1)非讼程序的基本构造原理:法官中立;只有一方当事人(申请人),不存在原告与被告之间的平等对抗。(2)非讼程序由多个不同非讼程序组成;采用自由证明,无从展开原告与被告之间的质证和辩论。

(三)民事执行程序基本构造及其原理

民事执行活动和民事执行程序解决的是民事执行案件。因此,(1)执行程序的基本构造原理:法官中立;执行权利人与执行义务人程序地位不平等。(2)执行程序中没有执行权利人与义务人之间的质证和辩论。

(四)民事诉讼的属性

民事诉讼具有国家强制性,主要体现为:(1)法院代表国家运用司法权,强制解决民事纠纷及其他事项;(2)法院判决具有确定力、执行力、确认力和形成力等国家法律强制效力。

民事诉讼具有严格规范性,主要体现为:(1)民事诉讼应当严格按照法定程序有序进行(诉讼安定);(2)法院应当根据实体法规范作出判决,严格按照执行名义采取执行措施。

【思考题】

1. 分析民事纠纷的法律属性与诉讼原则之间的内在关系。
2. 比较各种民事纠纷解决机制在性质和效力方面的区别。

第二章 民事诉讼法

【本章要点】

在我国现行法律体系中,民事诉讼法处于部门法和基本法的地位,具有程序性、公法性和强行性等性质。民事诉讼程序的安定性或严格规范性决定了民事诉讼规范主要是强行规范。对于藐视民事诉讼或藐视法庭的行为,我国将其作为妨害民事诉讼行为来处理,由法院依法决定采取拘传、训诫、责令退出法庭、罚款和拘留等强制措施。

第一节 理解民事诉讼法

一、民事诉讼法的含义和渊源

民事诉讼法是国家制定的,规范法院、当事人和证人等诉讼参加人进行民事诉讼的程序规范之总和。狭义的民事诉讼法(形式意义上的民事诉讼法),通常是指国家制定的关于民事诉讼的专门性的法律,比如《民诉法》《海事诉讼特别程序法》等。

广义的民事诉讼法(实质意义上的民事诉讼法)既包括狭义的民事诉讼法,又包括宪法、法院组织法、法官法、检察院组织法、检察官法、律师法、行政法、民商法、经济法、社会法、调解法、仲裁法、破产法①和司法解释②等有关民事诉讼程序的规定。

宪法有关民事诉讼程序的规定即民事诉讼法的宪法渊源。民事诉讼法理当遵行宪法,是对宪法的具体实践,所以民事诉讼法被称为"被适用的宪法"或称民事诉讼法的"宪法化"。

民事诉讼法的"国际化"体现为对当事人民事诉权和程序基本权、民事诉讼基本原则、国

---

① 比如,《环境保护法》第58条(规定专门从事环境保护公益的社会组织可以向人民法院提起环境生态公益诉讼)、《企业破产法》第25条(规定管理人代表债务人参加诉讼)、《婚姻法》第11条、《著作权法》第8条和第50条、《合同法》第54条、《公司法》第151条和第152条等。

② 参见《最高人民法院关于司法解释工作的规定》(法发〔2007〕12号)第5条和第27条;《最高人民检察院司法解释工作规定》(2015年修订)第5条。

际(或涉外)民事诉讼程序等达成相关国际条约,从而民事诉讼法的渊源既有国内法渊源,又有国际法渊源。

二、民事诉讼法的地位和性质

在我国现行法律体系中,民事诉讼法处于部门法和基本法的地位,具有程序性、公法性和强行性等性质。

民事诉讼法是部门法,以民事诉讼为专门规范对象。民事诉讼法是基本法是指:(1)《民诉法》是国家最高权力机关制定的,其效力地位低于宪法而高于一般法;(2)在预防民事纠纷处理民事案件的程序法体系中,《民诉法》处于基本法地位。

民事诉讼法具有程序性。民事诉讼法由程序规范构成,是民事程序法的一种。民事程序法包括:(1)民事实体法中的程序规范(比如合同法规定的合同订立程序、公司法规定的公司设立程序等);(2)预防民事纠纷和处理民事案件的程序规范(包括民事诉讼法、公证法、调解法、仲裁法和破产法等)。

民事诉讼法具有公法性。民事诉讼法规范的事项是作为公力救济的民事诉讼,所以属于公法具有公法性。① 法院的司法权与当事人的诉权、诉讼权利均为公权。法院与当事人之间、当事人相互之间所形成的民事诉讼法律关系是公法关系。当事人的诉讼行为和法院的判决能够产生诉讼法效力,此为公法上的效力。

民事诉讼法具有强行性。民事诉讼严格规范性首先要求法官和当事人应当按照法定程序有序地进行诉讼,禁止任意诉讼(体现诉讼安定性),因此民事诉讼规范主要是强行规范。同时,民事诉讼法通过任意规范明确赋予法院程序裁量权和当事人程序选择权,缓和强行性给诉讼程序带来的僵化以方便诉讼。

三、民事诉讼法的效力范围或适用范围

(一)对人效力和对事效力

民事诉讼法的对人效力是指民事诉讼法对什么人具有规范效力(即适用于哪些人)。诉讼当事人(自然人、法人和其他组织)不论其国籍如何,只要在我国领域内进行民事诉讼,就应当遵守《民诉法》(第4条和第259条),还应当遵循外交人员的民事司法豁免规定。

民事诉讼法的对事效力(法院民事诉讼主管的范围、法院受理民事诉讼的范围)是指民事诉讼法对哪些事项(案件)产生规范作用,主要是民(商)事案件,包括民(商)事争讼案件(进入审判程序中的民事纠纷:民事之诉)、民(商)事非讼案件和民(商)事执行案件。

(二)时间效力和空间效力

民事诉讼法的时间效力是指民事诉讼法在什么时间范围内具有规范效力,包括何时生效、何时失效以及有无溯及力等事项。《民诉法》于1991年4月9日由第七届全国人民代表大会第四次会议通过,同日正式生效。2007年和2012年全国人民代表大会常务委员会对《民诉法》作出修改决定,分别自2008年4月1日、2013年1月1日起生效和施行。

---

① 公证法与破产法也属于公法范畴;调解法和仲裁法也是处理民事纠纷的程序法,体现了调解和仲裁的民间性、自治性。

民事诉讼法的空间效力是民事诉讼法在多大的空间范围或地域范围内具有规范效力。根据国家主权原则,《民诉法》的空间效力及于我国整个主权领域,根据"一国两制"实际上仅及于大陆地区。民族自治地方的人民代表大会根据宪法和民事诉讼法基本原则制定变通或补充的规定,虽仅适用于该民族自治区但也属于我国民事诉讼法体系。

第二节 民事诉讼规范

民事诉讼规范大体上可分为"效力规范"与"训示规范",效力规范包括"强行规范"和"任意规范"。民事诉讼程序的安定性或严格规范性决定了民事诉讼规范主要是强行规范,由此民事诉讼法具有强行性,属于强行法。在民事诉讼程序方面,安定性和强行性是原则性要求,任意性和灵活性则是例外。

一、强行规范与程序后果

民事诉讼强行规范规定的是民事诉讼程序制度基础或者当事人基本程序保障等问题①,所以对于民事诉讼"强行规范"和法定程序,法院和当事人应当严格遵行,不得随意或合意变更或排除适用,否则为重大的程序违法。

比如,法院违反司法消极性、中立性、公开性、参与性、平等性的,属于程序上的重大违法,构成上诉(抗告)或再审的理由。当事人违背强行规范的诉讼行为,通常是无效的,法院应依职权做出相应处理,比如对于不符合起诉要件的起诉,法院应当裁定驳回起诉。②

强行规范的程序事项中需要法院处理的,多属于法院"职权调查事项"。例如,起诉要件、上诉要件、执行申请要件等诉讼程序的启动要件或续行要件。法院不待当事人异议而得主动依职权调查,而且当事人也不得通过合意或以放弃责问权等方式阻止法院的调查。

二、任意规范与程序后果

根据诉讼安定性要求,只有在民事诉讼法明确允许选择或处分的程序事项,法院和当事人才可做出选择或处分,否则其选择或处分行为无效。根据《民诉法》的规定,任意规范主要有:(1)允许法院自由裁量的规范。例如,对于上诉案件,上诉法院可以决定在本院、案件发生地或者原审法院所在地审理。(2)允许当事人选择的规范。例如,当事人可选择是否起诉、上诉;原告可以放弃诉讼请求;当事人可以对案件事实做出自认等;双方当事人还可以依法达成"诉讼契约",如管辖协议、执行和解等。(3)允许法院与当事人共同选择的规范。例如,诉讼标的是同一种类、法院认为可以合并审理的案件,经过当事人的同意,为共同诉讼。

任意规范的程序事项中,有些是为当事人利益而设的,被列入"当事人责问事项",比如

---

① [日]新堂幸司:《新民事诉讼法》,林剑锋译,法律出版社 2008 年版,第 30 页。
② 然而,当事人违反强行规范所实施的诉讼行为,并非当然无效,有的可以通过补正而有效,其情形主要有二:(1)当事人或其诉讼代理人的补正。(2)当事人或其法定代理人的追认。参见邵明:《论现代民事诉讼安定性原理》,载《中国人民大学学报》2011 年第 2 期。

当事人默示同意的程序事项。① 当事人责问事项须待当事人提出责问（异议）后，法院才予调查。对于法院或一方当事人违背责问事项规范所实施的诉讼行为，因该行为遭受不利益的当事人可以行使责问权（异议权），主张无效或要求重做。若当事人提出合法责问的，法院不顾该责问所作出的裁判，通常为无效裁判。对于当事人责问事项，若当事人主动舍弃责问权的，则以后不得再行使该责问权，违背责问事项规范的诉讼行为被视为合法有效。②

三、训示规范与程序后果

与效力规范不同，训示规范多是鼓励性规定，严格遵守固然有其必要，但是，如未遵守，其诉讼法上的效力也不会受到什么影响，所以不得在事后以违背训示规范为由，要求撤销已实施的诉讼行为或已进行的诉讼程序。

法院所应遵守的期间中，有些有训示的意义，即使法院不遵守也不发生审判行为无效的后果，故称为"训示期间"。比如，根据《民诉法》第 148 条第 2 款，当庭宣判的，应当在 10 日内发送判决书。此款规定的发送判决书的期间实为训示期间，即使法院逾期送达判决书，该送达也是有效的，据此决定判决书的上诉期的起算日或者既判力等效力的发生时。

第三节　对妨害民事诉讼的强制措施

一、妨害民事诉讼行为

审判秩序或执行秩序是法律秩序和法律、法院权威最直接、最集中的体现。对于藐视民事诉讼或藐视法庭的行为，我国将其作为妨害民事诉讼行为来处理，由法院依法决定采取拘传、训诫、责令退出法庭、罚款和拘留等强制措施。

妨害民事诉讼行为，是指当事人和证人等诉讼参与人及案外人故意或重大过失地扰乱或破坏民事诉讼秩序，阻碍民事诉讼活动正常进行的行为。妨害民事诉讼行为的构成要件有：

（1）须存在妨害民事诉讼的行为。此种行为包括作为（如毁灭重要证据等）和不作为（如拒不履行确定判决等）。此种行为多在诉讼中实施，也有在诉讼前实施的。③

（2）须妨害了民事诉讼正常进行，但尚未构成犯罪。即妨害民事诉讼的行为造成了损害后果。若构成犯罪，则应按刑法处以刑罚，而不应施以对妨害民事诉讼的强制措施。

（3）行为人有主观故意或重大过失。即行为人明确意识到或应当意识到其行为能够妨害民事诉讼，却实施了妨害民事诉讼的行为。

---

① 《仲裁法》第 26 条和《民诉法》第 127 条第 2 款规定的默示协议管辖就属于此类事项。
② 比如，根据《仲裁法》第 26 条的规定，原告违背合法仲裁协议，向法院起诉且法院受理的，对法院受理该案件，在首次开庭前，若被告提出异议的，则法院经调查后，应当裁定驳回起诉；若被告没有提出异议的，则视为被告放弃异议权，法院继续审理。
③ 比如：在诉前实施妨害证明行为，诉前财产保全中实施妨害保全行为，执行前隐匿被执行财产等。诉讼前的行为对其后进行的审判程序或执行程序造成妨害的，均应按妨害民事诉讼行为处理。

二、对妨害民事诉讼的强制措施

(一)强制措施法定种类

(1)拘传。即法院在法定情况下强制当事人等到法院的一种强制措施。拘传应当用拘传票,并直接送达被拘传人。在拘传前,应当向被拘传人说明拒不到庭的后果,经批评教育仍拒不到庭的,可以拘传其到庭。

(2)警告、训诫和责令退出法庭。对妨害民事诉讼行为情节较轻的人,法院做出警告或训诫。警告是警示不要再实施妨害民事诉讼行为,否则会采取更严厉的强制措施。训诫是批评,并责令其改正。责令退出法庭是法院命令违反法庭规则的人退出法庭。法官可以直接责令行为人退出法庭,也可以先训诫,然后视行为人表现决定是否责令其退出法庭。

(3)罚款。对个人的罚款金额,为人民币10万元以下。对单位的罚款金额,为人民币5万元以上100万元以下。

(4)拘留。拘留的期限,为15日以下。作出拘留决定书后,由法院司法警察将被拘留人送交公安机关看管。被拘留人在拘留期间认错悔改的,可以责令其具结悔过,提前解除拘留。

(二)法院采用强制措施的合法性要求

采取对妨害民事诉讼的强制措施应当由法院决定。任何单位和个人采取非法拘禁他人或者非法私自扣押他人财产追索债务的,应当依法追究刑事责任,或者予以拘留、罚款。

法院采用强制措施,应当在决定书中说明理由和法律依据。对同一妨害民事诉讼行为,强制措施可以单独适用也可以合并适用,但是罚款、拘留不得连续适用。对新发生的妨害民事诉讼行为,法院可以重新罚款、拘留(《解释》第184条)。

训诫、责令退出法庭由合议庭或者独任审判员决定。训诫的内容、被责令退出法庭者的违法事实应当记入庭审笔录。拘传、罚款、拘留应当经院长批准。拘传应当发拘传票。罚款、拘留应当用决定书。提前解除拘留,应报经院长批准,并作出提前解除拘留决定书,交负责看管的公安机关执行。

执行中,法院应当及时调查询问被拘传人,调查询问不得超过8小时,情况复杂并依法可能采取拘留措施的则调查询问不得超过24小时(《解释》第484条)。法院采取拘留后,应在24小时内通知其家属,确实无法按时通知或者通知不到的则应记录在案。

被罚款人、被拘留人应当自收到决定书之日起3日内,可向上一级法院申请复议一次。复议期间不停止执行。法院应当在收到复议申请后5日内作出决定,并将复议结果通知下级法院和当事人;认为强制措施不当的,应当制作决定书,撤销或者变更拘留、罚款的决定。情况紧急的,可以在口头通知后3日内发出决定书。

三、妨害民事诉讼行为的种类及其强制措施

(一)对必须到法院而拒不到的被告或被执行人采取拘传

法院对必须到庭的被告,经两次传票传唤,无正当理由拒不到庭的,可以拘传。必须到庭的被告是指负有赡养、抚育、扶养义务和不到庭就无法查清案情的被告。

对必须接受调查询问的被执行人、被执行人的法定代表人、负责人或者实际控制人,经

依法传唤无正当理由拒不到场的,法院可以拘传其到场(《解释》第484条)。

(二)对违反法庭规则和扰乱法庭秩序的强制措施

根据《民诉法》第110条和《人民法院法庭规则》(法释〔2016〕7号)等规定,法院对违反法庭规则的人,予以警告;对不听警告的,予以训诫;对训诫无效的,责令其退出法庭;对拒不退出法庭的,指令司法警察将其强行带出法庭。对未经准许进行录音、录像、摄影的人;未经准许以移动通信等方式现场传播审判活动的人,适用《民诉法》第110条处理。同时,暂扣其使用的设备及存储介质,删除相关内容。

行为人实施下列行为之一,危及法庭安全或扰乱法庭秩序的,根据相关法律规定,予以罚款、拘留;构成犯罪的,依法追究其刑事责任:(1)非法携带枪支、弹药、管制刀具或者爆炸性、易燃性、放射性、毒害性、腐蚀性物品以及传染病病原体进入法庭;(2)哄闹、冲击法庭;(3)侮辱、诽谤、威胁、殴打司法工作人员或诉讼参与人;(4)毁坏法庭设施,抢夺、损毁诉讼文书、证据;(5)其他危害法庭安全或扰乱法庭秩序的行为。

(三)对妨害司法的强制措施

诉讼参与人或者其他人有下列行为之一的,法院可以根据情节轻重予以罚款、拘留;构成犯罪的,依法追究刑事责任(《民诉法》第111条):①

(1)伪造、毁灭重要证据,妨碍人民法院审理案件的;②

(2)以暴力、威胁、贿买方法阻止证人作证或者指使、贿买、胁迫他人作伪证的;

(3)隐藏、转移、变卖、毁损已被查封、扣押的财产,或者已被清点并责令其保管的财产,转移已被冻结的财产的;

(4)对司法工作人员、诉讼参加人、证人、翻译人员、鉴定人、勘验人、协助执行的人,进行侮辱、诽谤、诬陷、殴打或者打击报复的;

(5)以暴力、威胁或者其他方法阻碍司法工作人员执行职务的(《解释》第187条);

(6)拒不履行法院已经发生法律效力的判决、裁定的(参见《解释》第188条)。

法院对有前款规定的行为之一的单位,可以对其主要负责人或者直接责任人员予以罚款、拘留;构成犯罪的,依法追究刑事责任。

(四)对滥用诉讼的强制措施

当事人之间恶意串通,企图通过诉讼、调解等方式侵害他人合法权益(包括案外人的合法权益、国家利益、社会公共利益)的,法院应当驳回其请求,并根据情节轻重予以罚款、拘留;构成犯罪的,依法追究刑事责任(《民诉法》第112条)。

被执行人与他人恶意串通,通过诉讼、仲裁、调解等方式逃避履行法律文书确定的义务的,法院应当根据情节轻重予以罚款、拘留;构成犯罪的,依法追究刑事责任(《民诉法》第113条)。

---

① 对下列行为,按照《民诉法》第111条处理:(1)冒充他人提起诉讼或者参加诉讼的;(2)证人签署保证书后作虚假证言,妨碍法院审理案件的;(3)伪造、隐藏、毁灭或者拒绝交出有关被执行人履行能力的重要证据,妨碍法院查明被执行人财产状况的;(4)擅自解冻已被人民法院冻结的财产的;(5)接到法院协助执行通知书后,给当事人通风报信,协助其转移、隐匿财产的(《解释》第189条)。

② 依据《解释》第110条的规定,法院认为有必要的,可以要求当事人本人到庭,就案件有关事实接受询问,在询问当事人之前可以要求其签署保证书,保证书应当载明据实陈述、如有虚假陈述愿意接受处罚等内容。

对于上述滥用诉讼的单位法院应当对该单位进行罚款,并可以对其主要负责人或者直接责任人员予以罚款、拘留;构成犯罪的,依法追究刑事责任。

(五) 对拒绝协助调查和协助执行的强制措施

有义务协助调查、执行的单位有下列行为之一的,法院除责令其履行协助义务外,并可以予以罚款(《民诉法》第114条):①

(1) 有关单位拒绝或者妨碍法院调查取证的;

(2) 有关单位接到法院协助执行通知书后,拒不协助查询、扣押、冻结、划拨、变价财产的;

(3) 有关单位接到法院协助执行通知书后,拒不协助扣留被执行人的收入、办理有关财产权证照转移手续、转交有关票证、证照或者其他财产的;

(4) 其他拒绝协助执行的。

法院对有前款规定的行为之一的单位,可以对其主要负责人或者直接责任人员予以罚款;对仍不履行协助义务的,可以予以拘留;并可以向监察机关或者有关机关提出予以纪律处分的司法建议。

四、追究刑事责任程序

对妨害民事诉讼的行为人,情节十分严重,构成犯罪的,应当追究刑事责任。② 对妨害民事诉讼行为人追究刑事责任的程序是:

(1) 对扰乱法庭秩序罪,由审理该案件的审判组织直接予以判决。这是因为这类犯罪事实清楚,无须侦查即可查明真相。

(2) 对拒不执行判决、裁定犯罪,按照《关于审理拒不执行判决、裁定刑事案件适用法律若干问题的解释》(法释〔2015〕16号)处理,由执行法院所在地法院管辖。

(3) 其他妨害民事诉讼的行为构成犯罪的,依照刑事诉讼法有关规定追究行为人刑事责任。

【思 考 题】

1. 理解民事诉讼法的性质。
2. 比较民事法律规范与诉讼法律规范。
3. 分析法院采用强制措施的合法性要求。

---

① 按照此条处理的行为还有:有关单位接到法院协助执行通知书后,允许被执行人高消费的;允许被执行人出境的;拒不停止办理有关财产权证照转移手续、权属变更登记、规划审批等手续的;(4) 以需要内部请示、内部审批,有内部规定等为由拖延办理的(《解释》第192条)。

② 《刑法》(2015年修改)(第307～309条,第313条和第314条)将严重妨害民事诉讼的行为纳入"妨害司法罪"。

第三章
正当程序与民事诉讼基本理论

【本章要点】

民事诉讼正当程序、司法规律(或基本原则)和基本理论之间是相通的并相互包容。在民事诉讼领域,司法基本规律或基本原理(在制度层面表现为基本原则)主要有消极性、独立性、中立性、公开性、参与性、平等性、比例性和安定性等。

民事诉讼基本理论包括:"基石"理论:目的和价值;"客体"和"启动"理论:诉与诉讼标的和诉权;"过程"理论:诉讼安定论与关系论和行为论;"终结"理论:既判力。民事诉讼价值包含消极性、独立性、中立性、公开性、参与性和平等性等。民事诉讼目的与价值在程序制度及其适用方面应当符合比例性要求。

第一节 正当程序、司法规律与基本理论

民事诉讼正当程序、司法规律(或基本原则)和基本理论之间是相通的。

一、民事诉讼正当程序

"正当性"(legitimacy)的基本内涵是:权力、地位和制度等具有被相关人员和社会成员认同、信任、接受或支持的属性。司法"让人民满意""胜败皆服"等包含了"正当性"的内涵。满足或符合正当性要求的诉讼程序就是"正当程序"(due process)。

诉讼程序由开始、过程和结束三阶段构成。民事权益受到侵害或者发生争议的,当事人能够平等便利地进入诉讼程序,获得正当程序的审判和执行。[①] 民事诉讼正当性和正当程序保障是"三位一体"的:"开始—过程—结果"的正当性和正当程序保障(如下图)。

民事诉讼开始的正当性和正当程序保障,即从程序上充分保障当事人行使民事司法救

---

① 在当今国际社会,当事人获得正当程序诉讼权属于当事人程序基本权或宪法基本权(参见第七章第一节)。

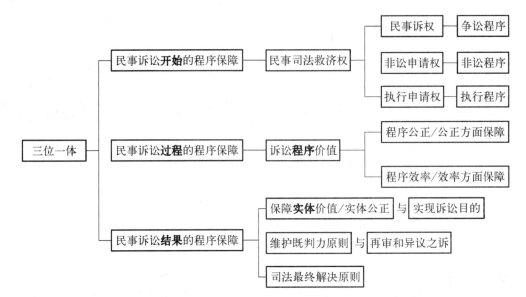

济权,亦即根据"先程序后实体"原理,起诉要件、非讼程序申请要件、执行申请要件主要是程序性的,以方便当事人获得诉讼救济。

民事诉讼过程的正当性和正当程序保障主要包括:获得公正方面的程序保障,即诉讼公正或慎重判决、慎重执行方面的程序保障;获得效率方面的程序保障,即诉讼效率或适时判决、适时执行方面的程序保障。诉讼公正优先,兼顾诉讼效率。

民事诉讼结果的正当性和正当程序保障,即实现实体价值和诉讼目的。经过正当程序审理所实现的实体价值和诉讼目的尚需既判力来稳定。根据司法最终解决原则,禁止其他国家机关、社会团体和公民通过其他程序变更或撤销法院判决。

二、现代司法规律和民事诉讼基本理论

民事司法基本规律或基本原理与民事诉讼程序的基本属性或基本原理是相通的(在制度层面表现为基本原则),主要有消极性、独立性、中立性、公开性、参与性、平等性、比例性和安定性等。

民事诉讼基本理论包括"基石"理论:目的和价值;"客体"和"启动"理论:诉与诉讼标的和诉权;"过程"理论:诉讼安定论与关系论和行为论;"终结"理论:既判力。

民事诉讼基本理论中,"目的论"与"价值论"具有基础性地位。民事诉讼价值包含消极性、独立性、中立性、公开性、参与性和平等性等。民事诉讼目的与价值在程序制度及其适用方面应当符合比例性要求。

民事纠纷经原告合法行使诉权(起诉)而进入争讼程序接受法院审判则为民事之诉。原告在起诉时决定本诉的诉讼标的和诉讼请求,共同构成请求法院审判的具体对象。

诉讼安定性要求法官、当事人和证人等按照民事诉讼法享有诉讼权利和承担诉讼义务从而形成诉讼关系,并按照法定的程序序位和行为要件实施相应的诉讼行为(禁止任意诉讼)。

经过正当程序的审理所作出的终局判决,一旦"确定"(确定判决)就产生既判力,法官和当事人等之间就该案的诉讼关系随之消灭,所以既判力论是争讼程序"终结"理论。

第二节 民事诉讼"基石"理论：目的与价值

一、民事诉讼目的

（一）多元目的

民事诉讼目的是从主观意志的角度来看待民事诉讼的作用或功能，而民事诉讼功能则是民事诉讼本身所固有的、客观存在的作用。民事诉讼目的是民事诉讼功能的主观反映，符合民事诉讼功能所确立的目的才能实现。在此意义上，可以说民事诉讼功能即民事诉讼目的。

《民诉法》的任务（第2条）有：(1) 保护当事人行使诉讼权利；(2) 保证法院查明事实，分清是非，正确适用法律，及时审理民事案件；(3) 确认民事权利义务关系，制裁民事违法行为，保护当事人的合法权益；(4) 教育公民自觉遵守法律；(5) 维护社会秩序、经济秩序，保障社会主义建设事业顺利进行。上述第(1)和(2)项是程序性任务，宜纳入价值；第(3)~(5)项是实体性任务，应属于目的。

对当事人而言，保护民事权益和解决民事纠纷是其直接目的。"司法为民"决定了保护民事权益和解决民事纠纷是民事诉讼基本目的。至于维护民事实体法律秩序、促成民事实体法发展、形成或实现公共政策、推动社会改革等目的，则多由国家来考虑。

民事诉讼诸多目的往往共同体现在诉讼中，但也存在一些差异。基层法院初审中，保护民事权益和解决民事纠纷等私益目的更为突出和重要。上诉审法院，特别是最高法院更重视统一法律适用、阐明并发展法律、形成公共政策等公益目的。

（二）保护民事权益、解决民事纠纷和维护民事实体法律秩序

民事实体法是私法，民事诉讼法是公法。对于两者的关系，法谚有云"私法处于公法的保护之下。"当民事权益受到侵害或民事纠纷发生时，受害主体或纠纷主体通过民事诉讼适用民事实体法规范来保护权益、解决纠纷。民事诉讼能够起到"定分止争"的作用，即明确当事人之间的具体民事法律关系，保护当事人合法的民事权益，结束当事人之间的民事纠纷。

在法律层面，保护民事权益、解决民事纠纷与维护民事实体法律秩序是一致的（保护了民事权益即解决了民事纠纷，解决了民事纠纷即保护了民事权益，保护了民事权益和解决了民事纠纷则维护了民事实体法律秩序），所以才可将三者统一纳入民事诉讼制度体系中。

（三）创造民事实体法规范或者促成民事实体法发展

民事诉讼创造民事实体法规范或促成民事实体法发展，即民事诉讼的"造法"功能，体现了司法能动主义。① 我国民国学者邵勋法官著文道：最初，不问实体法上有什么样的权利义务，只以能够提起诉讼为目标，然后由判例衍生出各种法则，归纳出原则与例外的情形，经过学者的大加倡导，制定为实体法典，所以"诉讼法乃是实体法之母也"②。

---

① 参见邵明：《现代民事诉讼基础理论》，法律出版社2011年版，第31～33页。
② 邵勋：《民事诉讼法与民事实体法》，载《法律评论》1928年第235期。

成文法固有的滞后性或不周延性,仍然需要司法裁判者来行使剩余立法权。法院判决确认和保护新兴的正当的民事利益而使其成为新兴的(法律)权利,促成了民事实体法的发展。在我国,有关"日照"方面的纠纷通过法院判决的保护而成为一种"权利"(有称日照权)。① 《最高人民法院公报》公布的不少案例"不仅弥补了立法上和司法解释的不足,而且通过某一具体案例创设出了新的法律原则或判案规则"②。

(四) 形成和维护公共政策或公共秩序

在现代法治社会,民事诉讼作为社会治理、国家治理和法律治理的构成部分,具有形成公共政策、分配公共资源、维护或再生产社会秩序和政治秩序的合法性的功能。

民事诉讼是通过解决个案纠纷来实现其治理功能的。例如,就维护公民的平等工作权或平等就业权而言,《就业促进法》第 62 条规定,实施就业歧视的,劳动者可以向法院起诉。据此,国家可以通过民事诉讼来实现其保护平等就业权和促进就业的政策。

民事诉讼的治理功能在解决公益纠纷方面体现得尤为明显,即民事诉讼通过正当程序解决公益纠纷,确定公共政策,分配社会资源,推动社会改革,所以这类诉讼又被称为"政策形成型诉讼"。

二、民事诉讼价值

(一) 民事诉讼价值的主要构成

民事诉讼价值是指民事诉讼对当事人合理需要的积极满足。民事诉讼是民事诉讼法与民事实体法共同作用的领域,据此民事诉讼价值包括程序价值与实体价值。

程序价值体现了民事诉讼程序所具有的独立价值,是民事诉讼程序的内在要求,主要包括程序公正和程序效率等。实体价值主要是指实体公正(诉讼结果公正和执行名义得以执行),通过维护实体价值来实现民事诉讼目的。司法公正(即诉讼公正)包括程序公正和实体公正。

价值论虽具有抽象性但须将价值具体化为制度规定,比如将"法官中立"具体化为回避制度。法院裁判显著违背诉讼价值及其相应原则制度的,即判决出现严重的程序违法(违背程序价值)和严重的实体错误(违背实体价值),将成为上诉或再审的理由。

(二) 民事诉讼程序价值

1. 程序公正

程序公正或者公正司法的标准或内容主要有:司法的消极性、独立性、中立性;程序的公开性;当事人的参与性、平等性等。

(1) 司法消极性体现为:"有告才理",即当事人行使民事司法救济权符合法定条件的,法院就应当受理,"不得非法拒绝司法";"不告不理",即"法院不得对于未向其诉求的事项有所作为",亦即法官原则上不得主动寻找案件;民事私益案件中,法官不得主动变更或超越当事人确定的诉讼请求或执行请求作出裁判或采取措施。

---

① 我国实务中有称"景色观瞻权"的(参见钱翠华:《关于景色观瞻权保护的几个问题》,载《人民法院报》2002 年 3 月 4 日),还有称"眺望权"的(参见《眺望权应受到保护》,载《人民法院报》2002 年 10 月 25 日)。
② 《最高人民法院公报全集 1995—1999》出版说明。

(2) 司法独立性(非行政化)主要表现为："对外独立"，即法院和法官独立于行政机关和其他机关组织及个人；"内部独立"，即法院之间、法官之间都应是独立的。法院和法官的独立性须以法官的职业化和身份平等性为基础，目的是实现司法公正。①

(3) 司法中立性主要是指法官中立，即法官"不能裁判有关自己的争讼"，旨在避免法官在审判和执行中偏颇或者徇私，保证法官能公平对待各方当事人，以实现司法公正。保证法官"中立"的是回避制度。

(4) 程序公开性包括对社会的公开和对当事人的公开；②包括形式上的公开和实质上的公开，前者是指公开审判人员、审理过程和裁判结果，后者是指法官通过判决书公开判决理由；包括公开审判、执行公开和诉讼记录公开(《民诉法》第49条、第156条)。

(5) 当事人参与性(参与权)包括诉讼知情权和诉讼听审权。前者是指当事人及相关第三人有权充分及时地知悉与己相关诉讼的进行情况，保障此权的是送达制度。后者包括当事人及相关第三人享有的程序请求权、事实主张权、证明权、辩论权等。③

(6) 当事人平等性即当事人平等原则。"平等创造了司法和构成了司法。"④当事人平等原则主要是争讼程序的基本原则，非讼程序中则受到限制(因为只有一方当事人)，执行程序采行当事人不平等主义。

2. 程序效率

在保证诉讼公正的前提下，程序效率追求的是适时审判和及时执行以节约诉讼成本。诉讼成本包括有关民事诉讼的立法成本和司法成本。此部分讨论的是司法成本，即民事诉讼运行成本，包括：(1) 国家维护民事诉讼正常运行所付出的财产、人力及机会成本等公共成本；(2) 私人当事人参加民事诉讼所付出的财产、人力及机会成本等私人成本(《费用办法》规定的当事人负担的诉讼费用，属于当事人财产性诉讼成本)。⑤

如何提高程序效率或降低诉讼成本？首先在民事诉讼程序制度的设计方面，应当体现降低诉讼成本或提高程序效率的价值或理念。摘其要者说明如下。

(1) 建构公正的诉讼程序。按照公正程序进行审判，能够获得正当性，可以减少不必要的上诉或再审，从而降低诉讼成本，提高诉讼效率。

(2) 根据案件的性质和繁简而设置相应的繁简程序。对于诉讼标的较大或案情较复杂的案件适用比较慎重的程序，而对于诉讼标的较小或案情较简单的案件适用简易程序。

(3) 设置合理的起诉要件、上诉要件、执行申请要件等。若不具备，则驳回诉讼或终结程序，从而避免无益的诉讼或执行，以节约诉讼成本或执行成本。

---

① 《决定》明确要求："完善确保依法独立公正行使审判权和检察权的制度，建立领导干部干预司法活动、插手具体案件处理的记录、通报和责任追究制度，建立健全司法人员履行法定职责保护机制。"为有效维护司法的独立性，应当向司法机关提供充足的资源；明确规定法官任免、升调和惩戒、薪酬和福利、免职权和司法豁免权等。对此，联合国《司法独立世界宣言》《关于司法机关独立的基本原则》《司法独立基本原则的声明》《司法独立最低标准》等相关国际性文件均已作出规定。

② 所谓对社会的公开，主要是指允许公民旁听和新闻报道，至于对当事人公开则应纳入程序参与原则或对审原则之中。

③ 参见邵明：《论民事诉讼程序参与原则》，载《法学家》2009年第3期。

④ [法]皮埃尔·勒鲁：《论平等》，王允道译，商务印书馆1994年版，第21页。

⑤ 程序效率或适时判决、及时执行方面的程序保障，从当事人的角度来说，属于当事人程序利益的范畴。当事人程序利益既包括如审级利益等程序利益，又包括节约当事人的诉讼成本。

(4) 建构合理的诉的合并和变更制度。诉的合并制度为在一个诉讼程序中解决多个纠纷或者多个主体之间的纠纷,诉的变更制度能使纠纷得到适当和充分解决。

(5) 诚实信用原则要求法官承担"促进诉讼"的职责与当事人所承担的"促进诉讼"义务一起,共同起到推动诉讼程序尽快顺畅运行的效果。

根据《奥地利法院组织法》的规定,当事人对于法院延迟采取程序的做法,可以向上级法院提出预防迟延的抗告;当事人可以向上级法院申请,命令原审法院于适当期间进行必要的诉讼程序。西班牙宪法规定,适当期间接受裁判权受到侵害者,可请求国家赔偿。①

3. 程序公正与程序效率之间关系

程序公正与程序效率之间的一致性是主要方面。同时符合公正与效率要求的诉讼程序才是正当程序。诉讼迟延会使证据消失,比如物证会腐败消散,当事人及证人记忆会淡忘等,以致无法证明案件事实,不能实现真实。

程序公正与程序效率之间也存在冲突(比如简易性程序在满足程序效率的同时,却可能有失诉讼公正)。就人类的正当需求来说,通常是公正方面的需求多于或高于效率方面的需求,所以在实现诉讼公正的前提下追求诉讼效率。通常,对于诉讼标的额越大或案情越复杂的案件,当事人和国家愿意适用公正保障越充分的程序,从而判决正确的可能性就越高。

(三) 民事诉讼实体价值

民事诉讼的实体价值主要是指实体公正,即诉讼结果公正和执行名义得以执行,体现了价值与目的之间的内在关系,即通过维护实体价值来实现民事诉讼目的。诉讼结果公正主要是判决结果,即法院判决认定事实真实和适用法律正确(《解释》第390条列举了原裁判适用法律确有错误的情形)。执行名义得以执行是指通过执行权利人实现法院判决等执行名义所确定的实体权利。

程序价值与实体价值相辅相成存在关联性。通常符合程序价值的诉讼程序更能产生符合实体价值的诉讼结果。在正当程序中,当事人平等而充分地陈述诉讼请求、主张事实、提供证据、质证辩论,能够最大限度地再现案件真实,法官也能公正适时地作出判决。

程序价值与实体价值存在冲突时,应当优先维护程序价值(如当事人无正当理由超出举证期限所提供的证据纵有关联性和真实性原则上也不被采用)。因为"正是程序决定了法治与任意之治的分野"②,并且根据程序安定性原理也得优先维护程序价值。当然,可以通过设置合理例外来实现个案实体公正,比如通过严格再审程序来纠正实体不公的判决。

三、民事诉讼比例原则

从本质上说,比例原则是运用利益衡量方法来处理法律问题,因此具有普遍适用性,应

---

① 参见韩红俊:《论适时审判请求权》,载《法律科学》2011年第5期。
② 美国大法官道格拉斯(Justice Douglas)语,Joint Anti-Fascist Refugee Comm v. McGrath, 314 U. S. 123, 179, 1951.

为民事诉讼基本原则。民事诉讼比例原则是民事诉讼及其具体程序制度目的与其实现手段之间应当具有客观的对称性,其主要内涵包括程序的合目的性、必要性和相称性。

(一) 民事诉讼程序具有合目的性

合目的性是"目的与手段"之间比较与选择,是指所采用的手段或措施应当能够实现预定的目的。即便手段只能实现部分目的,也为合目的性所包容。

根据合目的性,民事诉讼程序应当按照民事诉讼目的来设置和运作。比如,民事执行目的是实现债权人的债权,应当按照债权(请求权)的类型(如给付金钱、交付物、履行行为等债权)来设置相应的执行程序和采取相应的执行措施。

(二) 民事诉讼程序具有必要性

必要性(最少侵害原则)是"手段与手段"之间比较与选择,是指在"合目的性"已获肯定后,在能够实现预定目的之诸多手段或措施中,应当选择采用对当事人、他人和社会等产生最小损失的手段或措施。"杀鸡取卵"中,"杀鸡"手段的运用明显违反必要性。

比如,在能够实现执行目的之多种措施中,应当选择对债务人或利害关系人最小弊害的执行措施,例如为实现债权人的金钱债权,债务人有金钱的则执行其金钱,没有金钱或其金钱不足以清偿债务的才执行其债权、动产或不动产。

(三) 民事诉讼程序具有相称性

相称性(狭义的比例原则)是"目的与目的"之间比较与选择,即运用利益衡量方法,对"采取的手段及其所追求的目的"与"因此而产生的弊害后果"进行比较,若目的(益处)大于其弊害则采取此项手段以实现此项目的,反之(得不偿失)则取消此项手段。

根据相称性,应当权衡债权人因执行所实现的利益与债务人受到的损害是否相称,所以应当合理设置债务人的执行豁免财产。再如,采取强制措施不得产生利大于弊的后果,否则取消此种强制措施。

第三节 民事诉讼"客体"和"启动"理论:诉与诉讼标的和诉权

民事纠纷因原告起诉而进入民事争讼程序接受法院审判则为民事之诉(民事争讼案件)。民事诉权是关于民事之诉的权利,原告行使民事诉权的方式是起诉(提起民事之诉)。解决民事之诉的程序是民事争讼程序(判决程序或严格证明)。"诉—审—判"关系原理是,对原告的"诉"(包括当事人起诉、上诉、提起再审之诉、异议之诉等),法院必须通过终局判决做出应答,终局判决原则上须经必要的口头辩论才能做出。

通常情况是,原告决定诉讼标的和诉讼请求(实体权益主张);对诉讼标的和诉讼请求,原告应当主张权利产生要件事实(诉的原因)支持,被告可以主张抗辩事实推翻;对权利产生要件事实,原告应当提供本证(被告可以反证推翻);对被告抗辩事实,被告提供本证(原告可以反证推翻)。权利产生要件事实和被告抗辩事实适用严格证明(程序)和完全证明(标准)。案件审理终结后(法庭言词辩论终结后),法院综合考量本案全部证据来确信实体(要件)事实的真伪,之后适用实体法规范作出判决。

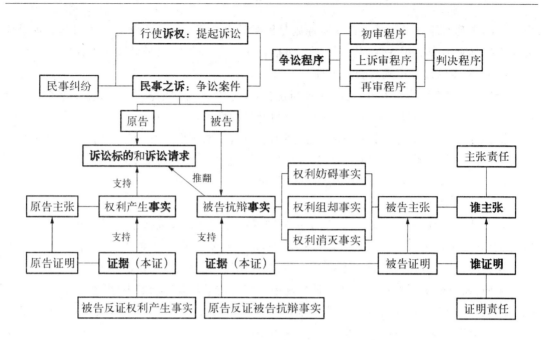

一、民事之诉、诉讼标的与诉的识别

（一）诉的概念与构成要素

"民事之诉"的主要内涵是具体（或特定）原告对具体（或特定）被告、向法院请求审判具体的民事权益主张。对此，具体阐述如下。

（1）为名词时，民事之诉（民事争讼案件）实际上是进入审判程序（实为争讼程序或称判决程序）的民事纠纷。一事不二讼与一事不再理中的"事"、起诉的"诉"均为名词意义上的"诉"，一个"诉"即一个"（民事争讼）案件"（譬如"侵权之诉"可称为"侵权案件"）。

（2）为动词时，"诉"实为"提起诉讼（起诉）"（比如"一事多诉""甲诉乙房屋买卖合同纠纷案"等）。英语 versus（简写为 v. 或 vs.）即动词"诉"之义，比如 Brown v. Board of Education(I347 U.S.483；1954)。民事诉权的行使方式是原告起诉。①

诉的构成要素是对民事之诉做出分析和要求，即一个完整的诉所必备的内容或因素，包括诉的主体、客体和原因。

（1）诉的主体（原告与被告）。"诉"是当事人或原告的"诉"，法院则是诉的审判者。原告与被告因实体争议而在诉讼中形成平等对抗（抗辩、质证和辩论等）。对抗性是争讼程序的基本属性，在制度上表现为对审原则，即保障双方当事人享有平等的程序参与权。

（2）诉的客体（诉讼标的和诉讼请求）。诉讼标的决定诉讼请求，两者共同体现原告请求法院保护范围、共同构成法院主要审判对象。在诉讼中，双方当事人之间就诉讼标的和诉讼请求有无事实根据展开辩论，在此基础上法院适用相应的实体法律规范作出判决。

（3）诉的原因（诉的原因事实、诉因）。即权利产生要件事实（直接支持诉讼标的和诉讼

---

① "甲诉乙商品房销售合同纠纷案"是案件名称，其中"甲诉乙"标明了本诉的主体（原告甲与被告乙）；"商品房销售合同纠纷"是案由。有关案件类型及其代字标准、案号的规定，主要有《人民法院案件类型及其代字标准》（2015 年）和《关于人民法院案件案号的若干规定》（2016 年 1 月 1 日起施行）。

请求),包括民事实质权(物权、债权等)产生的事实和民事救济权①产生的事实,原告应当一并主张。后者即民事纠纷事实,如侵权责任和违约责任构成要件事实。

起诉要件是根据诉的构成要素并结合其他必要诉讼事项来设立的(《民诉法》第119条和第121条)。②

(二)诉讼标的与诉讼请求

1. 诉讼标的之含义

我国采用成文法主义,民事诉讼目的主要是保护民事实体权益、解决民事实体纠纷。据此,诉讼标的当是"民事当事人之间争议的请求法院审判的民事实体法律关系或者民事实体权利"。具体解说如下。

(1)诉讼标的之"标的"是民事当事人之间存在的"民事实体法律关系"或者原告所主张的"民事实体权利"。此处的"民事实体权利"可以指所有权、债权、人身权等实质权,更多的是指以权利作用为标准所划分的请求权(是给付之诉的诉讼标的)、支配权(是确认之诉的诉讼标的)和形成权(是形成之诉的诉讼标的)。比如,买方A与卖方B之间存在的货物买卖合同法律关系,或者A所主张的请求B承担违约责任(给付合格货物等)的请求权、B所主张的请求A承担违约责任(支付货款等)的请求权等。

依据《案由规定》,案由主要是根据诉讼标的来确定的。依据当事人主张的民事法律关系的性质来确定(如变更抚养关系纠纷);依据民事实质权来确定的(如人身自由权纠纷、探望权纠纷、股东知情权纠纷);依据请求权、形成权或者确认之诉、形成之诉的标准进行确定(比如票据付款请求权纠纷、确认合同无效纠纷)。

(2)诉讼标的是指"民事当事人之间发生争议"的民事实体法律关系或者原告所主张的民事实体权利。比如,买方A与卖方B均履行了各自的义务(履约),则无争议(无诉的利益)而无须解决,此时的买卖合同法律关系或请求权还不能成为诉讼标的;若A与B有争议(违约),比如因A没有按照合同支付货款而发生了争议,才须解决,此时的买卖合同法律关系或者B所主张的请求A支付货款的请求权才可能成为诉讼标的。

(3)诉讼标的是民事当事人之间发生争议的"请求法院审判"的民事实体法律关系或者原告所主张的民事实体权利。比如,若买方A与卖方B通过和解、调解或仲裁来解决争议,则A与B之间发生争议的买卖合同法律关系或者B所主张的给付货款的请求权不是诉讼标的,只有当B提起民事诉讼请求法院审判该争议时才能成为诉讼标的。

2. 诉讼标的与诉讼请求之关系

诉讼请求是指原告请求法院审判的以诉讼标的为基础的具体实体请求(即具体的权利主张或实体法律效果),实际上就是请求权、支配权或形成权的具体内容。比如,B(卖方)诉A(买方)买卖合同纠纷案,其诉讼标的是B对A所主张的请求权(属给付之诉),请求权的具体内容则构成诉讼请求:请求支付价款500万元、利息10万元和违约金5万元等。

---

① 民事救济权包括民事实体救济权(如物权请求权、债权请求权等是实质权的救济权)和民事纠纷解决请求权(如民事诉权、仲裁申请权等)。

② 参见邵明:《论民事之诉的合法要件》,载《中国人民大学学报》2014年第4期。

客观构成要素中,诉讼标的是诉的"质"的规定性,决定诉讼请求。一个"诉"只有一个"诉讼标的",但可有数个诉讼请求。若在同一个诉讼程序中,本诉的诉讼标的发生变更(比如诉讼标的由侵权赔偿法律关系变更为合同法律关系,则侵权之诉变更为违约之诉)则本诉发生了"质"的变更,即变成另一诉(诉的客观变更)。

当诉讼请求包含数项可以分割的组成部分时,当事人可以减少或增加诉讼请求,即诉讼请求在"量"上发生变更,本诉仅发生"量"的变更,并未改变本诉的诉讼标的或"质"的规定性而依然是原诉。比如,B(卖方)诉A(买方)买卖合同纠纷案,原告B舍弃违约金5万元的请求,本案诉讼标的没有发生变更,还是原诉。

(三) 诉的类型:给付之诉·确认之诉·形成之诉

通常根据诉讼"标的"(请求权、支配权、形成权),将民事之诉划分为给付之诉、确认之诉和形成之诉。

给付之诉是原告请求被告履行一定给付义务之诉,诉讼标的是原告主张的(给付)请求权。现在给付之诉通常是在起诉时,原告请求履行期已到的给付之诉。将来给付之诉是指在起诉之时,原告请求履行期未到的给付之诉。① 原告提起给付之诉,法院判决原告胜诉的判决才是给付判决,具有执行力。

积极确认之诉是原告请求法院确认现在的②有争议的民事法律关系(或民事权益)或者特定的法律事实存在或者合法有效(如确认存在收养关系之诉),若请求法院确认不存在或者不合法或无效则是消极确认之诉(如请求确认合同无效之诉)。确认判决的确认力,在判决确定时,通常溯及民事法律关系或民事权益存在或成立之时。

形成之诉是指原告请求法院运用判决变动已成立或既存的民事法律关系(或民事权益)之诉,诉讼标的是原告主张的形成权。合同变更之诉、债权人撤销权之诉等形成判决的形成力主要存在于当事人双方之间。有关身份关系的人事诉讼(如撤销或解除婚姻)、社团关系的公司诉讼(如撤销公司股东会决议之诉)等形成判决的形成力有对世效力。

(四) 诉的识别:禁止重复起诉或一事不再理

在我国,法院判断原告起诉是否为"重复起诉",若是则法院"一事不再理",即裁定不予受理或驳回起诉。判断前诉与后诉是否为同一个诉,即诉的识别(识别诉)问题,通常是根据诉的构成要素来进行,特殊情况则须适用其他原理才能获得合理结果。

1. 识别诉的通常方法(有关实例参见反诉)

(1) 根据诉的主体来识别诉。通常情况下,两个诉的主体不同,包括其中任一主体不同和原被告在两诉中互换地位(如本诉与反诉),这两个诉就是不同的诉。

例外的情形是,诉的主体虽然发生变更,但是仍然是原诉。其情形主要有:(1) 法定当事人变更中,虽然当事人一方或双方发生了变更,但是依然是原诉。(2) 必要共同诉讼中,必

---

① 《合同法》第108条:"当事人一方明确表示或者以自己的行为表明不履行合同义务的,对方可以在履行期限届满之前要求其承担违约责任。"据此,权利人满足义务人"明确表示或者以自己的行为表明不履行合同义务"之条件,就可在履行期限届满之前,提起将来给付之诉,要求义务人承担违约责任。

② 过去的民事法律关系可能发生了变动,没有必要对其作出确认判决;对将来的民事法律关系作出确认判决,可能阻碍将来的民事法律关系的合理变动。事实上,对过去的或未来的民事法律关系可否提起确认之诉,取决于是否具有以现在确认之诉加以确认的必要,比如承租人可以请求法院确定其续租权。

要共同诉讼人发生增减,也还是原诉。

(2) 若诉的主体相同则须根据诉讼标的来识别诉。诉讼标的理论中所谓"诉讼标的之识别",旨在识别诉,实际上是在诉的主体确定的前提下进行的。至于如何识别诉讼标的,可以运用以下方法。

其一,根据民事实体法律关系的具体内容,来识别诉讼标的。比如,在同一诉讼程序中,A对B同时提起返还借款之诉和返还货款之诉,构成诉的客观合并,前诉的诉讼标的是借款合同关系,而后诉的诉讼标的是买卖合同关系。

其二,若根据民事实体法律关系难以或无法识别诉讼标的,则须根据民事实体权利来识别。即是说,从实体权利的角度,更容易识别诉讼标的。比如,婚姻无效之诉与离婚之诉,若从法律关系的角度,则得出这两个诉的诉讼标的均是婚姻关系;若从实体权利的角度考察,则前诉的诉讼标的是支配权,而后诉的诉讼标的是解除权或撤销权,所以婚姻无效之诉属于确认之诉,而离婚之诉属于形成之诉。

其三,若两诉的诉讼标的均是同一类权利,则须根据权利的具体内容来识别是否是同一个权利(如上述案例)。

(3) 特定情况下须根据诉的原因事实来识别诉。比如,A以B有恶习为由,提起与B离婚之诉;败诉后,A又以受B虐待为由,提起与B离婚之诉。此例中,前诉的原因事实是"B有恶习",而后诉是"B虐待A",诉的原因事实不同,则诉不同,法院应当受理后诉,否则会产生不合理的后果。

但是,在同一个诉讼程序中,A对B提起离婚之诉,A同时提出B有恶习、受B虐待两个离婚的事实理由。对此,如何处理呢?在我国实务中,也是作一个诉对待。本例中,任一离婚理由成立或者两个离婚理由均成立,只需作出一个离婚判决;只有两个离婚理由均不成立,才可判决驳回离婚。

2. 部分请求和后发性请求

"部分请求"属于诉讼请求在量上的缩减,并未改变诉的质的规定性(仍然是同一原告诉同一被告、同一诉讼标的和同一案件事实),所以还是原诉,那么根据既判力或一事不再理,原告就其余请求不得再行起诉。再者,按照处分原则,既然原告舍弃部分请求的,就应受其处分行为的约束,其处分行为的效力及于该诉的全部诉讼程序。

引起后发性请求的事实是在本案最后言词辩论终结后或本案判决确定后发生的。本案提起时,原告对后发性请求则未意识到或没有明确放弃,应当根据民事诉讼目的,允许受害人再行提起。依据《关于审理人身损害赔偿案件适用法律若干问题的解释》(法释〔2003〕20号)第19条第2款,器官功能恢复训练所必要的康复费、适当的整容费以及其他后续治疗费,赔偿权利人可以待实际发生后另行起诉。

《解释》第248条:"裁判发生法律效力后,发生新的事实,当事人再次提起诉讼的,人民法院应当依法受理。"第218条:"赡养费、扶养费、抚育费案件,裁判发生法律效力后,因新情况、新理由,一方当事人再行起诉要求增加或者减少费用的,人民法院应作为新案受理。"笔者认为,此条中"新情况、新理由"构成新的案件事实,则应是不同的诉(实际上是当事人异议之诉)。

二、民事诉权:关于民事之诉的权利

(一)现代民事诉权的内涵和属性

(1)民事诉权是关于民事之诉的权利,具有程序内涵(程序性)和实体内涵(实体性)。民事之诉和民事诉权的程序内涵主要是原告通过"起诉",以启动争讼程序,请求法院行使审判权。事实上,"行使诉权"的方式就是"起诉"(即"行使起诉权"),民事诉权在程序层面表现为"起诉权"。

民事之诉和民事诉权的实体内涵是诉讼标的和诉讼请求所包含的民事实体法律关系或民事实体权益及其主张。比如,给付诉权的实体内涵应当包含给付请求权(诉讼标的)和具体实体请求(诉讼请求)。

(2)民事诉权是当事人向国家法院行使的请求权(公权性),属于基本权利(属于宪法权利和基本人权的范畴)。民事诉权是国民或当事人请求国家法院通过民事诉讼来保护民事权益和解决民事纠纷的权利,国家法院则有"不得非法拒绝审判"职责。

第二次世界大战后,诸多人权公约将诉权或司法救济权确定为基本人权,比如《世界人权宣言》第8条规定:"当宪法或法律赋予的基本权利遭受侵犯时,人们有权向有管辖权的法院请求有效的救济。"诸多国家宪法直接或间接地肯定诉权或司法救济权为宪法基本权。比如,《意大利宪法》第24条规定:"任何人为保护其权利和合法利益,皆有权向法院提起诉讼。"

(二)民事诉讼法保护诉权

与民事诉权紧密相关的宪法、民事实体法和民事诉讼法、律师制度和法律援助制度等,须是能够促进正义的良法,当事人才愿意和能够利用其实现权益。① 就民事诉讼法和相关司法解释对诉权的保护,兹列举如下。

(1)明确规定特殊情形中当事人或第三人享有或行使诉权。比如合法民事利益受到侵害或发生争议的②、后发性请求的、公益纠纷诉权、第三人撤销之诉、执行异议之诉、执行分配方案异议之诉、有关折价赔偿之诉(《解释》第494条)、妨害执行行为造成损失之诉(《解释》第521条)、有关公证方面的诉权(《公证法》第40条)、诉的合并(包括反诉)和变更、告知(另行)起诉(《民诉法》第179条和《解释》第328条、第350条、第372条、第405条、第532条、第533条、第544条等)等。

(2)明确规定起诉条件。基于保护"民事诉权"的考虑和根据"先程序后实体"的原理,起诉条件主要是程序性要件,应当予以明确规定。

(3)确立立案登记制和允许当事人补正起诉条件。

(4)有关裁定不予受理和驳回起诉的规定。裁定不予受理、驳回起诉的案件,原告再次

---

① 《民诉法》(2012年修改)在第123条明文规定保护诉权,自此我国在新的历史时期对保护国民诉权进行了重大而积极的实践。目前,有关规范文件主要有《决定》(2014年)、《关于贯彻落实党的十八届四中全会决定进一步深化司法体制和社会体制改革的实施方案》(2015年)、《关于人民法院推行立案登记制改革的意见》(2015年)、《解释》、《关于人民法院推行立案登记制改革的意见》(法发〔2015〕6号)、《登记立案》等。

② 《侵权责任法》第2条明确规定保护民事利益。《解释》第69条规定:"对侵害死者遗体、遗骨以及姓名、肖像、名誉、荣誉、隐私等行为提起诉讼的,死者的近亲属为当事人。"

起诉,符合起诉条件且不属于《民诉法》第124条规定情形的,法院应予受理(《解释》第212条)。不予受理或驳回起诉的裁定有错误的,当事人有权提起上诉(《民诉法》第123条、第154条),而且可以通过再审程序予以纠正(《解释》第381条、第414条)。

(5) 合理设置撤诉制度。当事人拥有是否行使诉权的自由,即使当事人已经行使诉权向法院提起诉讼,也有撤回起诉(撤诉)的权利或自由,所以法律限制撤诉须有充足根据,即撤诉也须符合法律规定的合理要件(比如不得损害国家利益、社会公共利益、他人合法权益)。另一方面,按撤诉处理的情形,实际上是否定当事人行使诉权,所以也须有充足根据。

(三) 司法实务中保护民事诉权

民事诉权是一种对世权,任何人不得违法侵害或阻碍其合法行使。在现实或实务中,对于诉权的保护,首先来自法院(限于篇幅下文简要讨论法院保护诉权问题)。

一方面法院"不得非法拒绝审判"。对于符合起诉条件之诉,法院应当适时受理,并且禁止随意增加起诉条件(比如要求原告在起诉阶段就应当提出充分的胜诉证据、以诉讼文书不能送达为由不予受理等)。对于起诉状中当事人基本情况记载不清、没有记载诉讼请求等情况,法院应当给予当事人补正起诉条件的机会。

另一方面遵循"不告不理"原则。当事人没有行使诉权的,法院不得主动寻找案件予以立案,不然则侵犯当事人诉权(因为当事人有是否行使诉权的自由)。私益案件中,适用当事人处分原则,即原告有权通过诉讼标的和诉讼请求来决定请求法院保护的范围,法院只能在此范围内作出裁判,不然则侵犯原告私权和诉权。

对于法院侵害诉权的,主要是通过诉讼程序内部来纠正,即通过上诉程序和再审程序来纠正。为保障法官独立审判,一般不允许在诉讼程序外部对法官侵害诉权的行为予以惩治,除非法官侵害诉权的行为非常严重甚至构成犯罪,否则不被弹劾或治罪。

在我国,对于法院作出违法的不予受理或驳回起诉的裁定,通过上诉程序和再审程序来纠正。在当事人没有起诉或者合法撤诉的情形中,法院所作出的判决为诉外判决,属于无效判决而自始不产生判决的效力。对于法院违反当事人处分原则所作出的判决,属于违法判决,可以通过上诉程序和再审程序来纠正。

(四) 滥用诉权的规制

广义滥用诉讼包括滥用民事司法救济权(起诉权、非讼程序申请权、执行申请权等),又包括滥用其他民事诉讼权利(程序参与权、实体处分权、程序处分权等)。根据诉权的程序内涵和实体内涵,滥用诉权体现为:(1) 滥用起诉权(包括反诉权、当事人提起再审之诉);(2) 提出明显无事实根据的诉讼请求。

比较而言,保护诉权或司法救济权是主要方面,规制诉权滥用不应阻碍诉权的合法行使,所以滥用诉权的构成要件理当严格,否则会阻碍当事人正常行使诉权。《民诉法》第112条和第113条对滥用诉讼的构成要件作出了规定,也适用于滥用诉权。滥用诉讼和滥用诉权的构成要件如下:恶意、实施了恶意诉讼的行为、存在损害后果、滥用诉讼行为与损害结果之间存在因果关系。

滥用诉权属于滥用诉讼的范畴,两者在主观方面表现为故意,属于权利滥用范畴。《民诉法》第112条和第113条中对滥用诉讼作出的规定,当然适用于滥用诉权。所谓"恶意",是指当事人之间或被执行人与他人恶意串通,以"侵害他人合法权益"或者"逃避履行法律文书确定的义务"为目的。"原告意识到滥用诉讼的违法后果"为"恶意"的内容。"恶意"还包括诉讼参与人或者其他人故意"冒充他人提起诉讼或者参加诉讼"(《解释》第189条)。

所谓实施了恶意诉讼的行为,主要体现为通过伪造事实或证据启动诉讼程序、冒充他人提起或参加诉讼等。

所谓存在损害后果,主要是指侵害他人合法权益或者逃避履行法律文书确定的义务。侵害他人合法权益必然会产生损害结果;逃避履行自己的债务必然会使相对人债权的实现受到阻碍,即产生损害相对人合法权益的后果。①

对于滥用诉权和滥用诉讼行为的规制,《民诉法》第112条和第113条区别情节轻重,规定了相应的规制或处罚措施,即:(1)法院应当驳回其请求;(2)采取"对妨害民事诉讼的强制措施",即法院根据情节轻重予以罚款、拘留;(3)构成犯罪的,依法追究刑事责任。

依据《最高人民法院关于防范和制裁虚假诉讼的指导意见》(法发〔2016〕13号),法院工作人员、诉讼代理人、鉴定机构、鉴定人参与虚假诉讼的,依法予以制裁。

三、诉的合并、被告反诉与诉的变更

(一)诉的合并

1. 诉的合并之概念

诉的合并包括诉的主观合并和诉的客观合并两种基本形态。大陆法系的著作多将诉的主观合并放在诉讼主体(或当事人)部分予以阐释,而在诉讼客体(复数的诉讼对象)部分阐释诉的客观合并。

"诉的主观合并""既判力的主观范围"中的"主观"即"主体"之意。诉的主观合并(诉的主体合并、诉讼当事人的合并),即当事人一方或双方为两人以上的诉,其典型形态是必要共同诉讼和以其为基础的群体诉讼。

"诉的客观合并""既判力的客观范围"中的"客观"即客体或对象之意。诉的客观合并是从诉讼标的之角度来规定或考察诉的合并形态,是指诉讼标的之合并,即在同一诉讼程序中,同一原告(包括反诉原告)对同一被告(包括反诉被告)提出两个以上诉讼标的之合并(即提出两个以上的诉)。②

同时还存在诉的主客观合并的情形,比如普通共同诉讼及以其为基础的群体诉讼、有独立请求权第三人提起的参加之诉与本诉的合并、被告提起的反诉与本诉的合并等。

允许诉的合并,其主要理由或主要益处是:在一个诉讼程序中同时解决多数人之间的纠纷或者多个纠纷,既能够满足诉讼效率的基本要求和增强诉讼制度解决纠纷的基本功能,又能够在一定程度上减少矛盾判决。

---

① 参见全国人大常委会法制工作委员会民法室编:《〈中华人民共和国民事诉讼法〉条文说明、立法理由及相关规定》(2012修订版),北京大学出版社2012年版,第183~187页。

② 《民诉法》第140条规定:"原告增加诉讼请求,被告提出反诉,第三人提出与本案有关的诉讼请求,可以合并审理。"对"原告增加诉讼请求",应当这样理解:在本诉程序中,原告增加诉讼标的而直接表现为增加诉讼请求,实际上构成诉的客观合并。如果原告仅在同一诉讼标的上增加诉讼请求,不属于诉的客观合并,但必须合并审理。"第三人提出与本案有关的诉讼请求"是指有独立请求权第三人在他人之诉(本诉)提起参加之诉。

2. 诉的客观合并要件

（1）合并的数个诉讼标的或数个诉须由同一原告（包括反诉原告）向同一被告（包括反诉被告）在同一诉讼程序中提出。诉的客观合并是在诉的主体同一的前提下，仅就"诉讼标的"来规定或考察诉的合并形态。数诉须在"同一诉讼程序"合并审判，"同一诉讼程序"通常是一审程序、也可以是二审程序和再审程序（《解释》第252条）。

（2）合并的数个诉讼标的或数个诉须适用相同的诉讼程序。比如，合并的数诉，有的适用简易程序，有的适用普通程序，在简易程序中不得合并，而在普通程序中可以合并（《解释》第280条）。不过，根据《民诉法》第157条第2款和《解释》第264条的规定，对于基层法院及其派出法庭适用一审普通程序审理的民事案件（《解释》第257条规定的案件除外），当事人双方约定适用简易程序的，则可在简易程序中合并审理。

（3）受诉法院对合并的数个诉均有管辖权。若合并的诉属于其他法院级别管辖、专属管辖或协议管辖的，则不得合并。受诉法院基于牵连管辖，能够对无管辖权的诉取得管辖权而予以合并。

被告提起反诉、有独立请求权的第三人提出与本案有关的诉讼请求，法院决定合并审理的，分别减半交纳案件受理费（《费用办法》第18条）。

有关诉的客观合并要件，尚需说明的是：数诉间有无法律上的关联性或牵连关系，则非合并的必要要件（如单纯合并）。但是，反诉、主诉讼参加人提起参加之诉、预备合并等情形中，数诉间须有关联性。

3. 诉的客观合并程序

诉的客观合并要件（包括客观变更要件）一般属于法院职权调查事项，法院应当依职权主动调查是否具备。若法院调查后，认为不具备合并要件的，应当裁定驳回合并请求。

具备合并要件的，对合并的数个诉在同一程序中合并审理，既可以合并辩论也可以分开辩论或限定辩论。不过，对于合并的数个诉应当分别作出裁判，各裁判可以同时作出也可以先后作出。对于可分之诉，若法院认为诉的合并不利于诉讼程序顺畅进行，并且不会导致作出相互矛盾的判决的，则可将已合并之诉予以分离，以各自的程序分别审判。

为保护新诉当事人的上诉权或审级利益，对二审程序中的新诉，虽不得适用二审程序审判，但可以根据当事人自愿原则进行调解，调解不成的则告知当事人另行起诉；如果双方当事人同意由二审法院按照二审程序一并审理的，可以一并裁判（《解释》第328条）。

依据《解释》第302条，第三人诉讼请求并入再审程序审理的，按照一审程序审理的，法院应当对第三人的诉讼请求一并审理，所作的判决可以上诉；按照二审程序审理的，法院可以调解，调解达不成协议的，应当裁定撤销原判决、裁定、调解书，发回一审法院重审，重审时应当列明第三人。

（二）被告反诉

《民诉法》第51条规定，被告有权提起反诉，但是没有具体规定反诉的要件和程序。对于反诉，《解释》（第232条、第233条、第251条、第252条和第328条等）作出具体规定。

1. 反诉的含义

反诉是指在本诉的诉讼程序（或诉讼系属）中，本诉的被告以本诉的原告为被告，提起的与本诉相关的诉，旨在维护合法民事权益。本诉被告被称为"反诉原告"，本诉原告被称为

"反诉被告"。反诉以本诉为存在前提,无本诉则无反诉。

【案例】 在A诉B买卖合同纠纷案中,A以B少付100万元货款为由,请求法院判决B支付所欠货款及其利息。B收到起诉状副本后,向同一法院提交了反诉状。B以A的货物质量不符合合同的约定为由,请求法院判决A更换货物并赔偿损失。

此例中,存在两个诉:一个是本诉,另一个是反诉,两者的主体、标的和原因均不相同。本诉的原告是A、被告是B,反诉的原告是B、被告是A,这两诉的主体虽然都是A和B,但是原被告已经互换了诉讼地位。本诉的诉讼标的是A基于买卖合同所拥有的给付货款的请求权,反诉的诉讼标的是B基于买卖合同所拥有的交付合格货物的请求权和赔偿损失的请求权。A与B请求权的内容有别,所以是不同的诉讼标的。本诉与反诉的案件事实虽然均是违约事实,但是,本诉的原因事实是B欠100万元货款的违约事实,反诉的原因事实是A交付的货物质量不合格的违约事实和B因此受损的事实。

反诉具备诉的构成要素,不同于本诉而是另一个诉,两诉的主体、标的和原因事实均不同,所以反诉也具有一定的独立性,比如若本诉撤回或终结而反诉尚未审结的,则应继续审理反诉直至作出判决。

2. 反诉的要件

反诉属于特殊的合并,其要件除了遵循诉的客观合并要件(比如反诉与本诉应当适用相同的诉讼程序、审理本诉的法院对反诉拥有合法管辖权等),还有如下特殊要件:

(1) 反诉是本诉被告对本诉原告提起的。反诉的当事人应限于本诉的当事人的范围。法律规定的机关和有关组织向法院提起民事公益诉讼的,由于原告不是争讼民事法律关系的主体或者受害人,所以被告加害人不应向其提起反诉。①

(2) 反诉与本诉在诉讼标的、诉讼请求或案件事实方面存在着法律上的牵连关系。比如,反诉与本诉的诉讼请求基于相同法律关系(如基于同一买卖合同关系)、诉讼请求之间具有因果关系,或者反诉与本诉的诉讼请求基于相同事实的,法院应当合并审理。反诉与本诉在诉讼请求方面存在的牵连关系,有时体现为相互冲突或抵消,例如原告提起离婚之本诉而被告提起婚姻无效之反诉。反诉与本诉在案件事实方面存在的牵连关系,譬如两人互殴,一人诉请损害赔偿,对方反诉损害赔偿。

(3) 反诉应在案件受理后至法庭辩论结束前提起。反诉以本诉为存在前提,反诉不在这期间提起,就构不成反诉,但可以作为一个单独的诉,进行审判。

3. 反诉的程序

本诉被告提起反诉应当提交反诉状(实为起诉状),并应当送达反诉被告。简易程序和小额诉讼程序中,可以口头提起反诉。反诉案件由提起反诉的当事人自提起反诉次日起7日内预交案件受理费,但是,被告提起反诉与本案有关的诉讼请求,法院决定合并审理的,减半交纳案件受理费(《费用办法》第18条)。

法院应当依职权审查是否具备反诉要件。没有同时具备反诉要件的,法院应当裁定不予受理或驳回反诉,告知另行起诉。

① 比如,《环境公益诉讼》第17条规定:环境民事公益诉讼案件审理过程中,被告以反诉方式提出诉讼请求的,法院不予受理。

法院受理反诉后,应当在合并审理本诉和反诉,在审理中可以合并辩论也可以分开辩论或限定辩论,不过通常是先审判本诉。对于本诉和反诉应当分别作出裁判,各裁判可以同时作出也可以先后作出。

反诉是相对独立的诉,所以反诉不因本诉撤回或终结而失去效力。被告也有权申请撤回反诉。依据《解释》第238条第2款的规定,法庭辩论终结后原告申请撤诉,被告不同意的,法院可以不予准许。①

为保护反诉当事人的上诉权或审级利益,对于在二审程序(包括再审适用二审程序)中提起的反诉,根据当事人自愿原则进行调解,调解不成的则告知当事人另行起诉;双方当事人同意适用二审程序的,反诉与本诉合并审判。若再审适用一审程序,则反诉与本诉合并。

(三) 诉的变更

1. 诉的变更之概念

诉的变更包括诉的主观变更和诉的客观变更。诉的主观变更(当事人变更)在诉讼主体(或当事人)部分进行阐释。狭义上,诉的客观变更仅指替换变更,即诉讼标的变更,是指在同一诉讼程序中,同一原告(包括反诉原告)对同一被告(包括反诉被告),以新的诉讼标的替换原诉的诉讼标的,请求法院审判新诉而不再审判原诉。

诉的客观变更是以诉的主体不变为前提,仅讨论和规范诉讼标的变更问题。② 诉的客观变更是建立在同一的案件事实或生活事实的基础上(参见《合同法》第54条第2款)。

2. 诉的客观变更要件

诉的客观变更是原告提起新诉讼标的或新诉,以替换原诉讼标的或原诉,所以诉的客观变更要件与客观合并要件有相同之处,比如在原诉受理后、法庭辩论结束前变更;新诉不属于其他法院级别管辖、专属管辖或协议管辖等。不过,诉的客观变更要件还包括:变更后的新诉与原诉应当建立在同一案件事实的基础上,即两诉的原因事实是同一案件事实。

简易程序和小额诉讼程序允许诉的客观变更。如果变更后的新诉依法不适用简易程序或者小额诉讼程序的,法院应当裁定适用普通程序或者简易程序。若变更后的新诉属于基层法院及其派出法庭适用一审普通程序审理的民事案件(《解释》第257条规定的案件除外),则当事人双方可以约定适用简易程序审理。

3. 诉的客观变更程序

诉的客观变更应以书面提出,相当于新的诉状,应当送达被告。简易程序中,可以口头请求诉的变更。当事人因诉的客观变更而变更诉讼请求数额,增加诉讼请求数额的,按照增加后的诉讼请求数额计算补交案件受理费;减少诉讼请求数额的,按照减少后的诉讼请求数额计算退还案件受理费。

诉的客观变更要件,一般属于法院职权调查事项,法院应当依职权主动调查是否具备。

---

① 被告参加诉讼付出了成本,所以原告在辩论终结后申请撤诉的,应当把"征得被告同意"作为裁定撤诉的要件,以此来平等维护原告和被告的程序利益。《德国民事诉讼法》第269条规定:在言词辩论后撤诉须被告同意,若撤诉申请书送达被告2周内并告知其后果,被告未异议的,则视为同意撤诉。

② 下列情形中,诉讼标的在质的方面没有变更,不属于诉的客观变更,还是原诉:(1)诉讼请求在数量方面的变更,比如原先请求给付10 000元减到8 000元。(2)因案件事实或诉讼请求有遗漏、模糊或技术上错误而予以补充或更正,并未改变案件的质的规定性。

若法院调查后,认为不具备变更要件的,应当裁定驳回变更请求。法院不准许诉的变更,应对原诉进行审判。法院准许诉的变更,应对新诉进行审判。如果对新诉作出了判决,不得再就诉的变更是否符合要件发生争议,更不允许否定诉的变更而审判原诉。

诉的客观变更通常发生在一审程序(和适用一审程序的再审)中;也可能发生在二审程序(和适用二审程序的再审)中(《解释》第252条),二审法院(或再审法院)可以根据当事人自愿的原则进行调解,调解不成的则告知当事人另行起诉。

第四节　民事诉讼"过程"理论：诉讼安定与关系和行为

民事诉讼(程序)安定(性)要求按照法定程序,有序地实施诉讼行为和形成诉讼关系。诉讼安定性原理决定了诉讼规范主要是强行规范和诉讼行为主要采取表示主义。民事诉讼关系是静态地描述民事诉讼,民事诉讼行为则是动态地描述民事诉讼。

一、民事诉讼安定(性)

民事诉讼严格的法律规范性在诉讼程序方面体现为民事诉讼程序安定性或程序安定原则,其主要内涵是法官和当事人等应当按照法定程序,有序地进行诉讼活动或实施诉讼行为,其诉讼结果或本案判决的确定力应当得到充分的程序维护或保障;具体体现为诉讼程序制度的安定性、诉讼过程的安定性和诉讼结果的安定性。

民事诉讼程序制度的安定性(程序法定原则),即民事诉讼程序只能由国家立法机关预先制定或授权预先制定,旨在禁止对特定案件或特定人员事后设立特别的民事诉讼程序,以保证相同情形或相似情形获得相同或相似的对待。根据程序法定原则,行政机关、司法机关不得制定剥夺或限制当事人程序基本权的规范,否则根据《立法法》《监督法》(第32条、第33条)及相关工作程序(如《司法解释备案审查工作程序》)来处理。

民事诉讼过程的安定性(禁止任意诉讼),即禁止法官和当事人任意变更诉讼程序,应当按照法定的程序序位和行为要件来实施相应的民事诉讼行为。民事诉讼过程具有不可逆性(自缚性),即在民事诉讼中,法官和当事人均受其已经做出的合法诉讼行为的约束,诉讼行为的选择度随着程序的逐步展开而逐步被降低,至判决确定之时(本案判决不得上诉之时)行为选择的自由基本上没有了。①

民事诉讼结果的安定性包括维护确定判决既判力和司法最终解决原则。有关具体案件的民事诉讼程序不能无休止地进行,须得有个终结点即判决确定之时,此时的判决则是确定判决而具有既判力。司法最终解决原则即由法院终局性(结论性)地解决案件,法院确定判决只能由法院通过法定程序(再审程序、异议之诉等)来撤销或变更,其他国家机关、社会团

---

① 参见季卫东:《法治秩序的建构》,中国政法大学出版社1999年版,第18~19页。

体和公民个人无权以其他程序来变更或撤销。①

民事诉讼程序安定性要求诉讼程序有序顺畅进行以避免程序混乱和诉讼迟延。诉讼是由前后有序的诉讼程序和诉讼行为构成的,后面的诉讼程序和后行的诉讼行为须以前面的诉讼程序和先行的诉讼行为为基础而有序展开。若允许任意诉讼,则有损诉讼程序的有序性和明确性,致使无数案件本应适用共同的诉讼程序而被变异,法官和当事人对诉讼程序如何运行无法做出及时预见,必然导致程序混乱和诉讼迟延。

二、民事诉讼关系

(一) 民事诉讼关系的含义

民事诉讼关系(民事诉讼法律关系)是由民事诉讼法规范或调整的,法院、当事人及证人等诉讼参与人之间存在的,以诉讼权利义务为内容的法律关系,属于公法关系。

争讼程序中,基本诉讼关系是"三面关系":法官与原告(上诉人)、法官与被告(被上诉人)、原告与被告。法官与当事人的诉讼关系主要体现为法官审判权与当事人诉权、诉讼权利义务,原告与被告主要是争讼关系(平等对抗)。②

非讼程序中,其基本诉讼关系是"一面关系":法官与申请人,其诉讼关系主要体现为法官审判权与当事人非讼申请权、诉讼权利义务。非讼程序中,只有一方当事人,不存在原告与被告之间的平等对抗。

执行程序中,其基本诉讼关系是"三面关系":法院与债权人、法院与债务人、债权人与债务人。法院与当事人的诉讼关系主要体现为法院执行权与当事人申请执行权、诉讼权利义务。执行中,债权人与债务人程序地位不平等。

(二) 民事诉讼关系的要素

1. 民事诉讼关系主体

民事诉讼关系主体是民事诉讼权利的享有者和民事诉讼义务的承担者,比如法院、当事人及其诉讼代理人、检察院、鉴定人、证人等。

法院和当事人是诉讼的基本主体(诉讼主体),无诉讼主体则无诉讼。原告与被告是诉的主体。诉讼主体是诉讼(法律)关系主体,但不是诉讼关系主体的简称。证人等是诉讼关系主体但不是诉讼主体。

2. 民事诉讼关系内容

民事诉讼关系内容是民事诉讼关系主体依据(广义的)民事诉讼法所享有的诉讼权利和所承担的诉讼义务。

民事诉讼权利是民事诉讼关系主体所享有的,按照自己的意志,可以行使也可以不行使的诉讼权能,具有可处分性(权利人可以选择是否行使其诉讼权利)。法院应当保障当事人和证人等顺畅行使诉讼权利,不得限制或剥夺其诉讼权利。

---

① 考虑到既判力论和司法最终解决原则早已发展为一套比较成熟的诉讼理论,笔者将诉讼"结果"的安定性或确定判决的既判力另行阐释。

② 当事人之间的诉讼关系除原告与被告之间的争讼法律关系外,同一方当事人之间(比如必要共同诉讼人之间)也存在着诉讼关系。双方当事人之间除对抗外还有合作,比如达成管辖协议、诉讼和解协议、执行和解协议等诉讼契约。参见张卫平:《论诉讼契约化》,载《中国法学》2004 年第 3 期;汤维建:《论民事证据契约》,载《政法论坛》2006 年第 4 期。

民事诉讼义务是民事诉讼法强加于诉讼关系主体作为或不作为的拘束,具有不可处分性(义务人应当为或者不得为某个行为,不得随意变更或解除自己的诉讼义务)。法院不得阻碍当事人和证人等履行诉讼义务、也不得随意变更或解除其诉讼义务。

3. 民事诉讼关系客体

民事诉讼中,需要解决如下三类事项:实体请求或权利主张、实体事实和证据、诉讼程序事项,此三者为诉讼法律关系客体,即诉讼权利和诉讼义务所指向的对象。

(1)当事人提出的"实体请求(或权利主张)",比如(争讼程序中)诉讼标的和诉讼请求。针对实体请求有无实体事实根据和实体法律根据,原告和被告行使诉讼权利和履行诉讼义务,法院行使审判权。至于有无实体法律根据,即是否存在相应的实体法律规范,如何适用实体法律规范解决实体请求问题,专属于法院或法官适用法律的职权。

(2)实体事实和证据。实体事实支持或者反驳实体请求;根据证据裁判原则,实体事实是否真实需要证据来证明。针对实体事实是否真实、证据资格有无和证明力大小,原告和被告及证人、鉴定人等行使诉讼权利和履行诉讼义务,法院行使审判权。

(3)诉讼程序事项。上述两类事项均在民事诉讼程序中解决。就下述事项发生民事诉讼关系:起诉、反诉、上诉等是否具备法定要件、诉讼程序如何进行以及回避申请、诉讼期间顺延申请、管辖权异议、管辖合意等,其客体显然属于程序事项。

尚须说明的是,大陆法系民事诉讼中,诉讼客体主要是指诉讼标的,有时候也将诉讼请求纳入诉讼客体的范畴。笔者将诉讼标的和诉讼请求一并作为诉讼客体(诉的客体)。

(三)民事诉讼法律事实

民事诉讼法律事实是指能够引起民事诉讼关系或民事诉讼程序发生、变更、消灭或终结的事实,又称民事诉讼关系发生、变更或消灭的原因。根据是否包含行为人的意志,民事诉讼法律事实大致可分为客观事件和诉讼行为。

客观事件是指不以诉讼关系主体意志为转移的客观事实,比如离婚诉讼当事人死亡能够引起诉讼关系消灭或诉讼程序终结。诉讼行为包括法院的司法行为、当事人的诉讼行为和证人等诉讼行为。狭义的诉讼行为通常是指当事人的诉讼行为。

三、民事诉讼行为

(一)民事诉讼行为的含义

民事诉讼行为是指民事诉讼法律关系主体根据民事诉讼法,所实施的能够产生诉讼法效果的行为。这一定义符合法律规范的构成:(1)民事诉讼行为的合法要件由民事诉讼法规定(属行为模式);(2)民事诉讼行为能够产生诉讼法效果(属法律后果)。

当事人主张事实、提供证据、进行辩论分别是事实主张权、证明权、辩论权(均属于诉讼听审权的内容)的行使,当事人对程序事项的处分行为或选择行为实际上是程序选择权的行使,因此大陆法系将当事人诉讼行为纳入正当程序保障的范畴。

(二)法院的诉讼行为(或司法行为)

法院的诉讼行为或司法行为属于国家行为,具有法定的职权性。在诸多国家和地区,作为裁判者和执行者,法院的诉讼行为或司法行为主要包括审判行为和执行行为。对法院司法行为程序违法和实体违法的,其纠正程序主要有上诉、再审和异议之诉(撤销或变更判决)、复议(如对保全裁定、回避决定等复议)、异议(如管辖权异议和执行异议等)。

职权进行主义主要表现为法院对诉讼程序事项的裁判权,除诉讼指挥行为外,还包括对当事人诉讼行为是否合法的裁定行为等,如法院审查后认为原告的起诉不具备法定要件的则裁定不予受理或裁定驳回起诉。

法院诉讼指挥行为主要是法院主持或维持审判和执行有序、及时进行。例如,法院主持证据交换、维护法庭辩论顺序、裁定中止诉讼、裁定终结执行、指定期间等。法官应当按照法定程序适时实施诉讼指挥行为。裁定程序处理的事项通常采用自由证明和释明标准。

(三) 当事人的诉讼行为

当事人诉讼行为包括行使诉讼权利、履行诉讼义务或诉讼责任。根据诉讼行为合法要件或效果要件,可将当事人诉讼行为分为取效(性)诉讼行为、与效(性)诉讼行为。

取效诉讼行为主要是当事人请求法院为特定审判执行的行为和为形成裁判基础所须提供资料的行为,包括请求①、主张事实②和提供证据(举证)等,当事人涉及实体公益的诉讼行为原则上为取效诉讼行为。

取效诉讼行为必须借助法院相应的行为,才能产生行为人预期法律效果。比如,当事人申请回避,法院决定同意的才能产生当事人预期效果。当事人取效诉讼行为必须向本案法官实施并由其裁判是否同意,法院裁判或采纳前,当事人可以撤回取效诉讼行为。

与效诉讼行为只要符合法定要件或法律规定,无需法院同意,就可直接发生行为人预期法律效果。与效诉讼行为中,有些可由单方当事人决定实施(如原告变更诉讼请求),有些可由双方当事人共同实施(如达成管辖协议),有些既可由单方又可由双方实施(如不上诉)。

当事人取效诉讼行为以外的诉讼行为,多是与效诉讼行为。个别诉讼行为既是取效性的又是与效性的。例如,原告起诉行为是与效性的(因为起诉行为能够产生特定的诉讼法和实体法两方面的效果),③又是取效性的(因为原告起诉是想经过法院审理获得本案判决的)。

(四) 诉讼行为要件

(1) 行为主体合法,即行为人须合格。这首先是指特定诉讼行为只能由特定或法定的主体实施,比如审判行为只能由法院或法官实施、舍弃诉讼请求只能由原告及其法定代理人和有特别授权的委托代理人实施。其次是指当事人须有诉讼行为能力或由其法定代理人实施,若是委托代理则须有合法代理权。

(2) 须符合法定方式。民事诉讼法明确规定须以书面为诉讼行为的,就不得以言词(口头)为之,比如上诉须提交上诉状,否则无效;明确规定须以言词为诉讼行为的,就不得以书面为之,比如法庭审理应当遵守言词原则,当事人以言词方式进行质证和辩论。

(3) 须符合行为期间。通常,法院和当事人应当按照期间为诉讼行为,才能产生预期的法律效果。当事人若无正当理由耽误法定的不变的期间,其后果主要是权利失效(失权效),比如当事人耽误上诉期的则丧失上诉权。

当事人取效诉讼行为除了具备以上要件之外,尚需具备"向本案法官做出"这一要件。

---

① 包括当事人向法院提出的实体方面的请求(如原告的诉讼请求)和程序方面的请求(如申请回避、请求证据保全等)。
② 包括原告提出权利产生事实,被告提出抗辩事实(权利阻却、妨碍、消灭事实)。
③ 比如,启动诉讼程序、诉讼时效从提交起诉状或者口头起诉之日起中断。

有关反诉、主诉讼参加人参加诉讼、上诉、提起再审、达成管辖协议、管辖权异议、诉讼上自认、申请公示催告、申请保全、申请执行等特殊或重要诉讼行为的实施,除须具备上述通常要件外,民事诉讼法还明确规定了相应的特殊要件。

(五)当事人诉讼行为不具备合法要件的法律后果

一般说来,当事人实施诉讼行为不具备合法要件的,若是与效性的,则不能产生行为人预期法律效果;若是取效性的,则法院不予同意,不能产生行为人预期法律效果。

当事人实施诉讼行为不具备合法要件,并非都必然无效,适用法律规定的补正方法,能够产生行为人预期的法律后果。对此,具体阐述如下。

(1)当事人或其法定代理人在有效期间做出补正。比如,原告起诉状中当事人基本情况记载不清、没有诉讼请求或诉讼请求不明确、没有记载案件事实或案件事实不清、诉讼请求与案件事实相互矛盾等,为保护当事人诉权,应当限期原告补正,立案期限则自法院收到补正材料之日起算。

(2)当事人或其法定代理人在有效期间做出追认。比如,无诉讼行为能力的当事人实施诉讼行为对其可能是有利的,所以法院应当指定适当期限,由后来具有诉讼行为能力的当事人或其法定代理人做出追认,合法追认的则溯及行为时有效,若无正当理由没有在指定期间追认的则行为无效。①

第五节 民事诉讼"终结"理论:既判力

一、既判力的含义

确定判决(我国称为生效判决)即不得通过上诉来变更或撤销的争讼判决,在我国有小额诉讼判决、地方各级法院超过上诉期的一审判决、地方法院的二审判决、最高人民法院的一审判决和二审判决。

通常争讼判决确定时(不得上诉时)即产生确定力,包括形式确定力和实质确定力(即既判力)。形式确定力是判决所具有的不得以上诉来变更或撤销的效力,此效力发生之时通常即产生既判力、形成力、确认力或执行力、已决力等。

判决既判力是指确定判决对诉讼标的之判断,对法院和当事人等所产生的约束力。主要体现在以下两个方面。

(1)既判力的消极效果或消极作用是"禁止反复"。

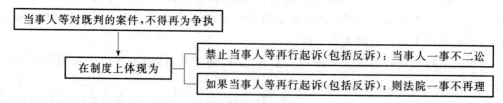

---

① 在法院指定的补正期间,如果遇有危及无诉讼行为能力的当事人的利益时,可允许无诉讼行为能力的当事人在补正期间暂时为诉讼行为。

(2) 既判力的积极效果或积极作用是"禁止矛盾"。

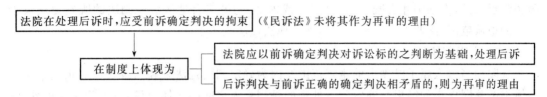

重复起诉或一事不再理的效力：(1) 诉讼系属效力，即对于已经起诉或正在诉讼中的案件，当事人不得再行起诉，若再行起诉则法院不予受理；(2) 既判力的消极效果，即对于已经作出确定判决的案件，当事人不得再行起诉，法院不得受理。既判力与一事不再理的重合效力是既判力的消极效果，但是，一事不再理的诉讼系属效力不为既判力所包含，既判力的积极效果则为一事不再理所没有的。

原先既判力是用来处理法院确定判决的效力问题，如今既判力出现了扩张化现象，其主要表现有二：(1) 既判力由法院确定判决扩张到其他特定的法律文书（支付令、法院调解书、法院对调解协议的确认书、仲裁裁决书、仲裁调解书等）；(2) 既判力的主体范围由当事人扩张到特定的第三人。

二、维护确定判决既判力的根据或意义

(1) 符合正当程序保障下的自我责任原理。既然在诉讼中已从实质上保障当事人适时适式提出资料、陈述意见和进行辩论的机会，那么当事人在已经获得充分程序保障之下所得到的判决结果理应由其承担，理应遵从判决的既判力而对既判的案件不得再行起诉。

(2) 维护法律和诉讼的安定性、实现诉讼目的和提高诉讼效率。若允许任意变更或撤销确定判决，则使确定判决所确定的当事人之间的民事实体关系和国家法律规范及诉讼程序处于不安定状态，势必造成民事纠纷得不到及时解决或民事权益得不到及时保护。

(3) 通过个案确定判决来维护国家法律和法院判决的正当权威。法院判决是国家法院按照正当程序对当事人之间的民事实体关系作出的最终权威结论，若允许任意变更或撤销确定判决，则必然损害国家法律和法院判决的正当权威。

总之，维护（诉讼安定性和）既判力实际上是人类社会的安定要求和法律的安定价值在民事诉讼中的具体体现。现代法治原则要求充分维护确定判决既判力，将维护既判力与再审（和异议之诉）的关系界定为"原则与例外"。

三、判决既判力的范围

(一) 时间范围和空间范围

判决既判力的时间范围："发生"时间，通常是判决在不得上诉之时；"标准时"，通常为"本案最后辩论终结之时"①；"存续"时间，自既判力发生之时至其消失之时（主要是通过再审、异议之诉等法定途径撤销确定判决）。

---

① 法院是根据"本案最后辩论终结之时"所形成的本案全部资料对诉讼标的与诉讼请求作出终局判决的，并且在本案最后辩论终结之后发生的实体争议由于没有经过当事人的起诉和正当程序的审判，所以不应受既判力的拘束。

我国法院确定判决既判力及于我国整个主权空间。我国法院确定判决必须得到相关外国法院承认的,在该国才有既判力。大陆(或内地)与港澳台地区法院判决的既判力仅及于各自的地域范围,除非本法域法院判决被其他法域法院所承认。

(二) 主观范围

法院和当事人属于既判力的主观范围。因为确定判决是法院和当事人按照正当程序及实体规范共同作用的结果。确定判决处理的是当事人之间的实体争议,所以除法院以外,既判力的主体范围原则上只限于当事人,此为"既判力的相对性"。

但是,判决既判力的相对性不适用于以下情形,即在特定情形下,既判力扩张到当事人以外的特定第三人,主要有:

(1) 本案最后辩论终结后,实体权利义务的承继人。

(2) 诉讼信托中,实体权利义务的归属人。比如,破产管理人等以形式诉讼当事人的身份,进行诉讼而得到的确定判决,其既判力及于破产债务人。

(3) 法律规定对他人实体权益或财产有管理权或处分权的人或者占有该财产的人。比如,法院对债务人的实体权利义务作出的确定判决,其既判力及于该债务人的破产管理人等。

(4) 法定当事人变更中,退出诉讼的原当事人。

(三) 客观范围

判决既判力的客观范围是判决主文(判决结论),即判决中对"诉讼标的"之判断部分(表明是对"诉讼请求"的判断)。诉讼标的是诉的"质"的规定性,法院确定判决对诉讼标的作出最终判断即意味着法院审判完该诉,据此判断是否重复起诉,以诉讼标的为基础的诉讼请求随之不得再被提起和再被审判。

判决理由中确定判决对实体事实的确认部分原则上无既判力但有预决力。既判力客观范围的例外则是判决理由有既判力。比如,原告 A 请求被告 B 偿还借款 30 万元,在诉讼中 B 则抗辩 A 欠己 10 万元并主张抵消这 10 万元;如果 B 抵消抗辩成立,判决在其抵消抗辩范围内具有既判力,即 B 对自己已经抵消 10 万元的债权,不得提起诉讼。若允许 B 就该 10 万元债权提起诉讼,B 可能胜诉,则意味着 B 从 A 处共得到 20 万元。

【思 考 题】

1. 分析现代司法基本规律与民事诉讼基本理论之间的关系。

2. 甲因乙久拖房租不交,向法院起诉,要求乙支付半年房租 6 000 元。在案件开庭审理前,甲提出书面材料,表示时间已过去 1 个月,乙应当将房租增至 7 000 元。关于法院对甲增加房租的要求的处理,下列哪一选项是正确的?①

  A. 作为新的诉讼受理,合并审理

  B. 作为诉讼标的变更,另案审理

  C. 作为诉讼请求增加,继续审理

  D. 不予受理,告知甲可以另行起诉

---

① 2011 年国家司法考试卷三,参考答案 C。

3. 李某驾车不慎追尾撞坏刘某轿车,刘某向法院起诉要求李某将车修好。在诉讼过程中,刘某变更诉讼请求,要求李某赔偿损失并赔礼道歉。针对本案的诉讼请求变更,下列哪一说法是正确的?①

A. 该诉的诉讼标的同时发生变更

B. 法院应依法不允许刘某变更诉讼请求

C. 该诉成为变更之诉

D. 该诉仍属给付之诉

4. 运用诉讼安定性原理,分析民事诉讼行为为什么采取表示主义?

---

① 2015年国家司法考试卷三,参考答案D。

第二编

总　则

第四章
民事诉讼基本原则

【本章要点】
　　民事诉讼基本原则是对民事诉讼基本精神和民事诉讼基本原理予以概括性反映的基础性准则，是制定、解释、执行和适用民事诉讼法的基本依据。我国民事诉讼基本原则体系应由诉讼当事人平等原则、处分原则、辩论原则和诚实信用原则等构成。

第一节　民事诉讼基本原则概述

一、民事诉讼基本原则的含义和特点

（一）民事诉讼基本原则的含义

　　原则一般是指人们观察问题和处理问题的准绳，同时也被认为是人们说话和行事的法则和标准。它体现了人类进行社会实践行为时所应遵循的一般准则。法律原则是为其他法律要素提供基础或本源的综合性原理或出发点，它是法律行为、法律程序、法律裁决的决定性规则[①]。法律原则是法律的基础性真理或原理的具体表现。民事诉讼基本原则是对民事诉讼基本精神和民事诉讼基本原理予以概括性反映的基础性准则。其内涵主要为：(1)民事诉讼基本原则反映了民事诉讼的基本精神或灵魂。(2)是民事诉讼的基本原理的体现。(3)在民事诉讼整个过程或在重要诉讼阶段起指导作用的基础性准则。(4)民事诉讼基本原则是制定、解释、执行和适用《民诉法》的基本依据。

（二）民事诉讼基本原则的特点

　　民事诉讼基本原则不等同于民事诉讼基本目的和价值，与民事诉讼基本制度和一般程序规则也相区别，具有规范的承启性、内容的概括性、演变的稳定性以及效力的统领性等特点。

---

① See Black's Law Dictionary —"Principle", Fifth Edition, p.1074.

规范的承启性是指民事诉讼基本原则既是对民事诉讼基本目的、价值精神的体现,也是民事诉讼基本制度和一般程序规则生成的前提和依据。这决定了民事诉讼基本原则是从民事诉讼基本理念到具体制度规范的承启环节。民事诉讼基本原则不仅要准确全面地反映民事诉讼的基本精神和基本原理,还要通过自身的基础性准则作用将民事诉讼的基本精神和基本原理贯彻在各项具体诉讼制度、程序规范中,这样才能保持整个诉讼制度的同一与协调,才能使民事诉讼目的真正得到实现。

内容的概括性是指民事诉讼基本原则相对于具体程序制度而言具有一定的抽象性,并不是作为诉讼法律关系主体实施具体诉讼行为的直接参照性规范。至于《民诉法》中的操作性规范只能是基本原则的具体化,而不是基本原则本身。

演变的稳定性是指在内容的变化速率方面民事诉讼基本原则具有较强的稳定性。这是因为,民诉法原则通常是特定社会及全人类长期重大诉讼价值的积淀,是对民事诉讼真理性认识的折射,不会轻易改变。相比之下民事诉讼规则的改变则是相对频繁的。

效力的统领性是指民事诉讼基本原则在民诉法中的效力领域是全面的,对民事诉讼的全部规范具有指导作用,并且贯彻始终;凡是违反基本原则精神的民事诉讼规范必须予以修改或废除。

二、民事诉讼基本原则的功能

由于民事诉讼基本原则产生于长期民事诉讼司法经验及法律工作者的理论归纳,反映了民事诉讼最根本的精神和价值,在民事诉讼规则体系中处于较高的规范位阶,因此,在民事诉讼领域,其基本原则主要具有如下四大功能。

(一) 理念传播功能

民事诉讼基本原则是民事诉讼的基本原理、基本价值和基本精神的反映,同时也是人类民事诉讼程序理念的集中体现。由于基本原则具有稳定属性和概括属性,从而使其成为现代诉讼理念的宣言书和最好的传播器。一方面,基本原则通过对民事诉讼具体制度、规范的精神渗透,在民事诉讼实践中传播诉讼理念;另一方面,它以简洁的立法条文,或由鲜活的个案归结出的诉讼思想直接向社会公众传输民事诉讼的科学理念。它促进民事诉讼科学理念的自发传播,成为民事诉讼运作的一个基本条件。

(二) 立法引导功能

与其他法律制度一样,民诉法中的具体制度和规范应该是围绕一定目的和指导思想的有机统一体。基本原则是从诉讼目的、指导思想到具体制度规范的桥梁,它对具体制度规范的设定具有指导功能。正如一些学者所言:"它隐含于具体法律规定之中,并决定着这些具体法律规定的走向……民事诉讼基本原则产生于具体诉讼制度和规范之先,它是各项具体法律规定的基础和来源。"①

(三) 司法适用功能

在通常情况下,民事诉讼基本原则并不具有实践意义的操作性,民事诉讼中只有以基本原则精神要求构建的具体诉讼制度和规范才具有可操作性。民事诉讼法律关系主体首先以

---

① 参见江伟主编:《中国民事诉讼法专论》,中国政法大学出版社1998年版,第216页。

具体诉讼制度和规范作为其诉讼活动的依据。但在下列情况下,基本原则具有规范适用性:(1)当某一疑难案件发生时,其特殊的案件事实导致适用原有法律规则会产生明显的司法不公,此时,基本原则可以作为司法裁判的根据。(2)民事诉讼立法难以避免会留有空白,使民事诉讼中出现的一些具体问题,无法在现有法律规范中找出处理解决的根据,这时只有适用民事诉讼基本原则才能使问题得以解决。(3)在一些诉讼问题发生时,尽管有现成的民事诉讼规范可适用,但这些规范规定得过于模糊,或者同类问题出现相互矛盾的规定。这种情况下,诉讼活动只能在基本原则的指导下进行。

从法理上而言,基本原则有两种适用方式。其一,直接作为司法审判的依据,如美国历史上实体法律原则直接适用的里格斯诉帕尔默案。① 其二,作为诉讼活动的间接适用依据。民事诉讼基本原则只是为诉讼行为提供导向,其适用往往需要有一个转换装置,即由法官根据这种导向"自由裁量"或者由最高司法机关根据这种导向作出司法解释。在我国的司法实践中,大多法律适用困境都通过间接适用方法来解决。

(四)制度解读和评价功能

由于民事诉讼具体制度和规则是对基本原则精神的贯彻和具体化,所以,民事诉讼基本原则对基本制度的理解有较大的帮助,同时,根据基本原则可以对民事诉讼制度的成熟、完善程度进行科学评判。一方面,只有对基本原则有全面深刻的理解,才能正确把握《民诉法》中各项程序制度的精神实质,才能正确适用《民诉法》的具体规定。另一方面,在科学完善的民事诉讼基本原则体系和内容的前提下,民事诉讼制度规范必须高度体现民事诉讼基本原则精神,只有与民事诉讼基本原则要求相一致的民事诉讼制度规范,才是公正和完善的。从这个角度而言,民事诉讼基本原则又是衡量民事诉讼制度、规范的一个标尺。

三、民事诉讼基本原则的立法体例

是否将基本原则以明晰的法律条文来规定,各国做法有明显的差异。在民事诉讼领域,关于基本原则,主要有以下三种立法体例。

1. 立法明示体例

这种立法体例是在民事诉讼立法中,以明确的章节结构、具体的法律条文来规定民事诉讼基本原则。前苏联、东欧国家是这种立法体例的首创者。现在中国、法国、俄罗斯同样采用此种立法体例,如《俄罗斯联邦共和国民事讼诉法典》第一章就以基本原则为章名,对民事诉讼基本原则单独规定。

2. 制度融入体例

这种体例是指在民事讼诉法典中不对民事诉讼基本原则作出明确规定,而在具体制度设计、规范安排上融入基本原则的精神和要求。即在具体规定中体现民事诉讼基本原则的内容。西方成文法国家大多采取此种立法体例。如德国和日本的民事讼诉法典,均在第一

---

① 1882年美国少年帕尔默得知其祖父的遗嘱将他列为遗产继承人,为尽早得到遗产,而杀死了被继承人——自己的祖父。按照当时的法律,帕尔默享有继承权,但这违背社会正义。后法院直接引用"任何人不得从不当行为中获利"的法律原则进行判决,剥夺了帕尔默的继承权。参见周永坤:《法理学——全球视野》,法律出版社2000年版,第26页。

编总则中首先规定法院、当事人两类主要诉讼主体,而没有对基本原则予以规定。需要说明的是,在这种立法体例下,基本原则大多已在法学理论中得到明确的论证和传播,已很大程度地为民众所接受,尤其是已为法律工作者所熟知。

3. 判例归结体例

即通过司法判例的具体裁判来确定民事诉讼基本原则。该种体例为普通法国家广泛使用。在普通法传统的国家中,法律原则基本上产生于特定个案的判例归结,同时由于遵照先例原则糅合了确定性和进化力的双重功能,既可以"根据已知技巧发展法律诉讼原则",也可以根据正义的伸张程度,在一些案件出现时,逐渐拓展法律原则的界限。①

第二节 我国民事诉讼基本原则

民事诉讼基本原则体系在立法中总体上可以分为两类:一类是《宪法》和《人民法院组织法》层面的基本原则;另一类是《民诉法》层面的基本原则。前者如民事审判权由法院统一行使原则,以事实为根据,以法律为准绳原则,法院独立行使民事审判权原则,对诉讼当事人在适用法律上一律平等原则,用本民族语言、文字进行诉讼的原则,以及检查监督原则。学界对于后者的理解则有一定的分歧。一般认为《民诉法》层面的基本原则主要有:当事人诉讼权利平等原则、处分原则、辩论原则、诚实信用原则、法院调解原则和支持起诉原则等。

有学者认为,在基本原则体系中还要注意审判程序(争讼程序和非讼程序)和执行程序在基本原则的体系和适用上的差异,如辩论原则和法院调解原则只能适用于审判程序而不适用于执行程序。我们这里讨论的仅仅是一般民事诉讼原理意义的基本原则,并不包括在民事非讼审判程序和民事执行程序中,因其各自的程序特质应遵行的不同的基本原理或基本原则。具体内容将在本书后部相关章节论及。

基于《宪法》和《人民法院组织法》层面基本原则的学科属性,以及在各大诉讼中的共通性,本书仅对《民诉法》层面的基本原则作出阐述。

一、诉讼当事人平等原则

(一)诉讼当事人平等原则的含义

《民诉法》第8条规定:"民事诉讼当事人有平等的诉讼权利。法院审理民事案件,应当保障和便利当事人行使诉讼权利,对当事人在适用法律上一律平等。"诉讼当事人平等原则还应包括《民诉法》第5条关于"同等原则"和"对等原则"的规定。

诉讼当事人平等原则是我国民事诉讼法原则体系中的首要原则,它既贯彻了宪法的平等精神,也为程序公正提供了重要保障,又体现了实体法主体的平等地位。(1)它是"公民在法律面前一律平等"这一宪法原则在民事诉讼中的派生,没有诉讼权利的平等,适用法律的平等根本无法得到落实。(2)诉讼当事人平等原则是程序公正的制度形态。没有平等就

---

① 参见[美]罗斯科·庞德:《普通法的精神》,唐前宏、廖湘文、高雪原译,法律出版社2001年版,第128页。

没有公正,所以,诉讼当事人平等原则是实现民事诉讼程序公正的前提。(3)离开了民事诉讼过程中对当事人诉讼权利的平等保护,实体法上的平等则成为空中楼阁。

但是,由于民事执行不是"审判",所以在执行权利人与执行义务人之间采行不平等原则,在执行权利人之间采行优先执行原则。

(二)诉讼当事人平等原则的内容

根据法律规定,诉讼当事人平等原则包括以下三方面内容。

1. 当事人诉讼地位完全平等

民事诉讼中当事人的地位平等首先体现为一种平等理念。即无论是原告、被告,还是第三人,无论是实体权利的享有者,还是实体义务的承担者,也不论是外国人还是本国人及无国籍人,不管其民族、性别、职业、社会出身、政治背景、宗教信仰、文化程度、经济状况如何,他们在民事诉讼中的诉讼地位是完全平等的,不存在任何地位上的差异和高低。这种地位上的平等在民事诉讼中进一步体现为诉讼权利享有和诉讼义务承担上的平等。具体言之:

(1)法律赋予双方当事人相同的诉讼权利,如事实主张权、提供证据权、质证权、辩论权、上诉权、委托代理权、申请回避权等。

(2)法律赋予双方当事人对等的权利。当某些诉讼权利无法同时为双方当事人共同享有时,法律则赋予另一方当事人其他的诉讼权利以对应。如原告有起诉权,被告则有反诉权。

(3)双方当事人在民事诉讼中承担的诉讼义务也是平等的,在诉讼中,不容许一方只享有权利而不承担义务,双方当事人都要依法行使诉讼权利,遵守诉讼秩序与法庭纪律,履行生效法律文书确定的义务,双方承担的义务总体上是相同的。

因此,当事人诉讼地位的平等主要是以诉讼权利享有和诉讼义务承担的平等为载体,没有平等的权利义务,诉讼地位的平等则无法实现。

2. 当事人可以平等行使自己的权利并有权获取法院的平等保障

诉讼权利的平等最终有赖于权利行使环境的平等。换言之,双方当事人诉讼权利行使方式、手段、机遇和空间必须具有平等性或均等性。没有平等的权利行使环境,平等赋予的诉讼权利只能是纸上的权利,无法落到实处。在民事诉讼中,诉讼权利的平等行使,取决于法院对权利行使的平等保障。在民事诉讼立法平等的前提下,法院要为当事人营造充分、平等行使诉讼权利的时空环境。诉讼权利只有不被非法剥夺,得到充分行使,才能在诉讼中为当事人创造无偏袒、无歧视、平等行使诉讼权利的良好诉讼环境。

3. 对当事人在适用法律上一律平等

在民事诉讼中,作为当事人,任何公民、法人和其他组织都平等地享有法律规定的诉讼权利,履行法定的诉讼义务,同时,法律对当事人合法权益的保护也是平等的。这要求法院审理案件,无论当事人的种群属性、社会属性及生理差异如何,在适用法律上应一律平等。只有这样,诉讼当事人平等原则才真正与民事诉讼目的和民事诉讼公正价值保持了高度一致。

二、处分原则

(一)处分原则的含义与内容

我国现行处分原则是指民事诉讼中,当事人有权在法律规定的范围内处分自己民事权利和诉讼权利的原则。其实质是当事人对自己享有权利的自由支配和处置。在我国诉讼原则体系中,处分原则是民事诉讼所特有的,刑事、行政诉讼中当事人均不享有处分权。从某种意义上说,处分原则最能反映民事诉讼制度的本质和个性。

现代社会,几乎所有国家的民事诉讼制度都采用了处分权主义,但总体模式上有两种不同选择。一种是完全的处分权主义,即民事诉讼中,当事人可以任意处分自己的实体权利和诉讼权利,几乎不受国家权力的任何干预。另一种是相对处分权主义,即承认当事人处分权的同时国家给予一定范围一定形式的限制。就现代大多数国家和地区的立法来看,完全的处分权主义已不多见,大多采用相对处分权主义。在相对处分权主义下,民事诉讼往往有两类立法模式。其一是对普通民事权益争议的诉讼,由当事人行使完全处分权,但对涉及公益及在人事诉讼程序中则不容许由当事人对权利自由处分或限制其对某些权利的处分。其二是原则上承认当事人对实体权利和诉讼权利的处分权,但总体上要求处分权在法律规定的范围内行使,并不以涉及利益的属性差异及程序的特殊性来决定限制范围。

尽管在处分权的扩张和限制的选择上各国有所不同,但对处分权主义这一准则却都是认同的。这是因为,民事权利属于当事人的私权利,一般情况下,它与社会公共利益和国家利益没有关联。所以国家对此持消极不干预的态度,而任由当事人自由处置。这种自由处置权既体现在纠纷发生前的实体关系运行阶段,也体现在纠纷发生后的解决机制选择阶段,还体现在解决程序进行过程中及解决程序的存续选择上。这就是所谓的"私权自治"精神。正是这种私权自治的精神,才构成民事诉讼处分权的基础。

《民诉法》第13条规定:"当事人有权在法律规定的范围内处分自己的民事权利和诉讼权利。"根据这一规定,我国民事诉讼当事人的处分权,主要有以下两方面内容。

1. 对民事实体权利的处分

主要体现在三个方面:(1)当事人享有实体保护选择权。这是指在实体权利争议主体在起诉时有权选择司法保护的范围和保护的方法。法院不得依职权扩大和缩小当事人选择的保护范围,不得改变当事人选择的保护方法。如合同纠纷起诉时,当事人既可以选择继续履行,也可以选择支付违约金或赔偿金,也可以全部选择,法院不得对当事人具体诉讼请求主动进行变更。(2)诉讼进行中,原告可以变更诉讼请求,被告可以承认原告的诉讼请求。原告可以扩大或缩小请求范围,以及部分或全部撤回诉讼请求。被告可以承认原告部分的或全部的诉讼请求。双方当事人可以对各自的诉讼主张做出让步,达成调解协议、诉讼和解。(3)执行进行中,双方当事人可以执行和解。

2. 对民事诉讼权利的处分

主要体现在以下几个方面:(1)诉讼启动选择权。这是指实体争议发生后,是否选择诉讼程序解决争端,完全由当事人自己决定。纠纷解决机制是一个复合体,在纠纷当事人面前同时有数种选择,民事诉讼仅是其选择之一。通行立法采用了"不告不理"原则,是否提起诉讼或提起反诉完全由当事人根据自己意愿决定,法院无权主动启动民事诉讼程序。(2)攻防手段选择权。这是指民事诉讼进行过程中,采取什么样诉讼策略、手段,由当事人决定。如在诉讼过程中如何举证、怎样辩论等具体诉讼策略由当事人或其代理人选择。(3)程序终结选择权。这是指在诉讼进行过程中,当事人可以选择以什么样的方式及在什么时间终结诉讼。如当事人可以在自己认为适当的时候选择撤诉或选择调解方式结案,也可以请求法院判决结案。(4)后续程序选择权。这是指在诉讼终结后,是否提起上诉、是否申请再审、是否申请强制执行,由当事人决定。

需要说明的是,当事人的处分权贯穿民事诉讼的整个过程。在具体行使处分权时候,往往是诉讼权利和实体权利交织在一起进行的。一般情况下,当事人对实体权利的处分是通过对诉讼权利的处分来实现的。

(二)处分权与国家干预的关系

我国采取的是一种相对的处分权主义,即当事人行使处分权应当在法律规定的范围内进行。当事人在行使处分权的过程中,要受到国家权力的干预。在我国民事诉讼实践中,处分权主要受法院的审判权和检察院的检察监督权的制约。

1. 处分权与审判权的关系

当事人处分权与法院审判权是民事诉讼机制得以运作的核心因素,诉讼机制的公正性首先取决于两者之间的关系的合理构筑。一般情况下,两者之间的关系体现在以下几个方面。

(1)处分权与审判权互为合理制约因素。一方面,处分权决定了审判权运作的起点、范围,并直接影响个案审判的终结。审判权的初始运作取决于当事人是否提起诉讼,审判权的作用范围受制于当事人请求事项和争议事实,审判权通常因当事人提出撤诉申请而停止运作。另一方面,审判权对处分权的行使具有审查监督作用。在我国的民事诉讼制度下,尤其在诉讼进行过程中,法院要审查认可当事人的处分行为,监督处分权的合法性,防止处分权的不当扩张和滥用以及借处分权之名为非法行为之实等现象,以保证处分权在法律规定的范围内进行。(2)审判权对处分权的行使具有指导、保障作用。由于我国的基本国情和民事诉讼体制等原因,大部分当事人不能正确理解和认识处分权的意义和法律效力,甚至存在一定程度的误解,这严重影响了处分权的正确有效行使。这种情况下,法院有义务为当事人就处分权的行使进行必要的解释、提示和指导,以保证当事人在对处分权有正确认识的情况下行使,充分实现处分权的功效。

同时,在我国诉讼体制下,当事人处分权的实现与法院对其认识和保障力度密切关联。切实保障当事人的处分权,是审判权运行的基础。对处分权的保障首先要明确审判权与处分权各自的运作领域,使审判权和处分权在各自的范围内运行,尤其是要防止审判权过于扩张,进入当事人处分权领域,借种种"理由"侵害当事人的处分权。实践中存在的违规审查起诉、强制当事人撤诉、强迫调解以及超出诉讼请求裁判等现象都反映了审判权对当事人处分权的严重侵犯。

2. 处分权与检察监督权的关系

《民诉法》第14条规定,检察院有权对民事诉讼实行法律监督。这既是宪法精神在民事诉讼中的渗透,同时也确定了检察院在民事诉讼中的监督者地位。根据现行规定,检察院的检察监督权由原来对法官的审判行为展开而扩充为对整个民事诉讼活动展开监督。其主要体现为三方面的监督内容:一是对审判人员在民事诉讼中有无贪污受贿、徇私舞弊、枉法裁判等行为进行监督;二是对法院的审判过程和审判结果进行监督,看法院在审判过程中认定事实是否准确、证据是否充分、适用法律是否正确、有没有可能影响案件公正裁判的违反程序行为;三是对民事执行活动进行监督,以期督促和纠正执行过程中的违法执行行为。

尽管检察监督的对象主要是法院的审判和执行活动,但其无法与当事人的诉讼活动截然分开,检察监督权与当事人处分权之间同样形成了法律关联。这种关联体现在以下两个方面:(1)当事人的处分权应当成为民事抗诉权行使的基础。在民事私益案件中,民事权利具有私人性、自治性的特点,原则上应由当事人依法处分。当法院判决确定后,当事人没有主动行使申请再审权,应视为当事人对其权利的合法处分,也可以视为当事人对判决结果的认可,检察院原则上不应当对此类判决提起抗诉。(2)检察权对当事人处分权的监督和替代。在一般情况下,诉讼权利和民事权利由当事人依法处分。但当民事纠纷牵涉社会公共利益和国家利益,当事人的处分行为违反法律或规避法律时,检察监督权则对其有监督和替代功能。监督体现为在民事诉讼中,当事人违反法律行使处分权,使社会公共利益或国家利益受到了损害,检察院可以通过法定程序宣布其行为无效。替代功能是指当涉及社会公共利益和国家利益的民事纠纷发生时,检察院有权替代纠纷当事人作为原告提起诉讼。需要说明的是,我国检察权对处分权的这种监督和替代目前尚停留在理论上,并没有在民事诉讼立法中予以确认。随着民事诉讼制度的发展,这种检察功能必将被立法所认可。

三、辩论原则

(一)辩论原则的含义和内容

在民事诉讼中,当事人为维护自己的权益而享有的,就案件争议的事实和法律问题,各自提出自己的主张和依据,互相进行反驳答辩的权利称为辩论权。辩论原则就是在民事诉讼制度中对辩论权予以认可和保障的准则。

辩论原则最早产生于古罗马时期的诉讼制度,它要求法院审理民事案件时,容许当事人相互辩论,据理反驳,法官根据辩论情况作出判决。这一诉讼原则在中世纪的教会式诉讼程序中被抛至脑后,直到18世纪下半叶才随着法国大革命的胜利实现回归。

《民诉法》第12条规定:"人民法院审理民事案件时,当事人有权进行辩论。"辩论原则包括以下内容。

(1)当事人可以通过辩论权的行使,来实现程序利益和实体利益。在诉讼中,当事人积极参与诉讼,充分说明自己的主张,提出自己的依据,并对方当事人的主张予以反驳,进一步明确双方的权利义务关系。另外,法院应当为当事人行使辩论权提供足够的时间、机会和措施上的保障,并在审判过程和裁判结果中充分尊重和体现当事人辩论的结果,使辩论真正成为裁判的依据。

(2)辩论原则适用于民事诉讼的重要阶段。辩论原则在民事诉讼中适用于重要阶段。这里的重要阶段适用应作以下几方面理解:① 辩论原则在主要民事审判程序中得以适用,如第一审程序、第二审程序和再审程序均要贯彻辩论原则。② 在主要审判程序的各审判阶段均要体现对当事人辩论权的尊重,辩论原则并不仅仅限于法庭辩论,而是贯穿从起诉到诉讼终结的全过程。

(3)辩论权可以围绕实体和程序两方面问题来行使。这是指辩论的内容既可以是实体方面的问题,也可以是程序方面的问题。实体问题包括案件事实和适用实体法律两方面问题,如原告提出的作为诉讼请求的基础的事实、被告提出反诉所依据的基础性事实是否真实,对证据证明的事实如何适用法律等。程序问题也是辩论必不可少的内容,如法院有无对案件的管辖权、代理行为是否合法、当事人是否适格、程序选择是否得当等。在两者当中,实体问题通常是辩论的核心,多数情况下程序问题的辩论最终总是与实体问题的公正解决相关联。无论是何种问题的辩论,均应以争议为标志,没有争议的问题不能成为辩论的对象。

(4)辩论的方式既可以是口头的也可以是书面的。这决定了辩论权的行使方式具有自由选择的多样性,体现了在贯彻辩论原则的过程中同时采用了言词主义和书面主义的精神。一方面充分运用了言词方式的灵活性和直接性,另一方面也应用书面方式的长处,弥补口头方式在保存、记忆等方面的缺陷。

(二)我国辩论原则与国外辩论主义的区别

我国现行辩论原则的主要内容是保障双方当事人的"辩论权",而国外辩论主义解决的问题是如何在法院和当事人之间合理分担收集事实和提供证据的责任,体现了当事人对作为判决基础的事实和证据的处分,适用于民事私益案件。

国外辩论主义的具体内涵:(1)当事人没有主张或已经撤回的决定实体法律效果的事实,不得作为法院判决的基础和依据,即当事人负主张责任。(2)当事人之间有争议的实体事实(证明对象),必须采用证据来证明和认定(即当事人负证明责任),但是法院只能对当事人提供的证据进行判断采用。(3)当事人之间无争议的实体事实(包括双方当事人都无争议的实体事实、一方当事人诉讼上自认的事实等)为免证事实,法院应予采用作为判决的依据。

随着我国制度的变革,我国在一定意义上实现了辩论主义的回归。具体变现为:(1)强调事实应当由当事人引入诉讼,法院应针对当事人主张的事实进行审理。(2)确立了诉讼上的自认制度,将诉讼上自认的事实排除出证明的范围。(3)加强了当事人提供证据的责任,缩小、限制了法院依职权调查取证的范围。在审判实践中,最高法院通过了"对上诉案件的审理,法院不得认定未经当事人辩论的事实"。据此认为,我国的辩论原则已经接近德、日等国民事诉讼制度中的辩论主义。①

在我国,亦有学者主张,根据民事诉讼特性,参照国外辩论主义,重塑我国辩论原则,②现行辩论原则的主要内容也可分别纳入程序参与原则或对审原则和言词审理原则之中。③

四、诚实信用原则

(一)诚实信用原则的含义

我国2012年修订的《民诉法》第13条第1款规定:"民事诉讼应当遵循诚实信用原则。"在民事诉讼中,诚实信用原则大体上是指法院、当事人及证人等诉讼参与人诚实信用地实施诉讼行为。诚实信用原则虽来源于道德上的诚实信用,但作为一个法律原则,则属于强行性规范,不允许法院、当事人及证人等诉讼参与人违反或者排除适用。作为法律原则,违反诚实信用原则的,则会产生法律后果。

(二)诚实信用原则的适用

由于民事诉讼法规定了一条笼统的准则,其司法实践中的适用亦有不同理解。从学理

① 参见李浩:《民事诉讼法学》(第二版),法律出版社2014年版,第38页。
② 参见张卫平:《我国民事诉讼辩论原则重述》,载《法学研究》1996年第6期。
③ 参见邵明:《民事争讼程序基本原理》,载《法学家》2008年第2期。

上讲,在民事诉讼中,诚实信用原则对所有参与民事诉讼的主体都有指导和规制作用,它既适用于法院、当事人,也适用于鉴定人、证人等其他诉讼参与人和诉讼辅助人员。

1. 诚实信用原则对当事人的制约

(1) 禁止诉讼权利滥用。诉讼权利滥用指当事人违背权利设置目的,借行使诉讼权利的形式,来达到拖延诉讼等非法目的的行为。如借申请回避、提出管辖权异议等权利的行使,达到拖延诉讼的目的。权利滥用行为的实质是对对方当事人或国家利益的损害。对该类行为对方当事人可以提出抗辩,法院亦得依据诚实信用原则对其予以驳回,且对因滥用诉讼权利行为造成的诉讼拖延和费用应责令行为人承担。

(2) 诉讼上权利的失效(简称"失权效")。这是指当事人一方怠于行使特定的诉讼权利,在较长时间没有行使该权利的表示,从而以诚实信用原则否定该权利行使的效力。因为这种权利行使的懈怠,往往会导致对方当事人因确信该权利不再行使而为一定诉讼行为。若事后开始行使该诉讼权利,给对方当事人利益带来损害时,法院则可以该行为违反诚实信用原则确认该权利失效。

(3) 排除不正当方法形成的利己诉讼状态。这是指当事人一方为了私利,采取不当的诉讼行为(该行为违反法律或公共秩序和善良风俗),而形成了损害对方当事人的诉讼状态。根据诚实信用原则,该状态应视为没有发生。对方当事人对此有权提出异议,法院也可以根据诚实信用原则否定当事人已实施的恶意诉讼行为。

(4) 禁反言。这是指诉讼进行中,禁止当事人或其他诉讼法律关系主体实施前后矛盾的行为,以保护对方当事人利益。根据诚实信用原则,当事人在民事诉讼中的行为必须前后一致,如果当事人变更诉讼行为会使对方当事人遭到不公平的结果,或前后矛盾的诉讼行为侵害了对方当事人的利益时,法院可以根据诚实信用原则否定后进行的矛盾行为。

(5) 禁止虚假陈述(真实义务)。虚假陈述是指当事人在诉讼过程中违背真实义务,对案件事实故意作出虚假陈述。其目的是为法院正确判断案件事实设置障碍,从而对案件的公正审理产生消极影响。按照诚实信用原则要求,诉讼中,当事人的一切谎言和伪证均被禁止,否则将招致一定不利后果。

2. 诚实信用原则对法院或法官的制约

(1) 禁止滥用自由裁量权。法官自由裁量权是指,在民事审判过程中,法官根据公平、正义的要求依法酌情作出决定的权力。法官的自由裁量权是克服立法缺陷的一种司法手段,在该权力行使的过程中体现了法官一定程度的自由意志。在证据采信、证据力认定中法官往往依据经验法则来行使其自由裁量权。诚实信用原则要求法官应依据实体法和程序法以诚心善意的心态行使自由裁量权。否则即是对自由裁量权的滥用,成为当事人上诉的理由。

(2) 禁止突袭裁判。与法官所担负的"禁止突袭裁判"的职责相对的是当事人和相关第三人的"程序参与权"。有学者认为,"禁止突袭裁判"主要包括下面两种情形。①

其一,禁止发现真实的突袭,主要是指法院在言词辩论终结前,未使当事人有充分机会

① 参见邵明:《民事诉讼法学》,中国人民大学出版社 2007 年版,第 90 页。有学者将突袭性裁判的情形区分为:发现真实的突袭、推理过程的突袭和促进诉讼的突袭。参见邱联恭:《突袭性裁判》,载我国台湾民事诉讼法研究会《民事诉讼法之研讨》(一),台湾三民书局 1989 年版。

证明和辩论法院判决所采用的事实,从而使当事人在未能就不利己的事实作出反证和陈述意见的情况下,接受法院裁判。比如,原告提起违约之诉,法院以存在合同无效事由作出判决。但是,在法庭言词辩论终结前,没有就合同无效事由给双方当事人陈述意见或进行辩论的机会,甚至当事人根本不知道法院是以合同无效事由作出判决。此例中,法院根据合同无效事由作出判决,属于典型的发现真实的突袭。

其二,禁止法律适用的突袭,主要是指法官在对程序事项或实体事项按照诉讼法或实体法作出裁判之前,对如何适用法律规范,应当给予受裁判结果影响的当事人及第三人表达意见和作出解释的机会。比如,法院在作出驳回起诉裁定前,应当就作出该裁定的理由给予原告辩解的机会,这既符合正当程序的要求,又能减免不必要的上诉。再如,法院根据诚实信用原则确定证明责任的承担,作出判决前,应当允许双方当事人表达意见。

3. 诚实信用原则对其他诉讼参与人的规制主要为:(1)证人不得作伪证;(2)鉴定人不得提供虚假及明显不妥当的鉴定结论;(3)翻译人员不得故意为错误的翻译;(4)诉讼代理人不得滥用代理权等。①

(三)违反诚实信用原则的法律后果

民事诉讼中,当事人违反诚实信用原则的,会产生程序法后果,主要有:不能产生行为人预期的效果或者被法院驳回;负担该行为所产生的诉讼费用;根据诉讼法还可以对行为人给予罚款等处罚。法官严重违反诚实信用原则的,则为上诉或再审的理由。同时,当事人违反诚实信用原则的,给他人利益造成损害的,要承担实体法意义损害赔偿的法律责任。

五、法院调解原则

法院调解是否作为一项民事诉讼中的基本原则,学界有不同看法。有学者认为调解是非制度化的纠纷解决方法,它仅仅是一种民诉法意义的法院审判活动,该制度主要是对审判者即法院的要求,而不是对当事人和其他诉讼参与人的要求,故不应将其纳入民事诉讼的基本原则之中。② 但多数学者认为,法院调解在新中国有着悠久的历史,是新中国民事诉讼制度建构中的重要因素和特色,并且法院调解不单纯是法院的审判活动,同时也是法院审判权和当事人处分权相结合的重要诉讼阶段,有必要从法院调解对诉讼的实际影响力来全面认识其性质。据此,将其作为民诉法基本原则对待有一定的合理性。③ 本书采纳第二种观点。

(一)法院调解的含义

法院调解是指,民事诉讼中,在法院审判人员主持下,当事人相互协商,以期达成协议解决民事争议的准则。《民诉法》第9条规定:"人民法院审理民事案件,应当根据自愿合法的原则进行调解;调解不成,应当及时判决。"据此可以看出,法院调解既是法院的一种案件审理方式,也可以成为司法统计意义的结案方式。该原则包括以下内容〔相关内容可参见第一章第三节一(四)〕:

(1)法院审理民事案件,应当根据需要与可能,对双方当事人之间的纠纷进行调解,用

---

① 参见李浩:《民事诉讼法学》(第二版),法律出版社2014年版,第30页。
② 参见汤维建、向泰编:《民事诉讼法》,中国人民大学出版社2003年版,第78页。
③ 参见王福华:《民事诉讼法学》(第二版),清华大学出版社2015年版,第58页。

说服教育等温和的方式钝化矛盾,消除分歧,促使双方当事人互利互让,达成调解协议。

(2) 除了法律明确规定不适用调解的程序外,法院调解原则贯穿于民事诉讼的各个阶段。在第一审程序、第二审程序和再审程序中,凡是能够调解的案件,法院都应当进行调解。

(二) 法院调解原则的适用

(1) 法院调解应在合法的前提下进行。法院在调解解决纠纷时,既要遵守《民诉法》的基本要求,不得进行违反程序规则的调解,同时也要以民事实体法的原则、规则为依据,在调解过程和调解协议内容上不得违反法律规定,违背程序正义,侵害社会公共利益和他人合法权益。

(2) 法院调解应当在当事人自愿的基础上进行。法院调解是法院居中,利用说服教育等手段,引导当事人达成协议的过程。一般情况下,法院进行调解应当征得当事人同意,除非法律明确规定,不得违背当事人意愿进行强制调解。另一方面,调解达成的协议必以当事人的真实意思达成,法院不得以强迫或者变相强迫的方式迫使当事人达成违心协议。

(3) 准确把握法院调解的范围。法律和司法解释规定,离婚案件和适用简易程序中的有关案件必须进行先行调解,①法院和当事人都必须遵守现行规则,不存在法院和当事人选择的可能性。而特别程序、督促程序、公示催告程序、破产还债程序的案件,执行程序中的案件,婚姻关系、身份关系确认案件以及其他因其性质不能进行调解的案件则不得调解。其他民事案件则可以当事人申请和法院提议尽可能进行调解。

(4) 必须正确处理调解和判决的关系。在调解不成的情况下,应当及时用判决的方式解决纠纷,不能久调不决,更不能以无限制的调解来侵害当事人的程序权利。

六、支持起诉原则

《民诉法》第15条规定:"机关、社会团体、企事业单位对损害国家、集体或者个人民事权益的行为,可以支持受损害单位或者个人向人民法院起诉。"这就是支持起诉原则的法律依据。根据处分原则,是否起诉由民事纠纷当事人自己决定。一般情况下,权利主体在其民事权益受到侵害并需要寻求司法保护时,都会主动提起诉讼,其提起诉讼的过程也不会遭到不法阻碍。但也不排除少数情况下当事人单位或者个人因为心理原因和实际困难而不能行使自己依法享有的起诉权。这里所说的心理因素主要是指当事人担心提起诉讼会受到致害人的报复打击。其实际困难则是指受侵害人的个人年幼无知而法定代理人不尽代理职责、身体疾病等原因致起诉不便以及受侵害单位或个人因经济困境无力承受起诉所需基本费用等。在以上情况下,为了有效保护国家、集体或者个人的合法权益,鼓励和帮助受害人行使起诉权,《民诉法》赋予机关、社会团体、企事业单位支持起诉权是十分必要的。

(一) 支持起诉原则的含义

所谓支持起诉,并非指支持起诉的机关、社会团体和企事业单位以自己的名义直接向法院提起诉讼,而是指通过各种方式支持、鼓励和帮助受害人提起诉讼。该原则的立法意旨主要是为了帮助那些民事权益受到侵害,想提起诉讼,但因某些困难未能提起诉讼的人。支持

① 比如《关于适用简易程序审理民事案件的若干规定》(法释〔2003〕15号)规定:(1) 婚姻家庭纠纷和继承纠纷;(2) 劳务合同纠纷;(3) 交通事故和工伤事故引起的权利义务关系较为明确的损害赔偿纠纷;(4) 宅基地和相邻关系纠纷;(5) 合伙协议纠纷;(6) 诉讼标的额较小的纠纷。

起诉是一项公益行为,以收取酬劳或者附加条件的"支持起诉"行为背离了该原则的立法初衷,应当予以禁止。

(二)支持起诉原则的适用

与其他民事诉讼基本原则一样,支持起诉原则立法相对概括,对支持起诉人在诉讼中的地位、诉讼权利立法都没有予以明确。但从该法条规定仍然可以看出,支持起诉原则适用应具备以下三个条件。

(1)可以支持起诉的案件必须是国家、集体或者个人的民事权益受到侵害的案件。也就是通常所说的侵权行为引起的民事纷争,如国有资产流失案件、农民工权益受到侵害案件以及老人、妇女和儿童等特殊群体成员合法权益受到侵害案件等。

(2)有权支持起诉的主体只限于国家机关、社会团体和企事业单位,个人不具有支持起诉的权利。常见的支持起诉主体如工会、妇联、未成年人救助机构、消费者协会、环境保护组织等。个人不得支持起诉意指个人不具有支持起诉的法律上的资格,并不意味着个人不能给他人起诉提供善意的帮助。《民诉法》排除公民个人支持起诉是为防止某些个人借支持起诉之名行调词架讼之实,达到挑动讼争,从中牟利或者干预司法之不法目的。

(3)必须是受害人没有起诉。如果被害人已经起诉,支持起诉则失去应有的意义。

(4)采取恰当的支持起诉方式。支持的方式主要是为当事人提供道义上、技术上和物质上的帮助,如代为提供法律援助,代为支付起诉费用,代为委托诉讼代理人以及给予必要保护等。任何支持主体均不得违背当事人意愿,违背起诉自由精神,变相强制当事人提起诉讼。

【思 考 题】

1. 怎样理解民事诉讼基本原则和基本审判制度的区别?
2. 怎样理解和适用当事人诉讼权利平等原则?
3. 如何适用处分原则和辩论原则?
4. 如何适用诚实信用原则?
5. 如何理解和适用法院调解原则?
6. 怎样理解支持起诉原则?

【司法考试命题(卷三)考点索引】

1. 2003年第80题,法院调解原则。
2. 2008年第38题,处分原则、辩论原则、平等原则
3. 2009年第82题,辩论原则
4. 2010年第36题,民诉法基本原则;第88题,民诉法基本原则和基本制度;第97题,民诉法的基本原则。
5. 2011年第38题,民诉法的基本原则。
6. 2012年第35题,法院能动司法+辩论原则+处分原则。
7. 2013年第45题,民诉法基本原则(诉讼权利平等原则、处分原则、辩论原则、支持起诉原则)。
8. 2014年第35题,诉讼权利平等原则;第37题,诚实信用原则。

第五章 民事审判基本制度

> **【本章要点】**
> 根据我国《宪法》《人民法院组织法》和《民诉法》第10条等，民事审判基本制度包括：合议制与人民陪审制、回避制、公开审判制和两审终审制。民事审判基本制度主要是规范法院组织体制、审判行为等的基本制度，是保障民事审判权科学、公正、民主和有序运行的基本规制。

第一节 合议制与人民陪审制

一、合议制的含义、适用范围和合议庭的组成

（一）合议制的含义

法院审判案件的具体组织制度有合议制度（简称合议制）和独任制度（简称独任制）。合议制的组织形式是合议庭，独任制的组织形式是独任庭，合议庭和独任庭是法院审判案件的具体组织。

合议庭是由3名以上单数的法官或陪审员组成的审判庭。合议制旨在从组织制度上保障正确审判。合议制和合议庭主要适用于比较重大、疑难的案件和普通审判程序。

独任庭则是由1名法官组成的审判庭。独任制和独任庭是基于便捷诉讼和降低成本而设置，主要适用于比较简单的案件和简易审判程序。

《民诉法》在第四章中就合议制和合议庭作出了专门规定。《关于人民法院合议庭工作的若干规定》（法释〔2002〕25号）和《关于进一步加强合议庭职责的若干规定》（法释〔2010〕1号）就合议制和合议庭作出了专门解释。《关于完善人民法院司法责任制的若干意见》（法发〔2015〕13号）明确审判组织权限和责任。

（二）合议庭的适用范围和合议庭的组成

合议制和合议庭适用于初审普通程序、上诉审程序和再审程序；处理重大、疑难非讼案

件的非讼程序等。在我国,上诉审程序一律采用合议制和合议庭。

初审普通程序中,合议庭由3名以上单数的法官组成或者法官与陪审员共同组成。上诉审程序中,合议庭由3名以上单数的法官组成。上诉审法院将案件裁定发回重审的,初审法院另行组成合议庭,原案审判法官或陪审员不得参加重审。

再审案件适用的程序取决于作出原确定或生效裁判的审级程序。再审案件,原适用初审程序的,按照初审程序另行组成合议庭;原适用上诉审程序或上级法院提审的,按照上诉审程序另行组成合议庭。

合议庭的审判长由符合审判长任职条件,并经法定程序选任的法官担任。院长或者庭长参加合议庭审判的,担任审判长。陪审员在法院执行职务期间,除不能担任审判长外,与法官享有同等的权利和承担同等的义务。合议庭和独任庭还需书记员。书记员在法官指导下工作,是审判工作的事务性辅助人员。[①]

法院审判具体案件时,该案件的审判组织是合议庭还是独任庭必须符合法律规定,若采用合议庭则其组成必须合乎法律规定,不然则构成上诉和再审的法定理由。

二、合议庭的职责和活动规则

(一) 合议庭的职责

《关于人民法院合议庭工作的若干规定》第5条规定合议庭的职责主要有:(1)作出诉讼保全、证据保全、先予执行等裁定;(2)确定案件委托评估、委托鉴定等事项;(3)依法开庭审理一审、二审和再审案件;(4)评议案件;(5)提请院长决定将案件提交审判委员会讨论决定;(6)按照权限对案件及其有关程序性事项作出裁判或者提出裁判意见;(7)制作裁判文书;(8)执行审判委员会决定;(9)办理有关审判的其他事项。

《人民法院审判长选任办法(试行)》(2000年)中规定,审判长的职责,主要有:(1)指导和安排审判辅助人员做好庭前调解、庭前准备及其他审判辅助性工作;(2)确定审理方案、庭审提纲、协调合议庭成员的庭审分工,做好其他庭审准备工作;(3)主持庭审;(4)主持对案件的评议;(5)提请院长决定将案件提交审判委员会讨论决定;(6)制作裁判文书,审核合议庭其他成员制作的裁判文书;(7)依照权限签发法律文书;(8)主持对案件的复议;(9)对合议庭遵守审理期限的情况负责。

(二) 合议庭的活动规则

合议庭的审判活动由审判长主持,全体成员平等参与案件的审理、评议、裁判,共同对案件认定事实和适用法律负责。

合议庭接受案件后,应当根据有关规定确定案件承办法官,或者由审判长指定案件承办法官。合议庭评议案件应当在庭审结束后5个工作日内进行。

合议庭成员进行评议的时候,应当充分陈述意见,独立行使表决权,不得拒绝陈述意见或者仅作同意与否的简单表态。合议庭成员对评议结果的表决,以口头形式进行。

合议庭评议案件时,先由承办法官对认定案件事实、证据是否确实、充分以及适用法律等发表意见,审判长最后发表意见;审判长作为承办法官的,由审判长最后发表意见。对案件的裁判结

---

① 《人民法院书记员管理办法(试行)》(法发〔2003〕18号)。

果进行评议时,由审判长最后发表意见。审判长应当根据评议情况总结合议庭评议的结论性意见。

合议庭评议案件,实行少数服从多数的原则。但是,少数人的意见应当写入笔录。评议应当制作笔录,由书记员制作,由合议庭的组成人员签名。

合议庭一般应当在作出评议结论或者审判委员会作出决定后的5个工作日内制作出裁判文书。对制作的裁判文书,合议庭成员应当共同审核,确认无误后签名。

三、合议庭与庭长、院长、专业法官会议、审判委员会

院长(副院长)、庭长(副庭长)组织领导法院行政性事务工作,具体案件的审判由审判庭负责。院长、副院长、庭长除参加审判委员会、专业法官会议外,不得对其没有参加审理的案件发表倾向性意见。①

对于有下列情形之一的案件,院长、副院长、庭长有权要求独任法官或者合议庭报告案件进展和评议结果:涉及群体性纠纷,可能影响社会稳定的;疑难、复杂且在社会上有重大影响的;与本院或者上级法院的类案判决可能发生冲突的;有关单位或者个人反映法官有违法审判行为的。院长、副院长、庭长对上述案件的审理过程或者评议结果有异议的,不得直接改变合议庭的意见,但可以决定将案件提交专业法官会议、审判委员会进行讨论。

法院可以分别建立由民事、刑事、行政等审判领域法官组成的专业法官会议,为合议庭正确理解和适用法律提供咨询意见。合议庭认为所审理的案件因重大、疑难、复杂而存在法律适用标准不统一的,可以将法律适用问题提交专业法官会议研究讨论。专业法官会议的讨论意见供合议庭复议时参考,采纳与否由合议庭决定,讨论记录应当入卷备查。

审判委员会总结审判经验,统一本院裁判标准,讨论涉及国家外交、安全和社会稳定的重大复杂案件以及重大、疑难、复杂案件的法律适用问题。审判委员会的决定,合议庭应当执行。合议庭对其汇报的事实负责,审判委员会委员对其本人发表的意见及最终表决负责。审判委员会改变合议庭意见导致裁判错误的,由持多数意见的委员共同承担责任。审判委员会维持合议庭意见导致裁判错误的,由合议庭和持多数意见的委员共同承担责任。审判委员会讨论案件违反民主集中制原则,导致审判委员会决定错误的,主持人应当承担主要责任。

法官受领导干部干预导致裁判错误的,且法官不记录或者不如实记录,应当排除干预而没有排除的,承担违法审判责任。

四、人民陪审制

2004年第十届全国人民代表大会常务委员会通过了《关于完善人民陪审员制度的决定》。对此,最高人民法院、司法部相继颁发了《关于人民陪审员选任、培训、考核工作的实施意见》(法发〔2004〕22号)、《人民陪审员规定》(法释〔2010〕2号)、《关于人民陪审员工作若干问题的答复》(法政〔2010〕11号)等。

为实现我国司法的人民性,保障人民群众依法有序参与司法,实现司法专业性与司法人

---

① 根据审判独立原则,审判庭独立审理案件并作出判决,庭长、院长、专业法官会议和审判委员会并非审判庭行政性的上级。根据直接言词审理原则,只有直接参加案件审理的法官,才能就本案作出判决,所以没有直接参加案件审理的庭长、院长、专业法官会议成员和审判委员会委员不得就本案直接作出判决。

民性的统一,《决定》明确提出完善人民陪审员制度,保障公民陪审权利,逐步实行人民陪审员只参与事实审不参与法律审。对此,颁行了《关于授权在部分地区开展人民陪审员制度改革试点工作的决定》(2015年)、《人民陪审员制度改革试点方案》(法〔2015〕100号)。

合议制与人民陪审制的关系主要体现在法官和陪审员共同组成合议庭方面。具体说,法院审判一审案件,属于下列情形之一,由陪审员和法官共同组成合议庭进行,适用简易程序审理的案件和法律另有规定的案件除外:(1)涉及群体利益的;(2)涉及公共利益的;(3)人民群众广泛关注的;(4)其他社会影响较大的。

陪审员参加审判活动,除不得担任审判长外,拥有与法官同等的权利,对事实认定、法律适用独立行使表决权,也可以依照法律有关规定独立调解诉讼案件。陪审员同合议庭其他成员意见分歧,要求合议庭将案件提请院长决定是否提交审判委员会讨论决定的,应当说明理由,并写入评议笔录。

第二节 回 避 制

一、回避制的含义

《人民法院组织法》第15条规定:"当事人如果认为审判人员对本案有利害关系或者其他关系不能公平审判,有权请求审判人员回避。审判人员是否应当回避,由本院院长决定。审判人员如果认为自己对本案有利害关系或者其他关系,需要回避时,应当报告本院院长决定。"这为回避制奠定了组织法上的基础。

回避制度是指审判人员和其他有关人员,出现可能影响案件公正审理的情形,依法退出诉讼的一种制度。回避制广泛适用于参与案件审理和执行活动的法院院长、副院长、审判委员会委员、庭长、副庭长、审判员、执行员、助理审判员和人民陪审员。法官、陪审员、执行员承担案件的审判职责、执行职责,属于当然回避的主体。由于书记员、翻译人、鉴定人和勘验人在案件处理中,也可能因偏私而有碍诉讼公正,因此他们同样属于适用回避的对象。

回避制度沿袭于"自己不能审理自己的讼争"这一古老的诉讼法则,它以维护诉讼公正作为深层动因。实行回避制度,一方面可以避免因人类心理及情感上的偏私性带来的审判不公现象;另一方面与案件及其当事人有利害关系的审判人员或其他有关人员退出诉讼或案件审理,可以消除当事人的不必要疑虑,可以提高当事人对法院公正的信任度,可以更好地维护当事人的合法权益和法院的公正形象。

当出现需要回避的情形或理由时,法官等有自行回避的义务,当事人有申请回避的权利,院长和审判委员会有权决定其回避。倘若法院违反回避制度,则构成上诉或再审的法定理由。

二、回避的情形

根据《民诉法》和《解释》的有关规定,回避的情形有三种。

(1)自行回避。指审判人员和其他人员有法定回避事由或自己不宜参与案件审理活动的其他事由,主动要求回避的情形。

(2)申请回避。指当事人及其诉讼代理人向法院提出申请,认为具有回避事由而要求审判人员和其他人员退出案件审理活动的回避情形。

(3)责令回避。这是指由院长或者审判委员会依职权决定审判人员回避的情形。

三、回避的事由

根据《民诉法》第44条和《解释》第43条的规定,回避的事由可以分为回避人自行回避和当事人申请回避共通的事由,当事人申请回避的事由和责令回避的事由。

1. 回避人自行回避和当事人申请回避共通的事由

(1)是本案当事人或者当事人、诉讼代理人近亲属的。这里的近亲属指的是与当事人有直系血亲、三代以内旁系血亲及姻亲关系的情形。

(2)本人或者其近亲属与本案有利害关系的。这种利害关系指的是本人或者其近亲属会因诉讼的结果获得直接或者间接的利益或者损害。

(3)担任过本案的证人、鉴定人、辩护人、诉讼代理人、翻译人员。

(4)本人或者其近亲属持有本案非上市公司当事人的股份或者股权。

(5)与本案当事人或者诉讼代理人有其他关系,可能影响公正审理的。所谓其他关系,是指上述近亲属和利害关系之外的足以影响案件公正审理的某种特殊亲密或仇嫌关系,如师生、同学、同事、战友关系等。

2. 当事人申请回避的事由

(1)接受本案当事人及其受托人宴请,或者参加由其支付费用的活动的。

(2)索取、接受本案当事人及其受托人财物或者其他利益的。

(3)违反规定会见本案当事人、诉讼代理人的。

(4)为本案当事人推荐、介绍诉讼代理人,或者为律师、其他人员介绍代理本案的。

(5)向本案当事人及其受托人借用款物的。

(6)有其他不正当行为,可能影响公正审理的。

3. 责令回避的事由

依据《解释》第46条第一款规定:当审判人员有应当回避的情形,没有自行回避,当事人也没有申请其回避的,由院长或者审判委员会决定其回避。

《解释》第45条第一款规定:"在一个审判程序中参与过本案审判工作的审判人员,不得再参与该案其他程序的审判。"此款可以视为一种特殊意义的回避事由。但此款不适用于发回重审的案件,在一审法院作出裁判后又进入第二审程序的,原第二审程序中合议庭组成人员不受此规定的限制。

四、回避的程序

1. 告知申请回避的权利

法院应当在受理通知书、应诉通知书、执行通知书中明确告知当事人有申请回避的权利。《民诉法》第128条规定:"合议庭组成人员确定后,应当在三日内告知当事人。"①依据

---

① 对于其他应予回避的主体,在确定其参加案件审判执行后,也应在3日内告知当事人。

《解释》第268条的规定,对没有委托律师、基层法律服务工作者代理诉讼的当事人,法院在庭审过程中可以就回避等相关内容向其作必要的解释或者说明。

2. 提出回避申请

当事人及其诉讼代理人提出回避申请,应当说明理由,在案件开始审理时提出。回避事由在案件开始审理后知道的,也可以在法庭辩论终结前提出。

当事人及其诉讼代理人应当在检察院作出提出抗诉或者检察建议等决定前以口头或者书面方式申请回避,并说明理由。口头提出申请的,应当记录在卷。

3. 审查和决定

法院应当在申请提出后3日内,经审查,以口头或者书面形式作出决定。院长担任审判长时的回避,由审判委员会决定;审判人员的回避,由院长决定;其他人员的回避,由审判长(或独任审判员)决定。

检察院应当在申请提出后3日内,作出决定并通知申请人。检察长的回避,由检察委员会讨论决定;检察人员和其他人员的回避,由检察长决定。检察委员会讨论检察长回避问题时,由副检察长主持,检察长不得参加。

被申请回避的人员在法院、检察院作出是否回避决定前,应当暂停本案工作,但案件需要采取紧急措施(如诉讼保全、证据保全等)的除外。

4. 复议

申请人对决定不服的,可以在接到决定时向原决定机关申请复议一次。法院、检察院应当在3日内作出复议决定,并通知复议申请人。复议期间,被申请回避的人员不停止本案工作。

第三节 公开审判制

一、公开审判制的含义

民事诉讼中的公开审判制,是指法院审判民事案件的活动依法向社会公开进行的基本制度。该制度要求法院审理民事案件一般应公开进行,法院审理民事案件,无论是否公开审理,判决一律公开宣告。法院违背公开审判原则及其例外规定,为上诉和再审的法定理由。

公开审判包括形式上的公开和实质上的公开。前者指案情、审判人员、审理和判决的公开;后者是指法官认定事实和适用法律的思维过程的公开。实质的公开是公开审判的深层次要求,它主要是通过法官对形成和作出诉讼决定的过程和理由进行公开、明晰的阐明来实现的,其中法官在判决书中充分详细地阐明判决的理由被认为是实质公开的必然和必要内容。

审判公开是近代思想家对审判提出的一个理性要求。针对封建时代的不公开审判,西方著名法学家贝卡利亚认为,审判公开化是防止私欲和暴力的有效手段。现代诉讼机制下,公开审判已经被视为一种当然的并在各类诉讼中通用的基本审判制度。公开审判制度既反映了诉讼公正的一般要求,也体现了诉讼民主的价值,是社会主义民主精神在诉讼活动中的凝聚。这一制度功能主要有三个方面。

(1) 督促功能。这是指将法院的审判活动公开,便于人民群众及社会公众对审判活动进行监督,从而督促法院审判人员规范审判行为,提高办案质量。

(2) 约束功能。这是指诉讼活动在公开场合进行,可以促使当事人及其他诉讼参与人规范诉讼行为,正确行使诉讼权利,如实提供证据和陈述案情,提高依法诉讼的自觉性。

(3) 教育功能。这是指案件的公开审理并通过新闻媒体宣传,可以使人民群众形象地接受法制教育,强化其法制观念,使群众的法律素质得到提高。

二、我国公开审判的主要内容

《决定》明确提出"构建开放、动态、透明、便民的阳光司法机制"。开放,即所有司法中依法应当公开的信息都应当公开。动态,即当事人可以通过网上办公平台与法院进行必要的互动交流。透明,即所有可以公开的裁判结果和执行信息都应当上网公开。便民,即普通民众参与、旁听案件审理,获取法院的公共信息将更加方便、快捷。

公开的主体范围主要是:(1)向社会公开,即允许公民旁听、允许新闻报道①、在互联网公布裁判文书②。(2)向当事人公开,即保障当事人的程序参与权,其基本含义是法庭必须给予诉讼当事人各方充分的机会来陈述本方的理由,严格适用缺席审判。③

公开的客体范围主要是④:(1)审判庭组成人员和书记员公开;(2)案情公开;(3)立案公开;(4)庭审公开;(5)宣判公开;(6)裁判文书公开,包括在互联网公布裁判文书、公众可以查阅发生法律效力的判决书和裁定书(《民诉法》第156条)等。⑤

三、公开审判的例外

为了维护更大权益或基于审理事项特殊性的考虑,我国现行法律和司法解释明文规定了不公开审理的案件和情形(法院应当当庭宣布不公开审理的理由),主要有:

(1) 不公开审理的案件。主要有两类(《民诉法》第134条):绝对不公开审理的案件(涉及国家秘密、个人隐私的案件)和相对不公开审理的案件(当事人可以申请不公开审理的离婚案件和涉及商业秘密的案件、法院调解案件⑥、非讼案件等)。不公开审理的案件,其判决

---

① 参见《人民法院法庭规则》(法释〔2016〕7号)(第9、11条)、《关于人民法院接受新闻媒体舆论监督的若干规定》(2009年)。

② 参见《关于人民法院接受新闻媒体舆论监督的若干规定》(2009年)、《关于人民法院在互联网公布裁判文书的规定》(法释〔2013〕26号)。

③ 笔者认为,对当事人程序公开的规范内容,以纳入程序参与原则或对审原则为宜。参见邵明:《论民事诉讼程序参与原则》,载《法学家》2009年第3期。

④ 《关于司法公开的六项规定》(2009年)从立案公开、庭审公开、执行公开、听证公开、文书公开和审务公开六个方面对各个程序阶段的审判公开问题作了进一步的规定。《关于人民法院执行公开的若干规定》(2006年)中规定法院应当将案件执行过程和执行程序予以公开。

⑤ 但涉及国家秘密、商业秘密和个人隐私的内容除外。《解释》第220条规定:《民诉法》第68、134、156条规定的商业秘密,是指生产工艺、配方、贸易联系、购销渠道等当事人不愿公开的技术秘密、商业情报及信息。公民、法人或者其他组织应当以书面形式,向作出该生效裁判的法院提出申请,并提供具体的案号或者当事人姓名、名称(《解释》第254条)。

⑥ 《解释》第146条规定:"人民法院审理民事案件,调解过程不公开,但当事人同意公开的除外。调解协议内容不公开,但为保护国家利益、社会公共利益、他人合法权益,人民法院认为确有必要公开的除外。主持调解以及参与调解的人员,对调解过程以及调解过程中获悉的国家秘密、商业秘密、个人隐私和其他不宜公开的信息,应当保守秘密,但为保护国家利益、社会公共利益、他人合法权益的除外。"

应当公开宣告,宣判时应当注意保护有关国家秘密、个人隐私、商业秘密。

(2) 不开庭审理的情形。争讼案件以开庭审理为原则,其例外情形主要有:简易程序和小额诉讼程序中,可以采用视听传输技术等方式开庭(《解释》第259条);上诉案件不需要开庭审理的,可以不开庭审理(《民诉法》第169条);再审案件不需要开庭审理且当事人书面同意的,不开庭审理(《解释》第403条)。

(3) 民事争讼程序中,不公开情形还有:法庭审理终结后,合议庭秘密评议案件[①];裁定处理程序事项;简易案件判决书只需记载判决主文而无须详细载明判决理由(《解释》第270、282条)等。

第四节 两审终审制

一、两审终审制的含义

两审终审制是一种审级制度。所谓审级制度,是指法律规定的审判机关在组织体系上的层级划分以及诉讼案件须经几级法院审判才告终结的制度。我国民事诉讼实行两审终审制度,即一个民事(争讼)案件经过两级法院审判就告终结。由于我国法院共分四级,故我国民事案件的审级制度可以称为四级两审制。

当时确定实行二审终审而不实行三审终审的理由主要是:我国地域辽阔,不少地方交通又不方便,如果实行三审终审,当事人和证人等势必要为诉讼长途往返,造成人力、财力上的浪费。而且,当事人的权利义务长期处于不稳定状态,不利于民事流转和社会安定。因此,实行两审终审制,基本上符合我国的实际情况。

根据《民诉法》的规定,实行一审终审的案件主要有:(1)最高人民法院一审民事案件;(2)小额诉讼案件;(3)非讼案件(适用特别程序审理的案件、督促案件、公示催告案件)。地方各级法院一审判决上诉期届满的为确定判决。

二、其他国家和地区审级制度

关于审级制度,各国立法不尽相同。从西方国家关于审级制度的规定来看,主要有两种类型。

(1) 四级三审制。德国、日本等国采用此制度。比如,德国法院系统由州初级法院、州地区法院、州高等法院、联邦最高法院组成。州初级法院审理不重要的民事案件,不服州初级法院判决可以上诉到州地区法院,再不服可以要求州高等法院复审;州地区法院审理不属于州初级法院管辖的一审案件,不服州地区法院判决可以向州高等法院上诉,再不服可要求联邦最高法院复审。

[①] 《人民法院工作人员处分条例》(法发〔2009〕61号)第42条规定:"故意泄露合议庭、审判委员会评议、讨论案件的具体情况或者其他审判执行工作秘密的,给予记过或者记大过处分;情节较重的,给予降级或者撤职处分;情节严重的,给予开除处分。"

(2) 三级三审制。美国联邦法院和法国等国的法院采用这种制度。比如,美国联邦法院系统由地区法院、上诉法院和最高法院组成。我国台湾地区在审级制度上也是实行三级三审制,其法院系统由地方法院、高等法院和最高法院组成。不服地方法院的判决可以上诉到高等法院,再不服可上诉到最高法院。

我国与西方国家在审级制度上的主要区别在于:我国实行两审终审,而西方国家基本上实行的是三审终审。西方不少国家的民事诉讼立法在规定第三个审级的同时,又设有种种限制向第三审法院上诉的规定。因此,在这些国家,第三个审级对案件的审理是有限的。相当一部分案件仍然是两审终审,比我国增加了一次复审,该复审(即第三审)为法律审,只审查下级法院的裁判适用法律有无错误。笔者认为,除上述区别外,一般民事案件的终审法院层级较低也是我国与西方国家在审级制度上的一个不同点。西方国家民事案件的终审法院通常是最高法院或高等法院,而我国民事案件的终审法院主要是中级法院,其次才是高级法院,最高法院很少作为民事案件的终审法院。

两审终审与三审终审这两种审级制度比较起来孰优孰劣,国内外学术界有不同看法。西方国家一些学者认为,三审终审是公正处理案件的保证,是保护当事人合法权益的必要措施。而国内一些学者则认为,审级越多,诉讼越拖延,越劳民伤财,当事人的合法权益越不易得到保护。而且,三审终审需要大量诉讼费用,对当事人行使上诉权也是一种限制。

我们认为,这两种终审级制度各有利弊。三审终审的优点在于错误裁判得到纠正的机会多于两审终审,且实行三审终审的国家,其终审法院的级别相应提高。法院级别提高,不仅有利于法律适用的统一,而且也有利于提高办案质量。但是,审级增多,势必会增加法院和当事人负担,不利于及时确定当事人的民事权利义务。

三、我国现行审级制度的弊端和完善

在我国现行两审终审制下,很多情况下二审法院是中级法院。由此产生的弊端主要有:
(1) 不利于法律适用的统一。因为,级别越高的法院作为案件的终审法院,就越有利于法律适用的统一;反之,则不利于法律适用的统一。而我国多数民事案件的终审法院级别偏低,加上我国的法律规定过于粗简、弹性较大,法院审理案件时又缺乏具体判例的指导,就不可能不影响到我国法律适用的统一。

(2) 不利于提高法院办案质量。就我国现状来看,一般而言,审判员的业务水平是与法院级别成正比的。我国大部分民事案件终审法院的级别偏低,从审判员业务的角度考虑,是不利于提高法院办案质量的。

(3) 不利于对一审错误裁判的纠正。目前,我国审判工作中的地方保护主义及其他不正之风比较严重。而我国现行的一次复审制度和大部分案件由级别偏低的法院作为终审法院,在客观上又为这些不正之风的泛滥提供了便利条件。

我国的审级制度以及与审级制度密切相连的级别管辖等制度,面临着如何根据市场经济发展而吸收现代审级制度和级别管辖制度中的积极因素来创造性地加以完善的问题。改革的基本思路是:民事案件基本上实行两审终审,有条件地实行三审终审。就是说,一般民事案件仍实行两审终审,对符合特定条件的案件实行三审终审。

笔者认为,至少下列案件应当实行三审终审:(1)有原则性意义的案件。比如,法律没有规定的新案件和脱离最高法院判例的案件,这是很多国家第三审案件的重点,旨在保证国家法律适用的统一和新案件处理的质量。(2)诉讼标的价额较大或巨大的案件。诉讼标的价额大小是案件是否重要以及重要程度的标志,因此对向第三审法院上诉进行限制的国家,大都将诉额作为上诉的一个条件,而且诉额标准随着经济的发展不断提高。

【思 考 题】

1. 简述民事审判基本原则和民事诉讼基本原则的区别。
2. 简述合议庭的组成和活动规则。
3. 何为回避制?回避的事由有哪些?
4. 论公开审判制的适用。
5. 论我国审级制度及其完善。

【司法考试命题(卷三)考点索引】

1. 2003年第79题,公开审判制度。
2. 2006年第37题,审判组织。
3. 2007年第35题,公开审判制度。
3. 2008年第83题,审判组织。
4. 2010年第37题,回避制度;第88题,民诉法基本原则和基本制度。
5. 2012年第36题,公开审判制度。
6. 2014年第38题,回避制度。
7. 2015年第36题,回避制度。

第六章
法院民事主管与管辖

> 【本章要点】
>
> 在法院民事审判权或民事主管的范围内,还须在法院系统内(各级法院之间和同级法院之间)确定或解决管辖问题。我国民事诉讼管辖制度大致包括:审判管辖、执行管辖和特殊事项管辖;国内管辖、涉外管辖和区际管辖。国内民事争讼案件的审判管辖包括级别管辖和地域管辖;裁定管辖(管辖权移转、指定管辖、移送管辖)和管辖权异议等。地域管辖又包括一般地域管辖、特殊地域管辖、协议管辖和专属管辖。

第一节 民事主管与管辖原理

一、法院民事主管

主管是对国家机关职权范围的确定。法院作为国家司法机关,也有特定的主管范围。联合国《关于司法机关独立的基本原则》要求:"司法机关对所有司法性质的问题享有管辖权,并应拥有权威就某一提交其裁决的问题按照法律是否属于其权力范围作出决定。"这一规定原则性确定了在纠纷解决的主管上法院享有独立的判断和决定权。

法院的民事主管,是指法院与其他国家机关和社会组织之间在解决民事案件上的分工和权限。法院在民事诉讼中的主管范围就是法院在民事诉讼中的受理案件范围。如本书第一章中所言,法院民事主管与法院民事审判权的范围、民事诉讼法的对事效力是一致,即在我国,民事诉讼用来解决以下案件:(1)民事案件,包括民事争讼案件、民事非讼案件和民事执行案件;(2)非民事案件,比如选民资格案件等。

《民诉法》第3条规定:"人民法院受理公民之间、法人之间、其他组织之间以及他们相互之间因财产关系和人身关系提起的民事诉讼,适用本法规定。"据此,在我国,确定法院民事主管的标准有二:(1)主体标准,即案件当事人是平等的民事主体。(2)内容标准,即案件的内容是民事财产关系和人身关系。

至于法院与其他国家机关（行政机关等）和社会组织（调解组织、仲裁机构等）在解决民事案件方面的分工，在本书第一章第二节至第四节和第三章第三节中已有阐释，在此不再赘述。

至于法院内部的主管关系，是指当同一纠纷或相关联的纠纷分别引起数个不同法律性质的案件时，对数个案件在各相关职能审判庭中审理先后安排上所产生的次序关联。例如，某男作为原告对其妻子同时提起离婚和重婚的诉讼，从而产生刑事审判的重婚案件与民事审判的离婚案件审理上的先后问题；又如，某公司对另一公司提起专利侵权诉讼，而对方以专利权属问题申请专利行政管理部门确权，继而引起行政诉讼，也产生了行政诉讼与民事诉讼的审理先后问题。

在司法实践部门和诉讼法学界有一种做法和看法，即"先刑后民"和"先行后民"。笔者认为，在任何情况下都推行这种观念既没有依据，也有一定的弊端。案件交叉的情形千差万别，不同的情况应依据不同的原则进行协调，无条件地将民事案件推后于刑事、行政案件审理，既没有必要，也会给诉讼带来混乱和迟延。笔者认为，处理法院内部的主管关系应依照以下几个方案进行。

（1）平行处理。在相互没有适用法律关联的案件之间，尽管它们是基于同一纠纷产生的，也不必在审理先后上刻意安排，直接由各职能审判庭分别按照不同的诉讼程序审理。

（2）预决力优先。这是指只有在行政案件、刑事案件对案件事实的审理对民事案件主要事实有预决力的情况下才采用刑事优于民事或者行政优于民事审理次序。例如，离婚案件的主要事实理由是一方当事人重婚，则要等重婚案件定性后才能开始对民事婚姻案件的审判。

（3）依法律明文规定处理。我国在行政权和司法权配置中，法律明文规定某类纠纷或权属争议的应由行政机关处理，对此处理决定不服的可提起行政诉讼。

二、管辖的含义、分类和意义

（一）管辖的含义

在法院民事审判权或民事主管的范围内，还须在法院系统内（各级法院之间和同级法院之间）确定或解决管辖问题。民事诉讼中的管辖就是指法院内部受理第一审民事案件的分工和权限。民事案件的这种管辖分工就是要解决第一审民事案件由何种级别法院及同一级别的何地法院受理的问题。

我国民事诉讼管辖制度大致包括：审判管辖、执行管辖和特殊事项管辖；国内管辖、涉外管辖和区际管辖。审判管辖确定案件的审判法院，包括争讼案件管辖和非讼案件管辖。执行管辖确定案件的执行法院。特殊事项管辖，比如证据保全、财产保全、行为保全等特殊事项的管辖。[①]

就国内民事争讼案件的审判管辖而言，包括级别管辖和地域管辖，同时还包括裁定管辖（管辖权移转、指定管辖、移送管辖）和管辖权异议等。地域管辖又包括一般地域管辖、特殊地域管辖、协议管辖和专属管辖。本章第二节至第五节阐释的是国内民事争讼案件的管辖。

---

① 参见邵明：《民事诉讼法学》，中国人民大学出版社2007年版，第134～135页。

如何确定具体案件的审判法院呢？首先确定级别管辖，之后确定地域管辖；确定地域管辖时，首先确定专属管辖，非专属管辖的则适用协议管辖，无协议管辖或管辖协议无效的则适用特殊地域管辖，非特殊地域管辖的则适用一般地域管辖。

(二) 管辖的分类

(1) 根据普通法院与专门法院的职能，可以将管辖分为"普通管辖"和"专门管辖"。普通管辖是指最高人民法院、地方各级法院对案件的管辖。专门管辖是指专门法院（铁路运输法院、海事法院等）对某些类型案件的管辖。

(2) 以案件的管辖法院是否为两个以上为标准，可以分为"共同管辖"和"单一管辖"。共同管辖则体现为两个以上法院均有权管辖某一具体民事个案，当事人可以选择管辖。凡某一案件依法仅能由某一特定法院管辖的称为单一管辖。

(3) 以是否将有牵连关系的数个案件一并管辖为标准，可以分为"合并管辖"和"分别管辖"。合并管辖是指对某个案件有管辖权的法院，可以一并审理与该案有牵连关系但无管辖权的其他案件。分别管辖则指有牵连关系的数个案件由各个有管辖权的法院分别审理。

(三) 管辖的意义

(1) 管辖权是国家司法权的重要内容，它体现了国家主权的精神，管辖权的完整和科学可以维护捍卫国家主权，保护我国公民、法人和其他组织的合法权利。

(2) 管辖的直接功能在于明确各级法院之间及同级法院之间受理第一审民事案件的权限范围，可以避免不必要的推诿或争夺管辖的现象发生，使民事案件能够得到及时公正的解决。

(3) 管辖制度的明确性和合理性，使当事人清楚自己行使诉权的方向，避免了因管辖不明带来的告诉无门现象，为当事人行使诉权和保护实体权益及解决民事纠纷提供了便利。

三、确立管辖的原则

为了保证纷繁复杂的民事案件管辖得到科学有序的安排，我国民事诉讼立法时主要遵循以下几个原则。

(1) 方便当事人诉讼。对当事人权利的保障是民事诉讼的重要目标，当事人权利行使的便利性同样是诉讼立法所要遵循的准则。规定大多数案件由基层法院管辖和当事人住所地法院管辖、协议管辖等，旨在方便当事人诉讼，减轻当事人的诉讼负担。

(2) 方便法院公正审判。《民诉法》根据合理的标准或联结因素来确定级别管辖和地域管辖、裁定管辖等，旨在方便法院审判。该原则要求管辖制度应有利于公正审判。管辖规定中，对被告人利益的保护，对地方保护主义的限制，有助于法院公正审判。

(3) 司法职能和工作负担均衡。基层法院主要职能是审判和执行民事案件及其他案件，而中级以上法院除审判和执行案件外还担负着指导监督下级法院审判和执行的任务，最高人民法院则担负对全国民事审判和执行工作的监督指导及制定司法解释等重要任务，所以级别较高的法院审判一审民事案件和执行民事案件相应地应当减少，以均衡其工作负担。

(4) 维护国家主权。管辖权是国家主权的重要体现，司法管辖权的充分程度在一定程度上体现了国家主权的独立程度。我国作为一个主权国家，在尊重国际条约和国际惯例的前提下，对民事管辖权特别是专属管辖权进行了规定，使其范围得到了保证，有效地抵制了外国司法权对我国司法权的不当干预,以维护国家和人民的根本利益。

(5) 原则性和灵活性相结合。管辖制度既要明确、具体、稳定,又要有必要的灵活措施以适应现实社会的发展和变化。因此,《民诉法》在明确规定各类案件管辖确定规则的同时,也规定了指定管辖、管辖权转移、选择管辖、协议管辖等变通措施。

四、管辖恒定

在民事诉讼中,"起诉时"或"受理时"享有管辖权的法院,不因确定管辖的法律和事实条件在诉讼过程中的变化而丧失管辖权,这就是管辖恒定原则。这一原则已为我国民事诉讼立法所采用,它既节约了诉讼资源,又减少了当事人的讼累,从制度上反映了诉讼经济的要求。

依据《解释》(第37~39条)的规定,案件受理后,受诉法院的管辖权不受当事人住所地、经常居住地变更的影响;有管辖权的法院受理案件后,不得以行政区域变更为由,将案件移送给变更后有管辖权的法院;法院对管辖异议审查后确定有管辖权的,不因当事人提起反诉、增加或者变更诉讼请求等改变管辖(违反级别管辖、专属管辖的除外)。

管辖恒定也有一些例外。比如,当事人为规避级别管辖,起诉时故意降低标的额而起诉后再提高标的额的,受诉法院应当将案件移送上级法院管辖;起诉后,出现受诉法院全体法官回避事由或发生自然灾害致使受诉法院无法审判的,请求上级法院指定其他法院管辖。

五、共同管辖和选择管辖

共同管辖和选择管辖是一种管辖现象的两个方面。共同管辖是指两个以上法院对同一民事案件都享有管辖权。选择管辖是指共同管辖发生时,当事人可以选择其中一个法院起诉。可见,共同管辖是选择管辖的基础,选择管辖是对共同管辖权的具体确定。共同管辖是相对于法院的审判权,选择管辖是当事人行使诉权的象征。

共同管辖和选择管辖主要是基于以下原因发生的:(1) 特别类型的案件,根据《民诉法》规定,数个联结点所在地法院均有管辖权,且各联结点又不在一个法院辖区的;(2) 一个普通民事案件有两个以上被告,而各被告又不在同一法院辖区的;(3) 一个案件的同一管辖联结因素分别牵涉数个法院辖区的,如争讼的不动产位于两个以上法院辖区的。

据以上分析可以看出,选择管辖和共同管辖实际上是对地域管辖(包括专属管辖)规则适用的一种协调和补充。根据《民诉法》和有关司法解释,在司法实践中,适用共同管辖时,应注意以下几个问题。

(1) 两个以上法院都有管辖权的诉讼,原告可以向其中一个法院起诉;原告向两个以上有管辖权的法院起诉的,由最先立案的法院管辖。

(2) 两个以上法院都有管辖权的诉讼,先立案的法院不得将案件移送给另一个有管辖权的法院。立案前发现其他有管辖权的法院已先立案的,不得重复立案。

(3) 两个以上法院对同一案件都有管辖权并已分别立案的,后立案的法院得知有关法院先立案的情况后,应当在7日内裁定将案件移送先立案的法院。对为争管辖权而将立案日期提前的,该院或其上级法院应当予以纠正。

(4) 当事人基于同一法律关系或者同一法律事实而发生纠纷,以不同诉讼请求分别向有管辖权的不同法院起诉的,后立案的法院在得知有关法院先立案的情况后,应当在 7 日内裁定将案件移送先立案的法院合并审理。

六、牵连管辖

牵连管辖,又称合并管辖、连带管辖,是指对某个案件有管辖权的法院,可以一并审理与该案有牵连关系但无管辖权的其他案件。比如,某法院对 A 案件有管辖权,对 B 案件却无管辖权,而 A 案件与 B 案件有牵连关系,基于该牵连关系,法院在审理 A 案件的同时,可以一并审理 B 案件,此际对 B 案件来说,就是牵连管辖。

牵连关系可以是主体方面的牵连,如 A 案件的当事人是 B 案件的当事人;可以是诉讼标的或诉讼请求方面的牵连,如 A 案件与 B 案件的诉讼请求相互冲突或抵消;可以是案件事实方面的牵连。这些牵连关系在牵连管辖情形中往往是并存的。

第二节 级 别 管 辖

一、级别管辖的含义和确定标准

(一)级别管辖的含义

级别管辖,是指按照一定的标准,划分"上下级"法院之间受理第一审民事案件的分工和权限。级别管辖的特点在于,它是划分不同级别的法院之间管辖第一审民事案件的总体上的分工,并不直接涉及某一具体法院。确定了第一审案件的级别管辖,就确定了第二审案件的级别管辖法院(即第一审法院的上一级法院)。因此,立法上对级别管辖,仅规定了第一审案件的级别管辖。有时还需要通过管辖权移转等方式,适当变通级别管辖,以方便诉讼。

(二)级别管辖的确定标准

根据《民诉法》和相关司法解释,级别管辖的确定标准主要有:

(1)案件的繁简程度和性质。案情简单、审理难度较小的民事案件,往往由级别较低的法院管辖。案情复杂、审理难度较大的案件,以及特殊的案件(如涉外案件、海事案件、证券案件、知识产权案件等),由较高级别的法院或专门法院管辖。

(2)诉讼标的金额大小。《关于调整高级人民法院和中级人民法院管辖第一审民商事案件标准的通知》(法发〔2015〕7 号)按照诉讼标的额规定了高级法院和中级法院管辖的第一审民商事案件。

(3)案件的影响。这是指案件涉及面大小,案件处理结果对社会的影响范围。凡是案件涉及的地区面广、参加人较多和处理结果社会影响较大的,应由中级以上法院受理,反之则由基层法院作为第一审法院。

我们认为,根据方便诉讼和方便审判的宗旨,一审民事案件应当多由基层法院管辖。比如说,在路程和交通方面,通常当事人到基层法院(及其派出法庭)比到中级法院更便捷些,基层法院(及其派出法庭)送达诉讼文书和进行现场勘验等也更便捷些。

根据管辖的确定性要求,确定级别管辖的标准应当明确化,比如以诉讼标的额或案件的性质为确定标准。许多国家根据诉讼标的额,确定级别管辖法院。① 就案件的性质而言,可以规定某些类型的一审案件由中级法院管辖,比如涉外案件、海事案件、证券案件、知识产权案件等。

二、我国级别管辖的规定

基层法院管辖一审民事案件,民事诉讼法和司法解释等另有规定的除外(民事诉讼法和司法解释等明确规定了中级、高级和最高人民法院管辖的一审民事案件)。

中级法院管辖如下一审民事案件:(1)重大涉外案件②、重大涉港澳台案件、海事案件;(2)在本辖区有重大影响的案件;(3)最高人民法院(通常是通过司法解释)确定由中级法院管辖的案件(比如诉讼标的额较大的案件③、知识产权民事案件④、不正当竞争民事案件⑤、垄断民事纠纷案件⑥、确认仲裁协议效力⑦等)。

高级法院管辖如下一审民事案件:(1)特别重大的涉外案件、特别重大的涉港澳台案件;(2)诉讼标的额很大的案件⑧;(3)本辖区有重大影响的案件。

最高人民法院管辖如下一审民事案件:(1)在全国有重大影响的案件;(2)认为应当由本院审理的案件。

三、最高人民法院设立巡回法庭

为依法及时公正审理跨行政区域重大行政和民商事等案件,方便当事人诉讼,最高人民法院第一巡回法庭已在深圳市挂牌成立,巡回区为广东、广西、海南三省区;第二巡回法庭已在沈阳市挂牌成立,巡回区为辽宁、吉林、黑龙江三省。最高人民法院根据有关规定和审判工作需要,可以增设巡回法庭,并调整巡回法庭的巡回区和案件受理范围。⑨

巡回法庭是最高人民法院派出的常设审判机构,其受理的案件在最高人民法院办案信息系统统一编号立案,统一纳入最高人民法院审判信息综合管理平台进行管理,作出的判决、裁定和决定是最高人民法院的判决、裁定和决定。

巡回法庭审理或者办理巡回区内应当由最高人民法院受理的民事案。但是,知识产权、涉外商事、海事海商、死刑复核、国家赔偿、执行案件和最高人民检察院抗诉的案件暂由最高人民法院本部审理或者办理。

---

① 比如,《日本民事诉讼法》第 8 条规定:"根据《法院法》的规定,按照诉讼标的的价额确定管辖时,其价额按提起诉讼时所主张的利益计算。如果不能计算前款的价额或计算极其困难,视为其价额超过九十万日元。"第 9 条规定:"在以一个诉讼提出数个请求的情况下,其合并计算的价额为诉讼标的的价额。但是,在该诉讼中所主张的利益对各请求是共同的,不在此限。如果请求的果实、赔偿损失、违约金或费用是诉讼的附带标的的,其份额不算入诉讼标的的价额。"
② 是指争议标的额大的案件、案情复杂的案件,或者一方当事人人数众多等具有重大影响的案件(《解释》第 1 条)。
③ 《关于调整高级人民法院和中级人民法院管辖第一审民商事案件标准的通知》(法发〔2015〕7 号)
④ 《解释》第 2 条第 1 款;《关于商标法修改决定施行后商标案件管辖和法律适用问题的解释》(法释〔2014〕4 号)
⑤ 《关于审理不正当竞争民事案件应用法律若干问题的解释》(法释〔2007〕2 号)第 18 条。
⑥ 《关于审理因垄断行为引发的民事纠纷案件应用法律若干问题的规定》(法释〔2012〕5 号)第 3 条。
⑦ 《关于适用〈中华人民共和国仲裁法〉若干问题的解释》(法释〔2006〕7 号)第 12 条。
⑧ 《关于调整高级人民法院和中级人民法院管辖第一审民商事案件标准的通知》(法发〔2015〕7 号)
⑨ 《决定》明确规定:"最高人民法院设立巡回法庭,审理跨行政区域重大行政和民商事案件。"2014 年 12 月 2 日中央全面深化改革领导小组审议通过《最高人民法院设立巡回法庭试点方案》。对此,最高人民法院颁行了《关于巡回法庭审理案件若干问题的规定》(法释〔2015〕3 号)。

第三节 地域管辖

一、地域管辖的含义和确定标准

地域管辖,又称属地管辖、土地管辖、区域管辖,是指根据诉讼当事人的住所地、诉讼标的物所在地、私法关系及法律事实发生地等,确定同级法院之间审判一审民事案件的范围和权限。地域管辖包括一般地域管辖、特殊地域管辖、专属管辖和协议管辖。

地域管辖是按照地域划分来确定同级法院之间的管辖范围。确定地域管辖的因素和标准,主要是法院的(管)辖区与当事人的住所地、诉讼标的物所在地、私法关系及法律事实发生地等之间的关系。地域管辖的法院即当事人住所地、诉讼标的物所在地、私法关系及法律事实发生地的法院。

级别管辖是地域管辖的前提。级别管辖是从纵向的角度,确定"上下级"法院之间管辖一审民事案件的范围,而地域管辖是从横向的角度,确定"同级"法院之间管辖一审民事案件的范围。同时,确定级别管辖和地域管辖的因素和标准,也有所不同。

二、一般地域管辖

(一) 一般地域管辖的原则

诉讼当事人住所地与法院辖区的关系,被称为普通审判籍或人的审判籍。据此确定的管辖,不要求案件有何特殊性,所以被称为一般地域管辖或普通地域管辖。因此,立法上无须列举出适用一般地域管辖的案件类型,而是列举出适用特殊地域管辖的特殊案件。

一般地域管辖的通常原则是"原告就被告",即由被告住所地或经常居住地的法院管辖。这是对被告生活安宁权的一种保护,使被告免受原告滥用起诉权所带来的侵扰。

一般而言,被告是公民的,其住所地是其户籍所在地。若被告住所地与经常居住地不一致的,则由经常居住地的法院管辖。经常居住地是指公民离开住所地至起诉时已连续居住1年以上的地方,但公民住院就医的地方除外。另外,当事人的户籍迁出后尚未落户,有经常居住地的,由该地法院管辖;没有经常居住地的,由其原户籍所在地法院管辖。

被告是法人或其他组织的,其住所地是其主要办事机构所在地。法人或者其他组织的主要办事机构所在地不能确定的,法人或者其他组织的注册地或者登记地为住所地。

对没有办事机构的个人合伙、合伙型联营体提起的诉讼,由被告注册登记地法院管辖。没有注册登记,几个被告又不在同一辖区的,被告住所地的法院都有管辖权。

在其他情况下,无论是针对公民个人的诉讼还是针对其他组织或法人的诉讼,如几个被告住所地或经常居住地在两个以上法院辖区的,各该法院同样都有管辖权。

《解释》对下列情况做了补充规定:(1)双方当事人都被监禁或者被采取强制性教育措施的,由被告原住所地法院管辖。被告被监禁或者被采取强制性教育措施1年以上的,由被告被监禁地或者被采取强制性教育措施地法院管辖。(2)原告、被告均被注销户籍的,由被告居住地法院管辖。(3)夫妻一方离开住所地超过1年,另一方起诉离婚的案件,可以由原告住所地法院管辖。(4)夫妻双方离开住所地超过1年,一方起诉离婚的案件,由被告经常居住地法院管辖;没有经常居住地的,由原告起诉时被告居住地法院管辖。

(二) 一般地域管辖原则的例外

一般地域管辖的例外规定指的是某些案件法律规定由原告住所地或者经常居住地的法院管辖。即"被告就原告"。

根据《民诉法》第22条的规定,(1)对不在我国领域内居住的人提起的有关身份关系的案件。被告必须是居住在国外的外国人、无国籍人及我国公民,案件只能是与人身相联系的身份关系诉讼,包括婚姻、亲子、收养关系等讼争。只有符合以上两方面要求,才可适用"被告就原告"的管辖规定。(2)对下落不明或者宣告失踪的人提起的有关身份关系的诉讼。此类案件的构成条件一为被告必须下落不明或者为法院宣告的失踪人,二为案件属性只能是身份关系诉讼,两个条件缺一不可。(3)对被采取强制性教育措施的人提起的诉讼。(4)对被监禁的人提起的诉讼。第(3)和(4)种情形,被告人身自由均受到了一定的限制,且离开了自己的住所地或经常居住地。在这种情况下,适用"原告就被告"原则给原告带来了极大的不便,因此,法律规定由原告住所地法院管辖。

《解释》还规定了如下例外情形:(1)被告被注销户籍的。(2)追索赡养费、扶养费和抚育费案件的几个被告住所地不在同一辖区的,可以由原告住所地法院管辖。(3)夫妻一方离开住所地超过一年,另一方起诉离婚的案件,可以由原告住所地法院管辖。

(三) 华侨和域外公民离婚诉讼管辖的特别规定

(1)在国内结婚并定居国外的华侨,如定居国法院以离婚诉讼须由婚姻缔结地法院管辖为由不予受理,当事人向人民法院提出离婚诉讼的,由婚姻缔结地或者一方在国内的最后居住地人民法院管辖。

(2)在国外结婚并定居国外的华侨,如定居国法院以离婚诉讼须由国籍所属国法院管辖为由不予受理,当事人向人民法院提出离婚诉讼的,由一方原住所地或者在国内的最后居住地人民法院管辖。

(3)中国公民一方居住在国外,一方居住在国内,不论哪一方向人民法院提起离婚诉讼,国内一方住所地人民法院都有权管辖。国外一方在居住国法院起诉,国内一方向人民法院起诉的,受诉人民法院有权管辖。

(4)中国公民双方在国外但未定居,一方向人民法院起诉离婚的,应由原告或者被告原住所地人民法院管辖。

(5)已经离婚的中国公民,双方均定居国外,仅就国内财产分割提起诉讼的,由主要财产所在地人民法院管辖。

三、特殊地域管辖

(一) 特殊地域管辖的含义与特点

特殊地域管辖,是指根据诉讼标的物所在地、私法关系及法律事实发生地与法院辖区的关系,确定管辖法院。相对于一般地域管辖,特殊地域管辖的特殊性体现在三个方面:一是案件类型是区别于一般地域管辖案件的合同、侵权、票据和交通运输等引起的纠纷。二是案件与管辖法院之间的联接点往往是除了当事人住所地以外还包括诉讼标的物所在地、私法关系及法律事实发生地等。三是特殊地域管辖往往都是共同管辖,每一个特殊地域管辖案件的法定管辖法院一般均有两个以上。当然,为了方便当事人诉讼和方便法院审判,特殊地域管辖的适用并不排斥一般地域管辖的适用。

(二) 特殊地域管辖的案件

诉讼标的物所在地、私法关系及法律事实发生地与法院辖区的关系,被称为特别审判籍(物的审判籍)。据此确定管辖的案件有一定的特殊性,为方便诉讼,《民诉法》第23～32条列举出适用特殊地域管辖的案件类型,《解释》第18～27条作出具体规定。①

(1) 因合同纠纷提起的诉讼,由被告住所地或者合同履行地法院管辖。合同约定履行地点的,以约定的履行地点为合同履行地。合同对履行地点没有约定或者约定不明确,争议标的为给付货币的,接收货币一方所在地为合同履行地;交付不动产的,不动产所在地为合同履行地;其他标的,履行义务一方所在地为合同履行地。即时结清的合同,交易行为地为合同履行地。合同没有实际履行,当事人双方住所地都不在合同约定的履行地的,由被告住所地法院管辖。②

(2) 因保险合同纠纷提起的诉讼,由被告住所地或者保险标的物所在地法院管辖。因财产保险合同纠纷提起的诉讼,如果保险标的物是运输工具或者运输中的货物,可以由运输工具登记注册地、运输目的地、保险事故发生地法院管辖。因人身保险合同纠纷提起的诉讼,可以由被保险人住所地法院管辖。

(3) 因票据纠纷提起的诉讼,由票据支付地或者被告住所地法院管辖。票据支付地是指票据上载明的付款地;未载明付款地的,则汇票付款人或者代理付款人的营业场所、住所或者经常居住地,本票出票人的营业场所,支票付款人或者代理付款人的营业场所所在地为票据付款地。③

(4) 因公司设立、确认股东资格、分配利润、解散等纠纷提起的诉讼,由公司住所地法院管辖。因股东名册记载、请求变更公司登记、股东知情权、公司决议、公司合并、公司分立、公司减资、公司增资等纠纷提起的诉讼,也由公司住所地法院管辖。

(5) 因铁路、公路、水上、航空运输和联合运输合同纠纷提起的诉讼,由运输始发地、目的地或者被告住所地法院管辖。

(6) 因侵权行为提起的诉讼,由侵权行为地或者被告住所地法院管辖。侵权行为地包括侵权行为实施地、侵权结果发生地。④

(7) 因铁路、公路、水上和航空事故请求损害赔偿提起的诉讼,由事故发生地或者车辆、

---

① 我国现行特殊地域管辖,有些是一般地域管辖和特殊地域管辖的结合,管辖法院包括被告住所地的法院和诉讼标的物所在地、私法关系或法律事实发生地的法院。
② 财产租赁合同、融资租赁合同以租赁物使用地为合同履行地;合同对履行地有约定的,从其约定。以信息网络方式订立的买卖合同,通过信息网络交付标的的,以买受人住所地为合同履行地;通过其他方式交付标的的,收货地为合同履行地。合同对履行地有约定的,从其约定。《关于审理建设工程施工合同纠纷案件适用法律问题的解释》(法释〔2004〕14号)第24条规定:建设工程施工合同纠纷以施工行为地为合同履行地。
③ 代理付款人即付款人的委托代理人,是指根据付款人的委托代为支付票据金额的银行、信用合作社等金融机构〔《关于审理票据纠纷案件若干问题的规定》(法释〔2000〕32号)第6条〕。
④ 信息网络侵权行为实施地包括实施被诉侵权行为的计算机等信息设备所在地,侵权结果发生地包括被侵权人住所地。因产品、服务质量不合格造成他人财产、人身损害提起的诉讼,产品制造地、产品销售地、服务提供地、侵权行为地和被告住所地法院都有管辖权。

船舶最先到达地、航空器最先降落地或者被告住所地法院管辖。

(8) 因船舶碰撞或者其他海事损害事故请求损害赔偿提起的诉讼,由碰撞发生地、碰撞船舶最先到达地、加害船舶被扣留地或者被告住所地法院管辖。

(9) 因海难救助费用提起的诉讼,由救助地或者被救助船舶最先到达地法院管辖。

(10) 因共同海损提起的诉讼,由船舶最先到达地、共同海损理算地或者航程终止地的法院管辖。

以上案件属于海事案件的,其特殊地域管辖在《海事诉讼特别程序法》及《关于适用〈中华人民共和国海事诉讼特别程序法〉若干问题的解释》《关于审理发生在我国管辖海域相关案件若干问题的规定(一)》(法释〔2016〕16号)①中还有具体规定。

四、协议管辖

协议管辖,又称合意管辖或约定管辖,是在纠纷发生之前或者发生之后,双方当事人共同约定管辖该纠纷的法院。该制度以当事人的处分权为基础,以程序选择权为具体手段,凸显了当事人在民事诉讼中的程序主体性。

(一) 协议管辖的种类及适用条件

1. 明示协议管辖

明示协议管辖是指以书面协议方式确定的管辖。《民诉法》第34条规定:"合同或者其他财产权益纠纷的当事人可以在书面合同中协议选择被告住所地、合同履行地、合同签订地、原告住所地、标的物所在地等与争议有实际联系的地点的法院管辖,但不得违反本法对级别管辖和专属管辖的规定。"据此,明示协议管辖必须符合下列要件。

(1) 可选择的案件只限于合同纠纷和其他财产权益纠纷。人事诉讼案件不得适用协议管辖,但依据《解释》第34条的规定,当事人因同居或者在解除婚姻、收养关系后发生财产争议,可以约定管辖法院。

(2) 只适用于约定第一审法院,而不适用于第二审民事案件及重审、再审、提审民事案件。

(3) 不得违反《民诉法》对级别管辖、专属管辖的规定。级别管辖和专属管辖的规定均属强行规范。对于级别管辖,只能以管辖权移转的方式进行调整。

(4) 必须在法律规定的地点内选择。管辖的法院须与案件有实际联系,当事人必须在被告住所地、合同履行地、合同签订地、原告住所地、标的物所在地和争议有实际联系的法院中选择。依照《解释》第30条的规定,根据管辖协议,起诉时能够确定管辖法院的,从其约定;不能确定的,依照《民诉法》的相关规定确定管辖。

(5) 必须以书面形式作出约定。协议管辖为要式行为,口头协议无效。依据《解释》第29条,书面协议包括书面合同中的协议管辖条款或者诉讼前以书面形式达成的选择管辖的协议两种。

2. 默示协议管辖

默示协议管辖是指,当事人之间虽然没有订立管辖协议,但原告向无管辖权法院起诉后,

---

① 此份司法解释制定的目的是维护我国领土主权、海洋权益,平等保护中外当事人合法权利,明确我国管辖海域的司法管辖与法律适用。

被告提出答辩应诉,并且没有在答辩期内提出管辖异议,从而视受诉法院有管辖权的制度。《民诉法》第127条规定:"当事人未提出管辖异议,并应诉答辩的,视为受诉人民法院有管辖权,但违反级别管辖和专属管辖规定的除外。"据此,默示协议管辖必须具备以下条件:(1)原告向无管辖权的法院提起了诉讼。(2)案件经法院登记受理,并向当事人办理了受理和应诉手续,送达了相关诉讼文书。(3)被告在答辩期间内没有提出管辖异议。(4)被告向法院提交答辩状并应诉。这里的答辩应诉是指当事人就案件实体内容进行了答辩、陈述或者反诉。

默示协议管辖制度的建立,并不意味着法院在受理案件时放弃对管辖权的审查把关。在受理案件审查时,如发现不属于本院管辖的,应按照《民诉法》124条的规定,告知原告向有管辖权的法院起诉。《解释》第35条规定,如果当事人在答辩期间届满后未应诉答辩,法院在一审开庭前,发现案件不属于本院管辖的,应当裁定移送有管辖权的法院。

(二)协议管辖的效力

(1)排他管辖效力。这是协议管辖的基本效力。一旦协议成立即排除了原来有管辖权法院对案件的管辖权。除了违反级别管辖和专属管辖规定外,被协议选择的法院不得以无管辖权为由将案件移送其他法院或者裁定驳回起诉。实践中,如果管辖协议约定两个以上与争议有实际联系的地点的法院管辖,原告可以向其中一个法院起诉。

(2)管辖恒定效力。《解释》第32条规定,管辖协议约定由一方当事人住所地法院管辖,协议签订后当事人住所地变更的,由签订管辖协议时的住所地法院管辖,但当事人另有约定的除外。

(3)协议继承效力。《解释》第33条规定,合同转让的,合同的管辖协议对合同受让人有效,但转让时受让人不知道有管辖协议,或者转让协议另有约定且原合同相对人同意的除外。

(4)格式协议相对效力。《解释》第31条规定,经营者使用格式条款与消费者订立管辖协议,未采取合理方式提请消费者注意,消费者主张管辖协议无效的,法院应予支持。

五、专属管辖

(一)专属管辖的含义和特点

所谓专属管辖,是指法律规定特殊类型案件必须由特定的法院管辖,其他法院无管辖权,也不允许当事人协议变更的管辖制度。专属管辖是一种强制程度最强的管辖。

专属管辖具有两个特点。其主要特点是排他性,体现为:(1)凡依法应适用专属管辖的案件,只能由法定法院管辖,其他法院无管辖权;(2)不准许当事人协议变更;(3)不再适用一般地域管辖和特殊地域管辖原则;(4)外国法院无权管辖我国专属管辖的案件。第二个特点是案件的法定性。这是指只有法律规定的特殊类型案件才适用专属管辖,《民诉法》没有列明的案件不适用该管辖制度。

(二)我国专属管辖的适用范围

根据《民诉法》第33条的规定,适用专属管辖的案件有以下三类。

(1)因不动产纠纷提起的诉讼,由不动产所在地法院管辖。《解释》第28条规定,不动产纠纷是指因不动产的权利确认、分割、相邻关系等引起的物权纠纷。农村土地承包经营合同纠纷、房屋租赁合同纠纷、建设工程施工合同纠纷、政策性房屋买卖合同纠纷,按照不动产纠纷确定管辖。不动产已登记的,以不动产登记簿记载的所在地为不动产所在地;不动产未登记的,以不动产实际所在地为不动产所在地。

(2) 因港口作业中发生纠纷提起的诉讼,由港口所在地法院管辖。因港口作业中发生纠纷提起的诉讼包括:在港口进行货物的装卸、驳运、理货、仓储或保管等作业发生的合同纠纷;污染港口、损坏港口设施等引起的侵权纠纷。此类纠纷由港口所在地法院管辖有利于法院及时审理案件,及时采取保全措施。这里的港口所在地法院还包括海事法院。

(3) 因继承遗产纠纷提起的诉讼,由被继承人死亡时住所地或者主要遗产所在地法院管辖。死者有数项遗产时价额较大的遗产所在地,被继承人的数项财产价值差距不大时不动产所在地,为主要遗产所在地。

同时,《海事诉讼特别程序法》第7条规定了我国海事法院专属管辖的案件;《民诉法》第244条规定了涉外民事诉讼中我国法院专属管辖的案件。

第四节　裁 定 管 辖

裁定管辖是指以法院裁定来确定案件的管辖权。它是对法定管辖的补充。我国的裁定管辖包括移送管辖、指定管辖和管辖权的转移三种。

一、移送管辖

(一) 移送管辖的含义

移送管辖,是指法院受理案件后,发现本院对该案件无管辖权,而依法通过裁定方式将案件移送给有管辖权的法院的审理制度。移送管辖是对错误管辖行为的一种纠正,其实质是案件的移交,而不是改变案件的法定管辖权。

(二) 移送管辖的适用条件

《民诉法》第36条规定:"人民法院发现受理的案件不属于本院管辖的,应当移送有管辖权的人民法院,受移送的人民法院应当受理。受移送的人民法院认为受移送的案件依照规定不属于本院管辖的,应当报请上级人民法院指定管辖,不得再自行移送。"

移送管辖应同时具备三个条件:(1) 受移送的案件必须已为法院受理。法院在没有受理之前发现对案件无管辖权的,只需告知当事人向有管辖权的法院起诉或裁定不予受理即可。(2) 受理该案的法院对本案无管辖权。若受理该案的法院本身有管辖权,除其他有管辖权的法院已立案在先的,一般不能进行移送。(3) 受移送的法院依法享有该案管辖权。

(三) 移送管辖适用时应注意的问题

根据《民诉法》及司法解释,法院移送管辖时应注意以下问题。

(1) 受移送的法院认为受移送的案件依照规定不属于本院管辖的,不得再自行移送,而应报上级法院指定管辖。不得再自行移送是指受移送管辖的法院,不得以任何理由再将案件退回移送法院或移送其他法院。

(2) 案件合法受理后,有管辖权的受诉法院的管辖权不受当事人住所地、经常居住地变更的影响;不得以行政区域变更为由,将案件移送给变更后有管辖权的法院。这是管辖恒定原则的一般要求。

(3) 除上级法院和最高人民法院提审的上诉和再审案件外,重审和再审案件不得移送,只能依法由原审法院审理。法院原管辖区域变更及原审法院机构撤销后,重审和再审案件应由新法院接管,案件的复查与改判由情况变更后的法院处理。

二、指定管辖

(一) 指定管辖的概念

指定管辖,是指上级法院依法用裁定方式,指定其辖区内的下级法院对某一民事个案行使管辖权。设定指定管辖制度的目的在于,防止法院之间由于种种原因争夺或推诿对案件管辖权的行使,或者是使案件在特殊情况下管辖法院无法或不便行使管辖权时得到及时审理。

(二) 指定管辖的适用情形

《民诉法》第37条规定:"有管辖权的人民法院由于特殊原因,不能行使管辖权的,由上级人民法院指定管辖。人民法院之间因管辖权发生争议,由争议双方协商解决;协商解决不了的,报请它们的共同上级人民法院指定管辖。"据此,以下两种情况适用指定管辖。

(1) 由于特殊原因,有管辖权的法院不能行使管辖权,应由其上级法院在其辖区内指定另一下级法院管辖。这里的特殊原因,包括事实上和法律上两个方面。事实上的原因是指不可预测、不可避免并不能克服的客观事由,如地震、山洪暴发等自然灾害导致法院无法行使管辖权;法律上的原因,如当事人申请全院审判人员回避等造成一定法院无法对案件进行审理等情况。

(2) 管辖权发生争议,法院间协商未能解决。发生管辖权争议时,首先应由争议法院协商解决,协商解决不了的,再依法逐级上报并协商,直至由它们共同上级法院指定管辖。《解释》第40条规定:报请上级法院指定管辖时,如双方为同属一个地、市辖区的基层法院,由该地、市的中级法院指定管辖;如双方同属一个省、自治区、直辖市的法院,由该省、直辖市、自治区的高级法院指定管辖;如双方为跨省、自治区、直辖市的法院,高级法院协商不成的,由最高人民法院指定管辖。另外,报请上级法院指定管辖时,应逐级进行。对报请指定管辖应当作出裁定,裁定作出后,应通知报送法院和被指定法院,被指定行使管辖权的法院应及时通知当事人。

另外根据有关规定,对报请上级法院指定管辖的案件,下级法院应当中止审理。指定管辖裁定作出前,下级法院对案件作出判决、裁定的,上级法院应当在裁定指定管辖的同时,一并撤销下级法院的判决、裁定。

三、管辖权转移

(一) 管辖权转移的概念

管辖权的转移,是指依据法律规定,上下级法院之间的管辖权相互移交。这一制度体现了管辖制度设计的灵活性要求,便于上下级法院之间级别管辖权行使的变通。

(二) 管辖权转移的适用情形

《民诉法》第38条规定:"上级人民法院有权审理下级人民法院管辖的第一审民事案件;确有必要将本院管辖的第一审民事案件交下级人民法院审理的,应当报请其上级人民法院批准。下级人民法院对它所管辖的第一审民事案件,认为需要由上级人民法院审理的,可以报请上级人民法院审理。"据此,管辖权转移有两种情形。

(1) 下行性转移。即上级法院把本院管辖的第一审民事案件交下级法院管辖。上级法院对自己已受理的案件,发现案情较简单或下级法院审理较为方便等情况,认为没有必要由自己审理时,而将案件交下级法院审理。该下级法院不得再交其下级法院审理。

由于下行性转移易为改变终审法院留下契机,所以《民诉法》对其进行了限制:(1)确有必要时才可以转移,这意味着一般情况下不应当将案件转移下级法院审理。依据《解释》第42条规定,破产程序中有关债务人的诉讼案件,当事人人数众多且不方便诉讼的案件,以及最高人民法院确定的其他类型案件。可以在开庭前交下级法院审理。(2)法院交下级法院审理前,应当报请其上级法院批准。这是因为下移管辖权涉及上一级法院的终审,在转移前经过原终审法院同意在法理之中,也可以防止下一级法院滥用转移权。(3)转移上级法院批准后,法院应当裁定将案件交下级法院审理。

(2) 上行性转移。即下级法院将案件的管辖权上移给上级法院。在这种转移中,上级法院可以主动调取下级法院案件自己审理,如下级法院已受理的一审民事案件,有关单位、部门争议较大,或者一方当事人是本地区党政军界要员或是本院审判人员等情况,下级法院不便处理的,上级法院主动调案审理;另一方面,下级法院也可以报请上级法院审理,如下级法院受理案件后,发现案情复杂,政策界限不清,审理确有困难的,可主动报请上级法院审理。《关于审理民事级别管辖异议案件若干问题的规定》(法释[2009]17号)第4条规定:上级法院将其管辖的一审民事案件交由下级法院审理的,应当作出裁定;当事人对裁定不服提起上诉的,二审法院应当依法审理并作出裁定。

(三) 管辖权转移和移送管辖的区别

管辖权转移与移送管辖都是以裁定方式来决定管辖权,两者的共同点在于,两者移送的均是已受理的第一审民事案件,两者均是对法定管辖的补充。它们的区别有:

(1) 移转的客体不同,管辖权的转移是对管辖权的一种移转,移送法院本身对案件有管辖权;而移送管辖仅是对案件的移转,移送法院本身对案件无管辖权。

(2) 转移法院之间的关系不同,管辖权的转移仅是在上下级法院之间进行,而移送管辖既可以在同级法院之间进行,也可以在上下级法院之间进行。并且,移送管辖仅表现为单方行为,而管辖权转移既有上级法院的单方行为,也表现为下级法院报请与上级法院批准的双方行为。

(3) 两者的目的不同,移送管辖主要是为了纠正管辖权行使上的错误,管辖权转移则是为了使级别管辖具有必要的灵活性而采取的变通和微调措施。

第五节 管辖权异议

一、管辖权异议的含义

管辖权异议是指法院受理案件后,当事人认为该法院对该案无管辖权,而提出将案件移交给有管辖权法院审理的主张和意见。管辖权异议旨在对无管辖权(包括无级别管辖权和无地域管辖权)的纠正。《民诉法》第 127 条第 1 款规定:"人民法院受理案件后,当事人对管辖权有异议的,应当在提交答辩状期间提出。人民法院对当事人提出的异议,应当审查。异议成立的,裁定将案件移送有管辖权的人民法院;异议不成立的,裁定驳回。"

二、管辖权异议的条件

1. 管辖权异议必须由当事人提出

诉讼实践中,通常是被告对管辖权提出异议。由于原告及有独立请求权第三人大多为自己主动选择特定法院起诉,所以一般不会提出管辖权异议。我们主张,原告在下列情况下应有管辖异议权:(1)原告发现其误向无管辖权的法院起诉而提出管辖异议;(2)诉讼开始后被追加的共同原告认为受诉法院无管辖权而提起管辖权异议;(3)受诉法院确认被告管辖权异议成立,或者认为本院无管辖权而依职权将案件向其他法院移送。此外,当法院滥用权力,将无管辖权也不应合并审理的案件合并管辖或牵连管辖时,对此原告也应有管辖异议权。《解释》第 82 条规定:无独立请求权第三人在一审中无权提出管辖权异议。

2. 必须在法定期间提出

在法院立案受理后实体审理之前,即在当事人接到应诉通知书之日起 15 日内提出。当事人无正当理由逾期的,则产生失权的效果。有正当理由的,可以申请期间顺延。异议期过后,部分被告才被追加的,法院应当为其指定合理的管辖权异议期限。

3. 管辖权异议只能对一审民事案件提出

上诉审案件只能由受理一审案件的直接上一级法院受理,所以一审案件的管辖法院确定后,二审法院则相应地得到确定,所以对二审民事案件不得提出管辖权异议。就具体对象而言,管辖异议既可以对地域管辖提出,也可以对级别管辖提出。《关于审理民事级别管辖异议案件若干问题的规定》第 3 条规定:提交答辩状期间届满后,原告增加诉讼请求金额致使案件标的额超过受诉法院级别管辖标准,被告提出管辖权异议,请求由上级法院管辖的,法院应当审查并作出异议是否成立的书面裁定。这个规定尽管是从诉讼数额角度规定级别管辖的异议权,但从诉讼原理上讲,其他违反级别管辖的事项当事人也应该有权提起管辖权异议。

4. 管辖权异议应以书面方式提出

当事人行使管辖异议权是一项较为重要的诉讼行为,所以管辖权异议原则上以书面方式进行,但是简易程序中可以用口头方式提出异议。当事人提出管辖权异议的,对于案件管辖是否违法或者法院有无管辖权的事实,应当提供证据加以释明,但是有关专属管辖是否合法的事实,则由法院依职权调查证据。①

三、法院对管辖权异议的处理

1. 审查

受诉法院收到管辖权异议后,应当进行审查。审查应该密切围绕管辖权异议的四个条

---

① 参见邵明:《民事诉讼法学》,中国人民大学出版社 2007 年版,第 137 页。

件进行。被告以受诉法院同时违反级别管辖和地域管辖规定为由提出管辖权异议的,受诉法院应当一并在15日内作出异议是否成立的书面裁定。

在管辖权异议裁定作出前,原告申请撤回起诉,受诉法院作出准予撤回起诉裁定的,对管辖权异议不再审查,并在裁定书中一并写明。

法院发回重审或者按第一审程序再审的案件,当事人提出管辖异议的,法院不予审查。

2. 处理

异议成立的,法院裁定将案件移送有管辖权的法院。若案件有共同管辖法院的,法院应征求原告的意见,裁定移送某个法院,以体现对原告选择管辖权的尊重。

异议不成立的,裁定驳回。当事人对此裁定不服,可以在收到该裁定之日起10日内提出上诉。对该上诉,二审法院应当依法作出书面裁定。

在受诉法院或上级法院对管辖权异议作出的裁定生效前,受诉法院对管辖权异议的案件不得进行实质性的审理。

上级法院对管辖权异议作出成立的裁定后,受诉法院不予移送管辖,继续审理并作出判决的,当事人可以无管辖权或管辖违法为由,提起上诉或申请再审。

法院对管辖异议审查后确定有管辖权的,不因当事人提起反诉、增加或者变更诉讼请求等改变管辖,但违反级别管辖、专属管辖规定的除外。

【思考题】

1. 简述民事主管与民事管辖之间的关系。
2. 如何设定民事诉讼中法院主管的范围?
3. 怎样理解管辖恒定?
4. 如何确定共同管辖中管辖法院?
5. 实践中怎样适用牵连管辖?
6. 简述级别管辖与地域管辖之间的关系。
7. 一般地域管辖制度的原则怎理解?
8. 特殊地域管辖有哪些情形? 合同纠纷和侵权纠纷怎样确定管辖法院?
9. 专属管辖适用哪几类纠纷? 其管辖法院如何确定?
10. 移送管辖、指定管辖和管辖权转移如何适用?
11. 协议管辖如何适用?
12. 管辖权异议有哪些条件,实践中如何适用?

【司法考试命题(试卷三)考点索引】

1. 2002年第21题,离婚案件的管辖;第72题,共同管辖。
2. 2003年第25题,特殊地域管辖(合同纠纷的管辖),第73题,协议管辖;第77题,地域管辖;第78题,移送管辖。
3. 2005年第71题,地域管辖。
4. 2006年第40题,专属管辖。
5. 2007年第40题,管辖权异议;第80题,特殊地域管辖(侵权纠纷管辖)。

6. 2008年第82题,特殊地域管辖(侵权纠纷管辖)、移送管辖。

7. 2009年第35题,级别管辖;第80题,追索赡养费纠纷管辖、移送管辖和管辖恒定;第98题追索赡养费纠纷管辖。

8. 2010年第39题,移送管辖和指定管辖;第50题,管辖权异议的处理。

9. 2011年第77题,离婚纠纷管辖;第95题,管辖权异议。

10. 2012年第78题,级别管辖;第95题,地域管辖;第96题,地域管辖。

11. 2013年第79题,地域管辖、级别管辖、协议管辖、选择管辖;第83题,管辖与调解协议的确认程序。

12. 2014年第39题,专门管辖、专属管辖、地域管辖、地域管辖;第78题,管辖恒定、移送管辖;第96题,特殊地域管辖(公司解散等纠纷管辖)。

13. 2015年第35题,级别管辖;第77题,专门管辖、级别管辖、地域管辖;第95题,协议管辖。

第七章 诉讼当事人

> 【本章要点】
> 民事争讼程序和执行程序中,存在着相互对立的双方当事人,而民事非讼程序中通常只有一方当事人即申请人。当事人诉讼权利的总和被称为当事人权(当事人程序基本权),包括获得正当程序诉讼权、诉讼处分权和其他程序基本权。诉讼权利能力、当事人适格和诉讼行为能力及诉讼代理权等有关当事人的诉讼要件,属于法院职权调查事项。诉讼中,当事人没有诉讼权利能力或不适格的,法院应当裁定变更当事人或者做出其他处理。
>
> 共同诉讼是当事人一方或双方为2人以上的诉讼,包括必要共同诉讼和普通共同诉讼。共同诉讼人增至10人以上则为群体诉讼,需要选定代表人参加诉讼,其中现代民事公益诉讼用以解决现代民事公益纠纷,法律明确规定其适格原告。诉讼参加(人)包括主诉讼参加(人)(包括有独立请求权第三人)和从诉讼参加(人)(包括无独立请求权第三人)。第三人有权在本诉判决确定后提起异议之诉(包括撤销之诉和变更之诉)。

第一节 当事人概念和诉讼权利义务

一、当事人概念

民事争讼程序中,当事人是指以自己名义请求法院行使审判权解决民事纠纷或保护民事权益的人及其相对方。请求法院行使审判权的人为原告;原告的相对方,即应诉的人,为被告。诉讼当事人是诉讼法上的概念,其构成要件有:

(1)须以自己名义起诉或应诉,是诉讼权利义务的承担者。此项要件使当事人与诉讼代理人区别开来,因为诉讼代理人是以其代理的当事人名义进行诉讼的。

(2)须是向法院请求解决民事纠纷或保护民事权益的人及其相对方。此项要件使当事人与证人、鉴定人等区别开来,因为后者不是原告并未提出诉讼请求,也不是原告的相对方。

(3) 须是在起诉状中明确表示(不问其是否是争讼的民事实体法律关系主体)。口头起诉的,应记载在法院笔录中。起诉后,追加的当事人应补加到起诉状中或记载在法院笔录中。

至于原告和被告谁是民事权益的享有者或民事责任的承担者,须到审理最后终结之时(言辞辩论终结之时)才能够确定。

二、当事人的诉讼权利义务

(一) 当事人的诉讼权利

在当今国际社会,民事诉讼当事人诉讼权利的总和被称为当事人权(或称当事人程序基本权),主要包括获得正当程序诉讼权、诉讼处分权和其他程序基本权。

1. 获得正当程序诉讼权

当事人获得正当程序保障,从基本权利的角度来说,即享有获得正当程序诉讼权,主要包括:民事司法救济权、获得公正诉讼权和获得适时诉讼权。

民事司法救济权(民事司法请求权)包括:民事诉权、非讼程序申请权和(债权人)执行申请权。民事诉权包括(原告)起诉权、(被告)反诉权、(当事人)再审诉权(提起再审之诉)和(当事人或第三人)异议诉权(撤销或变更法院判决和仲裁裁决等)等。

获得公正诉讼权是当事人请求法院依据法律就当事人的实体请求或实体权利作出公正审判或公正执行的权利。根据《民诉法》的规定,当事人获得公正诉讼权主要有申请回避权、获得公开审判权与申请不公开审理权、程序平等权、收集提供证据权、证据保全申请权、重新调查(鉴定或勘验)请求权、质证权、辩论权、上诉权、(债务人)执行豁免权、异议权(管辖异议权、执行异议权等)和复议权等。使用母语进行诉讼的权利①、委托诉讼代理人的权利(包含当事人获得律师帮助的权利)②也可纳入获得公正诉讼权的范畴。

当事人获得适时诉讼权是在保障诉讼公正的前提下,当事人请求法院在合理期限内就当事人的实体请求或实体权利完成审判或完成执行的权利。获得适时诉讼权在于通过在合理期限内促进诉讼或避免诉讼迟延,以满足当事人降低诉讼成本提高诉讼效率的合理要求。

2. 诉讼处分权

当事人诉讼处分权(诉讼选择权)包括:对实体请求(或实体权益)的处分权;对实体事实和证据的处分权;对诉讼程序事项的处分权。

当事人对实体请求(或实体权益)的处分权或选择权,《民诉法》等有着明确规定。解决私权纠纷的民事诉讼中,处分原则赋予并保障当事人对其实体权益的处分权,但是民事公益案件中当事人处分权受到限制而采行法院职权干预主义。

辩论主义体现了当事人对事实和证据之处分,表现为当事人的主张权、证明权和对不利己事实的自认,法院只能根据当事人主张的事实和提供的证据作出判决。对于涉及公益的事实,由法官以公益维护者身份依职权收集并查明其真相。

---

① 《费用办法》第12条第2款规定:"人民法院依照民事诉讼法第十一条第三款规定提供当地民族通用语言、文字翻译的,不收取费用。"

② 法治并不要求所有的国民均为法律家,否则违背社会分工原理,当事人法律上的事务可由律师代为处理,所以法治要求建立发达的律师制度,并将获得律师帮助的权利作为当事人的(宪法)基本权。这也是德国采用律师强制代理主义的一个重要根据。

当事人对程序事项的选择权或处分权,属于当事人进行主义的内容,包括当事人单方选择(如是否起诉等);当事人双方合意选择(如合意适用简易程序等);当事人与法院共同选择(如法院征得当事人同意,可以将法庭调查和法庭辩论合并进行等)。

(二) 当事人诉讼义务

当事人应当遵行诚实信用原则,比如不得滥用诉权和诉讼权利、不得妨害诉讼(遵守法庭秩序和诉讼程序)、不得以不正当手段形成利己的诉讼状态、促进诉讼(不得阻碍诉讼)、禁反言和真实陈述事实、自觉履行法院合法裁判等。

根据当事人平等原则,争讼程序中原告和被告承担平等的诉讼义务。不过,根据执行目的,执行债务人比债权人承担更多的程序义务(比如适时真实申报财产义务等)。

当事人不履行诉讼义务,将产生不利的程序后果(如诉讼行为无效、承担诉讼费用等),或者被施以妨害民事诉讼的强制措施等。

第二节 当事人要件

当事人要件主要有诉讼权利能力(当事人能力)、当事人适格、诉讼行为能力(诉讼能力)和合法诉讼代理权等,均须在诉讼中加以处理,通常属于法院职权调查事项。

一、诉讼权利能力

(一) 诉讼权利能力的含义

当事人诉讼权利能力是指能够成为诉讼当事人的法律资格。有当事人能力的主体才能成为诉讼当事人,无当事人能力的则不能成为诉讼当事人。

诉讼权利能力不以具体案件为前提,是从抽象或一般意义上对能否成为诉讼当事人予以确定或规定。具有诉讼权利能力的,并不现实地成为具体案件的当事人,要成为具体案件的当事人,还须具备当事人适格的基础,并通过起诉或应诉来实现。

《民诉法》第48条第1款规定:"公民、法人和其他组织可以作为民事诉讼的当事人。"此条款规定的是抽象的当事人资格,即在我国公民、法人和其他组织具有民事诉讼权利能力。

民事诉讼目的是保护民事权益和解决民事纠纷等,由此诉讼权利能力与民事权利能力通常是一致的(即有民事权利能力的人就有诉讼权利能力),但是两者也有不一致的情形(如有诉讼权利能力的有时却无民事权利能力)。

(二) 自然人的诉讼权利能力

通常情况下,自然人的诉讼权利能力与民事权利能力是一致的,始自出生终于死亡。尤应注意胎儿和死者的民事诉讼权利能力。

《继承法》第28条规定,遗产分割时,应当保留胎儿的继承份额。对于胎儿的保护,应当采取总括的保护主义,即只要符合胎儿利益的,就将胎儿视为出生,并有诉讼权利能力。胎儿作为实质当事人的,其父母为法定诉讼代理人(可以冠以"父或母姓名的胎儿")。还有种做法是,胎儿的父母作为形式当事人。具体采取何种办法,由立法者根据立法政策来抉择。

侵害死者的遗体、遗骨、姓名、肖像、名誉、荣誉、隐私等合法利益的,死者的近亲属有权请求侵权人承担侵权责任，①死者的近亲属或为实质诉讼当事人（因为死者的近亲属因死者名誉等受到侵害而成为事实上的受害者）；或为形式诉讼当事人，旨在保护死者的正当利益。我国民事实体法和理论界多主张第一种做法，而笔者主张第二种做法。

（三）法人的诉讼权利能力

法人的诉讼权利能力与民事权利能力（法人的经营范围和法人的人身权利）通常是一致的，均始自法人的成立而终于法人的撤销或解散。

《合同法》第 50 条规定："法人或者其他组织的法定代表人、负责人超越权限订立的合同，除相对人知道或者应当知道其超越权限的以外，该代表行为有效。"据此，对于其法定代表人的越权行为所引起的民事纠纷，该法人具有诉讼权利能力，能够作为被告。②

（四）其他组织的诉讼权利能力

依据《解释》第 52 条的规定，其他组织成为当事人，应当同时具备如下条件：合法成立、有一定的组织机构和财产、不具备法人资格。

其他组织具体包括：依法登记领取营业执照的个人独资企业；依法登记领取营业执照的合伙企业；依法登记领取我国营业执照的中外合作经营企业、外资企业；依法成立的社会团体的分支机构、代表机构；依法设立并领取营业执照的法人的分支机构；依法设立并领取营业执照的商业银行、政策性银行和非银行金融机构的分支机构；经依法登记领取营业执照的乡镇企业、街道企业；其他符合本条规定条件的组织③。

不符合以上条件的组织，没有诉讼权利能力，具体案件的当事人需具体确定（参见下文确定当事人）。

二、当事人适格或正当当事人

（一）当事人适格或正当当事人的含义

邵老师对本科三年级全体学生说："在座的诸位包括我自己，均具有民事诉讼权利能力，即均有资格作为民事诉讼当事人。"说完，将目光落在刘某和杨某身上，接着说："假设刘某卖给杨某一辆宝马车，后来两人就此发生争议，刘某将杨某告上法庭。"邵问："谁是本案的当事人？"生答："刘某和杨某。"又问："在座的其他人也具有民事诉讼权利能力，为什么不是本案的当事人？"邵说："上述刘某诉杨某宝马车买卖案中，刘某和杨某是本案的适格当事人，其他人虽有诉讼权利能力但不是本案的适格当事人或正当当事人。"

当事人适格是指对于特定诉讼或具体案件，可以自己的名义成为原告（上诉人）或被告（被上诉人）的资格。具有此等资格的主体则是正当当事人（适格当事人），拥有诉讼实施权而可以自己名义进行诉讼，所以当事人适格、正当当事人与诉讼实施权的含义基本相同。

与诉讼权利能力（抽象当事人资格）不同，当事人适格属于具体当事人资格，即特定诉讼或具体案件当事人的资格。首先具有诉讼权利能力才可能成为诉讼当事人，其后当具有适

---

① 《侵权责任法》第 18 条第 1 款规定："被侵权人死亡的，其近亲属有权请求侵权人承担侵权责任。被侵权人为单位，该单位分立、合并的，承继权利的单位有权请求侵权人承担侵权责任。"《解释》第 69 条规定："对侵害死者遗体、遗骨以及姓名、肖像、名誉、荣誉、隐私等行为提起诉讼的，死者的近亲属为当事人。"
② 参见梁慧星：《民法总论》（第四版），法律出版社 2012 年版，第 129 页。
③ 如业主大会、业主委员会（《物权法》第 78 条）；村民委员会、村民小组（《解释》第 68 条）等。

格当事人基础时才能成为特定诉讼或具体案件的当事人。

正当当事人包括两类：（1）实质（正当）当事人，即本案争讼的实体权利义务主体作为诉讼当事人；（2）形式（正当）当事人，即非本案争讼实体权利义务主体作为诉讼当事人，主要存在于诉讼信托的情形中。

（二）当事人适格的基础

当事人适格的基础，即确定当事人是否适格的根据。实质（正当）当事人和形式（正当）当事人各有其适格的基础。

1. 实质当事人适格的基础

根据民事诉讼目的，实质当事人或争讼的实体法律关系主体当然属于适格当事人或正当当事人，即实质当事人适格的基础是其享有实体权利或承担实体义务。给付之诉中，当事人适格的基础是原告享有实体请求权，被告是满足原告请求权的义务方或责任者。形成之诉中，当事人是否适格首先根据法律的规定来确定；法律没有规定的，形成权人即正当原告，形成权的相对方为正当被告。确认之诉中，适格当事人是争执法律关系的双方主体，支配权人即正当原告，相对方为正当被告。

2. 形式当事人适格的基础

诉讼信托和诉讼担当均是关于形式当事人适格（或正当）基础的概念和制度，大体是指非争讼实体法律关系主体，为保护争讼实体法律关系主体合法权益或者公共利益，以诉讼当事人身份或名义进行诉讼，诉讼实体结果仍属争讼实体法律关系主体。诉讼信托中，形式当事人（诉讼信托人）与争讼实体法律关系主体均受法院判决、法院调解书既判力的约束。

诉权是实质当事人所固有的基本权利，没有法律的明文允许或者实质当事人的明确授权，任何人不得拥有该实质当事人的诉权。诉讼信托的意义在于，通过法律明文规定（法定诉讼信托）或者实质当事人的明确授权（任意诉讼信托），使第三人成为适格的当事人。同时，法律还应明文禁止形式当事人或诉讼信托人以诉讼为营利手段，以维护司法公正。①

法定诉讼信托是指法律明确规定特定情形或案件中形式当事人，所以法定诉讼信托中当事人适格的基础是法律的明文规定。比如，公益诉讼原告、集体合同纠纷诉讼原告工会（参见下文团体诉讼）；代位债权人；破产管理人；股东派生诉讼原告股东（《公司法》第151条）；婚姻当事人的近亲属提起婚姻无效诉讼②；家庭暴力受害人的近亲属提起侵权诉讼（《反家庭暴力法》第13条第2款）等。

任意诉讼信托中，当事人适格的基础是法定情形中实质当事人明确授权。法律往往明确规定任意诉讼信托的适用情形或适用范围。③ 在法定的适用情形或适用范围中，实体权

---

① 《环境保护法》第58条规定："提起诉讼的社会组织不得通过诉讼牟取经济利益。"《环境民事公益诉讼》第34条规定："社会组织有通过诉讼违法收受财物等牟取经济利益行为的，人民法院可以根据情节轻重依法收缴其非法所得、予以罚款；涉嫌犯罪的，依法移送有关机关处理。社会组织通过诉讼牟取经济利益的，人民法院应当向登记管理机关或者有关机关发送司法建议，由其依法处理。"

② 参见《关于适用〈中华人民共和国婚姻法〉若干问题的解释（一）》（法释〔2001〕30号）第7条；《关于适用〈中华人民共和国婚姻法〉若干问题的解释（二）》（法释〔2003〕19号）第6条。

③ 大陆法系原则上禁止任意诉讼信托，比如《日本信托法》第11条、《韩国信托法》第7条等，其目的是防止一般人利用诉讼信托行为包揽诉讼，破坏律师诉讼代理制度，妨碍司法制度健全运作。笔者认为，对任意诉讼担当不加合理限制，其最大的危害性是诉讼将成为营利的手段，从而破坏司法公正。

利人或实质当事人将某项纠纷的诉权明确授予第三人,从而使该第三人成为适格当事人。

我国诉讼代表人作为当事人一般是由群体成员推选产生的,包含了任意诉讼信托的成分。根据《著作权法》第 8 条和《著作权集体管理条例》第 2 条的规定,"著作权集体管理组织"经著作权人和与著作权有关的权利人授权,可以以自己的名义,为著作权人和与著作权有关的权利人主张权利,并可以作为当事人进行涉及著作权或者与著作权有关的权利的诉讼、仲裁。

三、诉讼行为能力

诉讼行为能力是指以自己的行为行使诉讼权利和履行诉讼义务的能力,或者说能够自己合法或有效实施诉讼行为或接受诉讼行为的能力。

为维持诉讼安定性,不仅在诉讼中所为的诉讼行为,当事人应有诉讼行为能力,而且在诉讼前所为的诉讼行为(例如合意管辖、授予诉讼代理权等),当事人亦应有诉讼行为能力。

当事人诉讼行为能力包括:(1) 完全民事行为能力的人当然有诉讼行为能力;(2) 限制、没有民事行为能力的人没有诉讼行为能力(适用法定诉讼代理)。

法人和其他组织从其合法成立时起具有诉讼行为能力,至其撤销或解散时终止。不过,与自然人不同,法人由其法定代表人进行诉讼,其他组织由其主要负责人进行诉讼。

四、有关当事人诉讼要件的调查

诉讼权利能力、当事人适格、诉讼行为能力和诉讼代理权是否具备或合法属于法院依职权主动调查的事项。

无诉讼权利能力或当事人不适格的,法院应当驳回诉讼(参见下文任意的当事人变更)。法院以无诉讼权利能力人或不适格当事人为"当事的人"作出判决的,由于不存在合格当事人而无人承受实体法效果,所以该判决是无效判决。

对于无诉讼行为能力的当事人或者无诉讼代理权的人实施的诉讼行为,在法院酌定期间内,(后来具有诉讼行为能力的)当事人或其法定代理人合法追认的,则溯及行为时有效。对于法院误为有诉讼行为能力或在无合法诉讼代理权时作出的判决,可以通过上诉或再审来纠正,不作无效判决处理。

五、当事人变更

诉讼当事人变更包括法定的当事人变更与任意的当事人变更。当事人变更可能发生于初审程序、上诉审程序①、再审程序和执行程序中。仅是纠正当事人姓名或名称的错误而当事人本人并未改变的,不属于当事人变更。

(一) 法定的当事人变更

大陆法系民事诉讼中,法定的当事人变更②是指根据法律的规定,在诉讼进行中,因争

---

① 二审程序中,发生法定当事人变更的,法院直接裁定变更,继续审理,不必发回重审。《解释》第 336 条规定:在第二审程序中,作为当事人的法人或者其他组织分立的,法院可以直接将分立后的法人或者其他组织列为共同诉讼人;合并的,将合并后的法人或者其他组织列为当事人。

② 或称诉讼承继(受)、承继(受)诉讼、诉讼承担、承担诉讼、诉讼上的继承。

讼或争议的实体权利义务转移而使原来合格的当事人变为不合格,需要更换不合格的当事人。

(1) 当事人没有死亡或消灭而发生的当事人变更(大陆法系称为参加承继、引受承继①)。依据《解释》第249条的规定,争议的民事权利义务转移的,不影响当事人的诉讼主体资格和诉讼地位;法院生效判决、裁定对受让人具有拘束力;受让人申请以无独立请求权的第三人身份参加诉讼的,法院可予准许;受让人申请替代当事人承担诉讼的,法院可以根据案件的具体情况决定是否准许,不予准许的则可以追加其为无独立请求权的第三人。②

(2) 当事人死亡或消灭而发生的当事人变更(大陆法系称为当然承继)。比如,诉讼中,当事人死亡的,由其继承人作为当事人承担诉讼;法人和其他组织分立的,由分立者承担诉讼;法人终止的,由其实体权利义务继受人承担诉讼;法定诉讼担当人死亡,由同一资格人承担诉讼。

当事人变更程序是:(1)法院裁定中止诉讼(等待承继人表明是否参加诉讼),并通知(原当事人实体权利义务的)承继人(承受人、受让人)作为原当事人承担诉讼。(2)承继人参加诉讼的,法院裁定变更当事人,诉讼程序继续进行。(3)原告的承继人无正当理由不出庭的,按撤诉处理(部分必要共同诉讼人无正当理由不出庭的但没有明确放弃实体权益的仍应追加);被告的承继人无正当理由不出庭的,则缺席审判。(4)符合《民诉法》第151条规定的,裁定终结诉讼。

(二)任意的当事人变更

任意的当事人变更(我国称为当事人更换)是指在诉讼中,将不符合条件的当事人更换为符合条件的当事人,包括将无诉讼权利能力的人更换为有诉讼权利能力的人、将不适格的当事人更换为适格的当事人。

当事人变更程序和法律效力是:(1)原告不合格的,法院裁定驳回起诉。例如,法院查明A冒用B的名义提起诉讼,以A是不适格原告为由驳回A所提之诉。

(2) 被告不合格的,若原告更换为合格被告则诉讼重新开始(先前诉讼程序对合格被告不生效力);若原告不予更换,法院裁定驳回诉讼。

六、确定当事人

在法院立案或受理阶段,就得具体明确本案的原告和被告,即确定当事人(当事人的确定)。通常情况下,法院是根据起诉状来确定当事人的。③当事人确定后,通常应当审查是否具备诉讼权利能力、(形式)当事人适格和诉讼行为能力等要件并作出相应处理。我国现行法将诉讼权利能力和当事人适格作为起诉条件来审查处理。

《解释》第53~72条就确定当事人的特殊情况作出具体解释。比如,法人非依法设立的

---

① 民事权利义务承继人主动申请参加诉讼的,法院裁定变更当事人的,称为参加承继。经对方当事人申请,民事权利义务承继人参加诉讼的,称为引受承继。

② 这种处理方法为"诉讼承继(承受)主义"。另一种处理方法是"当事人恒定主义",即原当事人在诉讼系属中,仍是适格当事人(此时为形式当事人),从而在形式上不发生当事人变更;在该案的诉讼系属中,受让实体权利的人不得对受让的实体权利另行起诉。参见《德国民事诉讼法》第265、266条。

③ 有时仅凭起诉状难以确定当事人,比如原本起诉A,起诉状却送达给同姓名B,导致诉讼在原告与B之间进行,这时需要根据原告的意思或者参考作为诉讼对象的实体法关系来确定本案真正的被告。

分支机构,或者虽依法设立但没有领取营业执照的分支机构,以设立该分支机构的法人为当事人;一方当事人不履行人民调解协议,另一方当事人以不履行方为被告提起诉讼;企业法人解散的,依法清算并注销前,以该企业法人为当事人;未依法清算即被注销的,以该企业法人的股东、发起人或者出资人为当事人。

下列情形,以行为人为当事人:(1)法人或者其他组织应登记而未登记,行为人即以该法人或者其他组织名义进行民事活动的;(2)行为人没有代理权、超越代理权或者代理权终止后以被代理人名义进行民事活动的,但相对人有理由相信行为人有代理权的除外;(3)法人或者其他组织依法终止后,行为人仍以其名义进行民事活动的。

诉讼中,未依法登记领取营业执照的个人合伙的全体合伙人为共同诉讼人;借用业务介绍信、合同专用章、盖章的空白合同书或者银行账户的,出借单位和借用人为共同诉讼人;原告起诉被代理人和代理人,要求承担连带责任的,被代理人和代理人为共同被告;共有财产权受到他人侵害,部分共有权人起诉的,其他共有权人为共同诉讼人。

保证合同纠纷诉讼中,债权人向保证人和被保证人一并主张权利的,法院应将保证人和被保证人列为共同被告。保证合同约定为一般保证,债权人仅起诉保证人的,法院应通知被保证人作为共同被告;债权人仅起诉被保证人的,可以只列被保证人为被告。

继承遗产诉讼中,部分继承人起诉的,法院应通知其他继承人作为共同原告参加诉讼;被通知的继承人不愿意参加诉讼又未明确表示放弃实体权利的,法院仍应将其列为共同原告。

第三节 共同诉讼

共同诉讼是指当事人一方或双方为二人以上(包括二人)的诉讼,包括必要共同诉讼(诉讼标的是共同的)和普通共同诉讼(诉讼标的是同一种类的)。

一、必要共同诉讼——诉的主观合并:当事人的合并

(一)必要共同诉讼的含义和构成要件

必要共同诉讼属于诉的主观合并,即当事人的合并。其构成要件有:(1)原告或被告为二人以上;(2)诉讼标的是共同的。

诉讼标的是共同的是指共同诉讼人对本案诉讼标的有共同的权利或有共同的义务。其情形大体有二。

(1)根据民法的规定,共同诉讼人对诉讼标的本来就有共同的权利或有共同的义务。比如,父母对其数个成年子女提起给付赡养费之诉,其诉讼标的是赡养法律关系,其中父母对其数个成年子女有赡养的权利或请求权(共同原告);数个成年子女对其父母承担共同的赡养义务(共同被告)。

再如,共同共有人对于共有物享有共同的权利并承担共同的义务,共同共有人因共有物与他人发生纠纷时,在诉讼中则为共同原告或共同被告;因合伙事务发生纠纷而提起的诉讼中,(在不具备其他组织条件时)所有合伙人为共同诉讼人。

(2) 发生了同一法律上的原因,才使共同诉讼人之间有了共同的权利或共同的义务。比如,共同侵权中,数人共同致他人受损,在受害人提起的损害赔偿诉讼中,数个加害人则为共同被告。数个加害人之所以成为共同被告,是因为他们对受害人共同实施了加害行为,从而对受害人共同承担赔偿义务。

(二) 必要共同诉讼人之间的关系

同一方必要共同诉讼人之间存在高度的关联性,首先体现为对本案诉讼标的有共同权利或有共同义务。由此,运用协商一致原则处理同一方共同诉讼人内部关系,即共同诉讼人中一人或数人诉讼行为,涉及共同诉讼人重大的实体利益或程序利益(比如与对方当事人达成和解协议或调解协议、放弃或变更诉讼请求、进行诉的合并或变更、申请撤诉等),须经其他共同诉讼人明确承认或明确同意的,才对其他共同诉讼人发生效力;否则,在诉讼请求可分的情形中仅对自己有效,在诉讼请求不可分的情形中无效。①

协商一致原则并不适用于所有场合。比如,共同诉讼人中一人或数人遵守诉讼期间、存在中止诉讼原因等,无须其他共同诉讼人承认,就对其他共同诉讼人发生效力。就上诉期来说,各共同诉讼人的上诉期是从判决送达之日起各自计算,其中一人在其上诉期内合法上诉的,上诉效力及于全体共同诉讼人(无论其他共同诉讼人是否承认或是否逾期)。

同一方必要共同诉讼人之间也存在着一定的独立性。比如,当事人可实施与本方其他共同诉讼人无关的诉讼行为(如可各自委托诉讼代理人等);当事人诉讼行为能力欠缺的,不影响本方其他共同诉讼人的诉讼行为能力。

(三) 必要共同诉讼人的追加

必须共同进行诉讼的当事人没有参加诉讼的,法院应当通知其参加,当事人也可以向法院申请追加,法院经审查,申请理由不成立的则裁定驳回,申请理由成立的则书面通知被追加的当事人参加诉讼。

应当追加的原告,已明确放弃实体权利的,可不予追加;既不愿意参加诉讼又不放弃实体权利的,仍应追加为共同原告,法院对案件继续审判。

即使原告明确起诉部分被告,也须将其他人追加为共同被告。不过,原告只能在被诉的被告应承担的责任范围内,提出诉讼请求。

二、普通共同诉讼

(一) 普通共同诉讼的构成要件

(1) 原告或被告为二人以上。

(2) 诉讼标的是同一种类。比如,A 银行分别贷款给 B 和 C,B 和 C 没有按照贷款合同返还本息,于是 A 同时对 B 和 C 提起诉讼。在此,实际上存在两个诉,一个是 A 对 B 提起之诉,另一个是 A 对 C 提起之诉,由于这两个诉的诉讼标的是同种类,作为共同被告的 B 和 C 之间并没有共同的义务而只是承担同种类的义务,所以是普通共同诉讼。

(3) 程序要件是法院就数个诉须拥有管辖权、数个诉须均适用相同的诉讼程序、还须法

---

① 与之不同,对方当事人对必要共同诉讼人中一人或者数人实施的诉讼行为,涉及必要共同诉讼人共同利益的,无须遵行协商一致原则,其效力直接及于全体必要共同诉讼人。

院认为可以合并审理并经当事人同意的。

（二）普通共同诉讼与必要共同诉讼之比较

（1）普通共同诉讼的诉讼标的是同一种类（实际上是诉讼标的是同种类的多个诉的合并），而必要共同诉讼的诉讼标的是共同的。

（2）普通共同诉讼是数个诉的合并。

（3）普通共同诉讼中，被合并的数个诉是可分之诉，既可单独提起，又可合并提起；即使合并审理的，日后也可分离审理；须对各诉分别作出判决。

（4）普通共同诉讼人之间的独立性是主要方面。普通共同诉讼人的诉讼行为只对自己有效力，对方当事人对普通共同诉讼人中一人或者数人实施的诉讼行为也只对该人有效力。

第四节 群体诉讼和现代民事公益诉讼

一、群体诉讼与我国代表人诉讼

现代群体纠纷中，往往受害人众多且为弱者，从而在人数或利益上具有集团性或扩散性，其中公害纠纷、消费权纠纷、社会福利纠纷、反垄断纠纷等群体纠纷内含公的因素（关涉基本权利、公共安全或自由市场秩序等）而被称为现代民事公益纠纷。

为解决群体纠纷，群体诉讼制度应运而生，主要有英美法系的集团诉讼（Class Action）、日本和我国台湾地区的选定当事人制度、德国的团体诉讼、我国的代表人诉讼和团体诉讼①等。其中，用来解决现代民事公益纠纷的群体诉讼被称为现代民事公益诉讼（属于现代型诉讼）。

在我国，共同诉讼的扩大即当事人一方或双方人数在10人以上，则为群体诉讼，称为代表人诉讼，包括两类：（1）起诉时，人数确定的代表人诉讼；（2）起诉时，人数不确定的代表人诉讼。两者在诉讼标的、代表人确定、诉讼程序等方面有差异。

代表人诉讼的适用要件有：（1）当事人人数众多，即当事人一方或双方人数在10人以上（没有上限）。（2）诉讼标的是共同的或同种类的。人数确定的代表人诉讼之诉讼标的是共同的或同种类的，而人数不确定的代表人诉讼之诉讼标的是同种类的。

法院审查后认为不具备以上要件的，裁定不适用代表人诉讼程序。但是，这一裁定并不排斥适用其他的诉讼程序，也不拒绝当事人单独提起诉讼。

代表人诉讼有如下特殊程序（无特殊规定的则适用民事诉讼法其他相应的规定）。

1. 受理和管辖

当事人一方或双方人数众多的群体诉讼，依法由基层法院受理。受理法院认为不宜作为群体诉讼受理的，可分别受理。

在高级法院辖区内有重大影响的群体纠纷案件，由中级法院受理。如情况特殊，确需高

---

① 《民诉法》(第 55 条)、《消费者权益保护法》(2013 年修改)(第 47 条)、《环境保护法》(2014 年修改)(第 58 条)；《工会法》(第 20 条)和《劳动合同法》(第 56 条)等规定，法定的机关和有关组织可对某些群体纠纷提起团体诉讼。

级法院作为一审案件受理的,应在受理前报最高人民法院批准。[①]

2. 公告和登记

公告和登记(仅适用于起诉时人数不确定的代表人诉讼)法院受理代表人诉讼后,对于人数不确定的代表人诉讼,法院应当发布公告,说明案件情况和诉讼请求,通知其他群体成员在一定期间向法院登记。

公告期间根据案件具体情况确定,但不得少于30日。向法院登记的权利人,应当证明其与对方当事人的法律关系和所受到的损害;证明不了的,不予登记,权利人可以另行起诉。

3. 诉讼代表人

(1) 诉讼代表人的确定。诉讼代表人为2～5人,每位代表人可以委托1～2人作为诉讼代理人。

当事人一方人数众多在起诉时确定的,可以由全体当事人推选共同的代表人,也可以由部分当事人推选自己的代表人;推选不出代表人的当事人,在必要的共同诉讼中可以自己参加诉讼,在普通的共同诉讼中可以另行起诉。

当事人一方人数众多在起诉时不确定的,由当事人推选代表人;当事人推选不出的,可由法院提出人选与当事人协商;协商不成的,也可由法院在起诉的当事人中指定代表人。

(2) 诉讼代表人的合格性,即诉讼代表人能够充分、诚信维护群体成员的利益。具体来说:诉讼代表人属于群体成员,有能力善意地维护群体成员的合法利益。

诉讼代表人不合格的,群体成员有权撤换。诉讼代表人死亡或者不宜作诉讼代表人的,应当重新确定。对于诉讼代表人的合格性,法院应当发挥管理职能和监督作用,若认为不合格的则裁定重新确定。

(3) 诉讼代表人的权限。诉讼代表人代表群体成员进行诉讼(被代表的群体成员脱离诉讼而无须参加法庭审理),法院和对方当事人只对诉讼代表人为诉讼行为。

诉讼代表人有权行使自己和被代表的群体成员的诉讼权利,其所为的诉讼行为对自己和被代表的群体成员发生效力。

但是,代表人变更、放弃诉讼请求或者承认对方当事人的诉讼请求,进行和解,必须经被代表的当事人明确同意或特别授权。

4. 代表人诉讼判决的效力

代表人诉讼的判决效力及于诉讼代表人、被代表的群体成员。但是,人数不确定的代表人诉讼判决效力原则上只及于参加登记的群体成员,不直接及于未登记的群体成员;法院的裁判在登记的范围内执行。

未登记的群体成员可以提起诉讼,并应按照《费用办法》第14条规定的标准交纳申请费,不再交纳案件受理费。法院受理后经审查认为属于代表人诉讼的情形、未逾诉讼时效的,即法院认定其请求成立的,则裁定适用已作出的判决。

二、现代民事公益诉讼

民事公益案件适用职权主义。关于现代民事公益诉讼程序,《解释》第284～291条作出

① 参见《关于人民法院受理共同诉讼案件问题的通知》(法〔2005〕270号)。

了一般性规定。目前有关规范文件还有：《环境民事公益诉讼》《环境侵权解释》（适用于环境私益和公益诉讼）、《关于审理消费民事公益诉讼案件适用法律若干问题的解释》（法释〔2016〕10号）（简称《消费公益诉讼解释》）、《关于授权最高人民检察院在部分地区开展公益诉讼试点工作的决定》（2015年7月1日第十二届全国人大常委会第十五次会议）（简称《授权决定》）、《人民法院审理人民检察院提起公益诉讼案件试点工作实施办法》（法发〔2016〕6号）（简称《办法》）等。

（一）起诉和诉讼费用

提起公益诉讼的条件，主要有：(1)有明确的被告；(2)有具体的诉讼请求；(3)有社会公共利益受到损害的初步证据；(4)属于法院受理民事诉讼的范围和受诉法院管辖的。

检察机关在履行职责中发现被告有污染环境、破坏生态、在食品药品安全领域侵害众多消费者合法权益等损害社会公共利益的行为，应当依法督促或者支持法律规定的机关或有关组织提起民事公益诉讼。法律规定的机关或者有关组织应当在收到督促或者支持起诉意见书后1个月内依法办理，并将办理情况及时书面回复检察机关。经过诉前程序，在没有适格主体或者适格主体不提起诉讼的情况下，可以向法院提起民事公益诉讼，符合《民诉法》第119条第2～4项规定的，法院应当登记立案。

原告交纳诉讼费用确有困难，依法申请缓交的，法院应予准许；败诉或者部分败诉的原告申请减交或者免交诉讼费用的，法院应当依照《费用办法》，视原告的经济状况和案件的审理情况决定是否准许（参见《环境民事公益诉讼》第33条）。检察院提起的公益诉讼案件，免交《费用办法》第6条规定的诉讼费用。

（二）公益诉讼当事人和诉讼请求

对于维护公益的形式诉讼当事人，则往往法律明定原则。对含有私益和公益的民事案件，一方面法律仍然维护私益主体或实质当事人的诉权，另一方面法律明确赋予国家机关和有关组织（为形式当事人）以公益诉权。《民诉法》第55条、《消费者权益保护法》第47条（《消费公益诉讼解释》第1条作出解释）、《环境保护法》第58条（《环境民事公益诉讼》第2～5条作出解释）等具体规定民事现代公益诉讼原告，比如对侵害众多消费者合法权益的行为，中国消费者协会以及在省、自治区、直辖市设立的消费者协会，可以向法院提起诉讼。

检察机关以公益诉讼人身份提起民事公益诉讼，其诉讼权利义务参照民事诉讼法关于原告诉讼权利义务的规定。民事公益诉讼的被告是实施损害社会公共利益行为的公民、法人或者其他组织。

法院受理公益诉讼案件后，依法可以提起诉讼的其他机关和有关组织，可以在一审开庭前向法院申请参加诉讼；法院准许参加诉讼的则列为共同原告，逾期申请的则不予准许。公民、法人和其他组织以人身、财产受到损害为由申请参加诉讼的，告知其另行起诉（参见《环境民事公益诉讼》第19条）。

法院认为原告提出的诉讼请求不足以保护公共利益的，向其阐明变更或者增加停止侵害、恢复原状等诉讼请求。法院可以在判决被告修复生态环境的同时，确定被告不履行修复义务时应承担的生态环境修复费用，也可以直接判决被告承担生态环境修复费用。

依据《消费公益诉讼解释》，原告为停止侵害、排除妨碍、消除危险采取合理预防、处置措施而发生的费用，请求被告承担的，法院可予支持（第16条）。原告及其诉讼代理人对侵权行为进行调查、取证的合理费用、鉴定费用、合理的律师代理费用,法院可根据实际情况予以相应支持(第17条)。

检察院提起民事公益诉讼的,可以提出要求被告停止侵害、排除妨碍、消除危险、恢复原状、赔偿损失、赔礼道歉等诉讼请求。

(三) 管辖、送达、公告、告知和人民陪审制

公益诉讼案件由侵权行为地(侵害行为发生地和损害结果地)或者被告住所地中级法院管辖(但法律、司法解释另有规定的除外)。① 因污染海洋环境提起的公益诉讼,由污染发生地、损害结果地或者采取预防污染措施地海事法院管辖。对同一侵权行为分别向两个以上法院提起公益诉讼的,由最先立案的法院管辖,必要时由它们的共同上级法院指定管辖。

法院受理公益诉讼案件后,应当在立案之日起5日内将起诉状副本发送被告,并公告案件受理情况;应当在立案之日起10日内书面告知相关行政主管部门(比如对被告行为负有环境保护监督管理职责的部门、与消费诉讼案件相关的主管部门)。

法院审理检察院提起的一审民事公益诉讼案件,原则上适用人民陪审制。当事人申请不适用人民陪审制审理的,法院经审查可以决定不适用人民陪审制审理。

(四) 关于和解、调解、反诉、撤诉与中止诉讼

对公益诉讼案件,当事人可以和解,法院可以调解。法院应当公告和解协议或者调解协议(公告期间不得少于30日),公告期满后,法院审查认为和解协议或者调解协议内容不损害公共利益的,应当出具调解书;违反公共利益的则不予出具调解书,继续对案件进行审理并依法作出裁判。

民事公益诉讼案件审理过程中,被告提出反诉的,法院不予受理。

公益诉讼案件的原告在法庭辩论终结后申请撤诉的,当事人申请撤诉而有损公共利益的,法院均不应准许(《解释》第290条)。检察院在法庭辩论终结前申请撤诉,或者在法庭辩论终结后,检察院的诉讼请求全部实现,申请撤诉的,应予准许(《办法》第9条)。

消费民事公益诉讼案件受理后,因同一侵权行为受到损害的消费者请求对其根据《民诉法》第119条规定提起的诉讼予以中止,法院可以准许。

(五) 证明

对审理民事公益诉讼案件必要的证据,法院应当调查收集。有权提起民事公益诉讼的机关或者社会组织,可以根据《民诉法》第81条的规定申请保全证据。原告在诉讼过程中承认的对己方不利的事实和认可的证据,法院认为损害公共利益的,应当不予确认。

负有环境保护监督管理职责的部门或其委托的机构出具的环境污染事件调查报告、检验报告、检测报告、评估报告或者监测数据等,经当事人质证,可以作为认定案件事实的根据。

笔者认为,对民事公益案件中权利产生要件事实,适用职权探知主义,即法院主动依职权调查事实和收集证据,不受制于当事人主张的事实和提供的证据。原告在诉讼过程中承认的对己方不利的事实和认可的证据,法院认为损害公益的则应不予确认。

---

① 《消费公益诉讼解释》第3条第2款规定:经最高人民法院批准,高级人民法院可以根据本辖区实际情况,在辖区内确定部分中级人民法院受理第一审消费民事公益诉讼案件。

消费者保护组织、环境保护组织、检察机关等公益诉讼原告在收集证据能力上不弱于甚或强于法院,故应由其承担证明责任(这与刑事公诉中检察机关承担证明责任的法理是相同的);而法院职权探知则起补充性作用,即没有其他证据或其他证据不足以证明事实,或者质证和辩论的结果不能使法官形成确信心证的,则法院应依职权调取证据查明事实真相。

根据正当程序保障原理,法院依职权收集的证据和探知的事实,须经当事人质证和辩论,才能作为裁判根据。邵明认为,对于包含公益的案件或事项,法院没有依职权探知真相而作出错误判决的,应当作为上诉和再审(包括检察院抗诉)的法定理由。

(六) 一事不再理或公益诉讼判决效力

公益诉讼案件的裁判发生法律效力后,其他依法具有原告资格的机关和有关组织就同一侵权行为另行提起公益诉讼的,法院裁定不予受理,但法律、司法解释另有规定的除外。法院受理公益诉讼案件,不影响同一侵权行为的受害人根据《民诉法》第119条提起诉讼。①

环境民事公益诉讼案件的裁判生效后,有权提起诉讼的其他机关和社会组织就同一污染环境、破坏生态行为另行起诉,有下列情形之一,法院应予受理:(1)前案原告的起诉被裁定驳回的;(2)前案原告申请撤诉被裁定准许的(不过,负有环境保护监督管理职责的部门依法履行监管职责而使原告诉讼请求全部实现,原告申请撤诉的,法院应予准许)。

消费民事公益诉讼案件裁判生效后,法院应当在10日内书面告知相关行政主管部门,并可发出司法建议。消费民事公益诉讼案件的裁判发生法律效力后,其他依法具有原告资格的机关或者社会组织就同一侵权行为另行提起消费民事公益诉讼的,法院不予受理。

环境民事公益诉讼案件的裁判生效后,有证据证明存在前案审理时未发现的损害,有权提起诉讼的机关和社会组织另行起诉的,法院应予受理。

被告因污染环境、破坏生态承担责任,其财产不足以履行全部义务的,应当先履行其他民事诉讼生效裁判所确定的义务,但法律另有规定的除外。

第五节 诉讼第三人和第三人撤销之诉

一、诉讼第三人的含义

本节诉讼第三人特指主诉讼参加人(独立诉讼参加人)和从诉讼参加人(辅助诉讼参加人)。在大陆法系,主诉讼参加人认为对他人之诉的诉讼标的有独立实体权利(请求权、支配权或形成权),对他人之诉的双方或一方当事人提出实体请求,要求与他人之诉一并审理并作出没有矛盾的判决。主诉讼参加(独立诉讼参加或独立当事人参加)中,正在审理中的他人之诉,称为本诉;主诉讼参加人对本诉当事人所提之诉,称为参加之诉。

---

① 《消费公益诉讼解释》第16条规定:已为消费民事公益诉讼生效裁判认定的事实,因同一侵权行为受到损害的消费者根据《民诉法》第119条提起的诉讼,原告、被告均无需举证证明,但当事人对该事实有异议并有相反证据足以推翻的除外;消费民事公益诉讼生效裁判认定经营者存在不法行为,因同一侵权行为受到损害的消费者根据《民诉法》第119条提起的诉讼,原告主张适用的,法院可予支持,但被告有相反证据足以推翻的除外。被告主张直接适用对其有利认定的,法院不予支持,被告仍应承担相应举证证明责任。

从诉讼参加人对他人之诉的诉讼标的无独立实体权利(请求权、支配权或形成权),但案件处理结果与其有法律上的利害关系,参加到他人之诉的程序中,通过辅助他人之诉原告或被告避免败诉的方式,维护自己实体权益。

《民诉法》第56条第1款规定:"对当事人双方的诉讼标的,第三人认为有独立请求权的,有权提起诉讼。"此款规定的是有独立请求权第三人。本条第2款规定:"对当事人双方的诉讼标的,第三人虽然没有独立请求权,但案件处理结果同他有法律上的利害关系的,可以申请参加诉讼,或者由人民法院通知他参加诉讼。人民法院判决承担民事责任的第三人,有当事人的诉讼权利义务。"此款规定的是无独立请求权第三人。

根据《民诉法》第56条第1款的规定,有独立请求权第三人在本诉程序中提起参加之诉,属于给付之诉。事实上,有独立请求权的第三人在本诉程序中还可能提起确认之诉和形成之诉,所以"有独立请求权第三人"的称谓和制度存在着局限。主诉讼参加人(独立诉讼参加人)和从诉讼参加人(辅助诉讼参加人)的称谓比较合理,我国应当直接采用。

二、主诉讼参加人(包括有独立请求权第三人)

【案例】 A对B提起确认某栋楼房所有权之诉。在该诉进行中,C以A、B为被告提起返还该楼102室和103室之诉,理由是C拥有该楼102室和103室的所有权。法院将C所提之诉与A所提之诉合并审理。该案例的诉讼情形,如下图:

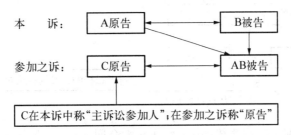

本诉中,若A胜诉,法院将该栋楼房所有权判归A;若B胜诉,法院将该栋楼房所有权判归B。可见,不管本诉原告胜诉还是被告胜诉,均否定C对其102室和103室的所有权,C既不同意A的诉讼请求也不支持B,所以将A和B列为共同被告。于是,C可以基于物上请求权,以A、B为被告,提起参加之诉,维护自己对该楼102室和103室的所有权。这时,C就是有独立请求权第三人或主诉讼参加人。

在我国,主诉讼参加人参加诉讼的实体根据是对本诉或他人之间的诉讼标的拥有独立的全部或部分的请求权。上例中,C对A、B之诉的诉讼标的拥有部分的独立请求权。若整栋楼房所有权均属于C,则C对A、B之诉的诉讼标的拥有全部的独立请求权。

笔者认为,主诉讼参加人参加诉讼的实体根据还应包括本诉的诉讼结果将侵害其合法权益。比如,B欠C 500万元货款,B为逃避此债务,与A串通,由A对B提起确认B的财产系A所有的诉讼,若A胜诉则将害及C的债权的实现,对此C可以提起确认A与B间"争议"的财产为B所有。

主诉讼参加人参加诉讼,除应具备通常起诉要件外,还须具备如下特殊要件:(1)通常以本诉的双方当事人为被告(因为不管本诉原告胜诉还是被告胜诉均将害及主诉讼参加人实体权益)。(2)在本诉的诉讼程序中参加诉讼(即在本诉的一审、二审正式启动后言词辩论终结前参加诉讼)。(3)参加之诉与本诉应当适用相同的诉讼程序。(4)应当向审理本诉的法院提起参加之诉。

主诉讼参加人在本诉的诉讼程序中提起参加之诉,即在一个诉讼程序中同时审理两个诉,从而构成诉的合并。本诉因撤回、和解或判决等终结的,对未终结的参加之诉应当继续审理(《解释》第237条),因为参加之诉本来就是相对独立的诉。

三、从诉讼参加人(包括无独立请求权第三人)

(一)从诉讼参加人参加诉讼的要件

从诉讼参加的实体要件,即从诉讼参加人对他人之间的诉讼标的没有独立的请求权、支配权或形成权,但与他人的案件的处理结果有法律上的利害关系。所谓法律上的利害关系,是指从诉讼参加人的民事权利义务将因他人诉讼结果受到法律上有利或不利的影响。所谓法律上的影响,包括财产权上或人身权上的影响①,通常是对参加人不利的(从诉讼参加人因他人诉讼结果可能要承担法律责任、增加法律义务或减少法律权益)。

【案例】 A从B公司购买一辆汽车。后来,A以该汽车质量不合格(即发动机不合格)为由,以B为被告提起违约之诉。诉讼过程中,法院得知该发动机是C工厂供应给B公司的,于是通知C参加诉讼。该案例的诉讼情形,如下图:

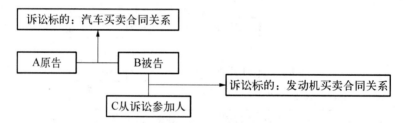

上述案例中,有两个实体法律关系:汽车买卖合同关系(双方当事人为A和B);发动机买卖合同关系(双方当事人为B和C)。C与AB之诉的诉讼结果有着法律上的利害关系:AB之诉中,若法院确认发动机质量不合格,判决A胜诉、B败诉;那么,B可以根据"判决确认发动机质量不合格"和发动机买卖合同关系,在AB之诉的程序中、程序外或者结束后要求C承担违约责任。

于是,C可以参加到AB之诉的程序中,通过提供事实证据证明发动机合格,辅助B以避免B败诉,从而间接维护自己的合法权益。根据合同相对性原理,在AB之诉中,C与A不能成为共同原告,与B也不能成为共同被告,而是从诉讼参加人。

违约之诉中,当事人一方因第三人的原因造成违约的,第三人可以为从诉讼参加人;法定当事人变更中,继受人代替原当事人而成为适格当事人,原当事人可以从诉讼参加人身份参加诉讼;代位权诉讼中,债务人可能成为从诉讼参加人;债权人仅以债务人为被告的撤销权诉讼中,受益人或受让人可能成为从诉讼参加人;股东代位诉讼中,股东为原告,加害公司权益的人为被告,若公司参加诉讼则为从诉讼参加人。

---

① 有关婚姻、收养或亲权诉讼的判决,对第三人法律身份有影响的,该第三人也可以参加诉讼。

从诉讼参加的程序要件主要是在他人之间的诉讼程序(一审或二审)进行中参加诉讼。他人之间的诉讼程序因和解、撤诉、作出判决等终结的,则无辅助参加诉讼的可能。

(二) 从诉讼参加人的诉讼地位和参加诉讼的方式

从诉讼参加人的诉讼地位:(1)他人诉讼中是广义的当事人(因为"案件处理结果同他有法律上的利害关系的",此处不同于证人),但又不是原告和被告,其诉讼地位就是从诉讼参加人;(2)根据《民诉法》第56条的规定,法院判决从诉讼参加人承担民事责任的,在此后的上诉程序和再审程序中,则为真正的当事人,享有当事人的诉讼权利。①

从诉讼参加人不是原告,没有提出独立的诉讼请求,无权放弃或变更他人的诉讼请求、无权申请撤诉等。从诉讼参加人不是被告,无权提出反诉、无权承认他人的诉讼请求等。从诉讼参加人与被辅助的当事人又不是共同诉讼人,若被辅助的当事人败诉的则往往与从诉讼参加人存在法律上的利害冲突关系。从诉讼参加人死亡或者丧失诉讼行为能力等不中止他人之诉的程序。从诉讼参加人对他人之诉无权提出管辖异议。

从诉讼参加人多辅助被告但也可能辅助原告,其辅助行为随他人之诉程序的终结而结束。辅助行为或辅助方式:主张事实、提供证据、进行辩论,以支持被辅助的当事人;以被辅助的当事人获得胜诉,来摆脱对己不利的诉讼后果。从诉讼参加人不享有对他人之间实体权益和重要程序事项的处分权。

在我国,从诉讼参加人参加诉讼的方式:(1)从诉讼参加人申请参加诉讼。申请书应当载明:辅助何方当事人,与该方当事人存在什么样的民事法律关系,以及相关事实证据。(2)原告在起诉状中直接列写第三人的,视为其申请法院追加该第三人参加诉讼。是否通知第三人参加诉讼,由法院审查决定(《解释》第222条)。(3)法院通知参加诉讼。法院通知的方式,既方便该人参加诉讼以维护自己权益,充分践行程序参与原则,又便于查明案件事实,防范虚假诉讼,有时也能促成纠纷的一次性解决。

从诉讼参加终结的情形,主要有:(1)法院依法驳回参加申请;(2)从诉讼参加人撤回参加诉讼(我国没有规定);(3)他人之间的诉讼终结等。

四、第三人保护与第三人异议之诉

(一) 第三人保护与第三人异议之诉

在民事法领域,对第三人合法权益的保护应当建构起体系化的法律制度,即他人提起本诉(或申请仲裁)之前、本诉程序进行中、本诉判决确定后或执行过程中、本诉判决执行完后,第三人均有权通过诉讼获得救济。本诉程序进行中、本诉判决确定后或执行过程中,第三人所提之诉才是第三人异议之诉(包括撤销之诉和变更之诉)。

(1)他人提起本诉(或申请仲裁)之前提起诉讼:(1)"第三人"(实为原告)由于拥有独立的请求权、支配权或形成权,可以单独提起诉讼(或申请仲裁);(2)债务人或其他人以非法手段或不当方式害及债权人债权实现的,该债权人可以行使民事撤销权,以债务人或其他人为被告,提起撤销权诉讼。

---

① 法院调解民事案件,无独立请求权第三人承担责任的则应经其同意,该第三人在调解书送达前反悔的则法院应及时裁判。

（2）本诉程序进行中，第三人（主诉讼参加人）提起参加之诉。

（3）本诉判决确定后或执行中提起异议之诉。第三人非本诉当事人，无资格对本诉判决提起上诉或申请再审，若第三人没有在本诉程序中提起参加之诉，应有如下救济途径①。

① 本诉判决确定后，第三人可以本诉当事人为被告提起异议之诉，包括第三人撤销（判决）之诉和第三人变更（判决）之诉（比如《民诉法》第56条第3款）。

② 本诉判决执行过程中，第三人（案外人）可以执行债权人（或者执行债权人和债务人）为被告，提起异议之诉，即第三人执行异议之诉。第三人在判决确定后提起异议之诉，在执行开始之后，可自然转化为执行异议之诉。

（4）本诉判决执行完后，第三人才发现该判决或其执行直接影响或侵害了自己的合法权益时，可以"执行债权人"为被告提起返还不当得利之诉，若"执行债权人"故意利用诉讼来加害第三人，则第三人还可提起损害赔偿之诉（属于滥用诉讼的范畴）。

（二）第三人撤销之诉

根据《民诉法》第56条第3款的规定，发生法律效力的判决、裁定②、调解书的部分或者全部内容错误，损害其民事权益的，可以提起诉讼，诉讼请求成立的，法院应当改变或者撤销原判决、裁定、调解书。据此，此款规定的是第三人异议之诉（时人称之为第三人撤销之诉是不全面的）。《解释》第292~303条对第三人撤销之诉程序作出了具体规定。

原告是有独立请求权第三人和无独立请求权第三人（下文简称第三人），生效判决、裁定、调解书的当事人为被告，但生效判决、裁定、调解书中没有承担责任的无独立请求权第三人为第三人。

第三人对已经发生法律效力的判决、裁定、调解书提起撤销之诉的，应当自知道或者应当知道其民事权益受到损害之日起6个月内，向作出生效判决、裁定、调解书的法院提出，并应当提供存在下列情形的证据材料：(1) 因不能归责于本人的事由未参加诉讼；③(2) 发生法律效力的判决、裁定、调解书的全部或者部分内容错误；④(3) 发生法律效力的判决、裁定、调解书内容错误而致当事人民事权益受损。

对下列情形，法院不予受理：适用特别程序、督促程序、公示催告程序、破产程序等非讼程序处理的案件；婚姻无效、撤销或者解除婚姻关系等判决、裁定、调解书中涉及身份关系的内容；《民诉法》第54条规定的未参加登记的权利人对代表人诉讼案件的生效裁判；《民诉法》第55条规定的损害社会公共利益行为的受害人对公益诉讼案件的生效裁判。

对第三人撤销之诉，经合议庭开庭审理，作出如下处理：(1) 请求成立且确认其民事权利的主张全部或部分成立的，改变原判决、裁定、调解书内容的错误部分；(2) 请求成立，但确认其全部或部分民事权利的主张不成立，或者未提出确认其民事权利请求的，撤

---

① 依据《解释》第297条的规定，适用特别程序处理的案件，提起"第三人撤销之诉"的，法院不予受理。
② 从法理上说，裁定用来处理程序事项和临时救济事项，并非（终局）处理当事人实体权利义务的实现，不应作为异议之诉的适用对象。
③ 是指没有被列为生效判决、裁定、调解书当事人，且无过错或者无明显过错的情形。包括：(1) 不知道诉讼而未参加的；(2) 申请参加未获准许的；(3) 知道诉讼，但因客观原因无法参加的；(4) 因其他不能归责于本人的事由未参加诉讼的。
④ 是指判决、裁定的主文，调解书中处理当事人民事权利义务的结果。

销原判决、裁定、调解书内容的错误部分；(3)请求不成立的,驳回诉讼请求。对上述裁判不服的,当事人可以上诉。原判决、裁定、调解书的内容未改变或者未撤销的部分继续有效。

第三人撤销之诉案件审理期间,法院对生效判决、裁定、调解书裁定再审的,受理第三人撤销之诉的法院应当裁定将第三人的诉讼请求并入再审程序。但有证据证明原审当事人之间恶意串通损害第三人合法权益的,法院应当先行审理第三人撤销之诉案件,裁定中止再审诉讼。第三人诉讼请求并入再审程序审理的,按照下列情形分别处理：(1)按照第一审程序审理的,法院应当对第三人的诉讼请求一并审理,所作的判决可以上诉；(2)按照第二审程序审理的,法院可以调解,调解达不成协议的,应当裁定撤销原判决、裁定、调解书,发回一审法院重审,重审时应当列明第三人。

受理后,原告提供相应担保,请求中止执行的,法院可以准许。第三人提起撤销之诉后,对生效判决、裁定、调解书未中止执行,第三人提出执行异议的,法院应予审查。第三人不服驳回执行异议裁定,申请对原判决、裁定、调解书再审的,法院不予受理。对法院驳回执行异议裁定不服的,案外人认为原判决、裁定、调解书内容错误损害其合法权益的,应当根据《民诉法》第227条的规定申请再审,若提起第三人撤销之诉则不予受理。

第六节 诉讼代理人

一、诉讼代理人总论

诉讼代理人是指以当事人的名义代当事人进行诉讼的人。我国民事诉讼代理人包括法定诉讼代理人和委托诉讼代理人。诉讼代理人具有如下主要特点。

(1)诉讼代理人以被代理的当事人名义进行诉讼。诉讼代理人不是诉讼当事人,只得以被代理的当事人(被代理人)名义提起诉讼或参加诉讼。

(2)诉讼代理人须在其代理权限内实施诉讼行为。诉讼代理人超出代理权限所为的诉讼行为,未必不利于被代理人,被代理人合法追认的则溯及行为时有效。

(3)诉讼代理人实施诉讼行为所产生的实体法和诉讼法后果由被代理人负担。此种负担的前提是,诉讼代理人须在代理权限内实施诉讼行为,或者经被代理人合法追认的。

(4)作为诉讼代理人的人在同一案件中只能代理一方当事人,而不能同时代理对立的双方当事人。

代理诉讼的律师和其他诉讼代理人有权调查收集证据,可以查阅本案有关材料。查阅本案有关材料的范围和办法由最高人民法院规定,比如《关于诉讼代理人查阅民事案件材料的规定》(法释〔2002〕39号)等。

法院工作人员有下列情形的,应当回避：担任过本案诉讼代理人；与本案当事人或者诉讼代理人有其他利害关系,可能影响公正审理；违反规定会见本案诉讼代理人；为本案当事人推荐、介绍诉讼代理人,或者为律师、其他人员介绍代理本案。

二、法定诉讼代理人

(一) 法定诉讼代理人的含义和特征

法定诉讼代理人根据法律规定,为无诉讼行为能力的当事人代为诉讼。无诉讼行为能力人由其监护人为法定代理人。

诉讼中,无民事行为能力人、限制民事行为能力人事先没有确定监护人的,可以由有监护资格的人协商确定;协商不成的,由法院在他们之中指定诉讼中的法定代理人。当事人没有《民法通则》第16条第1款、第2款或者第17条第1款规定的监护人的,可以指定该法第16条第4款或者第17条第3款规定的有关组织担任诉讼中的法定代理人。①

与委托诉讼代理(人)相比,法定诉讼代理(人)具有如下基本特征:(1)代理权的取得依据是法律的明文规定,而不是当事人的委托授权;(2)被代理人只限于无诉讼行为能力的当事人;(3)法定诉讼代理是全权代理。

根据《侵权责任法》第32条的规定,被监护人致人损害的,首先从其财产中支付赔偿费用,不足部分由监护人赔偿。据此,监护人有双重诉讼身份:(1)是被监护人的法定诉讼代理人;(2)就自己承担赔偿责任部分,是实质诉讼当事人,与被监护人构成必要共同被告(《解释》第67条)。

(二) 法定诉讼代理权及其消灭

法定诉讼代理是全权代理,法定诉讼代理人有权按照自己的意志,代理当事人行使其诉讼权利,无须当事人特别授权就可处分其诉讼权利和实体权益。但是,法定诉讼代理人毕竟不是被代理的当事人本人,应以被代理的当事人的名义进行诉讼,其代理行为所产生的实体法后果由被代理人负担。

法定诉讼代理权的存在有其客观基础。如果这些客观基础不存在,法定诉讼代理权也随之消灭。引起法定诉讼代理权消灭的主要原因:(1)被代理人具有或恢复了诉讼行为能力;(2)法定诉讼代理人死亡或者丧失诉讼行为能力;(3)基于收养或婚姻关系而发生的监护权、收养或婚姻关系解除;(4)被代理人死亡。

三、委托诉讼代理人

(一) 委托诉讼代理人的含义和范围

委托诉讼代理人(授权诉讼代理人、意定诉讼代理人)根据委托人(诉讼当事人、法定诉讼代理人或法定代表人等)授权委托,为当事人代为诉讼。

委托人可以与代理人一并出庭参加诉讼。《民诉法》第62条规定,离婚案件有代理人的,本人除不能表达意志外仍应出庭,确因特殊情况无法出庭的则须向法院提交书面意见。

委托代理权的取得必须有委托人的授权委托书。委托代理权限由委托人在授权委托书中明确规定。委托人可变更或者解除代理人的权限,但是,应当书面告知法院,并由法院通知对方当事人,在此之前的诉讼代理行为通常有效。

---

① 监护人严重侵害被监护人合法权益的,可以根据《反家庭暴力法》《关于依法处理监护人侵害未成年人权益行为若干问题的意见》(法发〔2014〕24号)等依法撤销其监护人资格,另行指定监护人。

委托代理建立在代理人与委托人相互信任的基础上,所以没有经过委托人的同意,一般不允许委托代理人再行委托。在紧急情况下,为了保护委托人的利益可以转托他人代理①,不过非经委托人的同意,代理人不能因为转委托而增加委托人的经济负担。

当事人、法定代理人等可以委托1~2人为诉讼代理人。下列人员可以被委托为诉讼代理人:(1)律师、基层法律服务工作者;(2)当事人的近亲属或者工作人员(《解释》第85条和第86条);(3)当事人所在社区、单位以及有关社会团体推荐的公民(《解释》第87条)。但是,无民事行为能力人、限制民事行为能力人或者可能损害被代理人利益的人以及法院认为不宜作诉讼代理人的人,不能作为诉讼代理人。②

(二)授权委托书和委托诉讼代理权

授权委托书必须记明委托事项和权限。委托人授权委托书仅写"全权代理"而无具体授权的,代理人无权处分有关被代理人重大权益的实体事项和程序事项,比如不得承认或放弃、变更诉讼请求,无权撤诉,无权和解,无权提起反诉、上诉等。委托代理人实施这些诉讼行为,须有委托人的特别授权。

应当在开庭审理前,向法院提交由委托人签名或者盖章的授权委托书。适用简易程序审理的案件,双方当事人同时到庭并径行开庭审理的,可以当场口头委托诉讼代理人,由法院记入笔录。

侨居在国外的中国公民从国外寄交或者托交的授权委托书,必须经中国驻该国的使领馆证明;没有使领馆的,由与中国有外交关系的第三国驻该国的使领馆证明,再转由中国驻该第三国使领馆证明,或者由当地的爱国华侨团体证明。

诉讼代理人除提交授权委托书外,还应当向法院提交有关身份的证明材料,比如律师执业证、律师事务所证明材料;法律服务工作者执业证、基层法律服务所出具的介绍信以及当事人一方位于本辖区内的证明材料;当事人的近亲属应当提交身份证件和与委托人有近亲属关系的证明材料等。

诉讼代理人在其代理权限内,可以自己的意志实施诉讼行为而不受被代理人意志拘束,即是说,不论是否违反被代理人的意志都对被代理人发生效力。

委托代理权或委托代理关系因下列原因而消灭:(1)委托人解除委托;(2)委托人与代理人终止委托代理协议;(3)代理人辞去委托;(4)代理的案件审结、代理人完成代理或委托期限届满;(5)代理人与委托人发生利益冲突;(6)代理人死亡或丧失行为能力;(7)其他合理原因(如《律师执业行为规范》第52条、第53条)。

委托诉讼代理人应当按照法律规定和诚实信用原则,履行代理事务,以维护当事人的合法权益,否则将承担相应的法律责任。委托代理人若未遵守授权委托书,应当承担民事责任,主要是退回诉讼代理费。若因过错给当事人造成损失的,则应承担损害赔偿责任。因此

---

① 《律师执业行为规范》第50条规定:"律师在接受委托后出现突患疾病、工作调动等情况,为维护委托人的利益需要转委托的,应当及时告知委托人。委托人同意转委托的,律师或律师事务所之间要及时移交材料,并通过律师事务所办理相关手续。"

② 《法官法》第17条规定:"法官从人民法院离任后二年内,不得以律师身份担任诉讼代理人或者辩护人。法官从人民法院离任后,不得担任原任职法院办理案件的诉讼代理人或者辩护人。法官的配偶、子女不得担任该法官所任职法院办理案件的诉讼代理人或者辩护人。"

产生争议的,可以通过民事诉讼解决。

对于律师违法执业或者因过错给当事人造成损失的,由其所在的律师事务所承担赔偿责任。律师事务所赔偿后,可以向有故意或者重大过失行为的律师追偿。律师和律师事务所不得免除或者限制因违法执业或者因过错给当事人造成损失所应承担的民事责任。

【思考题】

1. 根据民事诉讼理论和相关法律法规,关于当事人的表述,下列哪些选项是正确的?①

A. 依法解散、依法被撤销的法人可以自己的名义作为当事人进行诉讼

B. 被宣告为无行为能力的成年人可以自己的名义作为当事人进行诉讼

C. 不是民事主体的非法人组织依法可以自己的名义作为当事人进行诉讼

D. 中国消费者协会可以自己的名义作为当事人,对侵害众多消费者权益的企业提起公益诉讼

2. 试析诉讼权利能力与民事权利能力之间的关系。

3. 赵某与刘某将共有商铺出租给陈某。刘某瞒着赵某,与陈某签订房屋买卖合同,将商铺转让给陈某,后因该合同履行发生纠纷,刘某将陈某诉至法院。赵某得知后,坚决不同意刘某将商铺让与陈某。关于本案相关人的诉讼地位,下列哪一说法是正确的?②

A. 法院应依职权追加赵某为共同原告

B. 赵某应以刘某侵权起诉,陈某为无独立请求权第三人

C. 赵某应作为无独立请求权第三人

D. 赵某应作为有独立请求权第三人

4. 关于法定诉讼代理人,下列哪些认识是正确的?③

A. 代理权的取得不是根据其所代理的当事人的委托授权

B. 在诉讼中可以按照自己的意志代理被代理人实施所有诉讼行为

C. 在诉讼中死亡的,产生与当事人死亡同样的法律后果

D. 所代理的当事人在诉讼中取得行为能力的,法定诉讼代理人则自动转化为委托代理人

---

① 2014年国家司法考试卷三,参考答案 CD。
② 2015年国家司法考试卷三,参考答案 D。
③ 2011年国家司法考试卷三,参考答案 AB。

第八章
期间、送达和诉讼费用

【本章要点】
　　期间是法院、当事人和其他诉讼参与人实施和完成诉讼行为必须遵守的时间，一定的诉讼行为如果不能在规定期间内完成，便不发生相应的法律效力。送达则是一种由法院实施的具有强制性的诉讼行为，诉讼文书送达后，将产生一定的法律后果。诉讼费用是当事人进行民事诉讼依法应当向法院交纳和支付的费用，该制度从"经济支撑"和"费用减免"的角度为民事诉讼的正常进行提供了必要条件。

第一节　期　　间

一、期间的概念

　　期间，是指法院、当事人和其他诉讼参与人进行或完成诉讼活动所应遵守的时间。期间可以从广义和狭义两种意义上理解，广义的期间包括期限和期日，狭义的期间仅指期限。本节一般是从狭义上使用期间这个概念的。

　　期限是法院、当事人或其他诉讼参与人单方面地、独立进行或完成某种诉讼活动的时间。期日是法院、当事人及其他诉讼参与人会合进行某种诉讼活动的时日。期日因诉讼活动的性质不同，可分为准备程序期日、调查证据期日、开庭审理期日、调解期日、宣判期日及强制执行期日等。

　　期限和期日的区别表现在：第一，期间是某一诉讼主体单独进行某种诉讼活动的时间；期日则是法院、当事人及其他诉讼参与人会合进行某种诉讼活动的时间；第二，期间表现为有开始日和届满日的持续的一段时间；期日则仅为特定的某一日；第三，期间有法定期间、指定期间与约定期间之分；期日则只有指定期日和商定期日之别，并无法定期日的存在；第四，期间有不变期间与可变期间之分；期日因特殊情况的发生则均可以变更。

在民事诉讼中,当事人和其他诉讼参与人行使诉讼权利,履行诉讼义务,或者是法院进行审判活动,除不可抗拒的事由或其他正当理由之外,都必须在规定的时间内完成。期间在民事诉讼中具有十分重要的意义:它有利于法院及时解决纠纷,提高办案效率;有利于保护当事人和其他诉讼参与人的合法权益;有利于保证诉讼法律关系主体的诉讼行为的协调性,从而保证诉讼的顺利进行。

二、期间的种类

根据不同的标准,可将期间作如下分类。

(一)法定期间、指定期间与约定期间

以确定期间的依据不同为标准,可以把期间分为法定期间、指定期间与约定期间。

法定期间,是指民事诉讼法直接规定的期间,它基于某种法律事实的发生而开始,例如,上诉期间是在一审判决、裁定送达后才开始计算。法定期间除法律另有规定的外,法院、当事人和其他诉讼参与人不得变更。诉讼主体必须在法定期间内进行或完成诉讼活动,否则就会引起相应的法律后果。

指定期间,是指法院根据案件的具体情况,依职权对各项具体事项所指定的期间。它是法定期间的一种补充,广泛适用于审判实践。例如,法院指定当事人到庭的时间、指定当事人补正起诉状的时间、指定鉴定人完成鉴定工作的时间等。凡不属于法院指定期间的范围,就不能指定。法院指定的期间,其限度既不能失之过长,使诉讼滞延;也不能失之过短,使诉讼参与人难以完成某项行为。指定期间要明确、具体,一经指定,就不要轻易变动,以免影响指定期间的严肃性。因情况变化,诉讼主体难以在指定的期间内完成某项行为时,法院可以根据当事人的申请或者依职权予以变更,并将变更后的指定期间通知有关诉讼参与人。

约定期间又称商定期间,是指根据法律或司法解释所确立的合意机制,经当事人协商一致,通常须经法院认可而确定的期间。比如,举证期限可以由当事人协商,并经法院准许(参见《解释》第 99 条)。

我国民事诉讼以法定期间为原则,以指定期间和约定期间为必要补充。其实,从充分实现诉讼民主的应然价值目标来看,我国的民事诉讼应在坚持以法定期间为原则的前提下,适度缩小指定期间的使用范围,相应扩大约定期间的使用范围。

(二)不变期间与可变期间

以期间能否变动为标准,可以把期间分为不变期间与可变期间。

不变期间,是指必须严格遵守、法院和诉讼参与人均不得改变的期间。不变期间具有极大的刚性,任何个人和机关组织不得以任何理由加以变更,如上诉期间、适用简易程序的审结期限等。

可变期间,是指期间确定后,因情况发生了变化,在规定的期间内进行或完成某项诉讼活动有困难,法院可根据当事人的申请或者依职权变更原定期间。

指定期间、约定期间都属于可变期间,法定期间一般都是不变期间,但也有少数是可变期间,而且这些法定的可变期间在延长或缩短时应符合法律的规定。例如,《民诉法》第

149 条规定:"人民法院适用普通程序审理的案件,应当在立案之日起 6 个月内审结。有特殊情况需要延长的,由本院院长批准,可以延长 6 个月;还需要延长的,报请上级人民法院批准。"

三、期间的计算

诉讼是在一定期间内进行的,期间的开始和终结直接关系到法院职权和职责的实现,关系到当事人及其他诉讼参与人诉讼权利的行使,关系到当事人实体权益的保护和实现,关系到诉讼的效率,因此,期间的计算是司法实践中一项十分重要的技术性工作。根据《民诉法》第 82 条第 2 款至第 4 款以及《解释》,期间应按下列方式计算。

(一)期间以时、日、月、年计算

期间的计算单位是时、日、月、年,何种诉讼活动以时或日或月或年为计算标准,则根据法律规定或者法院指定的内容来确定。

(二)期间开始时刻及时限的计算

期间以时、日计算的,其开始的时和日不计算在期间内,而应从开始时、日的第二个时间单位起算。具体而言,期间以小时为单位计算的,应当从下一个小时起算;期间以日为单位计算的,应当从第二日起算。例如,根据《民诉法》第 100 条第 3 款的规定,法院接受当事人关于财产保全的申请后,对情况紧急的,必须在 48 小时内作出裁定。如果当事人提出申请是在某日的 10 时,那么计算这一期间时,就应当从该日的 11 时开始起算。又如,当事人不服第一审法院判决,提起上诉的期间为 15 日,该 15 日应当从判决书送达的次日开始起算。

期间以月和年为单位计算的,由于它们实际上仍然都是由日组成的,因此同样应从第二日开始计算,并以期间届满月的相对日为期间届满日;期间届满日没有相对日的,则应以该月的最后一日为期间届满日。例如在一起宣告失踪的案件中,法院于 2010 年 11 月 29 日公告寻找下落不明人,公告期间为 3 个月(从 2010 年 11 月 30 日起算),则公告期间届满日期为 2011 年 2 月 28 日(该 2 月最后一日)。

(三)期间届满时刻的计算

期间届满的时刻,应该是期间最后一日的 24 点(实践中通常以法院下班时间为届满时刻)。按期间实数确定的期间届满日是节假日的,应以节假日后的第一个工作日为期间标准的届满日期;如果节假日在期间开始日及中间日的则不予扣除。这里所说的节假日是法定节假日,如双休日、五一节、国庆节、元旦、春节等。

(四)期间的计算应扣除诉讼文书的在途时间

所谓在途时间,是指法院通过邮寄方式送达的诉讼文书,或者是当事人通过邮寄递交的诉讼文书,在邮寄途中所用去的时间。期间不包括诉讼文书的在途时间,诉讼文书在期满前交邮的不算过期。至于如何确定是否期满前交邮的,以邮寄的邮戳为标志和证明。只要邮戳上的时间证明在期间届满前当事人或者法院已将需邮寄的诉讼文书交付邮局,就不算过期。

(五)期间的计算应扣除的其他时间

《民诉法》中除了上述"期间不包括在途时间"的规定外,并没有其他有关期间的计算应

扣除的时间的规定。但是,根据相关司法解释①,下列期间不计入审理、执行期限:

(1) 因当事人、诉讼代理人申请通知新的证人到庭、调查新的证据、申请重新鉴定或者勘验,法院决定延期审理1个月之内的期间;延期审理超过1个月的时间,仍应计入案件的审结期限;

(2) 民事案件公告、鉴定的期间;

(3) 审理当事人提出的管辖权异议和处理法院之间的管辖争议的期间;

(4) 民事审判、执行中由有关专业机构进行审计;评估、资产清理的期间;

(5) 中止诉讼或中止执行至恢复诉讼或恢复执行的期间;

(6) 当事人达成执行和解或者提供执行担保后,法院决定暂缓执行的期间;

(7) 上级法院通知暂缓执行的期间;

(8) 执行中拍卖、变卖被查封、扣押财产的期间;

(9) 执行过程中就法律适用问题向上级法院请示的期间;

(10) 与其他法院发生执行争议报请共同上级法院协调处理的期间。

四、期间的耽误及后果

期间的耽误是指当事人或其他诉讼参与人在法定期间或指定期间内本应进行一定的诉讼活动而没有进行或没有完成。

耽误期间的原因不同,其后果也不同。如果是主观上的原因,不论出于故意还是过失,其直接后果就是当事人丧失了进行某项诉讼活动的权利,或者要承担因耽误期间而产生的其他法律后果。例如,当事人因遗忘超过了上诉期间,就意味着丧失了上诉的权利;原告经传票传唤无正当理由拒不按期到庭的,可以按撤诉处理(被告反诉的,可以缺席判决)。如果因为客观上的一些原因,致使期间耽误,可以根据《民诉法》申请顺延期限,或者由法院依职权决定顺延期限或重新指定期日。顺延期限不是变更法定期限,法定期限不能申请变更,法院也无权决定变更。顺延期限是指补足耽误了的期限,耽误了几天,就延展几天。耽误期限后能发生顺延之法律后果,必须具备以下几个条件。

(1) 耽误期限的原因是不可抗拒的事由或者其他正当理由。所谓不可抗拒的事由,是指当事人在主观上无法预见、客观上无法避免和克服的各种情况。如地震、火灾、水灾等自然灾害交通和通讯中断,致使当事人无法在预定的期间内实施或完成某项诉讼行为。其他正当事由是指以上不可抗拒的事由以外的且不属于因当事人的故意或者过失而导致期间耽误的其他客观情况,如突遇交通事故、患病住院治疗等情况。

(2) 由于上述法定事由耽误期限,应在障碍消除后10日内申请顺延期限。必须注意,如果障碍消除时,期限尚未届满,当事人可在剩余期限内完成诉讼活动,而不构成期限的耽误,当然也不发生顺延期限的问题。

对于当事人提出的顺延期限的申请,是否准许,由法院决定。

---

① 参见《关于严格执行案件审理期限制度的若干规定》(法释〔2000〕29号)第9条和《关于人民法院办理执行案件若干期限的规定》(2006)第13条。

第二节 送 达

一、送达的概念和特征

送达,是指法院依照法律规定的程序和方式,将诉讼文书或法律文书送交当事人或其他诉讼参与人的一种诉讼行为。送达作为一种重要的诉讼行为,具有以下特征。

(1) 送达的主体是法院。送达的主体必须是法院,当事人及其他诉讼参与人向法院或者他们相互之间递交诉讼文书或其他文书都不叫送达,不能适用民事诉讼法有关送达的规定。

(2) 接受送达的是当事人及其他诉讼参与人。送达是法院在诉讼中对当事人及其他诉讼参与人所进行的一种诉讼行为。法院在诉讼外或者虽在诉讼中,但是是给诉讼参与人以外的人发送或报送材料,如上下级法院之间递送案件材料就不是送达行为。

(3) 送达的文书主要是法律文书和诉讼文书。在诉讼中法院送达的法律文书和诉讼文书主要有:判决书、裁定书、起诉状副本、答辩状副本、反诉状副本、上诉状副本、各类通知书(如案件受理通知书、应诉通知书、举证通知书、出庭通知书等)、传票、调解书、支付令等。送达其他文件不能叫送达。

(4) 送达必须按法定程序和方式进行。送达必须依照民事诉讼法进行,否则不能产生法律效力,不能达到预期的法律后果。

送达是民事诉讼中的一项重要制度,它直接关系到民事诉讼程序能否顺利进行以及能否完成预定的诉讼任务。送达的意义在于:法院适时进行送达,将诉讼文书或法律文书及时交给受送达人,可使之了解一定的诉讼事项,以便在诉讼中确定自己的行为,确保诉讼活动顺利进行;更为重要的是,诉讼文书或法律文书的合法送达能产生诉讼上的法律后果。法院依法定方式和程序送达诉讼文书后,即产生了诉讼法上的效力,受送达人若无正当理由而耽误期间或者未按法院的要求为一定的诉讼行为,则须就此承担诉讼法上的相应后果。例如,传票一经合法送达,受传唤人就有按时到庭的义务,如果是必须到庭的被告经两次传票传唤,无正当理由而拒不到庭的,法院可对其适用拘传措施。

二、送达的方式

根据《民诉法》,送达方式有七种。在具体适用时可根据案件的客观需要和可能,灵活择用。但应以直接送达为原则,其他送达方式为补充。

(一) 直接送达

直接送达,是指法院执行送达职务的人员,将诉讼文书交受送达公民本人、受送达单位的法定代表人或主要负责人或负责收件的人签收,或者交受送达公民的同住成年家属签收,或者交给受送达人的诉讼代理人或其指定的代收人签收的方式。执行送达职务的人一般是法院的司法警察或者书记员。直接送达是所有送达方式中最值得提倡的一种,它不仅可靠,而且所需时间短,因此,法院送达诉讼文书,应当以直接送达为原则,凡是能够直接送达的,都应当尽可能地采用直接送达的方式。只有在直接送达确有困难时,才可酌情使用其他适宜的送达方式。

根据《民诉法》第85条的规定,直接送达具体分为以下几种情形。

(1) 受送达人是公民的,应送交本人签收;本人不在的,交其同住的成年家属签收。

(2) 受送达人是法人或者其他组织的,应当由法人的法定代表人、其他组织的主要负责人或者该法人、其他组织负责收件的人签收。

(3) 受送达人有诉讼代理人的,可以送交其代理人签收。

(4) 受送达人已向法院指定代收人的,送交代收人签收。

受送达人的同住成年家属、法人或其他组织的负责收件的人、诉讼代理人或代收人在送达回证上签收的日期为送达的日期。

《解释》第131条规定:"人民法院直接送达诉讼文书的,可以通知当事人到人民法院领取。当事人到达人民法院,拒绝签署送达回证的,视为送达。审判人员、书记员应当在送达回证上注明送达情况并签名。人民法院可以在当事人住所地以外向当事人直接送达诉讼文书。当事人拒绝签署送达回证的,采用拍照、录像等方式记录送达过程即视为送达。审判人员、书记员应当在送达回证上注明送达情况并签名。"

(二) 留置送达

留置送达,是指受送达人拒绝签收向他送达的诉讼文书时,送达人依法将应送达的文书留在受送达人所在地并履行相应手续即视为完成送达的送达方式。留置送达是针对直接送达过程中发生的特殊情况而规定的一种具有一定强制性的送达方式,与直接送达具有同等法律效力。

适用留置送达的条件和程序是:

(1) 接受诉讼文书的人包括:受送达人本人或者其同住成年家属;法人或者其他组织的法定代表人、该组织的主要负责人或者办公室、收发室、值班室等负责收件的人;受送达人指定诉讼代理人为代收人的,向诉讼代理人送达时,可适用留置送达。

(2) 上述受送达人明确表示拒绝接受诉讼文书时,才可以适用留置送达。

(3) 留置送达的过程应当经见证人见证或予以记录。有见证人的情况下可以采用见证人见证的方式留置送达,见证人可以是受送达人住所地的居民委员会、村民委员会的工作人员以及受送达人所在单位的工作人员;无见证人的情况下,可以采取拍照、录像等方式记录送达过程。

依法定程序完成留置送达的,与直接送达产生同等法律效力。

调解书不能适用留置送达这种送达方式。《解释》第133条规定,调解书应当直接送达当事人本人,不适用留置送达。当事人本人因故不能签收的,可由其指定的代收人签收。

(三) 委托送达

委托送达,是指受诉法院将应由其亲自送达给受送达人的诉讼文书,委托有关法院代为送达的方式。委托其他法院送达有一个前提条件,即受诉法院直接送达诉讼文书有困难,如受送达人居住在外地。委托送达的委托人必须是受诉法院,当事人或其他诉讼参与人均无权委托外地法院送达诉讼文书。

委托其他法院送达的,应当在委托函中详细说明受送达人的姓名、住址或工作单位等,以保障诉讼文书顺利送达。受委托的法院应当自收到委托函及相关诉讼文书之日起10日内代为送达,尽量以直接送达方式送达,并将送达回证寄回委托法院。如果受送达人及同住成年家属拒绝接受送达的诉讼文书,可以采取留置送达的方式送达。除此之外,受委托的法院不应采取其他方式送达。

(四)邮寄送达

邮寄送达是指在直接送达有困难时,法院通过邮局,将诉讼文书或法律文书挂号寄给受送达人的送达方式。邮寄送达时,应当附有送达回证。邮寄送达的时间以受送达人在挂号回执上注明的收件日期为准。挂号信回执上注明的收件日期与送达回证上收件日期不一致的,或者送达回证没有寄回的,以挂号信回执上注明的收件日期为送达日期。

《关于以法院专递方式邮寄送达民事诉讼文书的若干规定》(法释〔2004〕13号)要求在全国法院系统推行法院专递,以法院专递方式邮寄送达民事诉讼文书的,其送达与法院直接送达具有同等法律效力。

上述司法解释确立了当事人确认自己送达地址的制度,即当事人起诉或者答辩时应当向法院提供或者确认自己准确的送达地址,并填写送达地址确认书。当事人拒绝提供的,法院应当告知其拒不提供送达地址的不利后果,并记入笔录。送达地址确认书的内容应当包括送达地址的邮政编码、详细地址以及受送达人的联系电话等内容。当事人要求对送达地址确认书中的内容保密的,法院应当为其保密。如果当事人在第一审、第二审和执行终结前变更送达地址的,应当及时以书面方式告知法院。当事人拒绝提供自己的送达地址,经法院告知后仍不提供的,自然人以其户籍登记中的住所地或者经常居住地为送达地址;法人或者其他组织以其工商登记或其他依法登记、备案中的住所地为送达地址。

邮政机构按照当事人提供或者确认的送达地址送达的,应当在规定的日期内将回执退回法院。受送达人及其代收人应当在邮件回执上签名、盖章或者捺印;受送达人及其代收人拒绝签收的,由邮政机构的投递员记明情况后将邮件退回法院。邮政机构按照当事人提供或确认的送达地址在5日内投送3次以上未能送达,通过电话或者其他联系方式又无法告知受送达人的,应当将邮件在规定的日期内退回法院,并说明退回的理由。

因受送达人自己提供或者确认的送达地址不准确、拒不提供送达地址、送达地址变更未及时告知法院、受送达人本人或者受送达人指定的代收人拒绝签收,导致诉讼文书未能被受送达人实际接收的,除了受送达人能够证明自己在诉讼文书送达的过程中没有过错的,文书退回之日视为送达之日。

(五)转交送达

转交送达,是指法院将诉讼文书交受送达人所在机关、单位代收后转交给受送达人的送达方式。通常情况下,送达文书应交受送达人本人,但遇有下列情形之一,法律规定不宜直接交付受送达人,而应由受送达人所在单位转交。

(1)受送达人是军人的,通过其所在部队团以上的政治机关转交;

(2)受送达人被监禁的,通过其所在监所转交;

(3)受送达人被采取强制性教育措施的,通过其所在强制性教育机构转交。

代为转交的机关、单位有义务在收到诉讼文书后,立即交送受送达人签收。转交送达,以受送达人在送达回证上签收的日期为送达日期,而不是以代为转交的机关、单位的受件日期为送达日期。

(六) 电子送达

电子送达,是指法院利用传真、电子邮件、移动通信等现代化电子手段进行的送达。现代信息技术具有覆盖面广、传输快、效率高、成本低的特点与优势,民事诉讼法规定以传真、电子邮件等电子方式送达诉讼文书,有利于提高诉讼效率,降低诉讼成本。

根据《民诉法》第87条的规定,采用电子送达方式应依照下列条件和程序进行。

(1) 必须经受送达人同意,法院不得在未经受送达人同意的情况下依照职权采用此送达方式送达。受送达人同意采用电子方式送达的,应当在送达地址确认书中予以确认。

(2) 电子送达方式只适用于对判决书、裁定书、调解书以外的诉讼文书的送达。

(3) 电子送达的具体手段包括传真、电子邮件、移动通信等即时收悉的能够确认受送达人可以收悉的方式。

采用电子送达的,送达日期以传真、电子邮件、移动通信等到达受送达人特定系统的日期为送达日期。《解释》第135条补充规定,到达受送达人特定系统的日期,为法院对应系统显示发送成功的日期,但受送达人证明到达其特定系统的日期与法院对应系统显示发送成功的日期不一致的,以受送达人证明到达其特定系统的日期为准。

(七) 公告送达

公告送达,是指法院在受送达人下落不明,或者以其他方式无法送达的情况下,发出公告,公告发出后经过一定的时间即视为送达的方式。

公告送达的前提条件是受送达人下落不明,或者受送达人有音讯,但行踪不定,没有通讯地址,无法联系,采用其他方式均无法送达。公告送达的受送达人不包括军人、被监禁和被采取强制性教育措施的人,因为对这些人可以委托有关机关、单位转交送达诉讼文书、法律文书。

公告可以在法院专设的公告栏、受送达人原住所地张贴,也可以在报纸、信息网络等媒体上刊登。发出公告日期以最后张贴或者刊登的日期为准。法院在受送达人住所地张贴公告的,应当采取拍照、录像等方式记录张贴过程。

以公告方式送达的,自公告之日起,经过60日,有关诉讼文书或法律文书即视为送达。公告送达的,应在案卷内记明公告的原因和经过。对公告送达方式有特殊要求的,应按要求的方式进行公告。公告送达起诉状或者上诉状副本的,应当说明起诉或者上诉要点、受送达人答辩期限以及逾期不答辩的法律后果;公告送达传票的,应当说明出庭地点、时间以及逾期不出庭的法律后果;公告送达判决书、裁定书的,应当说明裁判的主要内容,属于一审的,还应当说明上诉权利、上诉期限和上诉的法院。

《解释》第140条规定,适用简易程序的案件,不适用公告送达。

三、送达的效力和送达回证

(一) 送达的效力

送达的效力,是指诉讼文书和法律文书送达后所产生的法律后果。因送达的文书不同,产生的法律后果也有区别,但从总体来看,送达的效力主要表现在以下两个方面。

1. 程序法上的效力

首先,诉讼文书或法律文书送达后,当事人和其他诉讼参与人即具有诉讼法律关系上的权利和义务；或者使得有关法律关系归于消灭。例如，自送达起诉状副本并通知被告应诉之日起，法院和被告之间就产生了诉讼法律关系。又如，原告自行撤诉，经法院批准，并通知当事人后，诉讼法律关系即告消灭。其次，诉讼文书或法律文书送达后，诉讼参与人进行诉讼活动的期间即可开始起算。因此，确定送达日期对于考查当事人和其他诉讼参与人诉讼活动的效力具有重要意义。最后，诉讼文书或法律文书送达后，如有关当事人不实施诉讼文书所要求的行为，就产生了由其承担相应的法律后果的效力。例如，被告经两次传票传唤拒不到庭的，可以拘传或者缺席判决；原告经传票传唤，无正当理由拒不到庭的，按撤诉处理。拘传、缺席判决、按撤诉处理等法律后果均以向当事人依法送达传票为必要的前提条件。

2. 实体法上的效力

合法送达是法律文书发生法律效力的条件之一。有的法律文书一经送达即发生法律效力，有的法律文书送达后得经过一定期间、具备一定条件才能生效。实体法上的效力即实体权利义务方面的效力，如发生法律效力的判决书、裁定书送达后，负有义务的一方当事人应当履行义务，否则，对方当事人可依法申请强制执行。

（二）送达回证

送达回证是法院按照法定格式制作的，用以证明法院完成送达行为的一种书面凭证。送达回证是判断法院是否按法定程序和方式送达诉讼文书和法律文书的文字依据，是送达人完成送达任务的凭证。它不仅能够证明法院是否履行了法定的职责，完成了送达任务，还能证明当事人及其他诉讼参与人是否耽误了诉讼期间，是衡量当事人及其他诉讼参与人诉讼行为是否有效的依据。

由于法律文书或诉讼文书的送达都会产生相应的法律后果，因此除公告送达方式外，都应当有送达回证。送达回证有一定的格式，其主要内容包括：送达文书的法院、被送达文书的名称和案件编号、受送达人的姓名（名称）、地址、工作单位、送达的日期、送达人和受送达人的签名或盖章等。受送达人接到诉讼文书或法律文书后，应在送达回证上记明收到的日期，并签名或者盖章。送达回证上的签收日期就是送达日期。此外，送达回证还应带回法院或寄回法院附卷存查。

第三节　诉讼费用

一、诉讼费用概述

（一）诉讼费用的概念和种类

诉讼费用，是指当事人进行民事诉讼，依法应当向法院交纳和支付的费用。从学理上讲，诉讼费用包括两大部分：即裁判费用和当事人费用。裁判费用是指当事人进行民事诉讼向法院交纳和支付的费用，如起诉费、上诉费、申请执行费等费用；当事人费用是指当事人用于诉讼的差旅费、案件调查费、律师费等。通常，在实行强制律师代理制的国家，律师费是法定的诉讼费用，属于裁判费用的一部分，当事人可以依照民事诉讼法请求法院判决对方承担。而我国未实行强制律师代理制，律师费属于当事人费用，因此通常由当事人自己承担。

诉讼费用制度,是我国民事诉讼制度的组成部分之一。诉讼费用不仅关系到费用的收取,更关系到当事人诉权的行使,关系到当事人进行民事诉讼的成本投入,进而关系到程序的价值及其实现问题。

民事诉讼是国家通过行使审判权解决民事纠纷的法律制度,是国家为纷争当事人提供的特别服务,其目的在于保护私权,因此,当事人理应为此承担费用,而不应像刑事诉讼那样全部由国家承担诉讼费用。现代各国立法对民事诉讼中的裁判费用均采用有偿主义,我国也不例外,《民诉法》第118条规定的案件受理费和其他诉讼费用,就属于裁判费用。当然,国家为解决民事纠纷也要进行法院办案经费的投入,裁判费用是当事人对国家为解决自己民事纠纷所有物资耗费的一种必要的同时也是必须的分担。

(二)征收诉讼费用的法律依据

诉讼费用的征收关系到民事主体利用司法制度的权利。《民诉法》第118条规定:"当事人进行民事诉讼,应当按照规定交纳案件受理费。财产案件除交纳案件受理费外,并按照规定交纳其他诉讼费用。当事人交纳诉讼费用确有困难的,可以按照规定向人民法院申请缓交、减交或者免交。收取诉讼费用的办法另行制定。"

《国务院诉讼费用交纳办法》(2006年)(简称《费用办法》)规定了诉讼费用交纳的范围,降低了诉讼费用交纳的标准,明确了诉讼费用的计算单位,对诉讼费用救助作了更加具体的规定,并加强了对诉讼费用的管理和监督。《解释》第194～207条对此作了进一步明确、具体的规定。

(三)诉讼费用的性质

诉讼费用的法律性质,首先,表现为它具有国家规费的性质,这集中体现在当事人向国家交纳的裁判费用上。当事人向国家交纳裁判费用,反映了当事人与国家形成的公法关系,在当事人基于国家赋予的诉权请求司法保护时,假如他不依法交纳裁判费用,那么他诉权的行使将受到阻碍。例如,依据《费用办法》第22条第4款的规定,当事人逾期不交纳诉讼费用又未提出司法救助申请,或者申请司法救助未获批准,在法院指定期限内仍未交纳诉讼费用的,由法院依照有关规定处理。当事人行使诉权及诉讼权利将不产生预期的法律后果,相应的诉讼程序将不能展开。裁判费用具有国家规费的性质,决定了当事人交纳这部分费用是其公法上的义务。

其次,诉讼费用具有补偿性。这主要体现在当事人之间对诉讼费用的支付和负担上。不论是当事人费用还是裁判费用,一方当事人基于公法上的义务向法院交纳之后,至法院判决之前,仅为一种预付状态,诉讼费用最终将在当事人之间进行分担。法院在作出实体判决的同时,将根据当事人实际开支的诉讼费用的情况决定诉讼费用的分担,这时,依判决应承担诉讼费用的当事人,对于对方预付的诉讼费用就应当承担偿还的义务。从当事人之间的关系看,诉讼费用具有补偿性。

再次,诉讼费用具有制裁性。这主要体现在诉讼费用最终由败诉人承担的结果上。从根本上讲,诉讼通常是由于实体上违反法律、不履行义务、侵权等给对方的合法权益造成一定的损害而引起的,诉讼费用由败诉方负担的原则,虽然不能等同于实体法上的民事制裁,却间接地、从诉讼程序上体现了对败诉方的制裁。

(四)征收诉讼费用的意义

(1)有利于减少国家的财政支出,减轻财政负担。民事诉讼是因特定私权主体之间的纠纷引起的,法院为解决这些争议,必然要付出一定的人力、物力和财力。过去这笔费用统一由国家财政支出,这实际上是由整个社会来为少数人进行诉讼负担开支,显然不具有合理性。因此,依法向当事人征收适当的诉讼费用,有利于减少国家的财政支出,减轻纳税人的财政负担。

(2) 有利于增强社会成员的法制观念,防止和减少滥用诉权的现象。实践中,有少数当事人滥用诉讼权利,无理涉讼甚至缠讼不休,从而造成了不必要的人力和财力浪费。征收诉讼费用,可以促使这部分当事人在起诉前慎重考虑,避免其轻率行使诉权提起诉讼,还可促使他们通过诉讼外调解、和解等经济且适当的方式去解决一些争议不大的纠纷,这样既可以使纠纷得到妥善的解决,达到维护自身合法权益的特定目的,又可以减少不必要的诉讼,从而减轻法院的审判负担。

(3) 有利于促使当事人遵守法律,自觉履行自己的义务。由于诉讼费用制度采取的是败诉人负担原则,这对于不履行民事义务引起诉讼的当事人具有经济制裁的作用。征收诉讼费用,可以促使公民、法人和其他组织自觉遵守法律,自觉履行自己的民事义务,维护社会经济秩序。

(4) 有利于维护国家的司法主权和经济利益。征收诉讼费用,是世界各国民事诉讼中普遍采用的一种法律制度,在世界各国对民事诉讼普遍收费的情况下,若我国不收取相应的诉讼费用,就会使国家在经济上蒙受损失,有损于国家主权,也不利于在国际交往中贯彻国家间的平等互惠原则。

二、诉讼费用的种类及收费标准

诉讼费用的种类,是指根据法律规定的不同标准由法院所收取的不同性质的诉讼费用。根据《民诉法》第118条的规定,诉讼费用分为两种:案件受理费和其他诉讼费用。不同种类的诉讼费用,有不同的收费标准。而收费标准的确定,主要考虑两个因素:其一,是诉讼费用的性质,裁判费用的确定应根据国家的财政水平和当事人的一般支付能力确定,否则就可能脱离本国实际而至收费标准失去合理性;而当事人费用则一般是根据实际开支的情况确定;其二,应考虑案件的性质,收取诉讼费用的案件是财产案件或非财产案件,收费的标准也不相同。

(一) 案件受理费及交纳标准

案件受理费,是法院决定受理案件后,按照有关规定应向当事人收取的费用。这种费用属于裁判费用。依据《费用办法》第7条的规定,案件受理费包括:(1) 第一审案件受理费;(2) 第二审案件受理费;(3) 再审案件中,案件受理费的交纳标准依据当事人请求确定。《解释》第201条规定,既有财产性诉讼请求,又有非财产性诉讼请求的,按照财产性诉讼请求的标准交纳诉讼费。有多个财产性诉讼请求的,合并计算交纳诉讼费;诉讼请求中有多个非财产性诉讼请求的,按一件交纳诉讼费。

依据《费用办法》第8条的规定,下列案件当事人不交纳案件受理费:(1) 依照民事诉讼法规定的特别程序审理的案件;(2) 裁定不予受理、驳回起诉、驳回上诉的案件;(3) 对不予受理、驳回起诉和管辖权异议裁定不服,提起上诉的案件;(4) 行政赔偿案件。

《费用办法》第9条规定,根据民事诉讼法和行政诉讼法规定的审判监督程序审理的案件,当事人不交纳案件受理费。但是,有两种情形除外:其一,当事人有新的证据,足以推翻原判决、裁定,向法院申请再审,法院经审查决定再审的案件,当事人应交纳案件受理费;其二,当事人对法院第一审判决或者裁定未提出上诉,第一审判决、裁定或者调解书发生法律效力后又申请再审,法院经审查决定再审的案件,当事人应交纳案件受理费。

《费用办法》根据案件的性质不同,规定了不同的交纳标准(实务中,在法院官网上按照公式计算受理费、申请费,准确而快捷)。

1. 财产案件受理费的交纳标准

财产案件,是指因财产权益争议而提起诉讼的案件。依据《费用办法》第 13 条第 1 款第 1 项的规定,财产案件的受理费,应根据诉讼请求的金额或者价额,按照比例分段累计交纳。

2. 非财产案件受理费的交纳标准

非财产案件,是指因人身关系和其他非财产关系发生争议而提起诉讼的案件。非财产案件受理费在规定的收费幅度内按件计征,涉及财产的部分依不同情况处理。

(1) 离婚案件每件交纳 50 元至 300 元。涉及财产分割,财产总额不超过 20 万元的,不另行交纳;超过 20 万元的部分,按照 0.5% 交纳。

(2) 侵害姓名权、名称权、肖像权、名誉权、荣誉权以及其他人格权的案件,每件交纳 100 元至 500 元。涉及损害赔偿,赔偿金额不超过 5 万元的,不另行交纳;超过 5 万元至 10 万元的部分,按照 1% 交纳;超过 10 万元的部分,按照 0.5% 交纳。

(3) 其他非财产案件每件交纳 50 元至 100 元。

3. 其他案件受理费的交纳标准

(1) 知识产权民事案件,没有争议金额或者价额的,每件交纳 500 元至 1 000 元;有争议金额或者价额的,按照财产案件的标准交纳。

(2) 劳动争议案件每件交纳 10 元。

(3) 当事人提出案件管辖权异议,异议不成立的,每件交纳 50 元至 100 元。

(4) 以调解方式结案或者当事人申请撤诉的,减半交纳案件受理费。

(5) 适用简易程序审理的案件减半交纳案件受理费。但案件转为普通程序的,原告自接到法院交纳诉讼费用通知之日起 7 日内补交案件受理费。

(6) 对财产案件提起上诉的,按照不服一审判决部分的上诉请求数额交纳案件受理费。

(7) 被告提起反诉、有独立请求权的第三人提出与本案有关的诉讼请求,法院决定合并审理的,分别减半交纳案件受理费。

(8) 需要交纳案件受理费的再审案件,按照不服原判决部分的再审请求数额交纳案件受理费。

(9) 当事人在诉讼中增加诉讼请求数额的,按照增加后的诉讼请求数额计算补交案件受理费;当事人在法庭调查终结前提出减少诉讼请求数额的,按照减少后的诉讼请求数额计算退还案件受理费。

(二) 申请费及其交纳标准

申请费,是指当事人因申请法院为特定诉讼事项或开启相关程序而依法向法院交纳的诉讼费用。依据《费用办法》第 10 条的规定,当事人依法向法院申请下列事项,应当交纳申请费:(1) 申请执行法院发生法律效力的判决、裁定、调解书,仲裁机构依法作出的裁决和调解书,公证机关依法赋予强制执行效力的债权文书;(2)申请保全措施;(3)申请支付令;(4)申请公示催告;(5)申请撤销仲裁裁决或者认定仲裁协议效力;(6)申请破产;(7)申请海事强制令、共同海损理算、设立海事赔偿责任限制基金、海事债权登记、船舶优先权催告;(8)申请承认和执行外国法院判决、裁定和外国仲裁机构裁决。

依据《费用办法》第14条和《解释》的有关规定,申请费应分别依下列标准交纳。

(1)依法向法院申请执行法院发生法律效力的判决、裁定、调解书,仲裁机构依法作出的裁决和调解书,公证机关依法赋予强制执行效力的债权文书,申请承认和执行外国法院判决、裁定以及国外仲裁机构裁决的,按照下列标准交纳:

第一,没有执行金额或者价额的,每件交纳50元至500元。

第二,执行金额或者价额不超过1万元的,每件交纳50元;超过1万元至50万元的部分,按照1.5%交纳;超过50万元至500万元的部分,按照1%交纳;超过500万元至1 000万元的部分,按照0.5%交纳;超过1 000万元的部分,按照0.1%交纳。

第三,符合《民诉法》第54条第4款的规定,未参加登记的权利人向法院提起诉讼的,按照本项规定的标准交纳申请费,不再交纳案件受理费。

(2)申请保全措施的,根据实际保全的财产数额按照下列标准交纳:财产数额不超过1 000元或者不涉及财产数额的,每件交纳30元;超过1 000元至10万元的部分,按照1%交纳;超过10万元的部分,按照0.5%交纳。但是,当事人申请保全措施交纳的费用最多不超过5 000元。

(3)依法申请支付令的,比照财产案件受理费标准的1/3交纳。但支付令失效后转入诉讼程序的,债权人应当按照《费用办法》补交案件受理费。

(4)依法申请公示催告的,每件交纳100元。

(5)申请撤销仲裁裁决或者认定仲裁协议效力的,每件交纳400元。

(6)破产案件依据破产财产总额计算,按照财产案件受理费标准减半交纳,但是,最高不超过30万元。

(7)海事案件的申请费按照下列标准交纳:申请设立海事赔偿责任限制基金的,每件交纳1 000元至1万元;申请海事强制令的,每件交纳1 000元至5 000元;申请船舶优先权催告的,每件交纳1 000元至5 000元;申请海事债权登记的,每件交纳1 000元;申请共同海损理算的,每件交纳1 000元。

(8)实现担保物权案件,法院裁定拍卖、变卖担保财产的,申请费由债务人、担保人负担;法院裁定驳回申请的,申请费由申请人负担。申请人另行起诉的,其已经交纳的申请费可以从案件受理费中扣除。

(三)其他诉讼费用的交纳标准

其他诉讼费用,是指法院在审理民事案件和强制执行过程中实际支出的、应当由当事人支付的费用。

(1)证人、鉴定人、翻译人员、理算人员在法院指定日期出庭发生的交通费、住宿费、生活费和误工补贴,由法院按照国家规定标准代为收取。

(2)当事人复制案件卷宗材料和法律文书应当按实际成本向法院交纳工本费。

(3)诉讼过程中因鉴定、公告、勘验、翻译、评估、拍卖、变卖、仓储、保管、运输、船舶监管等发生的依法应当由当事人负担的费用,法院根据谁主张、谁负担的原则,决定由当事人直接支付给有关机构或者单位,法院不得代收代付。

三、诉讼费用的预交和退还

(一) 诉讼费用的预交

诉讼费用的预交,是指由当事人一方预先垫付诉讼费用。预付诉讼费用的当事人不一定就是最终承担诉讼费用的当事人。诉讼费用由哪一方当事人负担,要在法院审理终结或执行结束后,依审理的结果和执行情况按照一定的原则来确定。在此期间,法院应当对当事人已预交的诉讼费用进行有效管理。

诉讼费用由一方当事人预交,符合程序启动时的实际情况,既能保证诉讼费用的有效征收,又有利于保护胜诉一方当事人的合法权益。当预交的一方当事人胜诉时,法院依法应退回其预交的费用,并在法律文书中令败诉方承担诉讼费用;而当预交方败诉时,因其已预交了诉讼费用,则可避免由其最终承担诉讼费用的原则落空。这一点与国外民事诉讼中诉讼费用的担保有类似之处。诉讼费用的担保,是指被告依法申请法院要求原告就诉讼费用提供担保,以保证原告败诉时能有效地承担诉讼费用,是诉讼费用制度的组成部分。例如,日本民事诉讼法规定,原告在日本没有住所或不拥有事务所、营业场所时,如果诉讼结果是原告败诉,被告在诉讼结束时让原告承担诉讼费用便缺乏现实的可能性,这时,被告就可以申请法院让原告提供担保。担保事项、数额及担保期间,由法院决定。被告在原告提供担保前,可以拒绝应诉。① 诉讼费用的担保旨在保护被告的利益,因诉讼是原告发动的,被告为此不可避免地要支出费用,假如原告败诉,被告依法可向原告求偿,诉讼费用的担保就是为了保障这种求偿权的实现而设置的。诉讼费用担保制度的内容应包括:诉讼费用担保的条件、程序、种类、担保物的变更与返还、法院对担保申请的受理及处理等。可见,在我国的民事诉讼中,严格意义上的诉讼费用担保制度是不存在的。

依据《费用办法》和《解释》的规定,当事人向法院起诉、反诉、上诉或申请启动相应程序的,应当由原告、反诉人或申请人预交案件受理费或申请费,待案件审理完毕或执行终结,再由法院根据诉讼费用负担的原则确定诉讼费用的具体负担。预交诉讼费用时,一般以当事人请求和诉讼标的物为考量要素。如果诉讼标的物是证券的,按照证券交易规则并根据当事人起诉之日前最后一个交易日的收盘价、当日的市场价或者其载明的金额计算诉讼标的金额。诉讼标的物是房屋、土地、林木、车辆、船舶、文物等特定物或者知识产权,起诉时价值难以确定的,法院应当向原告释明主张过高或者过低的诉讼风险,以原告主张的价值确定诉讼标的金额。

1. 具体预交办法

案件受理费分别由原告、有独立请求权的第三人、上诉人预交。被告提起反诉,需要交纳案件受理费的,由被告预交。原告自接到法院交纳诉讼费用通知次日起 7 日内交纳案件受理费;反诉案件由提起反诉的当事人自提起反诉次日起 7 日内交纳案件受理费。

上诉案件的案件受理费由上诉人向法院提交上诉状时预交。双方当事人都提起上诉

---

① [日]中村英郎:《新民事诉讼法讲义》,陈刚等译,法律出版社 2001 年版,第 257 页。

的,分别预交。原告、被告、第三人分别上诉的,按照上诉请求分别预交二审案件受理费。同一方多人共同上诉的,只预交一份二审案件受理费;分别上诉的,按照上诉请求分别预交二审案件受理费。上诉人在上诉期内未预交诉讼费用的,法院应当通知其在 7 日内预交。

申请费由申请人在提出申请时或者在法院指定的期限内交纳。

需要交纳案件受理费的再审案件,由申请再审的当事人预交。双方当事人都申请再审的,分别预交。

当事人逾期不交纳诉讼费用又未提出司法救助申请,或者申请司法救助未获批准,在法院指定期限内仍未交纳诉讼费用的,由法院依照有关规定处理。

2. 不预交诉讼费用的情形

(1) 追索劳动报酬的案件可以不预交案件受理费。

(2) 申请执行法院发生法律效力的判决、裁定、调解书,仲裁机构依法作出的裁决和调解书,公证机构依法赋予强制执行效力的债权文书,申请费不由申请人预交,执行申请费在执行后交纳。

(3) 申请破产的案件,破产申请费清算后交纳。

(4) 证人、鉴定人、翻译人员、理算人员在法院指定日期出庭发生的交通费、住宿费、生活费和误工补贴,待实际发生后由法院按照国家规定标准代为收取。

(5) 依照《民事诉讼法》第 54 条审理的案件不预交案件受理费,结案后按照诉讼标的额由败诉方交纳。

(二) 诉讼费用的退还

诉讼费用的退还,是指因为特定情形的发生,法院将已经预收的诉讼费用退还给预交该项费用的当事人。

依据《费用办法》,诉讼费用的退还按以下规定办理:

(1) 第一审法院裁定不予受理或者驳回起诉的,应当退还当事人已交纳的案件受理费;当事人对第一审法院不予受理、驳回起诉的裁定提起上诉,第二审法院维持第一审法院作出的裁定的,第一审法院应当退还当事人已交纳的案件受理费。

(2) 第二审法院决定将案件发回重审的,应当退还上诉人已交纳的第二审案件受理费。

(3) 法院审理民事案件过程中发现涉嫌刑事犯罪并将案件移送有关部门处理的,当事人交纳的案件受理费予以退还;移送后民事案件需要继续审理的,当事人已交纳的案件受理费不予退还。

(4) 中止诉讼、中止执行的案件,已交纳的案件受理费、申请费不予退还。中止诉讼、中止执行的原因消除,恢复诉讼、执行的,不再交纳案件受理费、申请费。

(5) 依照《民诉法》第 137 条规定终结诉讼的案件,已交纳的案件受理费不予退还。

四、诉讼费用的负担

诉讼费用的负担,是指诉讼结束时,解决已预交和支出的诉讼费用最终应由谁负担以及如何负担的问题。在诉讼费用的负担问题上,世界各国一般采用败诉人负担的原则。大陆法系国家通常认为,败诉这一客观事实是判令败诉方负担诉讼费用的充分理由,败诉方应偿还胜诉方的费用和其他费用,除非法律有例外规定。[①] 英国诉讼法沿用历史上传下来的规则,规定"应按照诉讼的结局作出诉讼费用的裁定"[②],英国法对败诉方承担诉讼费用的原则只承认为数极其有限的例外。尽管我国立法也采用败诉人负担的原则,但在诉讼费用负担的理论研究方面,国外学者的研究则显得更为深入和细致。近年来,国外在讨论当事人援用司法程序时,对于如何减轻当事人的诉讼费用、降低当事人的诉讼成本给予十分的关注,比较注意对于巨额诉讼费的案件中经济能力较弱的一方当事人的保障,同时也研究败诉方主观上的过失或恶意、法院适用诉讼程序适当与否、败诉方的实际状况等对诉讼费用负担的影响问题,研究在哪些必要的情形下由政府来承担诉讼费用。总之,诉讼费用的负担不仅仅是一个技术性问题,它还关系到对于当事人的权利保护、对诉讼程序的利用率以及对现有程序的合理改造等重大诉讼政策问题。

在我国,根据《费用办法》的规定,案件诉讼费用按下列原则负担。

1. 败诉人负担

诉讼大多是因为义务人不履行义务或实施了侵权行为而引发的,由此而产生的诉讼费用理应由败诉人负担。败诉人负担诉讼费用,是世界各国民事诉讼法普遍采用的一项原则,也是我国诉讼费用负担的最基本原则。

根据《费用办法》和《解释》的规定,诉讼费用由败诉方负担,但胜诉方自愿承担的除外。当事人部分胜诉、部分败诉的,法院应根据案件的具体情况决定当事人各自负担的诉讼费用数额。共同诉讼当事人败诉的,法院根据其对诉讼标的的利害关系,决定当事人各自负担的诉讼费用数额。法院改变原判决、裁定、调解结果的,应当在裁判文书中对原审诉讼费用的负担一并作出处理。

2. 当事人协商负担

由当事人自行协商诉讼费用的负担,既能在最大限度上尊重双方当事人的合意,又有助于彻底解决纠纷。根据《费用办法》的规定,在以下情形下,应由当事人协商解决诉讼费用的负担。

(1) 经法院调解达成协议的案件,诉讼费用的负担由双方当事人协商解决;协商不成的,由法院决定。

(2) 离婚案件诉讼费用的负担由双方当事人协商解决;协商不成的,由法院决定。

(3) 执行中当事人达成和解协议的,申请费的负担由双方当事人协商解决;协商不成的,由法院决定。

3. 原告或上诉人负担

民事案件的原告或者上诉人申请撤诉,法院裁定准许的,案件受理费由原告或者上诉人负担。

4. 申请人负担

(1) 债务人对督促程序提出异议致使督促程序终结的,申请费由申请人负担;申请人另行起诉的,可以将申请费列入诉讼请求。

---

① 参见沈达明:《比较民事诉讼法初论(下册)》,中信出版社1991年版,第202页。
② 同上书,第209页。

(2) 公示催告的申请费由申请人负担。

(3) 申请保全措施的申请费由申请人负担,申请人提起诉讼的,可以将该申请费列入诉讼请求。

(4) 海事案件中的有关诉讼费用依照下列规定负担:

第一,诉前申请海事请求保全、海事强制令的,申请费由申请人负担;申请人就有关海事请求提起诉讼的,可将上述费用列入诉讼请求;

第二,诉前申请海事证据保全的,申请费由申请人负担;

第三,诉讼中拍卖、变卖被扣押船舶、船载货物、船用燃油、船用物料发生的合理费用,由申请人预付,从拍卖、变卖价款中先行扣除,退还申请人;

第四,申请设立海事赔偿责任限制基金、申请债权登记与受偿、申请船舶优先权催告案件的申请费,由申请人负担;

第五,设立海事赔偿责任限制基金、船舶优先权催告程序中的公告费由申请人负担。

(5) 依照特别程序审理案件的公告费,由起诉人或者申请人负担。

5. 被申请人负担

(1) 债务人对督促程序未提出异议的,申请费由债务人负担。

(2) 申请执行法院发生法律效力的判决、裁定、调解书,仲裁机构依法作出的裁决和调解书,公证机构依法赋予强制执行效力的债权文书,申请承认和执行外国法院判决、裁定和国外仲裁机构裁决,申请执行的费用由被申请人负担。

6. 再审案件的诉讼费用负担

应当交纳案件受理费的再审案件,诉讼费用由申请再审的当事人负担;双方当事人都申请再审的,诉讼费用依照《费用办法》第29条的规定负担。原审诉讼费用的负担由法院根据诉讼费用负担原则重新确定。

7. 当事人自行负担

当事人因自身原因未能在举证期限内举证,在二审或者再审期间提出新的证据致使诉讼费用增加的,增加的诉讼费用由该当事人负担。

五、诉讼费用的异议与复核

当事人不得单独对法院关于诉讼费用的决定提起上诉。当事人单独对法院关于诉讼费用的决定有异议的,可以向作出决定的法院院长申请复核。复核决定应当自收到当事人申请之日起15日内作出。当事人对法院决定诉讼费用的计算有异议的,可以向作出决定的法院请求复核。计算确有错误的,作出决定的法院应当予以更正。

六、诉讼费用救助

(一) 诉讼费用救助的概念和意义

诉讼费用救助是指依照法律规定应当交纳诉讼费用的当事人因经济上确有困难,无力负担或者暂时无力支付诉讼费用时,经当事人申请,由法院决定免交、减交、缓交诉讼费用的制度。

实行诉讼费用救助,目的在于保障经济上确有困难的当事人能够及时行使自己的诉讼权利,避免因交纳不起诉讼费用而无力涉诉的情况。诉讼费用救助制度的建立,充分体现了司法工作维护最广大人民根本利益的本质要求,既有利于民事、行政纠纷案件的及时解决,提高了工作效率;又保障了程序公正,为维护实体公正创造了条件。

(二) 诉讼费用救助的种类

1. 免交诉讼费用

诉讼费用的免交只适用于自然人。当事人申请司法救助,符合下列情形之一的,法院应当准予免交诉讼费用:(1)残疾人无固定生活来源的;(2)追索赡养费、扶养费、抚育费、抚恤金的;(3)最低生活保障对象、农村特困定期救济对象、农村五保供养对象或者领取失业保险金人员,无其他收入的;(4)因见义勇为或者为保护社会公共利益致使自身合法权益受到损害,本人或其近亲属请求赔偿或者补偿的;(5)确实需要免交的其他情形。

2. 减交诉讼费用

当事人申请司法救助,符合下列情形之一的,法院应当准予减交诉讼费用:(1)因自然灾害等不可抗力造成生活困难,正在接受社会救济,或者家庭生产经营难以为继的;(2)属于国家规定的优抚、安置对象的;(3)社会福利机构和救助管理站;(4)确实需要减交的其他情形。法院准予减交诉讼费用的,减交比例不得低于30%。

3. 缓交诉讼费用

当事人申请司法救助,符合下列情形之一的,法院应当准予缓交诉讼费用:(1)追索社会保险金、经济补偿金的;(2)海上事故、交通事故、医疗事故、工伤事故、产品质量事故或者其他人身伤害事故的受害人请求赔偿的;(3)正在接受有关部门法律援助的;(4)确实需要缓交的其他情形。

(三) 司法救助的程序

(1)提出申请。当事人申请司法救助,应当在起诉或者上诉时提交书面申请。当事人应同时提供证明其确有经济困难的相关证据。因生活困难或者追索基本生活费用申请免交、减交诉讼费用的,还应当提供本人及其家庭经济状况符合当地民政、劳动保障等部门规定的公民经济困难标准的证明。

(2)批准。法院应当依法审查申请人的申请是否符合法律规定的司法救助的条件,并依法作出是否准予申请人司法救助的决定。

当事人申请缓交诉讼费用经审查符合条件的,法院应当在决定立案之前作出准予缓交的决定。

法院对一方当事人提供司法救助,对方当事人败诉的,诉讼费用由对方当事人负担;对方当事人胜诉的,可以视申请司法救助的当事人的经济状况决定其减交、免交诉讼费用。

法院准予当事人减交、免交诉讼费用的,应当在法律文书中载明。法院对当事人的司法救助申请不予批准的,应当向当事人书面说明理由。

【思 考 题】

1. 张兄与张弟因遗产纠纷诉至法院,一审判决张兄胜诉。张弟不服,却在赴法院提交上诉状的路上被撞昏迷,待其经抢救苏醒时已超过上诉期限一天。对此,下列哪一说法是正确的?①

   A. 法律上没有途径可对张弟上诉权予以补救

   B. 因意外事故耽误上诉期限,法院应依职权决定顺延期限

   C. 张弟可在清醒后10日内,申请顺延期限,是否准许,由法院决定

   D. 上诉期限为法定期间,张弟提出顺延期限,法院不应准许

2. 张某诉美国人海斯买卖合同一案,由于海斯在我国无住所,法院无法与其联系,遂要求张某提供双方的电子邮件地址,电子送达了诉讼文书,并在电子邮件中告知双方当事人在收到诉讼文书后予以回复,但开庭之前法院只收到张某的回复,一直未收到海斯的回复。后法院在海斯缺席的情况下,对案件作出判决,驳回张某的诉讼请求,并同样以电子送达的方式送达判决书。关于本案诉讼文书的电子送达,下列哪一做法是合法的?②

   A. 向张某送达举证通知书

   B. 向张某送达缺席判决书

   C. 向海斯送达举证通知书

   D. 向海斯送达缺席判决书

3. 关于法院的送达行为,下列哪一选项是正确的?③

   A. 陈某以马某不具有选民资格向法院提起诉讼,由于马某拒不签收判决书,法院向其留置送达

   B. 法院通过邮寄方式向葛某送达开庭传票,葛某未寄回送达回证,送达无效,应当重新送达

   C. 法院在审理张某和赵某借款纠纷时,委托赵某所在学校代为送达起诉状副本和应诉通知

   D. 经许某同意,法院用电子邮件方式向其送达证据保全裁定书

---

① 2015年国家司法考试卷三,参考答案:C。
② 2014年国家司法考试卷三,参考答案:A。
③ 2013年国家司法考试卷三,参考答案:A。

第九章 及时救济

【本章要点】

我国现行及时救济程序主要包括保全、先予执行和司法救助等。及时救济是在紧迫情况下法律为权利人或申请人提供快速救济,为此对救济理由采用自由证明和释明。与本案判决的终局救济不同,保全和先予执行属于临时救济。

第一节 财产保全和行为保全

一、保全的含义、属性和适用条件

(一)保全的含义和属性

民事诉讼程序中的保全包括财产保全和行为保全(证据保全属于证据法范畴,一般在证据制度部分阐述),主要适用于民事争讼程序,民事非讼程序中(比如督促程序和公示催告程序①)也有适用的必要。保全程序包括裁定程序和执行程序两部分。

保全的事项具有紧急性,所以效率是首要的,因此对保全理由仅需自由证明和释明,并需及时采取保全措施。

保全具有临时性,即暂时保全有关财产或行为,申请人权利的最终满足需待本案判决及其执行,区别于本案判决的终局救济。因此,诉讼保全措施主要是控制性执行措施(查封、扣押等),而不是处分性执行措施(拍卖、变卖等)。

保全具有附属性,因为保全的目的是保障本案判决能够顺利执行,以保护申请人的权利,所以诉讼保全依赖于本案诉讼,本案判决可以变更或撤销保全裁定及其措施。

保全主要是保障将来本案判决能够得到顺利执行,以保护申请人的权利。不过,如今也注重暂时满足权利,比如法院命令侵害专利权的人停止制造贩卖专利品、命令公司不得执行

---

① 比如,法院受理公示催告申请的,应当同时通知支付人停止支付,实属诉讼保全的范畴。

违法的股东会或董事会的决议、禁止公司董事执行业务、禁止环境污染、命令禁止竞业等,这类行为保全的结果与判决终局执行的结果相同,被称为行为保全的"本案化"。

保全程序首先适用《民诉法》(第九章)和《解释》等对保全的特别规定,无特别规定的则适用民事诉讼法及其司法解释的相应规定。

(二)保全的适用条件

诉讼保全是自起诉至本案判决执行前,法院对诉讼标的物或当事人(被申请人,通常是被告)相关财产或者当事人行为采取保全措施。其适用条件主要有:

(1)应当自起诉至本案判决执行前,提出保全申请采取保全措施。起诉之前,需要保全的,应当采用诉前保全。

(2)应当有采取保全的可能性,即当事人实体请求须有给付内容或者包含财产分配。

(3)应当有采取保全的必要性(即申请保全的具体原因),即被申请人的行为(如转移、隐匿、出卖、毁损诉讼标的物、用以偿还债务的财产,加害行为等)或者其他原因(如本案争议的财产将要腐烂变质、降低价格等),致使将来判决不能执行或难以执行或者造成当事人其他损害的。①

有将"本案判决确定或生效后至执行前保全"从诉讼保全中单列出来,称为执行前保全。《解释》第163条规定,法律文书生效后,债权人因对方当事人转移财产等紧急情况,不申请保全将可能导致生效法律文书不能执行或者难以执行的,可以向执行法院申请采取保全措施;债权人在法律文书指定的履行期间届满后5日内不申请执行的,法院应当解除保全。

诉前保全是在起诉前,法院根据利害关系人的申请,对被申请人的有关财产或者行为采取保全措施。其适用条件主要有:

(1)应当有采取保全的必要性(即申请保全的具体原因)。即客观上存在需要立即采取保全措施的紧急情况,如果等到法院受理案件后才采取保全措施,将会使申请人的合法权益受到难以弥补的损害,或者导致将来判决不能执行或难以执行。

(2)应当由利害关系人提出申请。在起诉之前,不存在法院依职权采取保全措施的前提,所以只有在利害关系人的申请下,法院才可采取保全,并且这也符合不告不理原则。

(3)申请人应当提供相应的担保。与诉讼保全相比,诉前保全有更多不确定因素使被申请人更可能受到损害,所以申请人应当提供相应的担保,一者可以制约申请人滥用诉前保全申请权,二者为被申请人可能受到的损失获得赔偿提供担保。

二、保全的裁定程序

(一)提出申请、管辖法院、提供担保和预交申请费

1. 提出申请和管辖法院

诉讼保全的采用首先或主要由当事人申请。必要时(比如是公益案件或涉及公益事项),法院依职权采取保全措施。诉前保全只能由利害关系人申请。

应当提交申请书,并应写明申请人和被申请人的基本情况,申请保全的具体原因及其证

---

① 被申请人将与本案有关财产或用以偿还债务的财产转移到国外,致使将来判决需要外国法院承认和执行的,也可视为将来判决难以执行。

据,保全财产的名称、数量、价额、所在地点等。

对当事人不服一审判决提起上诉的案件,在二审法院接到报送的案件之前,当事人有转移、隐匿、出卖或者毁损财产等行为,必须采取保全措施的,由一审法院依当事人申请或者依职权采取。一审法院的保全裁定,应当及时报送二审法院。

申请保全须遵守一事不二申请。先前的保全预计不能达到的,就不足部分可以申请财产保全。申请诉前财产保全是否产生诉讼时效中断的法律后果,可参照适用有关起诉产生诉讼时效中断的规定。

诉讼保全的管辖法院是本案受诉法院。由其审判机构审查并作出裁定;裁定保全的,则移交执行机关执行。诉前保全的管辖法院是被保全财产所在地、被申请人住所地或者对案件有管辖权的法院。由其立案机构进行审查并作出裁定;裁定保全的,则移交执行机关执行。

2. 提供担保和预交申请费

法院在采取诉讼保全、诉前保全措施时,应当书面通知利害关系人或当事人提供担保。申请人无正当理由不提供担保的,裁定驳回申请。

诉讼中,法院依申请或者依职权采取保全措施的,应当根据案件的具体情况,决定当事人是否应当提供担保以及担保的数额。

利害关系人申请诉前财产保全的,应当提供相当于请求保全数额的担保(情况特殊的,法院可以酌情处理);申请诉前行为保全的,担保的数额由法院根据案件的具体情况决定。

对申请保全人或者他人提供的担保财产,法院应当依法办理查封、扣押、冻结等手续。

申请人应当按照《费用办法》在提出申请时或者在法院指定的期限内预交申请费。无正当理由不予交纳的,按照撤回申请处理。申请人可将申请费列入诉讼请求或仲裁请求。申请人撤回保全申请的,申请人负担申请费,但应减半收取。

(二) 法院审查、裁定和复议

法院接受申请后,必须在48小时内作出裁定。法院根据申请人提供的事实和证据,经过审查后认为,符合财产保全适用条件的则裁定财产保全,否则裁定驳回申请。①

裁定书应当送达申请人和被申请人。裁定书应当写明采取保全措施所依据的事实和法律根据;申请人提供担保的种类、金额或者免予担保的事实和法律根据。法院决定不采取保全措施的,应当作出书面裁定,并应写明有关事实和法律根据。

当事人向采取诉前保全措施以外的其他有管辖权的法院起诉的,采取诉前保全措施的法院应当将保全手续移送受理案件的法院。诉前保全的裁定视为受移送法院作出的裁定。

财产保全裁定一经作出,就发生法律效力,法院必须立即执行。保全裁定的效力应当维持到确定判决执行时,除非该裁定被依法解除或撤销。本案判决变更保全裁定内容的,在变更范围内该裁定失效。申请人胜诉的判决已被履行或者强制执行的,保全裁定自动失效。

当事人、利害关系人对保全裁定不服的,可以自收到裁定书之日起5日内向作出裁定的法院立案机构申请复议。法院应当在收到复议申请后10日内审查。裁定正确的,驳回当事

① 笔者认为,法院认为申请人明显无胜诉可能的,或者采取保全措施将对被申请人造成难以弥补的损害的,或者采取保全措施对被申请人造成的损失将大于不采取保全措施对申请人造成的损失的,可以自由裁量是否作出保全裁定。

人的申请;裁定不当的,变更或者撤销原裁定。

三、保全裁定的执行程序

(一) 保全范围

保全范围被限定在诉讼请求范围之内或者与本案有关的财产(如申请人与被申请人之间争议的财产或是被申请人将用以还债的财产等)。

法院对抵押物、质押物、留置物可以采取财产保全措施,但不影响抵押权人、质权人、留置权人的优先受偿权。

法院对债务人到期应得的收益,可以采取财产保全措施,限制其支取,通知有关单位协助执行。

债务人的财产不能满足保全请求,但对他人有到期债权的,法院可以依债权人的申请裁定该他人不得对本案债务人清偿。该他人要求偿付的,由法院提存财物或者价款。

(二) 保全措施

采取保全措施,属于强制执行的范畴。法院采取财产保全的方法和措施,依照执行程序相关规定办理。

二审法院裁定对一审法院采取的保全措施予以续保或者采取新的保全措施的,可以自行实施,也可以委托一审法院实施。再审法院裁定对原保全措施予以续保或者采取新的保全措施的,可以自行实施,也可以委托原审法院或者执行法院实施。

保全裁定未经法院依法撤销或者解除,进入执行程序后,自动转为执行中的查封、扣押、冻结措施,期限连续计算,法院无需重新制作裁定书,但查封、扣押、冻结期限届满的除外。

财产保全措施主要有查封、扣押、冻结或者法律规定的其他措施控制性执行措施(比如,法院对季节性商品、鲜活、易腐烂变质以及其他不宜长期保存的物品采取保全措施时,可以责令当事人及时处理,由法院保存价款;必要时,法院可予以变卖,保存价款)。

行为保全的措施是命令作为和禁止作为(对不作为的保全中,禁止实施侵权行为的,可称为临时禁令)。

四、保全的解除和赔偿

(一) 保全的解除

采取保全措施后,有下列情形之一,法院应当裁定解除保全(《解释》第166条):(1)保全错误的(实为不符合保全条件的);(2)申请人撤回保全申请的;(3)申请人的起诉或者诉讼请求被生效裁判驳回的;(4)应当解除保全的其他情形。解除以登记方式实施的保全措施的,应当向登记机关发出协助执行通知书。

诉前保全的,申请人在法院采取保全措施后30日内不依法提起诉讼或者申请仲裁的,法院应当解除保全。

财产保全的被保全人提供其他等值担保财产且有利于执行的,法院可以裁定变更保全标的物为被保全人提供的担保财产。

法院裁定采取保全措施后,除作出保全裁定的法院自行解除或者其上级法院决定解除外,在保全期限内,任何单位不得解除保全措施。

(二) 保全中的赔偿

申请有错误的,申请人应当赔偿被申请人因保全所遭受的损失。因损失赔偿发生纠纷的,被申请人或案外人可在本案诉讼程序中请求诉讼抵消或提起损害赔偿之诉,也可在本案诉讼程序之外提起损害赔偿之诉。

当事人申请诉前保全后没有在法定期间起诉或者申请仲裁,给被申请人、利害关系人造成损失引起的诉讼,由采取保全措施的法院管辖;当事人申请诉前保全后在法定期间内起诉或者申请仲裁,被申请人、利害关系人因保全受到损失提起的诉讼,由受理起诉的法院或者采取保全措施的法院管辖。

法院违法采取财产保全的,应当根据国家赔偿法的有关规定,赔偿被申请人或案外人因此受到的损失。

第二节 人身安全保护令

法院发出人身安全保护令实际上属于行为保全或临时救济的范畴。对(未成年、老年人、残疾人、孕期和哺乳期的妇女、重病患者等),《反家庭暴力法》规定了人身安全保护令,《处理监护人侵害未成年人》规定了人身安全保护裁定。

法院应当依法受理人身安全保护裁定申请和撤销监护人资格案件并作出裁判;检察院对法院处理监护侵害行为的工作依法实行法律监督(《处理监护人侵害未成年人》第3条)。

一、提出申请

当事人因遭受家庭暴力或者面临家庭暴力的现实危险,有权向法院申请人身安全保护令的。当事人是无民事行为能力人、限制民事行为能力人,或者因受到强制、威吓等原因无法申请人身安全保护令的,其近亲属或监护人、公安机关、妇女联合会、居民委员会、村民委员会、救助管理机构可以代为申请。

依据《处理监护人侵害未成年人》的规定,未成年人救助保护机构或者其他临时照料人可以在诉讼前和诉讼中向法院申请人身安全保护裁定;撤销监护人资格诉讼终结后6个月内,未成年人及其现任监护人可以向法院申请人身安全保护裁定。

作出人身安全保护令的条件实际上就是申请条件。申请人身安全保护令应当以书面方式提出;书面申请确有困难的,可以口头申请,由法院记入笔录。申请人无须交纳诉讼费用和提供担保。①

人身安全保护令案件由申请人或者被申请人住所地或居住地、侵害行为地或家庭暴力发生地的基层法院管辖。

二、人身安全保护令

法院受理申请后,应当在72小时内作出人身安全保护令或者驳回申请;情况紧急的,应

---

① 参见《最高人民法院关于人身安全保护令案件相关程序问题的批复》(法释〔2016〕15号)(本节简称《批复》)。

当在 24 小时内作出。人身安全保护令应当立即执行。

法院可以根据公安机关出警记录、告诫书、伤情鉴定意见等证据，认定家庭暴力事实。笔者认为，法院应当依职权收集证据，因为人身安全保护令旨在维护上述弱势人群的合法权益和稳定婚姻家庭关系，其中包含公益的内容。

依据《批复》，人身安全保护令案件可以比照适用特别程序，独任审理，若家事纠纷案件当事人申请人身安全保护令的则由该案的审判组织审理。至于是否需要听取被申请人的意见，由承办法官视案件的具体情况决定。

法院以裁定作出人身安全保护令。作出人身安全保护令应当具备下列条件：(1) 有明确的被申请人；(2) 有具体的请求；(3) 有遭受家庭暴力(或侵害行为)或者面临家庭暴力(或侵害行为)现实危险的情形。

人身安全保护令可以包括下列措施中的一项或者多项：(1) 禁止被申请人实施家庭暴力(或侵害行为)；(2) 禁止被申请人骚扰、跟踪、接触申请人及其相关近亲属(包括临时照料人)；(3) 责令被申请人迁出申请人住所；(4) 保护申请人人身安全的其他措施。

人身安全保护令的有效期不超过 6 个月，自作出之日起生效。人身安全保护令失效前，法院可以根据申请人的申请撤销、变更或者延长。

法院作出人身安全保护令后，应当送达申请人、被申请人、公安机关以及居民委员会、村民委员会等有关组织。人身安全保护令由法院执行，公安机关以及居民委员会、村民委员会等应当协助执行。

申请人对驳回申请不服或者被申请人对人身安全保护令不服的，可以自裁定生效之日起 5 日内向作出裁定的法院申请复议一次。可由原审判组织复议；法院认为必要的则也可另行指定审判组织复议。复议期间不停止人身安全保护令的执行。

被申请人违反人身安全保护令，构成犯罪的，依法追究刑事责任；尚不构成犯罪的，法院应当给予训诫，可以根据情节轻重处以 1 000 元以下罚款、15 日以下拘留。

第三节　先 予 执 行

一、先予执行的含义、适用范围和适用条件

先予执行是指在受理案件后终审判决作出前，限于当事人诉讼请求的范围，以一方当事人(即申请人，通常是原告、上诉人或再审原告)的生活或生产经营的急需为限，法院依法裁定对方当事人给付财产或者实施行为，并须立即执行。

先予执行程序包括裁定程序和执行程序两部分。先予执行的目的是终审判决作出前(或者判决确定前)，提前实现申请人的权利，以解决其生活上或者生产中的迫切需要。至于先予执行的裁定，其内容属于判决事项(对当事人之间的实体权益关系暂时处理)，与本案判决具有同等执行力，但本案判决可以变更或撤销先予执行的裁定。

法院对下列案件(包含给付内容的案件)，根据当事人的申请，可以裁定先予执行：(1) 追索赡养费、扶养费、抚育费、抚恤金、医疗费用的；(2) 追索劳动报酬的；(3) 因情况紧

急需要先予执行的①。

法院裁定先予执行的应当符合下列条件：(1)当事人应当自受理案件至终审判决作出前提出先予执行申请；②(2)当事人之间民事权利义务关系明确；③(3)具有适用先予执行的可能性和必要性(可能性是指本案的诉讼标的和诉讼请求具有给付内容，必要性是指若不先予执行则将严重影响申请人的生活或生产)；(4)被申请人有履行义务的能力。

二、先予执行的裁定程序

(一)当事人提出申请

当事人应当根据先予执行的适用范围和适用条件提出书面申请。申请书中应当写明具体的请求及其原因和证据。

(二)法院审查、责令提供担保、裁定和复议

法院接到当事人申请后，由相关审判机构审查并作出裁定。通常不要求先予执行申请人提供担保；必要时，法院可以责令申请人提供担保的，申请人不提供担保的，驳回申请。

符合先予执行适用范围和适用条件的，裁定先予执行的。裁定书应当写明先予执行所依据的事实和法律根据；申请人提供担保的种类、金额或者免予担保的事实和法律根据。

不符合先予执行适用范围或适用条件的，裁定不予执行。不先予执行裁定书中应当写明有关事实和法律根据。

裁定书应当送达申请人和被申请人。先予执行裁定一作出，就发生法律效力，具有执行力。先予执行裁定的效力应当维持到确定判决执行时，除非该裁定被依法解除或撤销。本案判决变更先予执行裁定内容的，在变更范围内该裁定失效。申请人胜诉的判决已被履行或者强制执行的，先予执行裁定自动失效。

当事人对先予执行裁定不服的，可以申请复议一次，由作出裁定的审判机构进行审查。复议期间，不停止执行裁定。当事人对先予执行裁定不服申请复议程序与保全裁定基本相同。

三、先予执行裁定的执行

先予执行裁定一作出，审判机构就应及时移交执行机构执行。先予执行应当限于当事人诉讼请求的范围，并以当事人生活或生产急需的财产为限。对被申请人的抵押物、留置物、被申请人到期应得的收益、被申请人对第三人的到期债权等，均可先予执行。

采取先予执行措施，属于强制执行的范畴。先予执行措施为处分性的，比如交付现金、划拨存款、提取收入、交付物、责令实施行为等。诉讼中采取先予执行措施的，进入强制执行

---

① 比如，需要立即停止侵害、排除妨碍的；需要立即制止某项行为的；追索恢复生产、经营急需的保险理赔费的；需要立即返还社会保险金、社会救助资金的；不立即返还款项，将严重影响权利人生活和生产经营的(《解释》第170条)。

② 申请人通常是原告、上诉人或再审原告，对自己的生活或生产是否有紧迫需要最为清楚，并且根据当事人处分原则，也应由当事人自己申请先予执行。受理案件前，未经正当程序审理，无法满足"当事人之间权利义务关系明确"条件。终审判决作出后(笔者认为应当是判决确定前)，本案判决具有执行力，申请人可申请强制执行而无须申请先予执行。

③ 先予执行是在判决确定前就实现申请人的权利，这是以申请人胜诉为前提，所以须以当事人之间权利义务关系明确为适用条件。

程序后,自动转为强制执行程序中的处分性措施。

当事人、案外人、利害关系人对财产保全、先予执行的实施行为提出异议的,由执行局根据异议事项的性质按照《民诉法》第225条或第227条的规定进行审查。当事人、案外人的异议既指向财产保全、先予执行的裁定,又指向实施行为的,一并由作出裁定的立案机构或者审判机构分别按照《民诉法》第108条和第225条或第227条的规定审查。

四、先予执行的解除、赔偿和回转

有下列情形之一,法院应当及时裁定解除先予执行:(1)申请人撤回先予执行申请或者放弃实体权益的;(2)裁定或执行的是案外人财产的(案外人有权提出异议);(3)申请人败诉的;(4)法律和司法解释规定或法院认为应当解除或撤销的其他情形。

申请人应当赔偿被申请人或案外人因先予执行所遭受的损失。① 若法院违法采取先予执行的,应当根据国家赔偿法的有关规定,赔偿被申请人或案外人因此受到的损失。

先予执行被解除或有错误的,法院应当责令申请人返还因先予执行所取得的财产或利益,拒不返还的则强制执行(即执行回转)。

第四节 国家司法救助

一、司法救助的意义和基本原则

国家司法救助的现行专门规范文件有《关于建立完善国家司法救助制度的意见(试行)》(2015年)和《最高人民法院关于加强和规范人民法院国家司法救助工作的意见》(法发〔2016〕16号)。《费用办法》将诉讼费用缓交、减交和免交称为司法救助,对此笔者主张称为诉讼费用救助。

国家司法救助是指国家向无法通过诉讼获得有效赔偿而生活面临急迫困难的当事人、证人(限于自然人)等及时支付救助金。现行国家司法救助为辅助性救助,对同一案件的同一救助申请人只进行一次性国家司法救助。对于能够通过诉讼获得赔偿、补偿的,一般应当通过诉讼途径解决。开展国家司法救助是我国司法制度的内在要求,是改善民生、健全社会保障体系的重要组成部分。

国家司法救助应当遵行如下基本原则:(1)公正救助。即遵行救助标准和条件,兼顾申请人实际情况和同类案件救助数额,做到公平、公正、合理救助。(2)及时救助。即对符合救助条件的申请人,办案机关应根据申请人申请或者依据职权及时提供救助。

法院对符合救助条件的救助申请人,无论其户籍所在地是否属于受案法院辖区范围,均由案件管辖法院负责救助。在管辖地有重大影响且救助金额较大的国家司法救助案件,上下级法院可以进行联动救助。

---

① 因此发生的纠纷,被申请人或案外人可以在本案诉讼程序中请求诉讼抵销或提起损害赔偿之诉,也可以在本案诉讼程序之外提起损害赔偿之诉。

对于符合司法救助条件的当事人就人身伤害或财产损失提起民事诉讼的,法院应当依法减免相关诉讼费用,司法行政部门应当依法及时提供法律援助。对于未纳入国家司法救助范围或者实施国家司法救助后仍然面临生活困难的当事人,符合社会救助条件的,办案机关协调其户籍所在地有关部门,纳入社会救助范围。

二、司法救助的对象

国家司法救助的对象首先包括刑事被害人;民事案件或民事诉讼当事人等为自然人的,有下列情形之一,有权获得司法救助:

(1)追索赡养费、扶养费、抚育费等,因被执行人没有履行能力,申请执行人陷入生活困难的;

(2)因道路交通事故等民事侵权行为造成人身伤害,无法通过诉讼获得赔偿,受害人陷入生活困难的;

(3)举报人、证人、鉴定人因举报、作证、鉴定受到打击报复,致使其人身受到伤害或财产受到重大损失,无法通过诉讼获得赔偿,陷入生活困难的;

(4)党委政法委和政法各单位根据实际情况,认为需要救助的其他人员。

涉法涉诉信访人,其诉求具有一定合理性,但通过法律途径难以解决,且生活困难,愿意接受国家司法救助后息诉息访的,可参照执行。

救助申请人具有以下情形之一的,一般不予救助:(1)对案件发生有重大过错的;(2)无正当理由,拒绝配合查明案件事实的;(3)故意作虚伪陈述或者伪造证据,妨害诉讼的;(4)在审判、执行中主动放弃民事赔偿请求或者拒绝侵权责任人及其近亲属赔偿的;(5)生活困难非案件原因所导致的;(6)已经通过社会救助措施,得到合理补偿、救助的;(7)法人、其他组织提出的救助申请;不应给予救助的其他情形。

三、司法救助的方式和标准

国家司法救助以支付救助金为主要方式。同时,与思想疏导相结合,与法律援助、诉讼救济相配套,与其他社会救助相衔接。

各地应当根据当地经济社会发展水平制定具体救助标准,以案件管辖法院所在省、自治区、直辖市上一年度职工月平均工资为基准,一般不超过36个月的月平均工资总额;损失特别重大、生活特别困难,需适当突破救助限额的,救助金额不得超过法院依法应当判决给付或者虽已判决但未执行到位的标的数额。

确定救助金具体数额,应当综合考虑救助申请人实际遭受的损失、本人有无过错以及过错程度、本人及其家庭经济状况、维持其住所地基本生活水平所必需的最低支出、赔偿义务人实际赔偿情况等因素。

四、司法救助程序

(1)告知。法院、检察院、公安机关、司法行政机关在办理案件、处理涉法涉诉信访问题过程中,对符合救助条件的当事人,应当告知其有权提出救助申请。

(2)申请。须由当事人向办案机关提出书面申请(确有困难的可以口头申请),应当载明申请救助的数额及理由;申请人应当如实提供本人真实身份、实际损失、生活困难①、是否获得其他赔偿或救助等相关证明材料。申请人确实不能提供完整材料的,应当说明理由。

(3) 审批。办案机关在 10 个工作日内作出是否给予救助和具体救助金额的审批意见。决定不予救助的,及时将审批意见告知当事人,并作出解释说明。法院应当制作国家司法救助决定书,并应当及时送达。

(4) 发放。对批准同意的,财政部门应及时将救助资金拨付办案机关,办案机关在收到拨付款后 2 个工作日内,通知申请人领取救助资金。对急需医疗救治等特殊情况,办案机关可以依据救助标准,先行垫付救助资金,救助后及时补办审批手续。

救助申请人获得救助后,法院从被执行人处执行到赔偿款或者其他应当给付的执行款的,应当将已发放的救助金从执行款中扣除。

救助申请人通过提供虚假材料等手段骗取救助金的,法院应当予以追回;构成犯罪的,应当依法追究刑事责任。

涉诉信访救助申请人领取救助金后,违背息诉息访承诺的,法院应当将救助金予以追回。

【思 考 题】

1. 根据及时救济事项,分析其证明程序。
2. 关于财产保全和先予执行,下列哪些选项是正确的?②
   A. 二者的裁定都可以根据当事人的申请或法院依职权作出
   B. 二者适用的案件范围相同
   C. 当事人提出财产保全或先予执行的申请时,法院可以责令其提供担保,当事人拒绝提供担保的,驳回申请
   D. 对财产保全和先予执行的裁定,当事人不可以上诉,但可以申请复议一次
3. 李根诉刘江借款纠纷一案在法院审理,李根申请财产保全,要求法院扣押刘江向某小额贷款公司贷款时质押给该公司的两块名表。法院批准了该申请,并在没有征得该公司同意的情况下采取保全措施。对此,下列哪些选项是错误的?③
   A. 一般情况下,某小额贷款公司保管的两块名表应交由法院保管
   B. 某小额贷款公司因法院采取保全措施而丧失了对两块名表的质权
   C. 某小额贷款公司因法院采取保全措施而丧失了对两块名表的优先受偿权
   D. 法院可以不经某小额贷款公司同意对其保管的两块名表采取保全措施
4. 甲公司生产的"晴天牌"空气清新器销量占据市场第一,乙公司见状,将自己生产的同类型产品注册成"清天牌",并全面仿照甲公司产品,使消费者难以区分。为此,甲公司欲

---

① 救助申请人生活困难证明,主要是指救助申请人户籍所在地或者经常居住地村(居)民委员会或者所在单位出具的有关救助申请人的家庭人口、劳动能力、就业状况、家庭收入等情况的证明。救助申请人所在单位或者基层组织等相关单位出具虚假证明,使不符合救助条件的救助申请人获得救助的,法院应当建议相关单位或者其上级主管机关依法依纪对相关责任人予以处理。
② 2012 年国家司法考试卷三,参考答案 CD。
③ 2015 年国家司法考试卷三,参考答案 ABC。

起诉乙公司侵权,同时拟申请诉前禁令,禁止乙公司销售该产品。关于诉前保全,下列哪些选项是正确的?①

  A. 甲公司可向有管辖权的法院申请采取保全措施,并应当提供担保

  B. 甲公司可向被申请人住所地法院申请采取保全措施,法院受理后,须在48小时内作出裁定

  C. 甲公司可向有管辖权的法院申请采取保全措施,并应当在30天内起诉

  D. 甲公司如未在规定期限内起诉,保全措施自动解除

---

① 2015年国家司法考试卷三,参考答案 ABC。

第三编

民事诉讼证据与证明

第十章 民事诉讼证据

【本章要点】
民事诉讼证据的概念;证据资格与证明力及其相互关系;裁判证据的属性;民事诉讼证据在理论上的分类及其重要意义;民事诉讼证据的种类;民事诉讼证据的收集与保全。

第一节 民事诉讼证据概述

一、证据的概念

证据是指依照诉讼规则认定案件事实的依据。证据对于当事人进行诉讼活动,维护自己的合法权益,对法院查明案件事实,依法正确裁判都具有十分重要的意义。迄今为止,人们尚未找到比通过证据证明事实更有效的发现真实的方法。案件事实需证据来证明,依据充足的证据而作出的裁判才有可能是公正的裁判。也正是在这个意义上,边沁才指出:"证据为正义之基础"(Evidence is the basis of justice)。

二、裁判证据的属性

不同诉讼阶段,证据的内涵不同。在起诉阶段,只要与案件事实有表面联系的材料都可能被认为是证据。而随着诉讼的深入,原来被认为是证据的材料可能会逐步被剔除,原来并不认为是证据的材料又在不断加入。因此,诉讼证据只有根据裁判的需要认识它、理解它,才具有法律意义。

裁判证据是指最终能够被法官作为认定案件事实依据的证据。一般而言,法官作为定案依据的证据必须同时具备关联性、真实性、合法性的要件,也就是裁判证据的属性。

(一) 证据的关联性

证据的关联性是指证据与待证事实之间存在的客观联系。它是由事物之间相互联系的自然属性决定的，不以人的意志为转移。其价值在于某一证据的存在可以证明本案待证事实的客观存在。如借款合同、借条、转账凭证、证人证言等证据可以证明当事人之间借款事实的发生。证据的关联性主要表现为因果联系与非因果联系、直接联系与间接联系、内在联系与外在联系、必然联系与偶然联系等。证据与待证事实的关联性越密切，证明力就越强。证据的关联性有时可以通过实证的方法加以检验，也可以通过经验法则和逻辑规则加以把握。

(二) 证据的真实性

案件事实在发生、发展和消失的过程中都会对外界产生影响，或是改变物质，留下痕迹；或是改变周围的事物存在的面貌或格局；或是给人留下记忆，例如当事人立遗嘱的过程，在场人就会形成记忆，立遗嘱人也会留下书面的遗嘱、录音录像遗嘱或者公证遗嘱。正因为案件事实是在一定的时空发生的事实，决定了证明案件事实的证据也是真实的。证据经过法庭质证后，法官没有理由怀疑其为虚假，便可认定其为真实。

(三) 证据的合法性

证据的合法性是指证据的形式及其收集、提交、运用必须符合法律规定。概括起来证据的合法性包括以下三方面内容：一是指证据形式必须符合法律规定。我国诉讼证据有当事人陈述、书证、物证、视听资料、电子数据、证人证言、鉴定意见、勘验笔录八种类型(《民诉法》第63条)。其他类型的材料不能作为证据，如测谎数据就不能直接作为证据使用。不同种类的证据还应具备相应格式、形式，鉴定意见、勘验笔录、书面证人证言的制作要符合相应的规范，有相关人员签名。二是指证据的收集、保全、提交必须依照法律规定的程序进行。例如，以威胁、恐吓、盗窃等非法手段获得的证据不能作认定待证事实的依据。如果是法院调查收集证据，应当由两名工作人员共同进行等。三是证据的运用应当符合法律规定。如证据应当在法庭上出示，并由当事人互相质证。未经当事人质证的证据，不得作为认定案件事实的根据。

当事人以严重侵害他人合法权益、违反法律禁止性规定或者严重违背公序良俗的方法形成或者获取的证据，应当依法排除，不得作为认定案件事实的依据(《解释》第106条)。例如，当事人在他人住处安装窃听器、摄像机所获取的证据，应予排除。但是与刑事诉讼的证据排除规则不同，民事诉讼对非法证据采取相对宽容的态度，在不与保护人格权、隐私权和商业秘密权等基本权利显著冲突的前提下，存在轻微违法而获得的证据仍然可以采用，并非所有的非法证据都应排除。例如，在未侵害到对方当事人或者相关第三人的隐私权等基本权利或公共利益的前提下，以偷录偷拍方式取得的证据，具有可采性。但是，使用这种证据给一方当事人或他人所造成的损害，受害人有权获得赔偿。

三、证据资格与证明力

证据资格是指证据能够被法官采信，作为认定待证事实依据所应具备的条件，又称之为证据能力，或称为证据的适格性。证据是否具有证据资格取决于证据与待证事实之间是否存在关联性和是否具备真实性、合法性。有些证据尽管对证实待证事实具有一定的说服力，但由于可能损害法律保护的更大的利益或者破坏诉讼程序的公正进行，被排除在证据体系之外，不能作为定案的依据。

证据的证明力是指证据对待证事实的说服力和可信度,又称之为证明价值。只要某证据客观存在,且能够在逻辑上一定程度地证明待证事实,该证据就具有证明力。证据的证明力是证据本身固有的属性,法律不可能预先规定,应由法官根据法律和理性自主作出判断。法院就数个证据对同一事实的证明力,国家机关、社会团体依职权制作的公文书证的证明力一般大于其他书证;经过公证、登记的书证,其证明力一般大于其他证据;原始证据的证明力一般大于传来证据;直接证据的证明力一般大于间接证据;证人提供的对与其有亲属或者其他密切关系的当事人有利的证言,其证明力一般小于其他证人证言。

证据资格与证明力既相互联系又相互区别。证据仅具有证明力是不够的,还必须为法律所容许才能作为证据使用。证据的证明力是证据的自然属性,取决于证据与待证事实之间的逻辑联系;证据资格是证据的法律属性,取决于证据是否被法律许可用来作为证明待证事实的依据;证据资格由法律事先加以规定,证据的证明力由法官在诉讼中判断。

四、证据的分类

民事诉讼证据根据其来源、特征和作用等不同,可以分为不同的类型。对证据进行科学分类,有助于当事人和法院在司法实践中掌握不同类型证据的特点,在诉讼活动中准确运用证据。

(一) 本证与反证

依据与证明责任之间的关系,证据可以分为本证与反证。本证是负有证明责任的当事人提出的,证明自己所主张的事实成立的证据。本证的作用在于证明当事人所主张的事实,是一种肯定性证据。反证的作用在于动摇或推翻本证事实,例如甲向法院起诉要求乙返还借款,并出示了乙的借据;对甲所主张的借款事实而言,出示的借据便是本证;乙提出该借据是伪造的,并提供了自己真实签名的大量样本,用于证明借据中签名的虚假性;乙提供的签名笔迹对甲所主张的借贷事实构成反证。

(二) 原始证据与派生证据

证据依其来源不同,可以分为原始证据与派生证据。原始证据就是在案件事实发生、发展和消灭的过程中直接形成的证据。原始证据有两类:一类是证据本身就是案件事实的一部分。如遗嘱原件、合同原件既是案件事实的有机组成部分,同时又能起到证明遗嘱继承和合同关系是否成立的作用。另一类原始证据是在案件事实的直接作用下形成的,也属于来源于案件事实的"第一手材料"。例如,亲眼目睹合同签订过程的在场人的证言,合同谈判过程中的原始录音、录像资料等。

派生证据是指从原始证据中再生出来的证据,是在原始证据的基础上产生的"第二手材料",如合同书副本、复印件,现场录音、录像的复制品,通过其他人了解案件事实的人向法院所作的证词(即传闻证言)。

区分原始证据与派生证据的意义在于确定证据的可靠程度。一般而言,原始证据直接来源于案件事实,可靠程度高。而派生证据的形成经过了转述、转抄、复制等中间环节,其可靠程度受到中间环节的影响。例如,几经转述的证人证言,偏离案件客观真实的可能性就较大。在诉讼活动中,对原始证据和派生证据应一并收集。原始证据尽管可靠性大,但有时难以收集,派生证据往往成为发现原始证据的重要线索。另外,派生证据也可以作为审查原始证据的重要手段。在原始证据无法取得的情况下,派生证据只要有其他的证据相互印证,也可以作为定案的依据。

(三) 直接证据与间接证据

根据证据与待证事实之间的关系,证据可分为直接证据与间接证据。直接证据是指能够独立证明直接事实(要件事实在具体案件中的具体化)是否存在的证据。例如,结婚证书能够证明婚姻关系的存在;房地产部门颁发的房屋产权证书可以直接证明房屋产权人是谁。直接证据的特点是不需要其他证据的配合,就能直接证明直接事实或主要事实。

间接证据是指不能单独证明,而需要和其他证据联系起来共同证明直接事实的证据,可以直接证明间接事实,也称为"情况证据"、旁证。直接证据能独立地证明案件基本事实,运用起来比较方便。间接证据只能证明基本事实的一部分,但不能忽视间接证据的作用。首先,间接证据能起到印证直接证据的作用;其次,在直接证据缺乏的情况下,诸多间接证据只要形成了一个完整的证据锁链,也能证明直接事实,具有与直接证据同样的作用。

运用间接证据认定案件基本事实时,应遵守如下规则:(1)每一个间接证据都必须真实可靠,与案件事实有内在的客观联系;(2)间接证据与间接证据之间、间接证据与案件事实之间必须相互印证、协调一致,没有矛盾;(3)所有间接证据必须形成一个完整的锁链,能够得出唯一的、排他的结论。只要有一个环节出现差错,得出的结论就不准确,达不到证明基本事实的目的。

第二节 民事诉讼证据种类

根据证据的存在的不同形态,《民诉法》第 63 条将民事诉讼证据分为八种:当事人陈述、书证、物证、视听资料、电子数据、证人证言、鉴定意见、勘验笔录。每种证据有其自身的特点,收集、质证、审查和判断时应把握其内涵和特点。

一、当事人陈述

当事人陈述是指民事诉讼当事人就案件事实向法院所作的叙述或说明。在民事诉讼中,当事人陈述不限于案件事实,还可表现为对诉讼请求的说明,对案件处理的意见,对证据的分析判断的意见,对法律适用的意见等。

当事人关于案件事实的陈述,可以分为积极陈述和消极陈述。积极陈述是对案件事实发生、发展、演变过程的叙述。因受当事人诉讼地位影响,积极陈述一般不能直接作为认定案件事实的独立证据。除非有对方当事人承认予以配合,否则积极陈述不能单独作为认定事实的依据。消极性陈述是对对方当事人主张的事实所作的说明性陈述,又可以分为承认性陈述和否定性陈述。承认性陈述是一方当事人对对方当事人所提出的事实,明确表示承认。否定性陈述是指对对方当事人主张的事实表示否认、反驳。否定性陈述也不能单独作为定案的依据,必须有其他证据予以证明。

当事人的承认是当事人陈述的一种特殊形式,是对不利于己的案件事实的真实性的认可,在诉讼上有十分重要的价值。一方当事人对对方当事人主张的事实承认在诉讼法理论上专门称之为"自认"。在法庭上、在起诉书、答辩状、代理词中进行的自认,只要内容合法、意思表示真实,就可以直接作为定案的依据,免除对方当事人的证明责任。但对于涉及身份关系、国家利益、社会公共利益等应当由法院依职权调查的事实的自认,法院仍然需要调查核实(《解释》第92条)。

当事人的陈述由于受当事人的诉讼动机和目的的支配,往往掺杂陈述人的主观性、片面性甚至虚假性言词。法院认为有必要的,可以要求当事人本人到庭,就案件有关事实接受询问。在询问当事人之前,可以要求其签署保证书。负有举证证明责任的当事人拒绝到庭、拒绝接受询问或者拒绝签署保证书,待证事实又欠缺其他证据证明的,法院对其主张的事实不予认定(《解释》第110条)。法院在审查判断当事人的陈述时结合其他证据进行全面的、客观的分析与研究。

二、书证

(一) 概念与特征

书证是用文字、符号、图案等所表达的思想内容证明案件事实的证据。书证是以所记载于一定纸张、布匹等物体上的特定的文字、符号、图形、图表所传递的思想信息来证明案件事实,如合同书、遗嘱、建筑图纸等。这些特定的文字符号都表明了人的意志、愿望、要求及行为等。当它所记录的内容反映一定的案件事实时,就能起到证明案件事实的重要作用。

书证具有三个重要特征:(1)就书证的载体而言,可以是纸张、皮革、帛缎,或是金属、器皿、木块,表现为书籍、簿记、合同书、记录本、石刻、木刻等。(2)就书证的媒介而言,可以是文字、符号、图案、图例等。这类文字、符号所表达的意思,能为人知晓、理解,起到传递信息的作用。文字、符号等既可能是大众传播通用的文字符号,如中文、英文、交通标志,也可能是在一定行业通用的图文,如建筑行业设计的图例、图标,特种行业使用的密码等。(3)就内容而言,或是记录案件事实发生、发展、变化的情况,或是记录制作者的意志、愿望、要求等内心活动。书证记录的内容必须与发生争议的案件事实有关。

(二) 书证分类

在民事诉讼中,书证通常表现为合同文本、账簿、函件、发票、收据、提单、仓单、遗嘱等。根据不同的标准,书证可以分为若干种类。

(1) 书证根据的制作主体不同,可以分公文书证和私文书证。公文书证是指国家机关、社会团体或组织在其法定职权内依照其职权,并按照一定的程序和格式制作的文书,如法院制作的判决书、裁定书、调解书、支付令等;政府机关颁布的文件、告示、命令以及向个人颁发的结婚证书、房屋产权证书、营业执照等。国家机关或者其他依法具有社会管理职能的组织,在其职权范围内制作的文书所记载的事项推定为真实,但有相反证据足以推翻的除外。必要时,法院可以要求制作文书的机关或者组织对文书的真实性予以说明(《解释》第114条)。私文书证是公民个人制作的书证,如信函、收据、借据等。私文书证作为证据使用时应当审查其真实性、关联性和合法性。

(2) 按照书证的内容不同,书证可以分为处分性书证与报道性书证。凡是具有设立、变更和消灭一定法律关系的意思表示,并能产生相应法律后果的书证就是处分性书证,如合同书、借据、遗嘱、结婚证等。只是单纯报道一定法律关系发生、变更和消灭事实,而不能产生一定法律后果的书证,则是报道性书证。例如,某甲写信告诉父亲说,借了某乙200元钱。这一信件对借贷关系的成立与否不起任何作用,只是描述借款这一事实。

(3) 按照制作程序或形式不同,书证可以分为普通书证和特殊书证。法律只要求有明确的意思表示,不要求按照法定的程序或法定形式制定的书证,称为普通形式的书证,如借据、收据、书信等。特殊书证是指除意思表示明确外,还必须具备按照法定程序或者具体法定形式的书证。例如法律规定需要公证的合同书、房产证等。将书证分为普通书证和特殊书证的意义在于,未经法定程序或不符合法定形式的特殊书证无效。例如,《物权法》第14条规定,不动产物权的设立、变更、转让和消灭,依照法律应该登记的,自记载于不动产登记簿时发生法律效力。

三、物证

凡是以物品的外在特征、内在属性和存在形式证明案件事实的证据,称为物证。物品的外部特征,主要是指物体的形状、大小、颜色、规格、数量、质量、痕迹、气味、磨损程度等特征;内在属性是指物质所具有的物体、化学、生物等属性;物体存在形式是指物体所处的位置、环境及其与周边事物的时空关系等。

物证与特定案件事实之间的内在联系是由其内在本质属性决定的,具有很强的证明力,被称为"哑巴证据"。物证与待证事实之间的关联性(证明力)有时非常明显,一般人凭经验和直观就可以得出结论,如嗅到腐败气味便可以判断物体已经变质。有时则需要专业人士辨认、鉴定、实验才能揭示其关联性,如动物在地上留下的脚印,可能需要专业人士才能判断为何种动物所留。

物证和书证虽然都表现为一定形态的物品,都属于实物证据,但两者又是不同的。首先,物证是以自身特有的外形、特征或者是在特定环境下形成的痕迹证明案件事实;而书证是以一定的文字、符号、图案所记录、表达的思想内容证明案件事实。其次,物证的外形、特征和痕迹是由其本质决定的和在特定环境下形成的,不受人的主观思想的影响和制约;而构成书证的文字、符号、图案则是人们按照一定的需要制作的。再次,法律对物证不能预先规定特殊的要求,而对书证的制作则可以规定一定的程序和手续。

物证和书证在理论上的区别是十分明显的,但在司法实践中予以区分常常会遇到困难。某些证据在一定条件下既可以是书证,同时又可以是物证。如遗嘱中的署名,如果用来证明何人署名时,它是书证;如果用来判明署名的真伪时,则要求通过遗留在纸上的笔迹来鉴别,则是物证。正确把握书证与物证的区别,关键在于充分认识两者的不同特征。

当事人以物证作为证明依据时,应当提供原物。出示原物有困难的,经法院许可,可以出示复制品;原物已不复存在,但有其他证据证明复制件与原物一致的,也可以提供复制件(《民诉法》第70条)。

四、视听资料

视听资料是以对象事件或物体的图像、音响证明案件事实的证据。视听资料通常是与案件事实发生、发展或消失过程同步制作的,包括录音资料和影像资料。

视听资料是介于物证、书证和电子数据之间的一种独立证据。视听资料与物证都是以一定的物体为载体的证据,但二者的差异为:(1)物证直接以其自身的外形、特征、数量、质量、痕迹、性状等特性证明案件事实;而视听资料则是以记录或保存在磁带、录像带上声音、影像内容证明案件事实。(2)物证的形成过程不受人的主观意志的控制;而视听资料一般都是制作人有意识制作而成的,如照相、摄影、录音等。

视听资料与书证相比较,两者都是以记录的内容证明案件事实,不同之处是:(1)书证所记录的内容需要人们将文字、符号进行大脑加工再现案件事实;视听资料以直观的音像、声音等再现案件事实,仅凭人的感觉器官就能了解案件事实。(2)视听资料记载的图形、声音一般都是电子、光学、磁信号存储的,必须通过特定的仪器设备才能使声音、图像讯号再现事实;而书证的内容仅需人们对文字、符号的识读便可了解案情,无需借助特殊设备。

向法院提供视听资料,应当提供原始载体。但是提供原始载体确有困难并经法院准许出示复制件,或者原始载体已不存在但有证据证明复制件与原件一致的,可以提供复制件。法院调查人员应当在调查笔录中说明复制件的来源和制作经过。

视听资料具有形象生动、直观的特点,能够直接反映案件事实。但视听资料是在人的控制下制作完成的,也可以在人的控制下进行修改。因此,视听资料作为证据使用时应认真审查以下内容:(1)是否附有提取过程的说明,来源是否合法;(2)是否为原件,有无复制及复制份数;是复制件的,是否附有无法调取原件的原因、复制件制作过程和原件存放地点的说明,制作人、原视听资料持有人是否签名或者盖章;(3)制作过程中是否存在威胁、引诱当事人等违反法律、有关规定的情形;(4)是否写明制作人、持有人的身份,制作的时间、地点、条件和方法;(5)内容和制作过程是否真实,有无剪辑、增加、删改等情形;(6)内容与案件事实有无关联。对视听资料有疑问的,应当通过鉴定予以排除疑问。

经审查无法确定真伪,以及制作、取得的时间、地点、方式等有疑问,不能提供必要证明或者作出合理解释的视听资料都不能作为定案的依据。

五、电子数据

电子数据是指通过电子邮件、电子数据交换、网上聊天记录、博客、微博客、手机短信、电子签名、域名等形成或者存储在电子介质中,能够证明案件事实的信息。电子数据以电子计算机或其他输入输出设备为载体,并以一定的数字格式、计算机语言为表达形式,传递和交流信息数据,与传统的证据不同,具有很强的技术属性。我国合同法、刑事诉讼法和民事诉讼法等法律已经将电子数据作为一种独立的证据。

电子信息交流具有便捷性、及时性,正在逐渐改变人类的行为方式,如网上购物、远程教育、远程医疗、信息服务发展迅速。由于知识产权保护、网上交易、网络侵权等案件也不断增多,电子数据在这些案件的处理中发挥着越来越重要的证据作用。典型的电子数据主要有:(1)计算机运用产生的电子数据,例如,数字文档、声音、图像、动漫;银行卡、电话卡等记录信息等;(2)网络应用产生的电子数据,如网上交易形成的电子合同、交易数据、电子聊天记录、电子数据交换形成的数据等。

电子数据与视听资料有时都具有可听、可视、可读的特点,在外观上很难区分彼此之间的不同,但二者形成的机制不同。(1)视听资料以模拟技术为基础,是物理、化学发展的产物。虽然可以修改,但不具备可编程性。而电子数据以计算机的数字技术为基础,是计算机、通讯技术发展的结果。电子数据具有可编程性,可以无限制地修改、复制、粘贴、删除、恢复等。(2)视听资料的表现形式主要有声音和图像;而电子数据除了声音、图像外,还可表现为动画、文字、仿真等方式;除了直观的形式外,还有不可视的程序运算、数据交换、储存等动作产生的数据。

由于电子数据建立在程序运算的基础上,具有无痕性、易变性、不宜保存性等特点,因此在收集、保全、质证以及审查判断电子数据时都要注意以下问题:(1)是否随原始存储介质一并收集;在原始存储介质无法封存、不便移动或者依法应当由有关部门保管、处理、返还时,提取、复制电子数据是否由二人以上进行,是否足以保证电子数据的完整性,有无提取、复制过程及原始存储介质存放地点的文字说明和签名;(2)收集程序、方式是否符合法律及有关技术规范;收集的电子数据,是否附有笔录、清单,并经收集人员、电子数据持有人、见证人签名;没有持有人签名的,是否注明原因;远程调取境外或者异地的电子数据的,是否注明相关情况;对电子数据的规格、类别、文件格式等注明是否清楚;(3)电子数据内容是否真实,有无删除、修改、增加等情形;(4)电子数据与案件事实有无关联;(5)与案件事实有关联的电子数据是否全面收集。对电子数据有疑问的,应当进行鉴定或者检验。

电子数据具有下列情形之一的,不得作为定案的根据:(1)经审查无法确定真伪的;(2)制作、取得的时间、地点、方式等有疑问,不能提供必要证明或者作出合理解释的。

六、证人证言

(一)证人与证人证言

知道案件情况并出庭向法院作证的人,称为证人。证人就有关案件情况向法院进行的陈述,称为证人证言。证人只能就其感知的内容如实陈述,包括视觉、听觉、嗅觉、触觉等感知印象,不能作进一步的推测、判断、评价、猜想、怀疑等,否则不具有证据效力。

《民诉法》第72条中规定:"凡是知道案件情况的单位和个人,都有义务出庭作证。不能正确表达意志的人,不能作证。"由此可见,证人必须符合两个条件:第一,证人必须是知道案件真实情况的人。证人既不能由他人代替,也不能回避或更换,而必须是直接或间接了解案件事实的本人。第二,证人必须具备作证能力,即正确感知事物的能力、记忆能力和表达能力,以上三种能力必须同时具备,缺一不可。生理发育不成熟的儿童不能就其无法正确感受、分辨、记忆、表达的事物作证。但是,无民事行为能力人和限制民事行为能力人可以就与其年龄、智力状况或者精神健康状况相适应的内容作证。

《民诉法》规定单位也可以作证,但单位证人不具有自然人感知、记忆和表达能力,需要通过特定人员完成作证,并接受法庭质证。因此,单位向法院提出的证明材料,应当由单位负责人及制作证明材料的人员签名或者盖章,并加盖单位印章。法院就单位出具的证明材料,可以向单位及制作证明材料的人员进行调查核实。必要时,可以要求制作证明材料的人员出庭作证。单位及制作证明材料的人员拒绝法院调查核实,或者制作证明材料的人员无正当理由拒绝出庭作证的,该证明材料不得作为认定案件事实的根据(《解释》第115条)。

当事人申请证人出庭作证的,应当在举证期限届满前提出。法院对可能涉及损害国家利益、社会公共利益,有必要通知证人出庭作证的,可以依职权通知证人出庭作证。未经法院通知,证人不得出庭作证,但双方当事人同意并经法院准许的除外(《解释》第117条)。

法院在证人出庭作证前应当告知其如实作证的义务以及作伪证的法律后果,并责令其签署保证书。无民事行为能力人和限制民事行为能力的证人可以不签署保证书(《解释》第119条)。证人拒绝签署保证书的,不得作证,并自行承担出庭费用(《解释》第120条)。

（二）证人的诉讼权利义务

证人作证时既享有一定的诉讼权利,也要承担一定的诉讼义务。证人有权用本民族的语言文字作证;对法院记录的证言,有权要求宣读或审阅,当认为笔录有误时,有权申请更正或补充;有权请求补偿因作证造成的经济损失。证人因出庭作证支出的合理费用,由提供证人的一方当事人先行支付,由败诉一方当事人承担。

证人有按时出庭作证的义务,接受审判人员和当事人的询问。证人在法院组织双方当事人交换证据时出席陈述证言的,可视为出庭作证。证人确有困难不能出庭的,经法院许可,证人可以提交书面证言或者视听资料或者通过双向视听传输技术手段作证。证人"确有困难"是指有下列情形:因健康原因不能出庭的;因路途遥远,交通不便不能出庭的;因自然灾害等不可抗力不能出庭的;其他有正当理由不能出庭的。(《民诉法》第73条)。

出庭作证的证人应当客观陈述其亲身感知的事实。证人为聋哑人的,可以其他表达方式作证。证人作证时,不得使用猜测、推断或者评论性的语言,不如实作证或者作伪证应承担相应的法律后果。证人必须遵守法庭纪律,不得旁听法庭审理。

（三）证人证言的审查判断

审判人员和当事人有权询问证人(此时其他证人不得在场,又称为"隔离询问规则")。法院认为有必要的,可以让证人进行对质。质证的主要内容包括:证人的作证能力;证人与当事人及诉讼代理人之间的利害关系;证人感知案件事实的客观环境;证人是否受到不正当的引导。法院认定证人证言,可以通过对证人的智力状况、品德、知识、经验、法律意识和专业技能等综合分析后作出判断。对下列证人证言除非有其他证据印证,不得单独作为定案的依据:未成年人所作的与其年龄和智力状况不相当的证言;与一方当事人有利害关系的证人出具的证言;无正当理由未出庭的证人证言。

七、鉴定意见

鉴定通常有医学鉴定、痕迹鉴定、文书鉴定、会计鉴定、产品质量鉴定、事故鉴定等。鉴定就是运用专门知识和技能对专门性问题进行鉴别、分析和判断的活动。

我国关于鉴定的法律规范主要有全国人民代表大会常务委员会《关于司法鉴定管理问题的决定》(2005年)、《民诉法》《解释》《司法鉴定人登记管理办法》(司法部令第95号)、《司法鉴定机构登记管理办法》(司法部令第96号)、《司法鉴定程序通则》(司法部令第132号)、《司法鉴定收费管理办法》(发改价格[2009]2264号)等。

当事人申请鉴定可以在举证期限届满前向法院提出,是否准许由法院决定。与待证事实无关联,或者对证明待证事实无意义的申请,法院不予准许。法院准许鉴定的,应当组织双方当事人协商确定具备相应资格的鉴定人。当事人协商不成的,由法院指定。符合依职权调查收集证据条件的,法院应当依职权委托鉴定,在询问当事人的意见后,指定具备相应资格的鉴定人进行鉴定(《解释》第121条)。

当事人协商确定或法院指定的鉴定机构都必须具备鉴定资格。鉴定人必须在鉴定人名册范围内确定。鉴定人与案件的处理存在利害关系,应当回避。鉴定机构接受委托后,应按照严格的程序进行鉴定。依据《司法鉴定程序通则》的规定,鉴定样本的取得、鉴定的技术手段、分析检测过程都必须符合公认的科学标准。

鉴定意见是指就案件事实中的专门性问题,鉴定人运用专门经验和专业技能进行分析所作出的意见。鉴定意见必须采取书面形式,即"司法鉴定意见书",包括司法鉴定意见书和司法鉴定检验报告书等,应当符合统一规定的格式,应当明确记载:委托人姓名、鉴定人资格、鉴定的事项、鉴定所使用的材料和科技手段、鉴定的依据、鉴定过程的说明、明确的鉴定意见等,并且应由司法鉴定人签名或盖章(多人参加的鉴定,对鉴定意见有不同意见的,应当注明),司法鉴定机构加盖司法鉴定专用章。

鉴定意见虽具有专业性,但毕竟是鉴定人主观判断的结果,受认知水平和能力的限制,难免存在错误和疏漏。因此鉴定意见仍然要接受法庭调查,防止错误发生。经过各方质证,鉴定意见方可作为认定案件事实的依据。鉴定人除提供书面鉴定意见外,还应出庭接受当事人质询。

当事人对鉴定意见有异议并提出证据的,可以向法院申请补充鉴定、重新鉴定或者委托补充鉴定、重新鉴定。法院对鉴定意见有异议(包括对同一事项有不同的鉴定意见)的,也可以决定补充鉴定或重新鉴定。

为了弥补当事人专门知识的不足,对鉴定结论进行质证时,当事人可以申请一至二名具有专门知识的专家辅助人出庭就案件中的专门性问题进行说明(《解释》第122条)。当事人委托的专家辅助人可以就案件中的问题进行对质,对鉴定人进行询问。经法庭准许,当事人可以对出庭的专家辅助人进行询问,当事人各自申请的专家辅助人可以就案件中的有关问题进行对质。专家辅助人不得参与专业问题之外的法庭审理活动(《解释》第123条)。

八、勘验笔录

勘验人对案件现场或物证进行勘查、检验所作的书面记录,称为勘验笔录,包括对勘验对象的记载、测量、绘图、拍照等。

勘验笔录是保全和固定诉讼证据的重要手段。为了确保勘验的公正、准确,勘验人勘验物证或者现场时,必须出示法院的证件,并邀请当地基层组织或者当事人所在单位派人参加。有关单位和个人根据法院的通知,有义务保护现场,协助勘验工作。当事人或者当事人的成年家属也应当到场,拒不到场的不影响勘验的进行。勘验人应将勘验情况和结果制作成勘验笔录。勘验笔录应记录勘验的时间、地点、勘验人、在场人、勘验的过程、结果,由勘验人、当事人和被邀参加人签名或盖章。对于绘制的现场图应当注明绘制的时间、方位、测绘人姓名身份等内容。为了保证勘验笔录的可靠性,勘验人必须出庭接受法庭的质询。

勘验笔录尽管也是由文字、图案构成的综合书面材料,与书证的形式相同,但性质是与书证不同的:书证是在诉讼开始前形成的,反映制作人形成书证时的主观心理状态,记录制作人当时的思想或行为。而勘验笔录是在诉讼进行过程中,由勘验人对现场和物证勘查后制作的客观记录。勘验笔录也与鉴定结论不同,前者只能如实记录案件现场和物品的客观情况,不能作出结论;而后者必须有结论,并且结论只能是唯一的。

《民诉法》将勘验笔录作为一种独立的证据也存在一定的问题,勘验笔录其本质上属于一种固定证据的办法,而不是一种独立的证据形态。严格地讲,勘验笔录的证据属性及其证据价值应根据其固定的证据内容而定。作为一种固定证据的方法,《民诉法》又未将检验笔录纳入其中,不够周延。作为一种证据的固定形式,同样不具有绝对的证据效力,必须经过法庭审查核实,才能作为定案的依据,然而目前勘验笔录的制作人不出庭接受法庭调查,使得勘验笔录的可靠性受到影响。

第三节　证据收集和保全

一、当事人收集证据

根据辩论主义,民事诉讼证据的收集、提供由当事人负责。《民诉法》第64条规定:"当事人对自己提出的主张,有责任提供证据。当事人及其诉讼代理人因客观原因不能自行收集证据,或者人民法院认为审理案件需要的证据,人民法院应当调查取证。"

当民事权利受到侵害或与他人发生争议时,当事人有义务向法院提供对该权利进行保护的证据。同时,当事人是民事纠纷的亲历者,最了解案件事实发生、发展、演变情况,最有条件获得相关证据。凡是主张权利保护或一定民事法律关系存在的,应当收集提供该权利存在和一定民事法律关系存在的证据;反驳对方诉讼请求的,应当收集提供反驳所需要的证据。负有证明责任的当事人,不能提供证明所主张的案件事实,就会面临不利的诉讼风险。

当事人收集证据应当符合法律规定。对以严重侵害他人合法权益、违反法律禁止性规定或者严重违背公序良俗的方法形成或者获取的证据,不得作为认定案件事实的根据(《解释》第106条)。当事人因客观原因不能自行收集的证据,可申请法院调查收集。

二、法院调查收集证据

当事人及其诉讼代理人因客观原因不能自行收集的证据,或者法院认为审理案件需要的证据,法院应当调查收集(《民诉法》第64条第2款)。法院调查收集证据可分为依当事人申请调查收集证据和依职权收集调查证据。

(一)法院依当事人申请调查收集证据

民事私益案件采取辩论主义。不过,存在下列情形之一,当事人及其诉讼代理人才可以申请法院调查收集证据:(1)证据由国家有关部门保存,当事人及其诉讼代理人无权查阅调取的;(2)涉及国家秘密、商业秘密或者个人隐私的;(3)当事人及其诉讼代理人因客观原因不能自行收集的其他证据(《解释》第94条)。当事人申请法院收集调查证据主要是弥补当事人收集调查能力不足,不是法院替代当事人履行举证证明责任。

当事人及其诉讼代理人可以在举证期限届满前书面申请法院调查收集。申请书应当载明被调查人的姓名或单位名称、住所地等基本情况、所要调查收集证据的内容、申请理由及需要证明的事实。当事人的申请符合条件的,法院应及时收集调查证据;与待证事实无关联、对证明待证事实无意义或者其他无调查收集必要的,法院不予准许当事人的申请(《解释》第95条)。

法院对当事人及其代理的申请不予准许的,应当向当事人或其诉讼代理人送达通知书。当事人及其诉讼代理人可以在收到通知书的次日起3日内向受理申请的法院书面申请复议一次。法院应当在收到复议申请之日起5日内作出答复(《证据规定》第19条)。

法院调查收集证据,应当由两人以上共同进行。调查材料要由调查人、被调查人、记录人签名、捺印或者盖章(《解释》第97条)。调查收集的书证,可以是原件,也可以是经核对无误的副本或者复制件。是副本或者复制件的,应当在调查笔录中说明来源和取证情况(《证据规定》第20条)。调查收集的物证应当是原物。被调查人提供原物确有困难的,可以提供复制品或者照片。提供复制品或者照片的,应当在调查笔录中说明取证情况(《证据规定》第21条)。调查人员调查收集计算机数据或者录音、录像等视听资料的,应当要求被调查人提供有关资料的原始载体。提供原始载体确有困难的,可以提供复制件。提供复制件的,调查人员应当在调查笔录中说明其来源和制作经过(《证据规定》第22条)。

(二) 法院依职权主动调查收集证据

法院无需当事人申请,依职权调查收集证据的情形主要包括:(1)涉及可能损害国家利益、社会公共利益的;(2)涉及身份关系的;(3)涉及《民诉法》第55条规定诉讼的公共利益的事实;(3)当事人有恶意串通损害他人合法权益可能的;(4)涉及依职权追加当事人、中止诉讼、终结诉讼、回避等程序性事项的(《解释》第96条)。

其中第(1)(3)(4)项涉及公共利益,应由法院收集相关证据;第(2)项属于法院应依职权探知范畴,即使当事人提供了证据,法院也应调查核实;第(4)项属于法院履行诉讼指挥与管理行为。法院为了正确履行职责,应当调查收集证据证明需要采取某些程序性措施。除上述情形外,法院调查收集证据,应当依照当事人的申请进行(《解释》第96条)。

三、证据保全

(一) 证据保全概念

证据保全是指当事人对于可能灭失或者以后难以取得的证据,请求法院对证据采取预先确认或固定的保护性措施。当事人在诉讼开始之前或诉讼开始之后发现证据可能因人为因素或自然的原因,致使证据可能灭失的,有权申请法院采取保护性措施(《民诉法》第81条)。证据保全是当事人及其诉讼代理人固定证据效力的程序措施,其目的是防止证据灭失或失去证据价值而丧失诉讼机会。

(二) 证据保全类型

在民事诉讼中,证据保全分为诉讼证据保全和诉讼外证据保全。前者是指在诉讼进行过程中,证据有可能灭失或者以后难以取得的情况下,法院对证据采取的预先固定或确定的保护性措施。如在诉讼进行中对因气候原因可能消失的痕迹。后者是指因情况紧急,在证据可能灭失或者以后难以取得的情况下,利害关系人可以在提起诉讼或者申请仲裁前向证据所在地、被申请人住所地或者对案件有管辖权的法院申请保全证据,如起诉前或仲裁程序中,利害关系人向法院申请的证据保全。

诉讼证据保全与诉讼外证据保全之间的差异主要表现为:(1)发生的场合不同。前者发生诉讼中;后者发生在诉讼之外,如进行仲裁或者是为了准备将来诉讼也可以申请法院诉讼外保全证据。(2)启动原因不同。前者既可以依当事人申请启动,也可由法院依职权启动

(限于法院依职权调查收集的证据);而后者只能依利益关系人的申请而启动。(3)管辖法院不同。前者由受诉法院采取保全措施;后者应当由证据所在地、被申请人住所或者对案件有管辖权的法院进行证据保全。(4)是否需要提供担保不同。前者法院可以视实际情况决定是否需要提供担担保;后者利益关系人必须提供担保,否则,法院驳回其保全申请。

(三)证据保全程序与措施

1. 保全的条件

证据保全的目的是为了防止证据灭失或以后难以取得,因此,证据保全的前提必须是该证据存在灭失或者以后难以取得的危险(《民诉法》第81条)。如证据有可能被人为损毁或隐匿;或因天气等自然的原因而消失。又如,具有物证价值的标本、样品等因受环境影响,有腐败、变质的危险,不及时采取措施加以固定就会失去物证价值。如果证据不存在上述风险,不妨碍将来证据的调查取得,就无需进行证据保全,以免造成诉讼资源的浪费。

2. 保全的启动、受理与担保

根据《民诉法》第81条的规定,诉讼证据保全一般依当事人申请而启动,法院对于依职权调查收集的证据可以主动采取证据保全措施;诉讼外证据保全都应由利害关系人向法院提出申请,法院不能依职权实施。

诉讼证据保全由受诉法院管辖,诉讼外证据保全由证据所在地、被申请人住所地或者对案件有管辖权的法院管辖。

当事人应当以书面形式申请证据保全的。申请书的内容应当包括:证据保全的必要性;证据保全的类型及其具体内容;保全证据与案件事实之间的关系。

法院在接到当事人的保全申请后,经审查,认为符合条件,应当采取保全措施的,作出准予证据保全的裁定,认为不符合条件的,裁定驳回证据保全申请。

证据保全可能对他人造成损失的,法院应当责令申请人提供相应的担保(《解释》第98条),申请人拒不提供担保的则驳回申请。

3. 证据保全措施

法院进行证据保全,可以根据具体情况,采取查封、扣押、拍照、录音、录像、复制、鉴定、勘验、制作笔录等方法。法院进行证据保全,可以要求当事人或者诉讼代理人到场。证据保全的基本要求是合法、及时、真实。

证据保全的裁定、救济、解除等其他程序适用《民诉法》第九章"保全"的规定(《民诉法》第81条第3款)。

【思 考 题】

1. 周某与某书店因十几本工具书损毁发生纠纷,书店向法院起诉,并向法院提交了被损毁图书以证明遭受的损失。关于本案被损毁图书,属于下列哪些类型的证据?①

    A. 直接证据　　B. 间接证据　　C. 书证　　　　D. 物证

2. 张某驾车与李某发生碰撞,交警赶到现场后用数码相机拍摄了碰撞情况,后李某提起诉讼,要求张某赔偿损失,并向法院提交了一张光盘,内附交警拍摄的照片。该照片属于

---

① 2010年国家司法考试卷三,参考答案:AD。

下列哪一种证据?①

　　A. 书证　　　　B. 鉴定意见　　　　C. 勘验笔录　　　　D. 电子数据

3. 关于证据理论分类的表述,下列哪一选项是正确的?②

　　A. 传来证据有可能是直接证据

　　B. 诉讼中原告提出的证据都是本证,被告提出的证据都是反证

　　C. 证人转述他人所见的案件事实都属于间接证据

　　D. 一个客观与合法的间接证据可以单独作为认定案件事实的依据

4. 关于证人的表述,下列哪一选项是正确的?③

　　A. 王某是未成年人,因此,王某没有证人资格,不能作为证人

　　B. 原告如果要在诉讼中申请证人出庭作证,应当在举证期限届满前提出,并经法院许可

　　C. 甲公司的诉讼代理人乙律师是目击案件情况发生的人,对方当事人丙可以向法院申请乙作为证人出庭作证,如法院准许,则乙不得再作为甲公司的诉讼代理人

　　D. 李某在法庭上宣读未到庭的证人的书面证言,该书面证言能够代替证人出庭作证

5. 根据证据理论和《民诉法》以及相关司法解释,关于证人证言,下列哪些选项是正确的?④

　　A. 限制行为能力的未成年人可以附条件地作为证人

　　B. 证人因出庭作证而支出的合理费用,由提供证人的一方当事人承担

　　C. 证人在法院组织双方当事人交换证据时出席陈述证言的,可视为出庭作证

　　D. "未成年人所作的与其年龄和智力状况不相当的证言不能单独作为认定案件事实的依据",是关于证人证言证明力的规定

6. 关于民事诉讼中的证据收集,下列哪些选项是正确的?⑤

　　A. 在王某诉齐某合同纠纷一案中,该合同可能存在损害第三人利益的事实,在此情况下法院可以主动收集证据

　　B. 在胡某诉黄某侵权一案中,因客观原因胡某未能提供一项关键证据,在此情况下胡某可以申请法院收集证据

　　C. 在周某诉贺某借款纠纷一案中,周某因自己没有时间收集证据,于是申请法院调查收集证据,在此情况下法院应当进行调查收集

　　D. 在武某诉赵某一案中,武某申请法院调查收集证据,但未获法院准许,武某可以向受案法院申请复议一次

7. 甲对乙提起的返还借款的诉讼,就乙向甲借款事实的证明,根据民事诉讼理论,下列哪一选项属于直接证据?⑥

① 2014年国家司法考试卷三,参考答案:D。
② 2009年国家司法考试卷三,参考答案:A。
③ 2008年国家司法考试卷三,参考答案:C。
④ 2011年国家司法考试卷三,参考答案:ACD。
⑤ 2008年国家司法考试卷三,参考答案:ABD。
⑥ 2008年国家司法考试卷三,参考答案:A。

A. 甲向法院提交的乙向其借款时出具的借据的复印件
B. 甲向法院提交的其向乙的银行卡转款的银行凭条
C. 甲的朋友丙向法院提供的曾听甲说乙要向甲借钱的证词
D. 甲的同事丁向法院提供的曾见到甲交给过乙钱的证词

8. 甲县的佳华公司与乙县的亿龙公司订立的烟叶买卖合同中约定,如果因为合同履行发生争议,应提交A仲裁委员会仲裁。佳华公司交货后,亿龙公司认为烟叶质量与约定不符,且正在霉变,遂准备提起仲裁,并对烟叶进行证据保全。关于本案的证据保全,下列哪些表述是正确的?①

A. 在仲裁程序启动前,亿龙公司可直接向甲县法院申请证据保全
B. 在仲裁程序启动后,亿龙公司既可直接向甲县法院申请证据保全,也可向A仲裁委员会申请证据保全
C. 法院根据亿龙公司申请采取证据保全措施时,可要求其提供担保
D. A仲裁委员会收到保全申请后,应提交给烟叶所在地的中级法院

---

① 2014年国家司法考试卷三,参考答案:AC。

第十一章 民事诉讼证明

【本章要点】

民事诉讼证明对象的概念与条件;证明对象和免证事实的范围;证明责任的概念及其重要意义;行为意义上的证明责任与结果意义上的证明责任之间的关系;我国民事证明责任分配的一般原则和例外规定;诉讼证明标准的概念和作用;我国民事诉讼证明标准的内容;证据提供、审查与判断的具体要求和程序。

第一节 民事诉讼证明

一、民事诉讼证明的概念和特征

民事诉讼证明是指当事人和法院依法运用证据确定案件事实的诉讼活动。民事诉讼证明不同于一般的科学证明,其目的不是为了发现"真理",而是为法院辨明案件是非,分清责任,解决民事纠纷提供基础。因此,民事诉讼证明具有以下显著的特点。

(1)诉讼证明的主体是诉讼当事人和法院。诉讼证明由证明和被证明的双方主体构成。根据"私法自治"的原则,请求司法机关保护民事权益者有义务在诉讼中向法院证明其所主张的事实。当事人是案件事实的亲历者,也是民事法律关系的参与者,有能力也有条件证明其所主张的案件事实。按照辩论主义,由双方当事人通过对立的证立、否认、反驳等方式向法院证明各自主张的事实,而法院则在聆听双方辩论(证明)的基础上,审查判断当事人的证明能否成立。

(2)诉讼证明具有他向性。证明是人类的思维活动,存在自向性证明和他向性证明两种状态。自向性证明是为了解决某一特定问题而寻找证据进行的自我求证,以令自己在内心形成确信的思维活动。而他向性证明是证明者运用证据说服对方接受自己的观点或意见的活动,具有"证明—说服"双向一致性和对象说服性的特点。诉讼证明是发生纠纷的双方当事人运用证据说服法官接受自己所主张的事实展开的说服活动。如果一方当事人的证明不被法官采信,其诉讼主张就不可能得到法院支持,诉讼请求就会失去保护的基础。诉讼证明的他向性,决定了诉讼证明的对抗性和竞争性。

(3) 诉讼证明具有程序性和规范性。诉讼证明必须在法定的时间、地点,依法律规定的诉讼程序进行。除了证据的收集方法和步骤要符合法律规定外,运用证据向法官展开的"说服攻势"也必须符合法律的规定。诉讼证明必须在法定的期限内结束。除非法律另有规定,不得推倒重来。任何诉讼外的证明,违反法定程序的证明,即便其结论是可靠的,也不能产生法律上的证明效力。如果没有严格的程序约束,就无法避免虚假证据、"暗箱操作"等混乱现象的发生,诉讼公正就无从谈起。

(4) 诉讼证明对象的特定性。诉讼上的证明不同于理论证明和科学研究,具有对象的特定性。诉讼的产生是因为当事人存在法律上的权利义务之争,诉讼目的便是依据事实和法律定分止争。因此,诉讼证明的目的也围绕纠纷的解决展开,只有对解决纠纷有实际意义并且处于争议的状态的案件事实才能作为证明对象。存在争议但不具法律意义的事实不必证明;具有法律意义但不存在争议的事实也无需证明,法官可以直接采信。

(5) 诉讼证明方法属于"历史证明"。历史证明是对既往事实进行"逆向思维"式证明,又称为"事件证明",其特点是利用现存的证据对过去发生的事件进行主观推断。例如,考古学、历史学多用"历史证明"的方法推断特定的历史事件。在诉讼中,当事人争执的事实都是属于发生在诉讼之前的既往事实,只能通过"倒推"的方式重构案件事实。由于诉讼证明的历史证明属性,其结果不可能绝对的客观真实,只能无限"接近真实"。诉讼证明运用的证据越充分、可靠,其证明结论的可信程度才能越高。

二、民事诉讼证明的分类

在民事诉讼中,诉讼证明的方法与手段是多样的。按照不同的标准,可以进行不同的分类。诉讼证明的分类有利于准确把握不同类型证明的特点,正确运用不同类型证明解决当事人争议。

(一) 严格证明与自由证明

诉讼证明按照是否严格要求以证据为依据,按照法定的程序和方式为标准,可以分为严格证明与自由证明。其意义在于根据案件事实对裁判结果实质影响不同,决定是否采取严格的证据裁判主义,避免法院在证明方法上的随意性。

严格证明就是运用具有证据资格的证据,依照法定的证据调查程序完成对待证事实的证明。严格证明是"证据裁判"的具体表现,强调以慎重的态度查明案件事实,确保结果的真实可靠性。严格证明特点是:第一,证明必须依据充分可靠的证据;第二,证明的过程要严格遵守法定的标准、程序。诉讼中基本事实,也就是涉及当事人权利保护的要件事实,应当适用严格证明,满足"证据裁判"的要求。

自由证明是指只要符合通常认知规则便能自由地证立或证伪,并不要求严格以证据为依据,按照法定的程序进行的证明活动。与严格证明相比,自由证明在证据使用、证明方法上没有严格限制,只要符合认知规律和一般情理与事理即可。自由证明中,法院既不受法定证据种类的限制,也不受证据调查规则的束缚,但是证明标准(法官内心确信)并没有降低。自由证明并不意味降低证明质量。为了提高诉讼效益,同时又保证证明的质量,对于诉讼中的辅助事实、程序性事实(回避、诉讼保全、诉讼中止与终结、证据交换等)允许法院决定适用自由证明。

(二) 证明与说明(释明、疏明)

在司法实践中,证实某一事实或现象的方法除了以证据证明的方法外,还有说明、推定等方式。证明就是当事人利用证据使法官对其主张的事实形成高度的内心确信,也称为"完全证明"。只有达到令法官形成高度确信的内心状态,当事人的主张才被证明。"说明"就是对案件或诉讼中的某一事实或现象进行的解释和阐明。大陆法系通常称为"释明"或"疏明"。我国司法实践中多用"说明"一词,例如,当事人提出回避申请,应当说明理由(《民诉法》第45条第1款)。说明只要产生令法官认为相关事实基本可信,有理由相信等程度即可。说明适用于需要迅速简易判决的情况、程序性事项等。证明和说明都是诉讼中常用的证明方法,二者的差别主要表现在对法官心证形成确信的程度不同。

第二节 民事诉讼证明对象

一、证明对象的概念与证据裁判原则

民事诉讼中,需要运用证据证明的案件事实就称为证明对象,又称待证事实或要证事实。证明对象包括需要当事人证明的事实和法院依职权调查的事实。

成为证明对象的事实:(1) 必须具有法律意义,即能够导致某项民事权利产生、妨碍、阻却或消灭的事实(或者能够导致某项民事法律关系产生、变更或消灭的事实);(2) 有必要利用证据加以证明,即真实性尚未确定或存在争议的事实。

证据裁判原则(证据裁判主义)要求当事人和法官必须运用物证、书证、证人证言和鉴定意见等证据来证明或认定案件事实。证据裁判原则的例外主要是免证事实。①

法院违背证据裁判原则的则构成上诉理由和再审理由。比如"原判决、裁定认定的基本事实缺乏证据证明的"为再审的理由(参见《民诉法》第200条)。

二、证明对象的范围

(一) 实体法事实

实体法事实是指民事实体法规定的,引起民事实体权利义务关系发生、变更和消灭的事实和当事人发生争议的两部分事实。根据其地位作用和重要程度不同,又可具体分为基本事实、间接事实和辅助事实。

1. 基本事实(要件事实、直接事实、主要事实)

要件事实在案件中的具体化,即直接事实(比如环境侵权诉讼中被告某造纸厂向外排放污水为直接事实,是要件事实之一的加害行为在本案中的具体化)。要件事实或直接事实是直接导致某项民事权利(益)产生、妨碍、阻却或消灭的事实,包括权利产生(或发生)事实、权

---

① 参见邵明:《论民事诉讼证据裁判原则》,载《清华法学》2009年第1期。

利妨碍(或妨害)事实、权利阻却事实和权利消灭事实。此处的"权利"既指民事实质权(财产权和人身权),又指请求权、支配权、形成权和抗辩权。

权利产生要件事实或直接事实是直接支持原告权益主张(或者诉讼标的和诉讼请求)之事实,包括:(1)民事法律事实——其发生使当事人获得民事实质权。比如,合法继承(取得所有权)、签订合同(形成合同关系)等。(2)民事纠纷事实——民事实质权受到侵害或发生争议的事实(比如侵权事实或违约事实),产生民事救济权[①]。

被告可以主张或提出如下事实抗辩:(1)权利妨碍或妨害要件事实——妨碍某项民事权利产生的事实,能够导致某项民事实质权或民事救济权自始不产生,比如合同不成立事实、合同无效事实[②]、免责事由等。(2)权利阻却或受制要件事实——永久或暂时阻却某项民事权利行使的事实,使某项民事实质权或民事救济权的行使受到限制,此类事实主要存在于被告或债务人行使实体法上抗辩权的场合,比如债务人因消灭时效届满而拥有的抗辩权、同时履行抗辩权、不安抗辩权、先诉抗辩权等。(3)权利消灭要件事实——使既存的民事权利消灭的事实,能够导致业已存在的某项民事实质权或民事救济权消灭。

《解释》第91条规定,主张法律关系存在或保护民事权利的当事人,应当证明法律关系和民事权利发生的事实;主张民事法律关系变更、消灭或者权利受到妨害的当事人,应当证明该法律关系变更、消灭或者权利受到妨害的事实。

2. 间接事实

间接事实的主要作用在于没有"直接证据"证明"直接事实"时,只得运用"间接证据"证明"间接事实",多个相关的间接事实形成一个事实逻辑链,以证明直接事实是否存在。例如,没有证据来直接证明B曾向A借过款的事实,可以由A多次催促B还钱的事实和B没有拒绝的事实(间接事实),推导出B借过A钱的事实(直接事实)。

3. 辅助事实(补助事实)

质证实际上是确认辅助事实是否真实。辅助事实一般是指用以证明"证据能力"有无或者"证明力"大小的事实。例如证人经常说谎、认知能力、记忆力和表达能力下降等事实构成了证人证言证明价值小的辅助事实。

(二)程序(法)事实

程序事实是指对解决诉讼程序问题具有法律意义的事实,如审判人员回避事由、当事人适格、重复起诉、申请执行期限届满等事实。这些事实如不予以查证属实,同样会影响诉讼程序的顺利进行。程序事实属于自由证明和释明的对象。

程序法事实分两部分,一部分是应当由当事人举证证明的程序性事实,例如关于当事人适格、诉的利益、重复起诉、存在仲裁协议等诉讼要件事实。这部事实一般由反驳对方诉讼请求的当事人负责证明。这些事实被证明成立,对方的起诉就会被驳回,诉讼不再进行。另一部分是属于法院依职权调查的程序事实,如审判人员回避、诉讼中止、诉讼终结。这些程序性事实,法院应当依职权调查。对于这些事实,当事人可以提出证据予以证明,也可以只

[①] 民事救济权包括:(1)民事实体救济权,如物上请求权、侵权请求权、违约请求权等;(2)民事纠纷解决请求权,如申请调解权、民事诉权、仲裁请求权(即申请仲裁权)等。

[②] 《合同法》第52条规定的合同无效事由,基本上属于损害公共利益的范畴或者是违反了法律强行规范,纵然被告没有主张合同无效事由,法院也应按照该条规定依职权探知合同是否无效。

声明这些事实,由法院查证属实。

(三)经验法则

经验法则,是指人们相同的生活、工作经历中归纳获得关于事物性质以及事物相互关系的知识,分为一般经验法则和特别经验法则。对于一般生活经验,法官应当了解和掌握,当事人提出经验法则作为论证依据时,无需举证证明。对于特殊经验法则,法官不一定了解,也不是审判职务上应掌握的知识,当事人提出特殊经验法则作为述事或论证依据时,就应当证明该经验法则的内容真实可靠。因此一般经验法则属法官司法认识的范畴,属于免证事实,特殊经验法则构成证明对象,需要当事人证明。

(四)地方习惯、行业惯例和国际惯例

地方习惯、行业惯例和国际惯例是否构成证明对象问题,学界一直存在争议。我们认为,如果地方习惯、行业惯例和国际惯例作为案件事实的一部分存在,且双方当事人发生争议时,应当成为证明对象,由当事人证明。

如果地方习惯、行业惯例和国际惯例作为法院判断当事人诉讼请求的实体依据存在时,审判人员若不掌握其内容时,就应当由法院依职权查明其内容。因为作为判断当事人诉讼请求是否成立的实体依据由当事人举证证明,与法院的审判职能相抵触。

(五)外国法

根据我国《涉外民事关系法律适用法》第10条第1款的规定,涉外民事关系适用的外国法律,由法院、仲裁机构或者行政机关查明;当事人选择适用外国法律的,应当提供该国法律。不能查明外国法律或者该国法律没有规定的,适用中华人民共和国法律。

《最高人民法院关于适用〈中华人民共和国涉外民事关系法律适用法〉若干问题的解释(一)》(法释〔2012〕24号)第17条规定:"人民法院通过由当事人提供、已对中华人民共和国生效的国际条约规定的途径、中外法律专家提供等合理途径仍不能获得外国法律的,可以认定为不能查明外国法律。根据涉外民事关系法律适用法第十条第一款的规定,当事人应当提供外国法律,其在人民法院指定的合理期限内无正当理由未提供该外国法律的,可以认定为不能查明外国法律。"

三、免证事实

免证事实是法律规定不需要证明或者不证自明的事实,又称之为不要证事实。我国民事诉讼中的免证事实主要有自然规律及定理、众所周知的事实、推定的事实、预决的事实、公证的事实(《解释》第93条)。此外还包括自认的事实(《解释》第92条)。

免证事实分为绝对免证事实和相对免证事实。绝对免证事实就是不需要证明的事实,例如自然规律和定理;相对免证事实是指根据事实的性质和法律的规定,免除负证明责任的当事人提供证据证明的义务,将证明义务转移给反驳该事实的当事人。如果反驳该事实的当事人反证成功,原负证明责任的当事人仍需继续负责证明,例如众所周知的事实、推定的事实、预决的事实、公证的事实都属于相对不要证事实。

根据其免除证明责任的要求不同,相对免证事实又分为可反驳的免证事实和可推翻的免证事实。对可反驳的免证事实,只要反驳者能够成功地动摇免证事实的可信基础,令人对其真实性产生怀疑,该事实就不具有免证效力,原事实的主张者就应继续以证据证明。对

于可推翻的免证事实,除非有证据能够彻底否定该事实的客观存在。否则,其真实性不能被怀疑,不能要求原负证明责任的当事人用证据证明该事实存在。可推翻事实的免证效果比可反驳事实的免证效果强。

(一)自然规律及定理

自然规律与定理的科学性、真实性已经科学证明,因此无需在诉讼中继续证明。自然规律与定理不管是否为普通大众所了解,都具有免予证明效力。当事人主张自然规律及定理时,免除其证明责任,法院应当依当事人的请求或依职权直接认定该事实的存在。自然规律及定理的免证效力具有不可反驳性和不可推翻性。如果与当事人的自认、证人证言、专家意见不一致时,法官应当认定自然规律与定理的效力,而排斥其他证据。

(二)众所周知的事实

众所周知的事实是指在一定的条件下为一般人所知晓的事实。"众所周知的事实无需证明"为各国诉讼法所认可。"众所周知"的事实起码应符合两个条件:一是为大多数人所周知;二是为本案的审判人员所知晓。我们认为这一标准切实可行,具有可操作性,也比较符合我国的司法实际。

众所周知的事实在诉讼法理论上属于司法认知的范围,其效力是免除主张众所周知事实的当事人的证明责任。然而,《解释》第93条第2项将众所周知的事实列为允许对方当事人反驳的事实,其原因在于众所周知的事实也不一定客观真实,因此不具有绝对的免证效力。

(三)推定事实

推定可分为法律推定和事实推定。推定是根据法律规定或经验法则,从已知事实推定另一未知事实存在或不存在的思维活动。用以推定的已知事实称为基础事实或前提事实,被推断的未知事实称为推定事实或结论事实。

当未知事实的证明难度较大,而用于推定的事实显而易见时,运用推定不但大大降低了证明的难度,节省了诉讼资源,而且易被公众认可接受。由于已知的基础事实与未知的推定事实之间存在内在必然因果关系或逻辑关系,推定结论一般都真实可靠。

由于法律推定是建立在通常认知规律的基础上,或者法律所追求的价值上,其结论未必与客观事实相吻合,具有假定性,如果有证据证明法律推定的结论是错误,仍然应当以证明结果为准。《解释》第93条将推定事实列为允许反驳的事实,反驳者能够运用证据反驳推定事实的,法律推定失去免证的效力。

法律推定是法律直接规定的推定。当某些事实具有重大法律意义又难于查清时,立法者根据经验法则、立法目的和法律的基本价值,事先在法律中规定当某一事实客观存在,就推定另一未知事实存在或不存在。比如,我国《保险法》第42条①、《侵权责任法》第58条、《最高人民法院关于适用〈中华人民共和国婚姻法〉若干问题的解释(三)》(法释〔2011〕18号)第2条等。

事实推定指按照逻辑推理法则,根据已知的事实和日常生活经验法则,对未知事实所作的推断。例如,根据生活经验,我们见到水壶中的水沸腾了,便会推测水达到了100℃。由于

---

① 此条规定:"受益人与被保险人在同一事件中死亡,且不能确定死亡先后顺序的,推定受益人死亡在先。"

事实推定是建立在人们长期积累的经验基础上,已知的事实与未知的推定事实之间存在内在的必然联系,推定的结果具有高度的可靠性,同时又大大地降低了诉讼证明的难度,所以事实推定在司法实践中也被经常使用。

(四)预决事实

预决事实或已决事实是指已经被法院生效裁判或者仲裁机构生效裁决所确认了的事实。如果该事实成为后诉的其他案件的待证事实时,无需证明,具有预决效力或已决效力。如果对方当事人有相反证据推翻的,由其负证明责任。

预决效力的理论依据是,既然待证事实经过先诉的法定程序证明,当其出现在其他需要证明的后诉程序中,应维护先诉程序的证明结论。这样一方面可以防止法院在不同的案件判决中对同一事实作出前后矛盾的认定,另一方面可节约诉讼成本,提高诉讼效率。

(五)公证事实

《民诉法》第69条规定:"经过法定程序公证证明的法律事实和文书,人民法院应当作为认定事实的根据。但有相反证据足以推翻公证证明的除外。"可见,公证的事实是法定的公证机构经过法定程序查明的事实,当其成为民事诉讼中的案件事实时,法院应当直接予以认定,不需要证明。

公证事实无需证明,是指主张公证事实的当事人不负证明责任,但如果对方当事人推翻公证事实的,仍须证明。因此公证事实只是免除主张该公证事实一方当事人的证明责任。法院对公证事实采用司法认知,必须保障对方当事人提供反证推翻公证事实的机会;同时必须调查是否为真正的公证文书,调查方式是向公证处查实。

(六)诉讼上自认的事实

1. 诉讼上自认的含义

诉讼上自认是指一方当事人对于己不利的事实,在法庭审理中向本案审判法官或者在起诉状、答辩状、代理词等书面材料中做出承认的。一方当事人的自认免除对方当事人证明的责任(《解释》第92条第1款)。按照"无争议无诉讼"的原理,当事人双方无争议的事实,法庭无需调查,可以直接采信该事实。

自认与认诺不同。首先,自认是对对方所主张的案件事实的承认;而后者表现为对对方的诉讼请求的承认。其次,前者产生免除对方举证证明的责任的效力,法院不经证明便可直接采信该事实;而后者免除对方当事人对该诉讼请求进行否定、反驳、抗辩的责任,法院可不经庭审直接对该诉讼请求进行裁判。

2. 自认的条件

(1)自认的对象仅限于案件事实,不包括诉讼请求。(2)自认对象属于法院裁判应当查明的基本事实。对于涉及身份关系、国家利益、社会公共利益等应当由法院依职权调查的事实,不适用自认的规定;自认的事实与查明的事实不符的,法院不予确认(《解释》第92条第2款)。(3)自认事实是对方主张的,且对自认者不利的事实。(4)自认必须在诉讼中向法院做出。自认是当事人对法院做出的诉讼行为,对方当事人不在场也产生自认效果。但当事人在诉讼外的自认仅有证据效力。

3. 明示自认与默示自认

自认可以分为明示自认和默示自认。明示自认是指一方当事人对对方主张的事实以口头或书面的形式明确承认。默示自认是指当事人一方对另一方所主张的事实,既未明确承认,也未明确否认,法律上视为自认,又称为拟制自认或准自认。《证据规定》第8条规定以下情形视为自认：(1)对一方当事人陈述,另一方当事人既未表示承认也未否认,经审判人员充分说明并询问后,仍不明确表示肯定或否定的,视为对该事实的承认。(2)当事人委托诉讼代理人参加诉讼的,代理人的承认视为当事人的承认。但未经特别授权的代理人对事实的承认直接导致承认对方诉讼请求的除外。(3)当事人与诉讼代理人同时参加诉讼,当事人在场但对其代理人的承认不作否认的,视为当事人的承认。

4. 自认的效力

(1)对法院的效力。法院依据自认的要件可以直接采信自认的事实。但自认的事实与法院查明的事实不符的,法院不予确认(《解释》第92条第3款)。

(2)对自认者的效力。自认一经做出,便对自认者产生约束力,不得随意撤回。但是,在法庭辩论终结前并经对方当事人同意,可以撤回自认；有证据证明其承认是在受胁迫或者重大误解情况下做出且与事实不符的,也可以撤回自认。

(3)对对方当事人的效力。免除对方当事人主张自认事实的证明责任。但是涉及身份关系和公共利益依法应当由法院依职权调查的事实的除外(《解释》第92条第2款)。此外依法撤回自认的,不能免除对方当事人的证明责任。

第三节　民事诉讼证明责任

一、证明责任概念与特征

原告的主张责任是主张或提出权利产生要件事实来支持(诉讼标的和)诉讼请求(即诉讼请求有事实根据),被告主张抗辩事实来推翻(诉讼标的和)诉讼请求。当事人主张责任和证明责任均为辩论主义的基本内涵,前者是后者的前提。根据证据裁判原则和法律规范构成要件原理,主张责任与证明责任的分配规范是一致的,两者通常关系是谁主张谁证明。

(一)证明责任的概念

《民诉法》第64条第1款规定:"当事人对自己提出的主张,有责任提供证据。"《解释》第90条规定:"当事人对自己提出的诉讼请求所依据的事实或者反驳对方诉讼请求所依据的事实,应当提供证据加以证明,但法律另有规定的除外。在作出判决前,当事人未能提供证据或者证据不足以证明其事实主张的,由负有举证证明责任的当事人承担不利的后果。"上述法律以及《解释》,确立了我国证明责任的具体涵义,包含"行为意义上的证明责任"和"结果意义上的证明责任"双重涵义。

行为意义上的证明责任,又称为形式意义上的证明责任、主观证明责任等,是指当事人收集、提供证据的责任;结果意义上的证明责任,又称为实质意义上的证明责任、客观证明责任,是指诉讼终结时,待证事实仍然真伪不明时,当事人承担不利诉讼后果的风险。二者都属于证明责任的组成部分,缺一不可。只是便于理解,学理上才将证明责任区分为"行为意义上的证明责任"和"结果意义上的证明责任"。《解释》将传统的"举证责任""证明责任"改称为"举证证明责任",目的就在于防止片面理解证明责任。

行为意义上的证明责任与结果意义上的证明责任同等重要。结果意义上的证明责任具有指导当事人收集提供证据,为法院在待证事实真伪不明时提供裁判依据。它是由法律事先预置的,是固定的,不可转移。在案件基本事实真伪不明时能够明确不利诉讼风险的归属。行为意义上的证明责任具有引导案件事实调查不断深入的作用。随着双方当事人反复激烈的对抗,法官对双方主张的事实的内心确信也在不断发生改变,行为意义上的证明责任也就在当事人中不断转换,直至一方当事人无法再提出新的证据为止。它的作用主要在于"说服"法官。

(二) 客观证明责任(结果意义上的证明责任)的特征

(1) 客观证明责任是法律抽象加以规定的责任规范,不会因为具体诉讼的不同而发生变化。证明责任的分配在诉讼发生之前就存在于法律之中,是法律预置的规则。只是在案件的审理过程中,出现待证事实真伪不明时,它的作用才表现出来。我国民事诉讼的证明责任是由民事实体法和民事诉讼法以及相应的司法解释共同规定的。

(2) 客观证明责任既是当事人在待证事实真伪不明时所承担的一种不利诉讼结果的风险,也是法院此时裁判的规范。对当事人而言,待证事实真伪不明时,总要有一方当事人承担不利的诉讼结果。证明责任就是在事实真伪不明时确定一方当事人承担不利诉讼结果的风险。对法院而言,"法院不得拒绝裁判"原则决定了在事实真伪不明时也得作出判决。证明责任就为案件事实真伪不明时的法院裁判提供了结束诉讼程序的法律依据。

(3) 客观证明责任只有在审理终结而待证事实真伪不明时才能适用。案件事实能够被证实或被证伪的无需依据证明责任规范作出判决。法院适用客观证明责任进行裁判的条件是:① 法院在作出判决前,也就是诉讼终结时,法律所许可的证据或证明手段已经穷尽,仍然无法收集到充分证据查明案件基本事实的真相(《解释》第 90 条第 2 款);② 案件基本事实处于"真伪不明"状态,即事实是"真"是"伪"不能确定,法院无法依据案件事实的"真实面目"作出裁判。此二者同时存在,法院才可判决承担证明责任的当事人败诉。

二、证明责任分配的学说

证明责任的分配是指证明责任在当事人之间的分担。如何分配证明责任,长期以来存在争论。这是因为举证责任的分配既要考虑到法律的抽象价值,又要考虑到具体案件的差异;既要考虑到证明责任的分配标准的概括性,又要考虑其在诉讼过程中的可操作性。再加上社会在不断发展进步,原有的分配标准总会受到新类型案件的挑战。

(一) 待证事实分类说

该学说以待证事实能否得到证明以及证明的难易程度来分配证明责任。具体的作法是将案件事实分为积极事实和消极事实,外界事实和内界事实。主张积极事实和外界事实的人应负证明责任,主张消极事实和内界事实的人不负证明责任。所谓积极事实是已实际发生或存在过的事实,即肯定事实;消极事实是指没有发生或不存在的事实,即否定事实。外界事实是指通过人的五官能够从外部体察的事物,如物的形状、颜色等。内界事实是指无法从外部直接感知的事物,如人的心理状态、真实与虚伪等。主张待证事实分类说的学者认为消极事实没有发生过,不会与外在世界发生联系,因此不会留下证据,要求主张消极事实的当事人举证极其困难。内界事实不能从外部世界加以感知,也无法举证。因此,主张消极事实与内界事实的当事人不负证明责任。

(二)法规分类说

法规分类说从实体法规范的分析中归纳出分配证明责任的原则。认为实体法规范通常有原则性规定与例外性规定。凡要求适用原则性规定的人,仅应就原则性规定要件事实的存在负证明责任,无需证明例外性规定要件事实的不存在,例外规定要件事实由对方当事人主张并负证明责任。

(三)法律要件分类说

该学说是依据实体法规定的法律要件事实的不同类别分配证明责任。它与待证事实分类说的差别在于,法律要件事实分类说不是以待证事实的性质分配证明责任,而是以权利保护的要件分配证明责任。凡是请求法院对一定权利进行保护的,对法律规定的权利保护的要件事实都要负证明责任。因此要件事实分类说是着眼于实体法对权利保护所要求的要件事实分配证明责任。法律要件事实分类说又有多种学说,其中以德国的罗森贝克的学说最具影响力。罗森贝克将民事实体规范分为两大对立的规范:一是权利发生规范,即能引起民事实体权利发生的规范,如订立合同等。二是对立规范。在对立规范中又分为权利妨碍规范、权利消灭规范和权利制约规范。权利妨碍规范是指权利发生之时,妨碍既存的权利产生预期法律效果的规范。如合同订立后,一方当事人主张受到欺诈、胁迫或重大误解导致合同无效,此种法律要件事实属于权利妨碍事实。权利消灭规范是指权利发生后,能够引起权利归于消灭的规范。例如,债务的清偿、合同已履行、债权债务抵消属于权利消灭规范。权利发生后,遏制或排除该权利,使之不能实现者,为权利受制规范,如有关时效消灭的规范。在此分类基础上,罗森贝克认为主张权利存在的人,应就权利发生的法律要件事实之存在举证;否认权利存在的人,应就权利妨碍事实、权利消灭事实和权利受制事实举证。法律要件分类说在德国、日本一直处于通说地位,也对我国民事证明责任产生了深刻的影响。

(四)危险领域说、盖然性说、损害归属说

随着社会的进步,在20世纪50年代以后,新类型的民事案件对传统的证明责任分配理论提出了挑战。特别是高风险、高技术和高度专业的领域内发生的案件,按照传统的证明责任分配原则审理使诉讼的结果失去公正性。另外传统的法律要件分类说只从实体法的形式出发,而没有考虑到客观上当事人是否有可能完成该证明责任的实质内容,证明责任的分配原则与实体法的内容在有的案件中难于实现。因此德国有学者又提出了分配证明责任的新的学说,其中影响较大的有危险领域说、盖然性说和损害归属说。

危险领域说认为,在高度工业化社会,危险领域正在不断扩大,对普通大众的生存与发展构成威胁。在因此而产生损害赔偿诉讼中,如按法律要件事实分类说分配证明责任,会使受害人失去保护自己权利的可能性,因为受害人对损害的原因及与损害结果之间的因果关系无法举证证明,如核辐射致害案件。证明责任应按公平原则重新分配,受害人对于损害发生的客观要件和主观要件不负举证责任,而应由加害人对发生损害的客观及主观要件不存在的事实负证明责任。其理由是损害发生的原因出自加害人所能控制的危险领域范围内,受害人无法控制,更无法举证。

盖然性说主张证明责任应当根据待证事实发生的可能性高低来分配。因为在日常生活中,特定条件下,某一事实发生的可能性总是有高低之分的。根据常识和生活经验以及统计结果,对发生可能性高的事实,主张该事实的当事人不负举证责任,而由对方当事人对此负证明责任。依照该证明责任的分配原则,当该事实处于真伪不明的状态时,法院认定发生的可能性高的事实远比认定发生的可能性低的事实更接近客观真实,从而尽量避免误判。

损害归属说认为,证明责任应以实体法确定的责任归属或损害归属原则为分配标准。因为证明责任分配的原则同时是民事实体法中的具体原则,证明责任是民事实体法归责原则在诉讼中的另一种表现形式。因此,举证责任应通过对实体法的各条文进行比较、分析,寻找出实体法关于某一问题的损害归责原则,然后由实体法规定应承担民事责任的一方负证明责任,保证举证责任与民事归责原则的一致性。

新的举证责任分配学说对调整特定领域内的当事人证明责任具有积极意义,然而其缺陷也非常明显。例如危险领域和待证事实发生的盖然性的准确含义在特定情况下难于确定,更难把握。损害归属说中损害归属是对案件事实而言的,而不是对双方当事人而言的,要将在诉讼终结时才能明确的问题前移到诉讼过程中并落实到具体的当事人身上,既不现实,也无法操作。

三、我国民事诉讼证明责任分配

(一)民事证明责任分配的一般原则

民事证明责任分配的一般原则,是指在当事人之间分配证明责任的通常标准,即"谁主张、谁举证"。《解释》第91条规定:"人民法院应当依照下列原则确定举证证明责任的承担,但法律另有规定的除外:(一)主张法律关系存在的当事人,应当对产生该法律关系的基本事实承担举证证明责任;(二)主张法律关系变更、消灭或者权利受到妨害的当事人,应当对该法律关系变更、消灭或者权利受到妨害的基本事实承担举证证明责任。"

1. 主张权利或法律关系存在的当事人的证明责任

向法院提出实体权利保护请求或主张特定民事法律关系存在的当事人,对权利发生或特定民事法律关系存在的要件事实承担证明责任。例如,在损害赔偿案件中,主张赔偿请求权的人应就侵权法规定的损害赔偿请求权的保护要件,即损害事实发生、加害人的主观过错、加害行为及其与结果之间的因果关系等要件事实负证明责任。在合同纠纷案件中,主张合同关系成立并生效的一方当事人对合同订立和生效的事实承担证明责任。民事实体权利保护的要件由民事实体法规定,诉讼要件则由民事诉讼法规定。法律没有规定具体保护要件的,法院应根据法律精神、法律原则或者司法解释确定其保护要件。

2. 主张法律关系变更、消灭或者权利受到妨害的当事人的证明责任

主张法律关系变更、消灭或者权利受到妨害的一般表现为对诉讼请求的抗辩。抗辩当事人应就对方请求保护的权利要件欠缺或者特定民事法律关系要件欠缺的事实承担证明责任。对诉讼请求的抗辩有三种方式,即主张权利因妨碍而未形成,权利因受制而不能行使,或者权利已归于消灭。

(1)主张权利妨碍的证明责任。权利妨碍是指因存在法律规定的妨碍权利发生情形,致使权利不能发生。主张权利妨碍的人应就妨碍该权利产生预期法律效果的要件事实负证明责任。例如,当事人认为合同订立系胁迫而订立,主张合同无效,应对胁迫的事实负证明责任。

(2) 主张权利受制的证明责任。权利受制即在权利发生之后,权利人欲行使权利时,因存在导致权利的效果被遏制或消除,致使权利不能实现的抗辩事由。例如,原告请求返还借款,而被告提出借款未到期、贷款人不能要求提前还款,被告应就贷款未到期的事实负证明责任。

(3) 主张权利消灭的证明责任。主张权利消灭是指一方当事人认为对方当事人主张的权利,因一定事实的发生而已归于消灭。主张权利消灭的人应对能够引起权利消灭的事实负证明责任。例如,主张借款已经归还、出借人请求还款的权利已消灭的借款人,应就借款本息已全部归还的事实负证明责任。

(二) 民事证明责任的减轻与倒置

所谓民事证明责任的减轻,实际上是对难以证明的事项,采取合理法律技术或替代方法,适当减轻当事人的证明难度,以满足个案的妥当性要求和实质正义。证明责任减轻的技术或方法既有实体法上的又有诉讼法上的,比如当事人申请法院收集证据;司法认知;证明责任倒置;证明妨碍的处理;摸索证明;推定;诉讼上拟制自认;证明度降低等。证明责任的减轻措施是为了防止按照证明责任分配的一般原则产生新的实质不公正,属于证明责任一般原则的例外补充。①

证明责任倒置(证明责任转换)是一方当事人对自己主张的利己要件事实(通常是部分要件事实),不负责证明,却由对方当事人负责证伪(若未能证伪则法院认可该事实是真实的)。证明责任倒置是证明责任分配一般规则的例外,所以应有法律明文规定才可适用。

通常是将部分权利产生要件事实(比如因果关系或者加害过错)的证明责任倒置给被告证伪。② 对没有倒置的权利产生要件事实,原告仍应承担证明责任;原告证明之后,对倒置的权利产生要件事实,被告才须证伪。③

比如,《侵权责任法》第 66 条规定:"因污染环境发生纠纷,污染者应当就法律规定的不承担责任或者减轻责任的情形及其行为与损害之间不存在因果关系承担举证责任。"被告污染者应当证伪因果关系属于举证责任倒置。被告就"法律规定的不承担责任或者减轻责任的情形"承担证明责任,属于证明责任一般分配。

第四节 民事诉讼证明标准

一、证明标准的概念

证明标准是运用证据证明待证事实所应达到的程度,又称为证明要求。证明标准可以从两方面观察:从承担证明责任的主体角度观察是指负有证明责任的当事人就其主张的事实予以证明应达到的水平、程度。从审判法官角度观察是指对被证明的事实在法官内心形

---

① 《解释》取消了法官对分配举证责任的自由裁量。《证据规定》第 7 条规定对证明责任可以依自由裁量进行分配。其初衷是解决某些特殊案件证明责任分配的难题,但司法实践即出现滥用的状况。因此,取消对证明责任分配的自由裁量权有助于维护法律的统一适用。
② 特殊情形是将被告主张的抗辩事实倒置给原告证伪,比如《海商法》第 51 条、《商标法》第 64 条第 1 款等。
③ 参见江伟、邵明主编:《民事证据法学》(第二版),中国人民大学出版社 2015 年版,第 165 页。

成的"心证"程度。证明标准有助于判断当事人的证明是否成立,其所负担的证明责任能否解除;有助于法官确定是根据案件事实被证实的程度进行裁判,还是根据法律预先规定证明责任进行裁判。

诉讼结束时,案件事实会呈现出"真""假""真伪不明"三种状态,但三者间界线并不是十分明确。诉讼中,应当尽量查明事实,根据事实真相作出判决,尽量减少依据证明责任规则作出判决。只有在迫不得已的状况下才适用证明责任进行裁判。因为根据证明责任规则处理案件,没有真正实现实体法在司法裁判的作用。

设立科学证明标准必须注意以下几点:(1)协调客观真实与诉讼效率的关系。证明标准提高,虽然有助于达到客观真实,但是查明案件事实的难度就随之加大,诉讼成本增加,案件事实"真伪不明"需要按证明责任结案的案件数量也会增多,不利于实现实体公正;证明标准降低,又会降低案件质量。(2)证明对象类型的差异。不同类型的案件事实,应当根据其重要程度设置不同的证明标准。案件基本事实涉及案件裁判的实质公正,其证明程度明显要高于诉讼中的程序性事实与辅助性事实的证明程度。(3)待证事实的性质的差异。例如,涉及公民人格权的欺诈、胁迫、恶意串通的事实,涉及对公民财产处分的遗嘱以及赠予的事实,其证明标准应高于普通案件事实的证明标准。

二、我国民事诉讼的证明标准

《解释》第108条规定:"对负有举证证明责任的当事人提供的证据,人民法院经审查并结合相关事实,确信待证事实的存在具有高度可能性的,应当认定该事实存在。对一方当事人为反驳负有举证证明责任的当事人所主张事实而提供的证据,人民法院经审查并结合相关事实,认为待证事实真伪不明的,应当认定该事实不存在。法律对于待证事实所应达到的证明标准另有规定的,从其规定。"

(一)本证和反证标准

本证的证明标准是对负有证明责任的当事人而言的,重在判断其证立或证成的程度。法院对负有证明责任的当事人提供的证据,经结合相关事实审查,确信待证事实的存在具有高度可能性的,应当认定该事实存在。因此,本证的通常程度应达到令法官在内心相信案件事实的发生与存在具有"高度可能性"(或称"高度盖然性")。

反证是对方当事人对本证事实的否定、反驳、质疑,其目的在于动摇和推翻本证,对本证事实只要反证到令人怀疑的程度便成功。"对一方当事人为反驳负有举证证明责任的当事人所主张事实而提供的证据,人民法院经审查并结合相关事实,认为待证事实真伪不明的,应当认定该事实不存在。"可见,反证比本证的标准低,即待证事实真伪不明。

(二)特别事实标准

民事诉讼中待证事实具有多样性,可以区分为基本事实、程序事实、辅助事实等。基本事实应达到"高度盖然性"标准,程序事实、辅助事实一般适用"优势盖然性"标准。

有关剥夺公民基本权利、监护权、欺诈、撤销或变更书面交易等案件,因涉及公民、法人的重大民事权益,应达到"排除合理怀疑"标准。《解释》第109条规定:"当事人对欺诈、胁迫、恶意串通事实的证明,以及对口头遗嘱或者赠与事实的证明,人民法院确信该待证事实存在的可能性能够排除合理怀疑的,应当认定该事实存在。"所谓"排除合理怀疑"是指任何公正诚实的人都不能提出合乎逻辑的怀疑,法官对该事实的存在能够确信无疑。民事诉讼中,"排除合理怀疑"只限于特别性质的案件事实的认定。

(三)证明与说明的标准

证明通常是指运用证据证实案件事实的存在,要求达到令法官在内心相信该事实的存在具有高度可能性的状态。而"说明"就是对案件或诉讼中的某一事实或现象进行的解释和阐明。"说明"的标准要明显低于"证明"。例如,当事人逾期提供证据的,法院应当责令其说明理由;拒不说明理由或者理由不成立的,法院根据不同情形可以不予采纳该证据,或者采纳该证据但予以训诫、罚款(《民诉法》第65条)。此处的"说明"应达到"令人相信"逾期的原因是正当的。"说明"的问题不同,其标准也不完全相同。具体标准取决于需要说明问题的性质和法律的具体规定。

第五节 民事诉讼证明过程

一、提供证据与交换证据

证据提供是指诉讼当事人按照法律规定或法院指定,以适当的方式提出证据,以供法庭调查的诉讼行为,又称举证。当事人提供自己收集的证据主要有两种方式,即直接向法院提交和通过证据交换提交。

(一)提供证据的一般要求

1. 提交原始证据

当事人向法院提供证据,应当提供原件或者原物。这是由于原件或原物的真实性、可靠性高于复制件、复制品,也有利法庭辨别真伪。诉讼中要求优先提交原始证据,并在同一证据存在不同形式时,优先适用原始证据作为认定案件事实的依据。该要求称之为原始证据规则或原始证据优先规则。

提交原件或者原物确有困难的,可以提交复制品、照片、副本、节录本(《民诉法》第70条)。被认为属于"确有困难"的情形主要有:(1)书证原件遗失、灭失或者毁损的;(2)原件在对方当事人控制之下,经合法通知提交而拒不提交的;(3)原件在他人控制之下,而其有权不提交的;(4)原件因篇幅或者体积过大而不便提交的;(5)承担举证证明责任的当事人通过申请法院调查收集或者其他方式无法获得书证原件的(《解释》第111条)。

2. 境外证据的公证与认证

当事人提供的证据在中华人民共和国领域外形成的,应当经所在国公证机关予以证明,并经中华人民共和国驻该国使领馆予以认证,或者履行中华人民共和国与该所在国订立的有关条约中规定的证明手续。当事人向法院提供的证据是在中国香港、澳门、台湾地区形成的,应当履行相关的证明手续(《证据规定》第11条)。

3. 外文书证翻译

当事人向法院提供外文书证或者外文说明资料,应当附有中文译本(《民诉法》第70条第2款)。

4. 证据编号、说明与副本

当事人应当对其提交的证据材料逐一分类编号,对证据材料的来源、证明对象和内容作简要说明,签名盖章,注明提交日期,并依照对方当事人人数提出副本。

法院收到当事人提交的证据材料,应当出具收据,注明证据的名称、份数和页数以及收到的时间,由经办人员签名或者盖章(《民诉法》第66条)。

(二)举证期限

举证期限不仅适用于当事人提交物证、书证等实物证据①,也适用于申请证人出庭作证②、申请鉴定③、申请法院调查收集证据④、申请法院责令对方当事人提交证据⑤等履行证明责任的行为。

举证时限是指负有举证责任的当事人应当在法律规定或者法院指定的期限内提供证据,逾期不提供将承担不利后果的民事诉讼制度。设立举证期限的意义在于规范当事人的举证行为,合理限制当事人提交证据的时间,防止诉讼拖延,促进诉讼的顺利进行。

1. 举证期限的确定

举证期限的确定主要有法院确定与当事人协商确定两种。

法院确定举证期限是指法院根据当事人的主张和案件审理情况,确定当事人应当提供的证据期限。确定当事人举证期限应当符合以下要求:(1)符合实际,根据当事人的主张和案件审理情况确定(《民诉法》第65条第2款);(2)在审理前的准备阶段确定举证期限(《解释》第99条第1款)。(3)第一审普通程序案件的举证期限不得少于15日,第二审案件当事人提供新的证据的,不得少于10日(《解释》第99条)。第一审简易程序的举证期限(包括当事人协商确定的期限)不得超过15日(《解释》第266条)。小额诉讼程序的举证期限(包括当事人协商确定的期限)一般不得超过7日(《解释》第277条)。

当事人协商确定举证期限是指各方当事人以协商一致的方式确定举证期限。协商确定的基本要求是:(1)各方当事人集体协商,并达成一致。但简易程序协商确定的举证期限不得超过15日,小额诉讼程序协商确定的举证期限一般不得超过7日。(2)协商确定举证时限应秉承诚实信用原则。(3)协商结果应当经法院许可。

2. 再次确定举证期限

举证期限届满后,有的当事人发现原来已经提供的证据在来源、形式上存在瑕疵,需要补正;有的当事人因为对方当事人在诉讼中增加、变更诉讼请求、提出反诉而提出新的证据;或者确实发现了新的证据,需要重新调查收集新的用于反驳的证据的;当事人主张的法律关系的性质或者民事行为的效力与法院根据案件事实作出的认定不一致的,都需要法院准许再次确定举证期限。法院可以根据实际情况酌情再次确定举证期限。再次确定的举证期限

---

① 《民诉法》第65条第2款规定:"人民法院根据当事人的主张和案件审理情况,确定当事人应当提供的证据及其期限。"

② 《解释》第117条规定:"当事人申请证人出庭作证的,应当在举证期限届满前提出。"

③ 《解释》第121条第1款规定:"当事人申请鉴定,可以在举证期限届满前提出。"

④ 《解释》第94条第2款规定:"当事人及其诉讼代理人因客观原因不能自行收集的证据,可以在举证期限届满前书面申请人民法院调查收集。"

⑤ 《解释》第112条第1款规定:"书证在对方当事人控制之下的,承担举证证明责任的当事人可以在举证期限届满前书面申请人民法院责令对方当事人提交。"

不受第一审普通程序案件不得少于15日和当事人提供新的证据的第二审案件不得少于10日的限制(《解释》第99条)。其目的在于保证各方当事人平等而充分地行使诉讼权利。

3. 举证期限的延长

举证期限延长是指当事人由于客观原因无法在举证期限届满前提交证据,法院根据当事人的申请,经审查后允许当事人延长举证时限。一般情况下,举证时限一经确定,不得随意变动。但是遇有不能归责于当事人的客观原因,导致无法在举证期限内完成举证的,为了充分保障当事人的权利,应当允许其申请适当延长举证期限(《民诉法》第65条)。当事人申请延长举证期限的,应当在举证期限届满前向法院提出书面申请。申请理由成立的,法院应当准许,适当延长举证期限,并通知其他当事人。延长的举证期限适用于其他当事人。申请理由不成立的,法院不予准许,并通知申请人(《解释》第100条)。

4. 逾期举证的法律后果

逾期举证是指当事人超越举证期限提交证据的行为。逾期举证的原因十分复杂,有的是因为当事人的主观原因造成的,有的是因为客观原因造成的;有的是因为存在障碍原因无法在举证期限届满前完成举证;有的是在举证期限届满后又发现新的证据。因此对逾期举证的处理不能简单化,应当保持适度的灵活性,充分保障诉讼实质公正。

根据《民诉法》和《解释》的规定,当事人逾期提供证据的,法院应当责令其说明理由,必要时可以要求其提供相应的证据。法院根据不同情形分别作出视为未逾期、不予采纳、采纳并处罚、赔偿损失的处理。

(1) 视为未逾期。当事人因客观原因逾期提供证据,或者对方当事人对逾期提供证据未提出异议的,视为未逾期(《解释》第101条)。

(2) 不予采纳。当事人因故意或者重大过失逾期提供的证据,法院不予采纳(《解释》第102条)。例如,当事人企图"证据袭击"而逾期举证的,应当不予采纳。

(3) 采纳并处罚。如果逾期提交的证据与案件基本事实有关,足以影响到案件的实质处理结果正确性的,法院应当采纳,并依照《民诉法》第65条、第115条第1款的规定予以训诫、罚款。

(4) 赔偿损失。一方当事人因逾期提供证据致使对方当事人额外增加交通、住宿、就餐、误工、证人出庭作证等费用支出的,对方有权要求逾期举证的当事人赔偿损失,法院应予支持(《解释》第102条第3款)。

(三) 证据交换

证据交换是在审理前的准备阶段,各方当事人在法院的主持下相互披露和交换将来准备用于诉讼的证据的活动。证据交换有利于帮助当事人相互了解各自所掌握的证据,集中诉讼焦点;有利于当事人充分质证,保护当事人的诉讼权利和实体权利;有利于保障开庭审理的顺利进行。审前证据交换适合于疑难复杂、证据较多的案件。

原则上,双方当事人应当将本案证据资料进行交换。但是,有关享有豁免权的证言,涉及国家秘密、个人隐私和商业秘密等的证据,虽应提交法院,但可以不交换。若是本案主要或唯一证据而必须交换的,则应要求对方当事人承担保密义务。

证据交换应在审理前的准备阶段进行(《民诉法》第133条、《解释》第224、225条)。交换证据的具体时间可由当事人协商一致并经法院认可,也可由法院指定。当事人申请延期举证经法院准许的,证据交换时间相应顺延。

在法院主持下,各方当事人相互交换证据。证据交换以"当面交换"为原则。因为当面交换证据,才能真正实现证据交换的功能(了解证据、整理争点)。如果当事人、证人在外地或国外的,双方协调一致的,也可以书面交换证据。

当事人收到对方交换的证据后提出反驳并提出新证据的,法院应当通知当事人在指定的时间再次交换。在提供、交换证据的过程中,当事人有权对其所提供的证据予以修改,特别是在当事人变更诉讼请求或被告答辩后,应当允许当事人提供修改后的证据,并及时交换。证据交换一般不超过两次。但重大、疑难和案情特别复杂的案件,法院认为确有必要再次进行证据交换的除外。

当事人在证据交换过程中认可并记录在卷的证据,经审判人员在庭审中说明后,视为质证过的证据(《解释》第103条);对有争议的证据则按照待证事实分类记录在卷并记载争议的理由。

二、当事人质证

所谓"质证"是指法院应当组织当事人围绕证据的关联性、真实性、合法性,以及证明力大小进行质疑与辩驳。证据应当在法庭上出示,由当事人互相质证;未经当事人质证的证据,不得作为认定案件事实的根据(《民诉法》第68条、《解释》第103条)。

(一)质证主体

民事诉讼质证主体是双方当事人。各方当事人通过说明、辩解己方证据和质疑、驳斥对方证据的方式,以维护己方证据和推翻对方证据。

在法庭审理过程中,审判人员指导质证活动的进行,可以对证人、鉴定人员进行询问,并对其他证据进行审查,但其目的是为了履行审判职能的需要,一方面是维持正常的庭审秩序,保证质证的顺利进行,另一方面是为了确保在质证的基础上获得对事实客观公正的判断。

(二)质证内容

各方当事人质证的内容是证据资格的有无和证明力的大小。当事人在证据交换过程中无争议并记录在卷的证据,经法官在庭审中说明后,在辩论主义诉讼中可以作为认定案件事实的依据,无需质证。

无论是当事人提供的还是法院收集的证据,均应由双方当事人质证。对于涉及国家秘密、商业秘密和个人隐私或者法律规定的其他应当保密的证据的质证,不得在开庭时公开质证(《解释》第103条),并且告知当事人承担保密义务。

(三)质证场合

根据《民诉法》第68条的规定,质证应当在法庭上进行。对此,《民诉法》《解释》等作出如下具体规定:法院认为有必要的,可以要求当事人本人到庭接受询问(《解释》第110条);证人应当出庭作证,接受当事人的质询[①];鉴定人应当出庭,接受当事人质询[②];经法庭许可,

---

① 《证据规定》第55条第2款规定:"证人在人民法院组织双方当事人交换证据时出席陈述证言的,可视为出庭作证。"
② 《证据规定》第59条规定:"鉴定人应当出庭接受当事人质询。鉴定人确因特殊原因无法出庭的,经人民法院准许,可以书面答复当事人的质询。"

当事人可以向证人、鉴定人、勘验人发问等。

事实上,双方当事人在法庭上展开口头质证,既是直接言词审理原则的内涵和要求,又能实现公开审判原则的意义。从程序保障的角度来看,只有在公开开庭审理的程序中,当事人质证才真正具有诉讼权利的性质,法院未给当事人提供这种公开保障则为程序违法,所以应当排除庭审以外的"质证"①。

(四)质证方式

实物证据与言词证据的质证方式和质证程序不同。实物证据质证的方式有:辨认、鉴定、勘验等。同时,还可以询问其制作者、保管者、提取者、收集者。而言词证据的质证方式主要有法官询问和当事人交叉询问。一般来说,大陆法系国家和我国多采用法官询问式,英美法系国家则采用交叉询问式。

法官询问式大体上是指法官对证人、鉴定人、当事人进行询问,当事人经法官同意可向证人、鉴定人发问,被询问人应当据实回答。交叉询问式大体上是指当事人对己方提出的证人先行主询问,主询问结束后由对方当事人进行反询问;依次反复进行(再询问)②。

询问证人应当个别进行③,法官认为必要时可令证人对质。法官认为当事人在场有碍证人陈述时,可告知当事人暂时退庭;证人陈述完毕后,法官应转述证人陈述的内容。询问证人的内容有:证言的内容、证人的作证能力、证人与当事人及其代理人之间的利害关系、证人感知案件事实的客观环境等。证人有正当理由不能出庭的,应在法庭上播放有关证人作证的音像资料,对此可以比照"视听资料"接受当事人的质证和法院的审核。

当事人对鉴定意见提出质疑和意见的,鉴定人必须答复。鉴定人除提供书面鉴定意见外,还应出庭接受当事人质询,即对鉴定人的资格、鉴定所使用的材料和技术、鉴定的依据、鉴定的过程、鉴定的结论、鉴定人签名或盖章等进行质询。

为了弥补当事人、诉讼代理人对鉴定意见质证能力的不足,《民诉法》设立了专家辅助人制度,帮助当事人对鉴定意见和诉讼中的专业性问题进行质证(《民诉法》第79条)。当事人可以在举证期限届满前申请一至二名具有专门知识的人出庭,代表当事人对鉴定意见进行质证,或者对案件事实所涉及的专业问题提出意见。专家辅助人在法庭上就专业问题提出的意见,视为当事人的陈述(《解释》第122条)。法院可以对出庭的专家辅助人进行询问。当事人经法庭准许也可以对出庭的专家辅助人进行询问,当事人各自申请的专家辅助人可以就案件中的有关问题进行对质。但是,专家辅助人不得参与专业问题之外的法庭审理活动。

---

① 参见王亚新:《民事诉讼中质证的几个问题》,载《法律适用》2004年第3期。

② 有关英美法系的交叉询问(cross examination),参见[美]约翰·W·斯特龙主编:《麦考密克论证据》,汤维建等译,中国政法大学出版社2004年版,第45~64页。有关交叉询问规则在我国适用问题的探讨,参见张卫平:《交叉询问制:魅力与异境的尴尬》,载《中外法学》2001年第3期;毕玉谦:《试论民事诉讼上的主询问规则》,载《法律适用》1999年第12期。

有学者认为,当事人双方都具备辩论能力的,可以交叉询问为主,辅以法官询问;当事人一方辩论能力明显不足的,法官应当确保双方当事人询问的机会,并通过法官阐明或法官询问来维护双方当事人之间质证的均衡和程序的公平;双方当事人辩论能力都较差的,无法进行交叉询问,则以法官询问为主,当事人也可发问。参见王亚新:《民事诉讼中质证的几个问题》,载《法律适用》2004年第3期。

另有学者认为,法官询问式实际上更多的是法官审查和判断证据。在法官询问式中,应当保证当事人充分质证的机会,否则偏离了质证的目的和质证的主体要求。若从当事人质证的角度来说,交叉询问式更能体现质证的目的和主体要求。参见邵明:《正当程序中的实现真实》,法律出版社2009年版,第415页。

③ 进行通常情况下,证人作证时,鉴定人可以聆听,无需避席。

对当事人诉讼外自认和法官询问当事人而形成的证据,应当从关联性、真实性和合法性等方面进行质证,比如当事人的作证能力、当事人知悉案件事实的客观环境、当事人陈述的内容与本案有无关联、当事人陈述的内容有无虚假成分等。

(五) 质证程序

质证一般按照下列程序进行:(1) 原告出示证据,被告、第三人与原告进行质证;(2) 被告出示证据,原告、第三人与被告进行质证;(3) 第三人出示证据,原告、被告与第三人进行质证。

诉讼中有两个以上独立的诉讼请求的,当事人可以逐个出示证据进行质证。法庭应当将当事人的质证情况记入笔录并由当事人核对后签名或盖章。

质证在法官的主持下进行,法官通过行使诉讼指挥权维护质证程序公正、有序地进行,并处理质证中出现的违法或非理行为(如制止无关的质证、制止侮辱性言语等)。

法官还应以询问、说明、解释等方式进行阐明,让当事人补正模糊不清或不充分的质证。当事人的辩论能力明显不足而有可能造成案件实体处理结果不公正之虞时,法官基于中立者地位,通过阐明以维护双方当事人实质上的力量对等,以实现诉讼公正。

三、法官判断证据和认定事实

法官判断证据,是指本案审判法官审查和确认证据资格的有无和证明力的大小。法官根据调查全案证据的结果,确认案件事实是否真实。当事人质证辩论的同时,法官判断证据和认定事实,逐渐形成心证。因此,在程序和方式上,当事人质证辩论与法官判断证据认定事实存在着一致性,比如均须遵循对审原则、直接言词原则等。

《民诉法》第 64 条第 3 款规定:"人民法院应当按照法定程序,全面地、客观地审查核实证据。"《解释》第 105 条规定:"人民法院应当按照法定程序,全面、客观地审核证据,依照法律规定,运用逻辑推理和日常生活经验法则,对证据有无证明力和证明力大小进行判断,并公开判断的理由和结果。"

法官审查判断证据和认定事实时,应当遵循:诉讼公正和诉讼效率等理念;证据裁判原则、对审原则、直接言词原则、诚实信用原则等;事实或证据共通性原理;关联性规则、真实性规则、合法性规则和举证期限规则等;司法认知规则、预决规则、推定规则、自认规则等;证明责任分配规则和证明标准等。

法院必须根据不同类型证据的特点和证据规则审核认定证据。即便是同一种类的证据,每一个证据的形成环境和条件不同,也须具体审查认定。当事人质证和法官判断证据的方法是相通的,必须对单个证据予以质证和判断;在案件审理终结时,必须综合判断全案证据,全面衡量本证与反证的证明力,做出事实认定。

对负有举证证明责任的当事人提供的证据,法院经审查并结合相关事实,确信待证事实的存在具有高度可能性的,应当认定该事实存在。对一方当事人为反驳负有举证证明责任的当事人所主张事实而提供的证据,法院经审查并结合相关事实,认为待证事实真伪不明的,应当认定该事实不存在(《解释》第 108 条)。

法院对于审核认定证据的详细过程和具体结果,应当制作笔录,该笔录属于审理笔录的组成部分。当事人和证人、鉴定人等有权当庭或在一定期间阅读,并有权申请补正。该笔录应由审判法官、书记员、当事人和证人、鉴定人等签名或盖章。审核认定证据的过程和结果向当事人公开(属于判决理由公开的范畴)。

【思 考 题】

1. 下列哪一情形可以产生自认的法律后果?①
   A. 被告在答辩状中对原告主张的事实予以承认
   B. 被告在诉讼调解过程中对原告主张的事实予以承认,但该调解最终未能成功
   C. 被告认可其与原告存在收养关系
   D. 被告承认原告主张的事实,但该事实与法院查明的事实不符

2. 张志军与邻居王昌因琐事发生争吵并相互殴打,之后,张志军诉至法院要求王昌赔偿医药费等损失共计3 000元。在举证期限届满前,张志军向法院申请事发时在场的方强(26岁)、路芳(30岁)、蒋勇(13岁)出庭作证,法院准其请求。开庭时,法院要求上列证人签署保证书,方强签署了保证书,路芳拒签保证书,蒋勇未签署保证书。法院因此允许方强、蒋勇出庭作证,未允许路芳出庭作证。张志军在开庭时向法院提供了路芳的书面证言,法院对该证言不同意组织质证。关于本案,法院的下列哪些做法是合法的?②
   A. 批准张志军要求事发时在场人员出庭作证的申请
   B. 允许蒋勇出庭作证
   C. 不允许路芳出庭作证
   D. 对路芳的证言不同意组织质证

3. 主要办事机构在A县的五环公司与主要办事机构在B县的四海公司于C县签订购货合同,约定:货物交付地在D县;若合同的履行发生争议,由原告所在地或者合同签订地的基层法院管辖。现五环公司起诉要求四海公司支付货款。四海公司辩称已将货款交给五环公司业务员付某。五环公司承认付某是本公司业务员,但认为其无权代理本公司收取货款,且付某也没有将四海公司声称的货款交给本公司。四海公司向法庭出示了盖有五环公司印章的授权委托书,证明付某有权代理五环公司收取货款,但五环公司对该授权书的真实性不予认可。根据案情,法院依当事人的申请通知付某参加(参与)了诉讼。

   本案需要由四海公司承担证明责任的事实包括:③
   A. 四海公司已经将货款交付给了五环公司业务员付某
   B. 付某是五环公司业务员
   C. 五环公司授权付某代理收取货款
   D. 付某将收取的货款交到五环公司

4. 下列关于证明的哪一表述是正确的?④
   A. 经过公证的书证,其证明力一般大于传来证据和间接证据
   B. 经验法则可验证的事实都不需要当事人证明

---

① 2015年国家司法考试卷三,参考答案:A。
② 2015年国家司法考试卷三,参考答案:ABCD。
③ 2015年国家司法考试卷三,参考答案:AC。
④ 2014年国家司法考试卷三,参考答案:C。

C. 在法国居住的雷诺委托赵律师代理在我国的民事诉讼,其授权委托书需要经法国公证机关证明,并经我国驻法国使领馆认证后,方发生效力

D. 证明责任是一种不利的后果,会随着诉讼的进行,在当事人之间来回移转

5. 大皮公司因买卖纠纷起诉小华公司,双方商定了 25 天的举证时限,法院认可。时限届满后,小华公司提出还有一份发货单没有提供,申请延长举证时限,被法院驳回。庭审时小华公司向法庭提交该发货单。尽管大皮公司反对,但法院在对小华公司予以罚款后仍对该证据进行质证。下列哪一诉讼行为不符合举证时限的相关规定?①

A. 双方当事人协议确定举证时限

B. 双方确定了 25 天的举证时限

C. 小华公司在举证时限届满后申请延长举证时限

D. 法院不顾大皮公司反对,依然组织质证

6. 甲路过乙家门口,被乙叠放在门口的砖头砸伤,甲起诉要求乙赔偿。关于本案的证明责任分配,下列哪一说法是错误的?②

A. 乙叠放砖头倒塌的事实,由原告甲承担证明责任

B. 甲受损害的事实,由原告甲承担证明责任

C. 甲所受损害是由于乙叠放砖头倒塌砸伤的事实,由原告甲承担证明责任

D. 乙有主观过错的事实,由原告甲承担证明责任

7. 关于本案李强被狗咬伤的证据证明问题,下列选项正确的是:③

A. 赵刚的证人提出的书面证词属于书证

B. 李强提交的诊断书、医院处方为复印件,肯定无证明力

C. 李强是因为挑逗赵刚的狗而被狗咬伤的事实的证明责任由赵刚承担

D. 李强受损害与被赵刚的狗咬伤之间具有因果关系的证明责任由李强承担

8. 关于证明责任,下列哪些说法是正确的?④

A. 只有在待证事实处于真伪不明情况下,证明责任的后果才会出现

B. 对案件中的同一事实,只有一方当事人负有证明责任

C. 当事人对其主张的某一事实没有提供证据证明,必将承担败诉的后果

D. 证明责任的结果责任不会在原、被告间相互转移

9. 郭某诉张某财产损害一案,法院进行了庭前调解,张某承认对郭某财产造成损害,但在赔偿数额上双方无法达成协议。关于本案,下列哪一选项是正确的?⑤

A. 张某承认对郭某财产造成损害,已构成自认

B. 张某承认对郭某财产造成损害,可作为对张某不利的证据使用

C. 郭某仍需对张某造成财产损害的事实举证证明

D. 法院无需开庭审理,本案事实清楚可直接作出判决

① 2013 年国家司法考试卷三,参考答案:C。
② 2012 年国家司法考试卷三,参考答案:D。
③ 2012 年国家司法考试卷三,参考答案:CD。
④ 2011 年国家司法考试卷三,参考答案:ABD。
⑤ 2010 年国家司法考试卷三,参考答案:C。

第四编

通常审判程序

第十二章
第一审普通程序

【本章要点】

第一审普通程序是法院审理诉讼案件通常适用的程序,是民事诉讼程序的主体程序,也是其他诉讼程序的基础。第一审普通程序对当事人起诉到法院作出判决的各个环节都作了详细规定,广泛适用于各级法院审理一般的和重大复杂的民事案件;同时它还针对诉讼中可能出现的特殊问题(如撤诉等)作出了应对性规定,以适应审判实践的需要。掌握第一审普通程序的理论及法律规定是把握我国民事审判程序的重要环节,也是研究民事审判方式改革问题的基础和前提。

第一节 第一审普通诉讼程序概述

一、普通诉讼程序的概念

第一审普通诉讼程序,又称普通程序,是指法院审理和裁判第一审民事案件通常适用的程序。

普通程序是诉讼程序中最基本、最核心的一种程序。《民诉法》规定的诉讼程序包括第一审普通程序、简易程序,第二审程序和审判监督程序。与诉讼程序相对的是非讼程序。民事诉讼法在审判程序部分先规定诉讼程序,而在诉讼程序中又首先规定第一审普通程序,第一审普通程序是诉讼程序的基础,具有审判程序通则的功能。

二、普通程序的特点

与其他诉讼程序相比,普通程序具有以下特点。

(1)普通程序具有完整性。其表现在:从体系上看,普通程序包括了当事人起诉、法院受理、审理前准备、开庭审理、裁判等各个法定诉讼阶段,每一个诉讼阶段按顺序相互衔接,体系完整,反映了审判活动和诉讼活动的基本规律。从内容上看,普通程序对各个诉讼环节的具体内容均作出了具体明确规定,并且对一些必要的诉讼制度也作出了规定,如撤诉、缺席判决、诉讼中止和诉讼终结等。它们虽不属于某一个诉讼阶段,但对于处理诉讼中可能出现的特殊问题,却是必不可少的。

(2) 普通程序具有相对的独立性。其体现在:适用普通程序审理民事案件,除贯彻民事诉讼法总则部分的基本原理、基本制度外,不需要适用其他任何一种诉讼程序的规定,是不依赖于简易程序、第二审程序、审判监督程序的独立的诉讼程序。法院无论是审理一般的诉讼案件,还是重大、复杂的诉讼案件,都可以只适用普通程序就将其审结。

(3) 普通程序具有广泛的适用性。普通程序适用于各级各类法院审理诉讼案件。中级以上的法院和各专门法院审理第一审民事案件,必须适用普通程序;基层法院除审理简单民事案件适用简易程序和小额诉讼程序外,审理其他案件也必须适用普通程序。

同时,由于普通程序完整、系统,可广泛适用于法院审理一审民事案件、上诉案件和再审案件。我国民事诉讼中的简易程序、第二审程序、审判监督程序是专门用于处理简单民事案件、上诉案件和再审案件的诉讼程序,针对性强但不系统完整,法院在审理这些案件的过程中,凡是相应的程序没有规定的,就要适用普通程序的有关规定。普通程序的这一特点反映了普通程序和其他诉讼程序的关系,反映了诉讼程序之间的差异性和协调性。

第二节 起诉与受理

一、原告起诉

(一) 起诉的概念

起诉,是指公民、法人和其他组织认为自己的民事权益受到侵犯或与他人发生争议,以自己的名义向法院提出诉讼,要求法院予以审判的诉讼行为。

起诉是当事人实施的一项重要的诉讼行为,起诉权是当事人依法享有的一项重要的诉讼权利。当事人行使起诉权的目的是要引起诉讼程序的开始,从而使受侵害的合法民事权益或民事争议置于法院的保护或救济之下。由于民事诉讼实行"不告不理"的原则,没有当事人的起诉,法院不能启动诉讼程序。因此,当事人的起诉不仅对于保护合法权益和解决民事争议具有重要意义,而且对于诉讼程序的发生也具有重要意义。

从起诉的性质上看,起诉是原告诉讼法上的单方行为,该行为一旦实施,第一审普通程序会发生一系列的法律后果,但将发生何种法律后果,《民诉法》没有作出明确规定。《民诉法》将"起诉与受理"列为普通程序的第一节,学理上也通常以"起诉与受理的结合"作为诉讼程序开始的标志,而对于原告起诉的效力少有研究。实际上,原告一旦起诉就会引起一定的法律后果,即使法院经审查后认为不符合起诉条件而不予受理。在日本,"诉讼以原告进行起诉开始,并系属于法院"①;德国民事诉讼法也有类似规定,均承认起诉发生诉讼系属的法律后果。

---

① [日]中村英郎:《新民事诉讼法讲义》,陈刚等译,法律出版社2001年版,第145页。

实际上，原告提起诉讼之时，即诉讼系属发生之时，诉讼法律关系由此产生：原告有权提起诉讼并应遵守关于起诉条件的规定；法院有权并且有责任对原告的起诉进行审查，符合条件的予以受理，不符合条件的予以驳回。如果按照诉讼程序从法院受理时开始计算，那么在法院受理之前发生的当事人与法院诉讼上的权利义务关系将无法解释，原告起诉行为与法院的审查、决定行为为什么要受民事诉讼法的调整也将无法解释。因此，"起诉是单方行为、不是双方行为，只要原告提起诉讼，诉讼系属就发生，诉讼程序就开始，法院就负担审查起诉是否合法和决定是否受理等一系列诉讼权利和诉讼义务"①。诉讼系属，是指因诉的提起，在特定的当事人之间，就争议的民事权利和法律关系，受有管辖权的法院审判的状态。

根据《民诉法》的规定，原告的起诉行为实际在诉讼法上也会引起一定的法律后果，这些法律后果包括：第一，依据《解释》的规定，法院接到当事人提交的民事起诉状时，对符合条件的应当登记立案；对当场不能判定是否符合起诉条件的，应当接收起诉材料，并出具注明收到日期的书面凭证，及时告知当事人是否需要补充材料，在材料补齐后七日内决定是否立案。决定立案的，案件的审理将进入下一环节；法院决定不立案的，应作出裁定并说明理由，当事人不服可向上一级法院提出上诉。第二，对原告来说，诉讼系属的效力还意味着禁止其二重起诉，禁止原告向正在审查其起诉的法院之外的其他任何法院依同一事实、同一理由再行起诉。第三，原告起诉所引起的程序除民事诉讼法规定的情形（如不符合起诉条件法院不立案、撤诉、裁判）之外，任何人不得随意解除和终止。

由此可见，原告起诉必然地要引起一定诉讼上法律后果的产生，诉讼程序实际上已经发生。但原告的起诉要引起法院对其诉讼标的进行实体审查而不是被驳回，还必须符合民事诉讼法规定的起诉条件。

（二）起诉的条件

根据《民诉法》第119条的规定，起诉应当具备下列条件。

（1）原告是与本案有直接利害关系的公民、法人和其他组织。原告是指请求法院行使审判权解决民事纠纷或保护民事权益的公民、法人或其他组织。原告通常是在自己的或依法受自己保护的民事权益受到侵犯或者与他人发生争议时才有权向法院提起诉讼，并引起诉讼程序的发生。

（2）有明确的被告。被告与原告，是争议的双方，是任何一个民事案件都不可缺少的当事人。如果没有明确的被告，原告的请求无人应承，争议的法律事实无从证实，法院也就无法开始审判活动。所以，原告向法院提起民事诉讼必须有明确的被告。依据《解释》的规定，原告提供被告的姓名或者名称、住所等信息具体明确，足以使被告与他人相区别的，就可以认定为有明确的被告。

（3）有具体的诉讼请求和事实、理由。原告向法院提起诉讼，必须指出请求法院予以保护的民事权益的具体内容，同时，还必须指出这些诉讼请求赖以存在和应受到法律保护的事实根据和理由。

（4）属于法院受理民事诉讼的范围和受诉法院管辖。如果案件不属法院受理民事案件的范围即不属法院主管，说明法院对案件没有审判权，当事人亦没有诉权，法院不应受理。

① ［日］中村英郎：《新民事诉讼法讲义》，陈刚等译，法律出版社2001年版，第309页。

即使属于法院主管的案件,在法院组织系统内部也有一个分工问题,如果原告不是向有管辖权的法院起诉,或者受诉的法院对案件没有管辖权,起诉就不能成立。

以上四个起诉条件属于通常的法定起诉条件。我国现行公益诉讼、第三人撤销之诉、再审之诉等除具备通常起诉要件外,还应具备其他条件;同时,原告还得提交合法起诉状(《民诉法》第121条)(书写起诉状确有困难或简单案件,原告可以口头起诉)。

(三) 起诉的方式和内容

《民诉法》第120条规定:"起诉应当向人民法院递交起诉状,并按照被告人数提出副本。书写起诉状确有困难的,可以口头起诉,由人民法院记入笔录,并告知对方当事人。"根据这一规定,起诉可以采取两种方式,即口头起诉或书面起诉。

根据《民诉法》第121条的规定,起诉状应当包括以下内容。

(1) 当事人的基本情况。即原告的姓名、性别、年龄、民族、职业、工作单位、住所和联系方式;原告是法人的或其他组织的,应写明法人或其他组织的名称、住所和法定代表人或者主要负责人的姓名、职务和联系方式。被告的姓名、性别、工作单位、住所等信息,是法人或其他组织的,应写明其名称、住所等信息。有诉讼代理人的,应写明代理人的基本情况和代理权限。

(2) 诉讼请求和所根据的事实与理由。诉讼请求应当明确具体,以便于受诉法院明确当事人的诉讼要求。所依据的事实应当客观,理由应当充分,以利于法院对案件的审理和裁判。

(3) 证据和证据的来源,证人姓名和住所。由于证据是证明案件事实的根据,诉讼中当事人要说服法官支持自己的诉讼主张,必须提供确实可靠的证据。我国法律规定,当事人对自己的诉讼主张有责任提供证据。为此,原告在诉状中应当写明证明自己诉讼主张的证据。同时为便于审查和查证事实,还应当提交或记明证据的来源和相关证人的姓名、住所,以便诉讼审理中对于相关事实的查证。

起诉状除要写明上述法律规定的内容外,还应写明受诉法院的全称和起诉的具体日期,并由原告签名或盖章。根据权利义务相一致的原则,原告有起诉权,被告有答辩权。起诉状是被告答辩的依据。因此,法律要求原告按照被告人数提供起诉状副本,由法院将副本分别送达被告,以便被告答辩。起诉状所记载的事项若有欠缺,受诉法院应通知原告,限期予以补正。

二、法院受理

(一) 受理的概念与意义

受理,是指法院认为原告的起诉符合法定条件,决定立案审理的一种诉讼活动。法院立案之后有权同时也有责任对这一具体案件进行实体审判。受理在程序法上具有以下法律意义。

(1) 原告、被告和法院成为特定案件中诉讼法律关系的主体,依法享有诉讼权利,承担相应的诉讼义务。就当事人而言,不能再就同一诉讼标的向其他任何法院起诉;就法院来讲,排除了其他法院对该案的管辖权。

(2) 诉讼非经法定程序不得随意解除。法院一旦受理案件,就必须严格按照法定的程序进行审理。在诉讼中,当事人可以处分自己的诉讼权利和实体权利,当事人在诉讼中的处分行为应当得到法院的尊重。法院享有审判权,有权组织、指挥诉讼程序的进行,并最终对案件作出裁判。但法院行使审判权的行为也必须严格依照法定程序进行,在诉讼中没有法定事由,法院不得中止和终结诉讼。

(二)立案登记制

长期以来,在我国民事诉讼立法与实践中,实行立案审查制,即当事人的起诉需经法院进行审查之后予以受理(即立案),诉讼程序才能启动。如果法院对当事人的起诉不予受理(即不予立案),则当事人的起诉将无法达到启动程序从而获得司法救济。立案审查制因较为严格甚至苛刻常常导致起诉难、立案难。主要表现在:(1)应当立案而不予立案。包括属于法院主管范围的纠纷,因种种原因难以被法院受理;(2)立案拖沓。对于当事人提起的诉讼,受理案件时间长,手续繁杂,等待时间长;(3)在立案阶段,需要当事人或代理人往返的次数太多。人为设置障碍,互相推诿,为难当事人。①

《决定》明确指出:"改革法院案件受理制度,变立案审查制为立案登记制,对人民法院依法应该受理的案件,做到有案必立,有诉必理,保障当事人诉权。"为此,2015年中央全面深化改革领导小组第十一次会议审议通过了《关于人民法院推行立案登记制改革的意见》,最高人民法院颁行了《登记立案》。现行立案登记制的主要内容如下。

(1)实行当场登记立案。对符合法律规定的民事起诉、行政起诉、刑事自诉、强制执行和国家赔偿申请,一律接收诉状,当场登记立案。对当场不能判定是否符合法律规定的,应当在法律规定的期限内决定是否立案。

(2)实行一次性全面告知和补正。起诉材料不符合形式要件的,应当及时释明,以书面形式一次性全面告知应当补正的材料和期限。在指定期限内经补正符合法律规定条件的,法院应当登记立案。

(3)对不符合法律规定的起诉,应当依法裁决不予受理或者不予立案,并载明理由。当事人不服的,可以提起上诉。禁止不收材料、不予答复、不出具法律文书。

(4)严格执行立案标准。禁止在法律规定之外设定受理条件,全面清理和废止不符合法律规定的立案"土政策"。

为方便当事人行使诉权,法院提供网上立案、预约立案、巡回立案等诉讼服务(《登记立案》第14条)。比如,北京市高级法院颁行了《北京法院网上直接立案工作办法(试行)》《网上直接立案操作流程》《北京法院网上预约立案实用手册》《北京法院邮寄立案处理办法(试行)》等。

为防止立案登记带来的当事人虚假诉讼、恶意诉讼、无理缠诉等滥用诉权的行为,《意见》有针对性地规定了制裁措施,并要求进一步完善配套制度。

(二)特殊情况的处理

根据《民诉法》第124条及《解释》的有关规定,法院对有下述特殊情况的起诉,应依法根据不同情况分别作出相应的处理。

(1)依照《行政诉讼法》的规定,属于行政诉讼受案范围的,不予受理,告知原告提起行

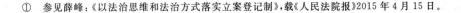

① 参见薛峰:《以法治思维和法治方式落实立案登记制》,载《人民法院报》2015年4月15日。

政诉讼。

（2）依照法律规定,双方当事人达成书面仲裁协议申请仲裁、不得向法院起诉的,告知原告向仲裁机构申请仲裁。

（3）依照法律规定,应当由其他机关处理的争议,告知原告向有关机关申请解决。

（4）对不属本院管辖的案件,告知原告向有管辖权的法院起诉。

（5）对判决、裁定、调解书已经发生法律效力的案件,当事人又起诉的,告知原告申请再审,但法院准许撤诉的裁定除外。

（6）依照法律规定,在一定期限内不得起诉的案件,在不得起诉的期限内起诉的,不予受理。

（7）判决不准离婚和调解和好的离婚案件,判决、调解维持收养关系的案件,原告撤诉或按撤诉处理的离婚案件,没有新情况、新理由,原告6个月内又起诉的,不予受理。

第三节 审前准备

一、审前准备的概念和意义

根据《民诉法》的规定,审前准备是指法院在受理原告的起诉之后,开庭审理之前,为保证案件审理的顺利进行,由承办案件的审判人员及当事人所进行的必要的准备活动。

审前准备是普通程序中开庭审理前的一个法定的必经阶段,是民事诉讼活动顺利进行尤其是庭审顺利进行的必备前提,对于整个案件的审理和程序的进行都具有十分重要的意义：(1)充分的审理前准备能够使法官了解案件的基本情况,掌握必要的证据；(2)充分的审理前准备有利于当事人双方明确争执的焦点和各自的主张,以及相对方所拥有的证据材料,防止诉讼中的证据突袭；(3)充分的审理前准备能够保证各方当事人、证人都准时出庭,提高庭审的效率；(4)通过法官与当事人以及当事人之间的交流与互动,促进和解或调解,推动案件的繁简分流。

二、审前准备的内容

根据《民诉法》第125～133条的规定,开庭审理前应当进行的准备工作有以下几项。

1. 在法定期限内送达诉讼文书

《民诉法》第125条规定："人民法院应当在立案之日起5日内将起诉状副本发送被告,被告在收到之日起15日内提出答辩状。被告提出答辩状的,人民法院应当从收到之日起5日内将答辩状副本发送原告。"向当事人送达受理通知书和应诉通知书,有助于当事人做好参加诉讼的准备,这是法院贯彻辩论原则、保护当事人辩论权的重要保障。

2. 通知必须共同进行诉讼的当事人参加诉讼

通知必须共同参加诉讼的当事人参加诉讼,是全面保护当事人的合法权益,彻底解决当事人之间争议的需要。必须参加诉讼的当事人没有参加诉讼的,法院都应当通知其参加诉讼。经通知后该当事人不愿参加诉讼的,可按下列情况处理：(1)如被追加(通知)的是共同原告,该原告表示放弃实体权利的,可以不追加其为原告,诉讼继续进行。如该原告未表示放弃实体权利,又不参加诉讼,经传票传唤又不到庭的,可以缺席审判。(2)如通知追加的是共同被告,经传票传唤拒不到庭的,可缺席审判。

3. 告知当事人有关诉讼权利和义务、合议庭组成人员

法院应当及时告知当事人有哪些诉讼权利和诉讼义务。这是维护当事人合法权益,保障当事人正确、平等地行使诉讼权利的一项重要措施,也是当事人的一项重要权利。

《民诉法》第128条规定:合议庭人员确定后,应当在3日内告知当事人,以便于当事人及时行使申请审判人员回避的权利。同时,也可以减少在开庭审理时因当事人申请回避而延期审理的现象,提高诉讼效率。

4. 审查有关的诉讼材料,调查收集必要的证据

审判人员应认真审阅原告提交的起诉状和被告提交的答辩状,核实当事人双方各自提供的事实和证据,明确双方当事人争执的焦点。

在民事诉讼中,证据的调查、收集和提供主要是当事人自己的事情,法院原则上不负有调查和收集证据的责任。但是,《民诉法》第64条第2款规定:"当事人及其诉讼代理人因客观原因不能自行收集的证据,或者人民法院认为审理案件需要的证据,人民法院应当调查收集。"法院据此调查和收集证据,应当在审前准备阶段进行。

5. 当事人没有争议,并且符合督促程序适用条件的案件,转入督促程序

督促程序是一种适用于解决以金钱和有价证券为标的的债务纠纷的程序,这些纠纷权利义务关系明确,一般无须严格复杂的诉讼程序即可确定。督促程序只做形式审查,省略了答辩、调查、开庭、辩论、上诉等程序,具有简便、迅速的特点。如当事人起诉到法院的案件符合督促程序的适用条件,当事人没有争议,可转入督促程序。

6. 先行调解

在正式开庭之前先行调解,有利于充分发挥调解在化解纠纷、促进合意、提高效率方面的优势,法院应当根据案件的具体情况,结合审前程序的其他准备工作,适时安排和主持调解。经调解,当事人达成调解协议的,法院应当制作调解书,诉讼程序即告结束。一旦当事人之间达成调解协议,尚未完成的准备工作以及开庭审理就不必继续进行。但先行调解同样应当尊重当事人的意愿,贯彻自愿合法原则,当事人拒绝调解的,应当及时开庭。

7. 交换证据、明确争议焦点

需要开庭审理的案件,应当在审前准备阶段,围绕本案当事人的诉讼请求和答辩意见,交换证据,明确争议焦点,为双方当事人在开庭审理时的证明、质证、辩论做充分准备,也为法院顺利审理和裁判案件奠定基础。实践证明,交换证据、明确争议焦点的过程,不仅有助于提高庭审的质量和效率,而且也为在充分展示证据和交流诉辩意见的基础上,双方当事人进一步协商与和解创造了条件。

除上述主要的准备工作外,还应当确定审理案件适用的程序。民事诉讼法对普通程序和简易程序的适用范围作了规定,同时也赋予当事人依法选择程序的权利。普通程序和简易程序的开庭审理具有不同的特点及要求,因此,在正式开庭前的准备阶段,应当根据案件情况确定适用普通程序或者简易程序。

第四节 开庭审理

开庭审理是指法院在当事人及其他诉讼参与人出庭的情况下,对所受理的民事案件进行审理和裁判的活动。开庭审理是诉讼活动的重要阶段,也是第一审普通程序的必经阶段。民事诉讼法为了保证案件的审判质量,对开庭审理各阶段作了详细的规定,法院必须严格按照法定的程序进行。

一、庭审准备

庭审准备是开庭审理的预备阶段,其主要内容如下。

(1) 决定案件是否公开审理。《民诉法》第 134 条规定:"人民法院审理民事案件,除涉及国家秘密、个人隐私或者法律另有规定的以外,应当公开进行。离婚案件,涉及商业秘密的案件,当事人申请不公开审理的,可以不公开审理。"不论是否公开审理,法院在开庭审理前应作出决定。

(2) 决定是否派出法庭巡回就地开庭审理。巡回审理就地办案是一项重要的便民措施,法院应当根据案件的实际情况,确定是在本院审理还是下基层巡回审理。

(3) 传唤、通知当事人和其他诉讼参与人。法院审理民事案件,应当在开庭 3 日前将传票送达当事人,将出庭通知书送达其他诉讼参与人。

(4) 发布公告。对于公开审理的案件,法院应当在开庭审理前公告当事人的姓名、案由和开庭的时间、地点,以便群众旁听、新闻记者或电视台参访,接受监督。公告地点一般是法院门前的公示栏,巡回审理的案件,也可以在案发地或其他相关地点发布公告。

(5) 查明当事人和其他诉讼参与人是否到庭。开庭审理前,书记员应当查明当事人和其他诉讼参与人是否到庭。如有当事人或其他诉讼参与人未到庭,则应查明传票、通知书是否已经合法送达,以及未到庭的原因,并报告审判长,由审判长根据不同情况依法作出决定。如果当事人和其他诉讼参与人都已到庭,则由书记员宣布法庭纪律,进行遵守法庭规则的教育,以保障开庭审理的顺利进行。

二、审理开始

首先由审判长宣布开庭,然后依次核对当事人,宣布案由,宣布审判人员和书记员名单,告知当事人有关的诉讼权利和义务,询问当事人是否提出回避申请。如果当事人不提出回避申请,那么继续开庭审理。如果当事人提出回避申请,就应当宣布暂时休庭,以决定是否准予回避。审查诉讼代理人的代理资格和代理权限,律师担任代理人时,审查其代理权限。

三、法庭调查

法庭调查是法院对案件进行实体审理的重要阶段,也是为即将展开的法庭辩论、合议庭评议等奠定基础的重要阶段。法庭调查的重要任务是:通过当事人提供、展示证据以查清案件事实,审查、核实各种证据。根据民事诉讼法的规定,法庭调查按下列顺序进行。

1. 当事人陈述

当事人陈述的顺序是:(1)由原告口头陈述事实或者宣读起诉状,讲明具体诉讼请求和理由。(2)由被告口头陈述事实或者宣读答辩状,对原告诉讼请求提出异议或者反诉的,讲明具体请求和理由。(3)有独立请求权的第三人陈述诉讼请求和理由,无独立请求权的第三人针对原、被告的陈述提出承认或者否认的答辩意见。(4)原告或者被告对第三人的陈述进行答辩。

当事人陈述时,审判人员可以发问,查清当事人之间争议的焦点,弄清当事人各自所持的理由。当事人陈述结束后,审判长应归纳本案争议的焦点或者法庭调查的重点,并征求当事人的意见。

2. 告知证人的权利义务,证人作证,宣读未到庭的证人证言

证人作证以前,审判长应告知证人如实作证的义务以及作伪证的法律后果,并责令具有完全民事行为能力的证人签署保证书,以便证人正确行使诉讼权利,自觉履行诉讼义务。告知证人权利义务,签署保证书后,由证人当庭作证。如有数个证人,应分别作证。如果数个证人提供的证言不一致,可以由他们质证。当事人及其诉讼代理人经审判长许可,可以向证人发问,当事人可以互相发问。

证人出庭有困难而依《证据规定》提交书面证言的,由审判人员当庭宣读其证言,并允许当事人质证。未在法庭上宣读的证人证言,不能作为认定案件事实的根据。

3. 出示书证、物证、视听资料和电子数据

书证、物证、视听资料和电子数据可以是当事人提供的,也可以是审判人员依法收集的。证据一般先由原告出示,被告进行质证。然后由被告出示证据,原告进行质证。原、被告对第三人出示证据进行质证,第三人对原告或者被告出示证据进行质证。审判人员出示法院调查收集的证据,原告、被告和第三人进行质证。

案件有两个以上独立存在的事实或者诉讼请求的,可以要求当事人逐项陈述事实和理由,逐个出示证据并分别进行调查和质证。

4. 宣读鉴定意见、勘验笔录

鉴定意见可以由鉴定人宣读,也可以由审判人员宣读,当事人及其代理人有意见的,经法庭许可,可以向鉴定人提问并进行质证。有勘验笔录的,应将勘验笔录当庭宣读,拍摄的照片或绘制的图纸,应当场展示,询问当事人是否有异议,当事人有权对勘验笔录进行质证。

法庭决定再次开庭的,审判长或者独任审判员对本次开庭情况应当进行小结,指出庭审已经确认的证据,并指明下次开庭调查的重点。第二次开庭时,只就未经调查的事项进行调查和审理,对已经调查、质证并已认定的证据不再重复审理。

合议庭认为全部事实查清以后,审判长或者独任审判员应当就法庭调查认定的事实和当事人争议的问题进行归纳总结,由审判长宣布法庭调查结束,进入法庭辩论阶段。

四、法庭辩论

法庭辩论是在法庭调查的基础上,针对本案的争点,双方当事人及其代理人进行阐释、

展开辩驳的阶段。辩论是法律赋予当事人的一项重要的诉讼权利。根据辩论原则的要求,未经法庭质证和辩论的事实不能作为法院认定案件事实的根据。法庭必须保障当事人双方充分地、平等地行使辩论权。通过当事人以及其他诉讼参与人的相互辩论和质证,进一步查清事实,分清是非责任,为正确适用法律、作出裁判打下基础。

根据《民诉法》第141条的规定,法庭辩论按下列顺序进行:(1)原告及其诉讼代理人发言;(2)被告及其诉讼代理人答辩;(3)第三人及其诉讼代理人发言或者答辩;(4)互相辩论。

法庭辩论中,审判人员应当引导当事人围绕争议焦点进行辩论。当事人及其诉讼代理人的发言与本案无关或者重复的,审判人员应当予以制止。一轮辩论结束后当事人要求继续辩论的,可以进行下一轮辩论。如果发现新的事实需要进一步调查时,审判长可以宣布停止辩论,恢复调查,待事实查清后再继续辩论。法庭辩论和法庭调查不仅可以根据实际情况进行转换,而且依据《解释》的规定,法庭根据案件具体情况,并征得当事人同意,可以将法庭调查和法庭辩论合并进行。法庭辩论时,审判人员不得对案件性质、是非责任发表意见,不得与当事人辩论。

法庭辩论终结,由审判长按原告、被告、第三人的先后顺序征询各方的最后意见。同时,如有调解可能的,在征得各方当事人同意后,法院还可以依法再行调解;经调解不能达成协议的,应当及时判决。

五、评议宣判

法庭辩论终结,由审判长宣布休庭,合议庭进行评议。合议庭评议的任务,是综合分析和研究经过法庭调查和辩论的事实,分清是非,正确适用法律,用判决的形式确认当事人之间的权利义务关系,并依法确定诉讼费用的负担。合议庭评议案件,实行少数服从多数的原则。评议的情况应当制成笔录,由合议庭成员签名。评议中的不同意见,必须如实记入笔录。

合议庭在评议结束前,应根据案件审理的实际情况,决定是当庭宣判还是定期宣判。根据《民诉法》第148条的规定,法院对公开审理或者不公开审理的案件,一律公开宣告判决。当庭宣判的,应当在10日内发给判决书;定期宣判的,宣判后立即发给判决书。宣告判决时,法院必须告知当事人上诉权利、上诉期限和上诉的法院。宣告离婚判决,还必须告知当事人在判决发生法律效力前不得另行结婚。

六、审理期限

审理期限,是指一个民事案件从立案到审结所能持续的最长时间。根据《民诉法》第149条的规定,法院适用普通程序审理的案件,应当在立案之日起6个月内审结。遇有特殊情况需要延长的,必须由受诉法院院长批准,可以延长6个月。如果确因情况特殊还需延长的,需报请上级法院批准。审理期限是法定期间,法院必须严格遵守。《解释》第243规定,《民诉法》第149条规定的审限,是指从立案的次日起至裁判宣告、调解书送达之日止的期间,但公告期间、鉴定期间、双方当事人和解期间、审理当事人提出的管辖权异议以及处理法院之间的管辖权争议期间不应计算在内。

第五节 撤诉、缺席审判与诉讼和解

一、撤诉

撤诉,是指原告在案件受理之后,判决作出之前,向法院要求撤回自己的诉讼请求的行为。从广义上讲,撤诉泛指当事人向法院撤回诉讼请求,不再要求法院对案件进行审理的行为。除原告撤回起诉外,还包括被告撤回反诉、第三人撤回参加之诉、上诉人撤回上诉等。

《民诉法》在"普通程序"一章中,仅对狭义的撤诉作出了规定。根据民事诉讼法,狭义的撤诉又可以分为申请撤诉和按撤诉处理两种。前者是原告起诉后,自愿放弃要求法院对案件进行审判,而向法院申请撤回诉讼请求,它是当事人对自己诉讼权利的积极处分;后者是法院在原告没有主动申请撤诉的情况下,根据法律规定,对原告之诉按撤诉处理,它是当事人对自己诉讼权利的消极处分。

(一) 申请撤诉

申请撤诉,是指在案件受理后一审判决宣告前,原告向法院申请撤回其起诉的一种诉讼行为。

《民诉法》第145条第1款规定:"宣判前,原告申请撤诉的,是否准许,由人民法院裁定。"申请撤诉是原告的一项诉讼权利,但应符合以下条件。

(1) 有权申请撤诉的只能是处于原告地位的当事人。原告、有独立请求权的第三人有权撤回起诉。在反诉的情况下,反诉中的原告也有权撤回自己的反诉请求。

(2) 撤诉必须出于自愿。撤诉是原告对自己诉讼权利的处理,因此,必须是原告本人自愿的行为,其他人未经原告特别授权或者是在受胁迫下的撤诉行为,都不能成立。

(3) 申请撤诉的目的必须符合法律。原告人申请撤诉不得侵犯国家、集体或者他人的合法权益,不得规避法律或者企图逃避法律的制裁。

(4) 必须在法院宣判前提出。宣判后原告不能再提出撤诉,即使提出也已无意义。但原告在法庭辩论终结后申请撤诉,须征求被告意见,被告不同意的,法院可以不予准许。

原告申请撤诉,应向法院递交撤诉申请书,按简易程序审理的案件,也可以口头申请撤诉。对原告的撤诉申请,法院应当进行审查。经审查,认为符合法律规定的,应当裁定准予撤诉;违反法律规定或者法庭辩论终结后被告不同意撤诉的,裁定不准撤诉。

(二) 按撤诉处理

按撤诉处理,又称拟制撤诉,是指法院依照法律的明确规定,对于原告的某些行为裁定按撤诉对待,是一种推定撤诉。包括下列情形。

(1) 原告经传票传唤,无正当理由拒不到庭的,或者未经法庭许可中途退庭的。

(2) 无诉讼行为能力的原告的法定代理人,经传票传唤,无正当理由拒不到庭。

(3) 有独立请求权的第三人经法院传票传唤,无正当理由拒不到庭或未经法庭许可中途退庭的。

(4) 原告在诉讼费用预交期内未预交案件受理费,又未提出缓交、免交申请的,或者虽然提出申请但未获批准,法院通知其缴纳仍不缴纳的,裁定按自动撤诉处理。

(三)撤诉的法律后果

法院裁定准许撤诉或按撤诉处理后,将产生以下法律后果。

(1)诉讼程序终结。法院裁定准许撤诉或按撤诉处理后,诉讼程序便告终结,法院不能对案件再继续进行审理和作出判决。这是撤诉最直接的法律后果。

(2)当事人可以在诉讼时效内再行起诉。当事人撤诉只表明其处分了自己的诉讼权利,并没有处分自己的实体权利,法院对当事人之间的实体权利义务争议仍未予以认定。因此,法院裁定准许撤诉后,当事人就同一诉讼标的、同一事实和理由再次起诉的,只要未超过诉讼时效,法院应予以受理。

(3)诉讼时效重新开始计算。原告起诉后,诉讼时效中断,自法院裁定准予撤诉之日起,诉讼时效重新开始计算。

二、缺席审判

(一)缺席审判的概念与适用

缺席审判,是指法院开庭审理案件时,在一方当事人没有到庭的情况下,依法审理并作出判决。缺席判决是相对对席判决而言的,缺席判决作出后,与对席判决具有同等法律效力。

按照《民诉法》的规定,缺席审判制度的功能,并不在于惩罚缺席的一方当事人,相反,缺席审判制度的建立,旨在促使当事人积极参加庭审并积极完成举证、质证、辩论等诉讼行为,保障当事人充分行使诉讼权利,使法官最大限度地通过庭审发现客观真实,对案件事实作出准确判断。同时,这一制度有利于保障诉讼程序的正常进行,避免因一方当事人的缺席而致诉讼程序陷入困境。

根据《民诉法》第143条、第144条和第145条第2款的规定,缺席判决适用于下列情形。

(1)原告在被告反诉的情况下,经法院传票传唤,无正当理由拒不到庭或者未经法庭许可中途退庭的。

(2)被告经传票传唤,无正当理由拒不到庭,或者未经法庭许可中途退庭的。

(3)法院裁定不准许撤诉,原告经传票传唤,无正当理由拒不到庭的。

(4)法院对无诉讼行为能力的被告的法定代理人,经传票传唤,无正当理由拒不到庭,又不委托诉讼代理人的,可以缺席判决。

法院在作出缺席判决时,应当在案件事实已经查清的前提下进行。同时,要注意保护缺席一方当事人的合法权益,不得因当事人未到庭而使其合法权益受到损害。法院所作的缺席判决与对席判决具有同等效力,缺席一方当事人不得以未到庭为借口,拒绝履行判决所确定的义务。

(二)缺席审判的立法模式

从近代以来的各国民事诉讼立法看,缺席审判有两种基本模式:缺席判决主义和一方辩论判决主义。

缺席判决主义是指原告缺席时,拟制为原告放弃诉讼请求,法院判决驳回起诉;被告缺席时,拟制为被告自认原告主张的事实,根据原告的申请,法院作出缺席判决。传统意义上的缺席判决主义还包括异议制度,即缺席的一方在一定的期间提出异议申请,使缺席判决失去效力,诉讼恢复到缺席以前的状态。缺席判决主义能够保障诉讼程序尽可能地不因当事人的缺席而陷入僵局,有利于达到简化程序、诉讼经济的目的。同时,设异议制度来保障公正价值的实现,它通过赋予有正当理由而缺席的一方当事人以异议权,来保障该当事人享有充分的防御权,并因此使诉讼程序的对立、辩论恢复,以实现实体正义。但缺席判决主义也存在诸多问题,比如,当被告缺席时,拟制为被告自认原告的诉讼主张,即使被告已经提供了载有确能成立的抗辩事实及根据的答辩状,法院也不能予以考虑。从这一点分析又与公正价值不符。异议制度虽然希望为缺席一方提供补救,但却常常被某些没有合法理由的被告恶意利用,造成诉讼拖延,使其在诉讼经济方面也存在难以克服的问题。

缺席审判的另一立法模式是一方辩论判决主义,即一方当事人在开庭审理期日不到庭时,由到庭的一方当事人进行辩论,法院将当事人已辩论的事实以及法院所得到的证据、缺席方已提供的诉讼资料作为判决的基础。这种立法模式为现在西方大多数国家所采用。鉴于缺席判决主义在公正与效益方面存在的一些缺陷,一方辩论判决主义试图对此加以弥补和完善。根据这种模式,在当事人一方缺席的情况下,不得根据缺席的情况作出对缺席方不利的判决;缺席方在诉状或答辩状中所主张的事实、所记载的事项,均被视为缺席方的陈述,该陈述对法院是有约束力的,这就避免了缺席判决主义完全不考虑缺席方所提供的诉状及抗辩事实的弊端,较好地体现辩论主义,更有利于实现程序公正;同时一方辩论判决主义由于抛弃了异议制度,因此也就避免了因提起异议而导致诉讼迟延的弊端。但一方辩论判决主义绝非完美无缺,它所体现的辩论主义毕竟是不完整的,法官所掌握的证据也不可能是完整的,在此基础上所作出的判决同样可能会出现与案件事实不符的情形,在简化程序方面也显得操作一刀切,缺乏灵活性。

(三) 我国缺席审判制度的完善

从立法模式上看,我国的缺席审判制度既不同于缺席判决主义,也不同于一方辩论判决主义。在我国的民事诉讼立法及司法实践中,缺席审判制度还存在一些不完善之处。从立法上讲,《民诉法》对缺席审判制度的规定过于简略,对其审理原则、审理方式以及具体程序操作均未作出明确规定;从司法实践看,存在着错误理解缺席审判的制度功能,将缺席审判看作是对缺席一方当事人的惩罚制裁措施的做法。为此,有必要从立法上进一步完善。(1) 应当从立法上确立体现当事人诉讼地位平等的缺席审判原则,明确法律要件,对于符合该要件的当事人,无论是原告还是被告,均适用缺席审判处理,而不是像现行民事诉讼法所规定的原告缺席按撤诉处理(除被告反诉外),被告缺席的就作缺席判决。目前这种规定使原告可能为规避败诉而不到庭,从而导致撤诉的法律后果,而案情决定了被告又不可能反诉,那么他就会因此而丧失胜诉的机会。(2) 应明确规定,符合法律要件的要严格按缺席审判制度处理,不得改期开庭或再次传票传唤,以保障法院的办案效率。(3) 应从立法上要求被告在一定期限内提出答辩状,以便于更好地贯彻辩论原则,使法院在作缺席判决时认真审查被告已提出的辩论意见和其他有关证据材料,并充分考虑缺席一方当事人的合法权益,尽可能地发现真实,作出正确、合法的裁判。

三、诉讼和解

（一）诉讼和解的概念和特征

诉讼和解，是指双方当事人在诉讼过程中自愿协商解决民事纠纷、结束诉讼的制度。其特征主要有：(1) 和解的主体是具有实体处分权的诉讼参加人；(2) 和解是双方当事人之间自愿达成协议的行为；(3) 和解的目的为解决纠纷、终结诉讼。

诉讼和解具有体现当事人合意、尊重当事人的处分权、解决纠纷彻底、节约司法资源等优点，因而其普遍存在于国外以及我国港澳台地区的民事诉讼中。在美国，诉讼和解在民事诉讼中占有重要地位，有超过90％的案件是以和解方式解决的。在诉讼中，和解不论是当事人自行达成还是在法院主持下达成，都被视为是以双方当事人之间订立的新的契约代替发生纠纷的旧契约。因此，在和解契约里要先记载当事人之间争执的纠纷，然后记明他们达成和解的事项。而且，当事人还要在和解契约中写明对同一案件不准重复起诉、终了诉讼等内容。① 双方当事人还可以和解协议为基础，向法院申请合意判决，"合意判决与应诉判决相同。尽管事实上没有经过审理，但就同一诉讼原因来说，产生既判力"②。在英国，诉讼和解也是一项重要的诉讼制度并被广泛应用。在民事诉讼中，当事人达成的和解协议并不当然具备强制执行力，要获得这种效力，必须申请合意判决。合意判决有两种形式：一种是申请法院把和解事项记载在判决上，这是一种通常形式的判决，具有强制执行力；另一种是申请所谓"Tonlin"的裁定，按此裁定，如一方当事人不履行和解协议，对方须先申请法院作出令违反和解条件的一方当事人履行义务的裁定，如果该当事人仍不按裁定履行义务，对方才可申请法院强制执行。③

在大陆法系国家及我国台湾地区，诉讼和解是一项重要的诉讼制度。不仅在立法上有系统的规定，在解决纠纷的实践中也发挥了积极作用。从立法上看，大陆法系国家及我国台湾地区的诉讼和解制度与《民诉法》上的法院调解制度有类似之处：可在诉讼的任何阶段由双方当事人自行和解，法院也可试行和解；在和解协议的效力上，双方当事人的和解协议一经依法进入法院笔录，即可产生与判决相同的法律效力，而不必像英美等国那样，必须制作"合议判决"。与整个诉讼模式相适应，在大陆法系国家的诉讼和解制度中，法官一般都采取比较主动的态度，并可促成和解协议的达成。

（二）诉讼和解的性质

关于诉讼和解的性质，比较有代表性的观点有以下几种：第一种为"私法行为说"，认为诉讼上的和解是双方当事人就诉讼标的达成的私法上的和解契约，法院对此加以登记只是对和解契约予以公证而已，双方当事人就诉讼标的达成了和解协议，争执不再存在，法院也已公证，诉讼程序当然就不必进行下去了。第二种观点为"诉讼行为说"，认为诉讼上的和解与私法上的和解具有完全不同的性质，纯私法上的行为不应产生诉讼法上之后果，它充其量只是诉讼法上和解之缘由，诉讼和解的效力当从诉讼法角度来考察。第三种观点是"一行为

---

① 参见白绿铉：《美国民事诉讼法》，经济日报出版社1998年版，第111页。
② 沈达明：《比较民事诉讼法初论》（下册），中信出版社1991年版，第165页。
③ 同上书，第163页。

两性质说",具体又可分为"合体说""竞合说""两面说",主张诉讼和解虽然是一个行为,但其具有诉讼法与实体法两个方面的性质,在诉讼和解发生诉讼效力的同时,也产生实体法上的效力。在德国、日本以及我国的台湾地区,持"一行为两性质说"的学者居多。

在诉讼和解的法律性质和效力上,应采"两种性质说",即诉讼和解具有诉讼行为与民事法律行为并存的两种法律性质,并赋予诉讼和解以诉讼法上的效力。理由如下。

(1) 诉讼和解之所以能在诉讼中进行,是因为民事诉讼法赋予了当事人和解的诉讼权利,当和解实际地完成于诉讼过程中时,其行为当然具有诉讼行为的性质。对当事人而言,诉讼和解不仅仅是为了平息纠纷和代之以双方合意形成的新的法律关系,而且也是为了终结诉讼程序。从客观上看,和解成立意味着原纠纷已经消失,原诉讼标的已不复存在,诉讼也无必要继续进行。因此,基于诉讼和解当事人的主观意图和客观效果,《民诉法》应当确认诉讼和解的诉讼行为性质,并以此为根据,赋予诉讼和解终结诉讼的诉讼法上的效力。

(2) 诉讼和解制度的立法基础是民事法律上的意思自治原则和诉讼权利的可处分性原则。和解协议的内容合法与否得以民事实体法为审查依据,诉讼和解实质上是当事人通过新的契约变更原有的实体法律关系,因而具有民事法律行为的性质。同时,和解协议的达成是双方当事人行使诉讼权利的结果,并可引起诉讼法上一定效果的产生,符合"两性质说"。

(3) "私法行为说"无法解释和解协议可以禁止再诉和可作为执行根据的效力的问题,"诉讼行为说"无法解释实体法上的事由可导致协议无效的问题,因而这两种学说都有一定的片面性,"两种性质说"更为合理。基于此,为使诉讼和解与"案结事了"的宗旨相一致,《民诉法》应当赋予诉讼和解以更适当的法律效力。

(三)《民诉法》上的诉讼和解制度

《民诉法》第 50 条规定"双方当事人可以自行和解",但没有进一步规定和解的程序、效力等问题。可见,《民诉法》虽然对和解作了原则规定,但显然是作为当事人的诉讼权利而不是作为一项诉讼制度规定的,这与国外以及我国台湾地区的诉讼和解有所区别。

我国诉讼法学界在对法院调解制度进行全面研究的过程中,不少学者主张应在我国的民事诉讼中建立诉讼和解制度①,认为这样一方面有助于克服我国法院调解中存在的种种弊端,另一方面又可使我国的民事诉讼建立起科学、合理的以双方当事人合意来解决争议的诉讼机制。以当事人合意为内在机制和品格的诉讼和解制度,在整个程序结构中具有重要的价值和意义:(1) 它充分体现对双方当事人主体地位的尊重,使当事人通过协商自主解决纠纷成为可能;(2) 它使处分原则得到了充分的体现,民事诉讼所解决的毕竟是私权之争,法律赋予当事人以处分权,当事人在诉讼中通过和解解决彼此间的纠纷,往往是行使处分权的结果,只要是依法进行,应当得到法律的认可;(3) 以和解解决民事纠纷,程序简便易行,节省时间和费用,这在重效率、效益的市场经济条件下,无疑是非常重要的优点;(4) 以诉讼和解解决纠纷与以判决解决纠纷相比,当事人合意的形成过程是通过沟通、交流、协商化解矛盾、解决纠纷的过程,因此纠纷的解决结果更容易为当事人接受,也更有利于执行。

根据《民诉法》的有关规定,当事人在诉讼中自愿达成和解协议,可由审判人员将当事

---

① 参见章武生:《论诉讼和解》,载《法学研究》1998 年第 2 期;张晋红:《法院调解的立法价值探究》,载《法学研究》1998 年第 5 期;蔡虹:《大陆法院调解与香港诉讼和解之比较》,载《中国法学》1999 年第 4 期。

的和解加以记录,并在双方同意的情况下制作调解书送达当事人签收,从而获得调解结案的效力;双方达成和解协议后,也可由原告申请撤诉。但由于法院依法作出的准予撤诉的裁定书不具有既判力和强制执行力,和解协议也不具有调解书一样的法律效力,因此,如当事人协议离婚的,需到婚姻登记机关登记并由该机关颁发离婚证(《婚姻法》第31条);当事人协议解除收养关系的,需到民政部门办理解除收养关系的登记(《收养法》第28条);当事人还可申请公证机关根据和解协议,依法制作公证债权文书(《公证法》第37条)。《解释》第339条规定:"当事人在第二审程序中达成和解协议的,人民法院可以根据当事人的请求,对双方达成的和解协议进行审查并制作调解书送达当事人;因和解而申请撤诉,经审查符合撤诉条件的,人民法院应予准许。"上诉人在第二审程序中因和解而撤诉,所产生的效果是撤销第二审程序,一审裁判随之生效,和解协议不具有既判力和执行力。

第六节 延期审理、诉讼中止和诉讼终结

一、延期审理

延期审理,是指法院决定了开庭审理的日期后,或者在开庭审理的过程中,由于出现了某种法定的事由,使诉讼不能如期进行,或者已经开始的诉讼无法继续进行,从而决定推延审理的制度。

根据《民诉法》第146条的规定,有下列情形之一的可适用延期审理。

(1) 必须到庭的当事人和其他诉讼参与人有正当理由没有到庭。必须到庭的当事人一般是指追索赡养费、扶养费、抚育费、抚恤金、医疗费、劳动报酬以及解除婚姻关系案件中的当事人。其他诉讼参与人没有到庭,一般是指必须到庭的证人、翻译人员等。

(2) 当事人临时提出回避申请的。如果回避事由是在案件开始审理后知道的,当事人有权在法庭辩论终结前申请回避。法院对当事人临时提出的回避申请无法立即作出决定,或者虽然决定应当回避但一时无法重新指定审判员、书记员或其他人员,致使开庭审理无法继续进行,法院应当决定延期审理。

(3) 需要通知新的证人到庭,调取新的证据,重新鉴定、勘验,或者需要补充调查的。在庭审过程中出现上述情形,一般难以现场解决,因而应当延期审理。

(4) 其他应当延期的情形。例如:开庭审理的过程中,审判人员、当事人、证人等突发急病,致使诉讼无法继续进行的。

在开庭审理中,出现上述情形的,法院应当决定延期审理。同时,当事人也可以要求延期审理,但须由法院依法决定。决定延期审理的案件,合议庭能确定下次开庭日期的,可以当庭通知,一时不能确定的,也可以在确定后另行通知。

二、诉讼中止

诉讼中止,是指在诉讼进行中,由于某种法定事由的出现,使诉讼无法继续进行,由法院裁定暂时停止诉讼程序,待引起中止的原因消除后再恢复诉讼程序的制度。

根据《民诉法》第 150 条的规定,有下列情形之一的,中止诉讼。

(1) 一方当事人死亡,需要等待继承人表明是否参加诉讼的;
(2) 一方当事人丧失诉讼行为能力,尚未确定法定代理人的;
(3) 作为一方当事人的法人或者其他组织终止,尚未确定权利义务承受人的;
(4) 一方当事人因不可抗拒的事由,不能参加诉讼的;
(5) 本案必须以另一案的审理结果为依据,而另一案尚未审结的;
(6) 其他应当中止诉讼的情形。

法院中止诉讼,应当作出裁定。裁定一经作出即发生法律效力,当事人不能上诉,也不能申请复议。裁定作出后,当事人应停止本案的一切诉讼活动,法院除依法采取保全措施外,应停止对本案的审理。中止诉讼的原因消除后,可以由当事人申请,或者由法院依职权恢复诉讼程序。恢复诉讼程序时,不必撤销原裁定,从法院通知或者准许双方当事人继续进行诉讼时起,原裁定即失去效力。诉讼程序恢复后,中止前的诉讼行为仍然有效。

诉讼中止与延期审理是不同的两项制度,不能混淆。诉讼中止产生程序停止的效力,而延期审理只是推延了审理案件的期日,诉讼程序并未停止;诉讼中止的期限一般较长,什么时间恢复诉讼,法院难以确定;而延期审理一般时间较短,在决定延期审理时,一般就能确定下次开庭审理的时间。

三、诉讼终结

诉讼终结,是指在诉讼进行中,由于某种法定事由的出现,使诉讼继续进行已无必要或者不可能时,由法院裁定结束诉讼程序的制度。根据《民诉法》第 151 条的规定,有下列情形之一的,终结诉讼:

(1) 原告死亡,没有继承人,或者继承人放弃诉讼权利的;
(2) 被告死亡,没有遗产,也没有应当承担义务的人的;
(3) 离婚案件一方当事人死亡的;
(4) 追索赡养费、扶养费、抚育费以及解除收养关系案件的一方当事人死亡的。

法院终结诉讼,应当作出裁定,裁定一经作出即发生效力。对终结诉讼的裁定,当事人不能上诉,也不能申请复议。诉讼终结是诉讼程序的非正常结束,正常情况下,诉讼应当以法院审理结束并作出判决或双方当事人达成调解协议而结束,所有诉讼程序进行完毕;而诉讼终结是因为特殊原因致使诉讼程序不能继续进行,或者没有必要继续进行而结束,诉讼程序并没有进行完毕,法院对当事人之间争议的实体权利义务关系也没有作出结论。诉讼终结也不同于诉讼中止,诉讼中止是诉讼程序的暂时停止,待法定事由消除后再恢复原程序;诉讼终结则是诉讼程序的永久结束,不可能恢复。

【思 考 题】

1. 张丽因与王旭感情不和,长期分居,向法院起诉要求离婚。法院向王旭送达应诉通知书,发现王旭已于张丽起诉前因意外事故死亡。关于本案,法院应作出下列哪一裁判?①

---

① 2015 年国家司法考试试卷三,参考答案:B。

A. 诉讼终结的裁定　　　　　　　B. 驳回起诉的裁定
C. 不予受理的裁定　　　　　　　D. 驳回诉讼请求的判决

2. 关于起诉与受理的表达，下列哪些选项是正确的？①

A. 法院裁定驳回起诉的，原告再次起诉符合条件的，法院应当受理
B. 法院按撤诉处理后，当事人以同一诉讼请求再次起诉的，法院应当受理
C. 判决不准离婚的案件，当事人没有新事实和新理由再次起诉的，法院一律不予受理
D. 当事人超过诉讼时效起诉的，法院应当受理

3. 下列哪一选项中法院的审判行为，只能发生在开庭审理阶段？②

A. 送达诉讼文书　　　　　　　　B. 组织当事人进行质证
C. 调解纠纷，促进当事人达成和解　　D. 追加必须参加诉讼的当事人

---

① 2012年国家司法考试卷三，参考答案：ABD。
② 2013年国家司法考试卷三，参考答案：B。

第十三章
简易程序和小额诉讼程序

【本章要点】
从狭义到广义,简易程序这一概念可以有多种不同的理解和分类。在我国,目前人们所使用的简易程序,主要指《民诉法》专章规定的简易程序和小额诉讼程序。本章的重点包括简易程序和小额诉讼程序各自的概念、意义、适用范围、特点和具体规定。

第一节 简易程序的概念和分类

一、简易程序的概念

按照《民诉法》的规定,简易程序是指基层法院和它派出的法庭审理简单的民事案件所适用的程序。普通程序是简易程序的基础,在适用简易程序审理案件时,首先适用简易程序的规定,简易程序没有规定的则适用普通程序的相关规定。

简易程序是普通程序的简化,但不是普通程序的一个分支程序,也不是预备性程序,而是与普通程序并存的一种独立的简便易行的诉讼程序。其独立性表现在,适用简易程序可以完整地审结民事案件,简易程序的判决与普通程序的判决具有相同的法律效力。

笔者认为,对简易程序的概念可以从以下四个方面理解。

(1) 传统意义上的民事简易程序。它既包括狭义的民事简易程序,也包括小额诉讼的简易程序。目前世界上许多国家传统意义上的民事简易程序已经分化为上述两种形式。我国现行《民诉法》专章规定的简易程序,仍然是在传统意义上使用的。

(2) 狭义的民事简易程序,也称普通意义上的民事简易程序。它不仅排除了民事诉讼中的其他简易化程序,如督促程序等,而且也排除了小额诉讼程序这种更为简易化的简易程序,日本和我国台湾地区现行民诉法中专章规定的简易程序就是在这个意义上使用的。

(3) 小额诉讼的简易程序,习惯上又称为小额诉讼程序。通常是指从民事简易程序中分离出来的对诉讼标的额更小的案件所适用的更加简易化的程序。日本、韩国等国家民诉法修改后新增加的小额诉讼程序,我国现行《民诉法》增加的小额诉讼程序,就是在这个意义上使用的。

(4) 最广泛意义上的民事简易程序,这种简易程序是民事诉讼中所有简化程序的总称,它既包括通常程序中的简易程序,也包括特别程序中的简易程序;既包括整体的简易程序,也包括局部适用的简易程序;既包括初审程序中的简易程序,也包括上诉审和再审程序中的简易程序。对此,我们将在下面简易程序的分类部分作详细阐述。

二、简易程序的分类

世界各国的简易程序可以说呈现出五彩缤纷的景象。从不同的角度对简易程序可以有不同的分类。择其要者,主要有以下几种分类。

(1) 从程序的性质划分,可以分为争讼程序中的简易程序和非讼程序中的简易程序。

争讼程序与非讼程序是对民事诉讼程序的最基本的分类,在理论上首先可以将狭义的民事诉讼程序即审判程序作这样的划分:① 民事争讼案件即一般的民事案件,包括民诉法中规定的"普通程序"、简易程序、第二审程序及再审程序,可以称之为"争讼程序"。② 适用于特殊种类民事案件的程序,即法律中特别规定的适用于一定范围内的一般案件的程序(督促程序等)。争讼程序中的简易程序只是简化或省略了通常程序中普通程序的某些手续或行为方式。非讼程序中的简易程序,则是在争讼程序之外,另设一种在程序原则、步骤证据方法上都有较大区别,以达到简易和迅速目的的程序,如督促程序和证书诉讼程序。前者在程序步骤上与争讼程序不同,如不需要经过言词辩论;后者在证据方法上注重书证方法。这种简易程序来源于西方的法律,传至日本称为"略式诉讼"程序,我国学者也有将其译成"略式诉讼"。我国通常所说的简易程序仅指争讼程序中的简易程序。

(2) 从争议标的金额来划分,又可分为普通的简易程序(习惯上称为简易程序)和小额诉讼的简易程序(习惯上称为小额诉讼程序)。世界各国的简易程序大都有一个发展的过程。早期的简易程序只有一种形式,其内部不再有什么区分。随着商品经济的不断发展,单一的简易程序已不能满足解决民事案件和司法实践的要求,简易程序内部需要作进一步的区分。且两个层次的简易程序在救济的方式、程序原则、证据方法以及简易化的程度等方面均应有较大的差别。为适应解决民事案件和司法实践的要求,许多国家纷纷修改立法,增设新类型的简易程序,其方法又有两种:① 规定一定金额以下的争议适用比普通的简易程序更为简化的程序,如法国和德国等;② 在简易程序之外增设单独的小额诉讼程序,这种方式不仅在英美法系国家比较普遍,而且在大陆法系国家发展也很快,韩国、日本和我国台湾地区等在简易程序之外增设了(或者说划分出了)小额诉讼程序。

(3) 从适用简易程序的法院来划分,可分为简易法院适用的简易程序、普通法院适用的简易程序和专门法院适用的简易程序。为适应审理不同案件的需要,许多国家和地区设立了简易法院或简易审判庭,专门处理简易民事案件。如前所述,除简易法院或简易庭适用简易程序处理民事案件外,普通法院和专门法院亦存在适用简易程序处理民事案件的问题,只是简易的程度不尽相同。法国的商事法院、劳动法院等专门法院处理案件与简易法院的诉讼程序最为接近。在商事法院所进行的商事诉讼程序与小审法院所进行的民事诉讼程序有很多相似之处。例如,简易、迅速、低费用;实行本人诉讼,当事人可以委托律师诉讼也可以不委托律师进行诉讼,重视和解等等,商事诉讼程序较之大审法院的民事诉讼程序更为灵活。在法国,农事法院进行的诉讼与其他诉讼不同,更强调诉讼程序的简易和低成本。例如,当事人起诉就不需要原告亲自到法院递交起诉状,而是通过带有领受回执的挂号信将起诉状直接寄给农事法院即可,也可以通过执行官将起诉状送给法院的书记室。法院一旦收到就认可当事人的起诉行为。许多国家和地区的普通法院也在不同程度上适用简易程序,比如英美法系国家的简易判决,德国、法国等大陆法系国家初审普通案件中的独任法官审判等。

(4) 从适用简易程序的审级划分,可以分为初审法院适用的简易程序和上诉审法院适用的简易程序。传统民事诉讼理论认为简易诉讼程序仅存在于审理简单民事案件的初审法院中,在审理普通案件的初审法院中是不存在简易程序的,至于上诉审法院就更不存在简易程序了。对此,我国许多民事诉讼法学教科书均认为,简易程序只适用于基层法院和它派出法庭审理的案件;中级以上法院审理的案件不得适用简易程序。笔者认为,我们应对简易程序作更宽泛的理解,初审程序和上诉审程序中,都存在简单的案件并应适用简易程序的问题。

(5) 从简易程序的审理形式来划分,可分为口头审理的简易程序和书面审理的简易程序。一般认为,口头审理方式更有利于发现客观事实、追求实体利益,因为遇到真伪不明的情况,可以通过询问当事人和证人、当事人也可以通过辩论来澄清案件事实。对于特定类型的案件,比如案情简单、争议不大或标的额较小的案件,即使法院不开庭,不询问当事人、证人,只通过审查案卷材料也能作出正确裁判的话,如果仍固守口头审理的方式,那么对当事人和法院而言,都是不必要的成本耗费。而在当事人居住偏远的情况下,要求当事人必须到庭,很可能导致其权衡利弊后,放弃诉讼,因而灵活采用书面审理方式,可以避免因程序规则的僵化阻碍人们接近司法的愿望。因此,为平衡追求实体利益与程序利益,也为了贯彻审理方式与诉讼费用相当的原则,简易案件有必要采用书面审理的方式。而书面审理方式也有不容回避的问题,完全凭案卷材料作出裁判,难免会有望文生义和不尽客观的嫌疑。可见,书面审理和口头审理的优劣互为表里;日本的简易程序中实行口头审理和书面审理并用。法国民诉法规定,法院审理一方当事人有理由不经传唤对方当事人,不经对席审理作出临时决定的案件,可以采用书面审理。《德国民事诉讼法》第128条第2款规定:"法院在得到双方当事人同意后,可以不经言词辩论而为裁判"。《德国民事诉讼法》第128条第3款规定:"关于财产权的诉讼,如果不必要律师代理诉讼,而诉讼标的价额在起诉时未超过1 500马克,并且当事人一方由于距离遥远或由于其他重要原因而不能到法院出庭时,法院可以依职权命令以书面进行辩论。"

(6) 从适用简易程序的案件来划分,可分为法律规定的简易程序和当事人选择适用的简易程序。许多国家的法律在规定何种案件适用简易程序的同时,还赋予了应适用普通程序案件的当事人选择适用简易程序的权利,以及应适用简易程序的案件的当事人可以选择适用小额诉讼程序的权利。

第二节 我国民事诉讼简易程序

一、简易程序的意义

便利人民群众诉讼和便利法院办案(即"两便"原则),是我国民诉法的重要立法原则,也是我国司法制度的显著特点。我国历来十分重视诉讼程序的简便易行。《民诉法》专章规定了简易程序,并增设了小额诉讼程序。

随着市场经济体制的确立和发展,民事纠纷日趋增多。在审判实践中简单的民事案件大量存在,民事诉讼法规定简易程序,有利于"两便"原则的贯彻执行。我国地域辽阔,人口众多,如何方便人民群众诉讼,便于法院及时审结民事案件,是一个至关重要的问题。简易程序规定了简便的起诉方式、简便的传唤方式和简化的审理程序,能够提高法院的办案效率,及时稳定民事法律关系,保护当事人的合法权益,防止矛盾激化。同时,适用简易程序及时审结简单民事案件,还可以使法院抽出更多的时间和人力,更好地审结其他案件。因此,民事诉讼法规定的简易程序,在理论上和实践上都具有重要的意义。

从世界范围来看,加快诉讼程序进程,适应多层次的法律需求,实行多元化的程序设计和运作,减轻当事人的讼累,便于当事人诉讼是民事诉讼制度改革的主要内容。因此,诸多国家和地区民事诉讼法典规定了简易程序。

西方国家是在经过法治发达、诉讼程序高度合理化之后开始建构简易程序,并认为案件质量永远是第一位的,以公正为核心才谈得上效率。① 简单案件仅需适用简易程序就可实现其实体公正。适用简易程序并非仓促、草率审判。简易程序的设计和适用不应以损害诉讼公正性为代价,而应当谋求诉讼公正与效率的一体实现。

二、简易程序的适用

(一)适用简易程序的法院

简易程序是第一审程序的一种,法院只有在审理第一审民事案件时,才能适用简易程序。根据民事诉讼法关于级别管辖的规定,我国的四级法院都有权审理第一审民事案件。但是,在四级法院中,只有基层法院及其派出的法庭能够适用简易程序。中级以上的法院均不得适用简易程序审理案件。

(二)适用简易程序的案件

根据《民诉法》第157条第1款的规定,适用简易程序的案件是指事实清楚、权利义务关系明确、争议不大的简单的民事案件。对此,《解释》第256条具体规定如下。

"事实清楚"是指当事人对争议的事实陈述基本一致,并能提供相应的证据,无须法院调查收集证据即可查明事实。"权利义务关系明确"是指能明确区分谁是责任的承担者,谁是权利的享有者。"争议不大"是指当事人对案件的是非、责任承担以及诉讼标的争执无原则分歧。

下列案件不适用简易程序(《解释》第257条):(1)起诉时被告下落不明的;(2)发回重审的;(3)当事人一方人数众多的;(4)适用审判监督程序的;(5)涉及国家利益、社会公共利益的;(6)第三人起诉请求改变或者撤销生效判决、裁定、调解书的;(7)其他不宜适用简易程序的案件。

(三)简易程序的适用方式

(1)法院决定适用。基层法院及其派出法庭对于简单民事案件,按照法律规定和司法解释,决定适用简易程序审判。

---

① 参见范愉:《小额诉讼程序研究》,载《中国社会科学》2001年第3期。

(2) 当事人合意适用。对于基层法院及其派出法庭适用一审普通程序审理的民事案件（《解释》第 257 条规定的案件除外），当事人双方可以约定适用简易程序。

当事人双方约定适用简易程序的，应当在开庭前提出。口头提出的，记入笔录，由双方当事人签名或者捺印确认。

（四）程序转化与适用异议

简易程序中，法院发现案情复杂而应适用普通程序的，应在审理期限届满前，裁定转为普通程序。已经适用普通程序的，开庭后不得转为简易程序。

当事人有权对案件适用简易程序提出异议，异议成立的则裁定转为普通程序，异议不成立的则口头告知当事人并记入笔录。

转为普通程序的，法院应当将合议庭组成人员及相关事项书面通知双方当事人；审理期限自法院立案之日计算；转为普通程序前，双方当事人已确认的事实可以不再举证、质证。

三、简易程序的具体规定

(1) 起诉之简易。原告可以口头起诉。① 当事人双方也可以同时到基层法院或者其派出法庭，请求解决纠纷。

(2) 减半交纳案件受理费（《费用办法》第 16 条）。简易程序转为普通程序的，原告自接到法院交纳诉讼费用通知之日起 7 日内补交案件受理费；原告无正当理由未按期足额补交的，按撤诉处理，已经收取的诉讼费用退还一半（《解释》第 199 条）。

(3) 传唤、通知和送达之简易。即法院可以采取捎口信、电话、短信、传真、电子邮件等简便方式传唤双方当事人、通知证人和送达裁判文书以外的诉讼文书。适用简易程序的案件，不适用公告送达（《解释》第 140 条）。以简便方式送达的开庭通知，未经当事人确认或者没有其他证据证明当事人已经收到的，法院不得缺席判决。

(4) 审前准备之简易。举证期限可由法院确定或由当事人协商一致并经法院准许，但不得超过 15 日；被告要求书面答辩的，法院可征得其同意，合理确定答辩期限；双方当事人均表示不需要举证期限、答辩期限的，法院可以立即开庭审理或者确定开庭日期。② 双方当事人同时到庭并径行开庭审理的，可以当场口头委托诉讼代理人，由法院记入笔录。

(5) 先行调解。《关于适用简易程序审理民事案件的若干规定》（法释〔2003〕15 号）第 14 条规定：下列民事案件，法院在开庭审理时应当先行调解：婚姻家庭纠纷和继承纠纷；劳务合同纠纷；交通事故和工伤事故引起的权利义务关系较为明确的损害赔偿纠纷；宅基地和相邻关系纠纷；合伙协议纠纷；诉讼标的额较小的纠纷。但是，根据案件的性质和当事人的实际情况不能调解或者显然没有调解必要的除外。

(6) 开庭审理之简易。审判员独任审判，书记员担任记录。经当事人双方同意，法院可以采用视听传输技术等方式开庭。法庭审理不必遵循普通程序顺序，但应保障当事人陈述意见的权利。对没有委托律师、基层法律服务工作者代理诉讼的当事人，法院在庭审过程中

---

① 法院应当将当事人的姓名、性别、工作单位、住所、联系方式等基本信息，诉讼请求，事实及理由等准确记入笔录，由原告核对无误后签名或者捺印。对当事人提交的证据材料，应当出具收据。
② 诉答结束至开庭之间的期间（就审期间）比较短，常常诉答一结束就开始法庭言词辩论。我国台湾地区"民事诉讼法"第 429 条规定：就审期间，至少应有 5 日，但有急迫情形者则不在此限。

可以对回避、自认、证明责任等相关内容向其作必要的解释或者说明,并在庭审过程中适当提示当事人正确行使诉讼权利、履行诉讼义务。

(7) 审限比较。应当在立案之日起3个月内审结。审理期限到期后,双方当事人同意继续适用简易程序的,由本院院长批准,可以延长审理期限,但是延长后的审理期限累计不得超过6个月(《解释》第258条第1款)。

(8) 判决书、裁定书、调解书之简易。有下列情形之一,法院对认定事实或者裁判理由部分可以适当简化:当事人达成调解协议并需要制作民事调解书的;一方当事人明确表示承认对方全部或者部分诉讼请求的;涉及商业秘密、个人隐私的案件,当事人一方要求简化裁判文书中的相关内容,法院认为理由正当的;当事人双方同意简化的。

(9) 简易案件卷宗必备材料。包括起诉状或者口头起诉笔录;答辩状或者口头答辩笔录;当事人身份证明材料;授权委托书或者口头委托笔录;证据;询问当事人笔录;审理(包括调解)笔录;判决书、裁定书、调解书或者调解协议;送达和宣判笔录;执行情况;诉讼费收据;适用《民诉法》第162条审理的,有关程序适用的书面告知。

第三节 简易程序中的小额诉讼

法院审理小额诉讼案件,《民诉法》和《解释》没有规定的,适用简易程序的其他规定。因此,下文阐释的是小额诉讼程序的特别规定。

一、小额诉讼程序的适用范围

我国现行小额诉讼程序必须同时适用于:(1) 小额诉讼案件和法律及司法解释明文规定的其他民事案件;(2) 一审程序,且实行一审终审;(3) 基层法院和其派出的法庭,以及海事法院和其派出法庭。

小额诉讼案件是标的额为各省、自治区、直辖市上年度就业人员年平均工资①30%以下的简单民事案件。

下列金钱给付的案件,适用小额诉讼程序:买卖合同、借款合同、租赁合同纠纷;身份关系清楚,仅在给付的数额、时间、方式上存在争议的赡养费、抚育费、扶养费纠纷;责任明确,仅在给付的数额、时间、方式上存在争议的交通事故损害赔偿和其他人身损害赔偿纠纷;供用水、电、气、热力合同纠纷;银行卡纠纷;劳动关系清楚,仅在劳动报酬、工伤医疗费、经济补偿金或者赔偿金给付数额、时间、方式上存在争议的劳动合同纠纷;劳务关系清楚,仅在劳务报酬给付数额、时间、方式上存在争议的劳务合同纠纷;物业、电信等服务合同纠纷;其他金钱给付纠纷(《解释》第274条)。

下列案件,不适用小额诉讼程序:人身关系、财产确权纠纷;涉外民事纠纷;知识产权纠纷;需要评估、鉴定或者对诉前评估、鉴定结果有异议的纠纷;其他不宜适用一审终审的纠纷

① 是指已经公布的各省、自治区、直辖市上一年度就业人员年平均工资。海事法院或其派出法庭审判小额诉讼案件的,其标的额须以其所在的省、自治区、直辖市上年度就业人员年平均工资30%为限(《解释》第273条)。在上一年度就业人员年平均工资公布前,则以已经公布的最近年度就业人员年平均工资为准。

(《解释》第 275 条)。

二、小额诉讼程序的具体规定

(1) 有关法院告知义务和适用异议。法院受理小额诉讼案件,应当向当事人告知该类案件的审判组织、一审终审、审理期限、诉讼费用交纳标准等相关事项。

当事人对按照小额诉讼案件审理有异议的,应当在开庭前提出。法院经审查,异议成立的,适用简易程序的其他规定审理;异议不成立的,告知当事人,并记入笔录。

(2) 有关管辖异议和驳回起诉。当事人对小额诉讼案件提出管辖异议的,法院应当作出裁定;裁定一经作出即生效。

法院受理小额诉讼案件后,发现不符合起诉条件(《民诉法》第 119 条)的,裁定驳回起诉;裁定一经作出就生效。

(3) 有关举证期限和被告答辩。举证期限由法院确定也可由当事人协商一致并经法院准许,一般不超过 7 日。

被告要求书面答辩的,法院可征得其同意,合理确定答辩期限,最长不得超过 15 日。当事人到庭后表示不需要举证期限和答辩期限的,法院可立即开庭。

(4) 有关增加或变更诉讼请求、提出反诉、追加当事人。当事人可以申请增加或变更诉讼请求、提出反诉、追加当事人等,导致案件不符合小额诉讼案件条件的则应适用简易程序,若应适用普通程序则裁定转为普通程序。

(5) 有关裁判文书、上诉和再审。裁判文书可以简化,主要记载当事人基本信息、诉讼请求、裁判主文等内容。小额诉讼案件实行一审终审。[①]

对小额诉讼案件的判决、裁定,当事人有权以《民诉法》第 200 条规定的事由向原审法院申请再审,当事人对再审判决、裁定不得上诉;当事人有权以不应适用小额诉讼程序为由向原审法院申请再审,当事人对再审判决、裁定可以上诉(《解释》第 426 条)。

【思 考 题】

1. 简易程序中的公正与效益。
2. 简易程序的适用范围。
3. 简易程序与小额诉讼程序的区别。
4. 赵洪诉陈海返还借款 100 元,法院决定适用小额诉讼程序审理。关于该案的审理,下列哪一选项是错误的?[②]

   A. 应在开庭审理时先行调解
   B. 应开庭审理,但经过赵洪和陈海的书面同意后,可书面审理
   C. 应当庭宣判
   D. 应一审终审

---

① 《德国民事诉讼法》第 511 条规定:上诉标的额超过 600 欧元的,可提起二审;上诉标的额低于 600 欧元,但一审判决在法律适用问题具有原则上的重要性,可提起二审。
② 2014 年国家司法考试卷三,参考答案:B。

第十四章
上诉审程序

> 【本章要点】
> 上诉审程序是对未确定或未生效裁判的审理程序,立法上,通常就上诉审程序的特殊问题予以规定,没有规定的则适用第一审程序的相应规定。上诉审程序需把握的要点是:上诉程序的意义,上诉条件,上诉案件的审理特点,上诉审法院对上诉案件如何裁判。

第一节 上诉审程序总论

一、上诉审程序的概念

在许多国家和地区,采用"三审制",其民事上诉审程序包括第二审程序和第三审程序。而我国现行审级制是"两审终审制",其民事上诉审程序仅指第二审程序。我国民事上诉审程序是指当事人不服地方各级法院未确定或未生效的一审民事判决和民事裁定,在法定的期限内请求上一级法院予以变更或撤销的审判程序。

在我国,第一审程序和第二审程序为审级程序,通常情况下民事(争讼)案件经过第一审程序和第二审程序审判即告终结。经过第二审程序和最高人民法院第一审程序审理所作出的裁判不得再提起上诉,所以第二审程序和最高人民法院第一审程序合称为终审程序。

上诉审程序与第一审程序虽然同属于审判程序,但两者有很大的区别,主要是:(1)程序启动条件不同。第一审程序的发生,是基于当事人的起诉权;上诉审程序的发生,是基于当事人的上诉权;(2)审级程序不同。第一审程序是案件在第一审法院审理的程序;上诉审程序是案件在上诉审法院审理的程序。它们是两个不同审级的法院的审理程序;(3)目的不同。第一审程序任务主要是通过对案件的审理确认当事人之间的民事权利义务关系,解决民事纠纷。上诉程序不仅要完成与第一审同样的任务,而且担负着监督检查下级法院审判工作的任务,以保证审判活动的合法性和正确性。

第一审程序与上诉审程序的联系主要表现在：第一审程序是上诉审程序的前提和基础，上诉审程序是第一审程序的继续和发展。两者实质上是对同一案件的审判。在我国，由于实行两审终审制，所以有第一审程序和上诉审程序的划分。但是，应当明确，上诉审程序并非每个案件的必经程序。除按特别程序审理的案件不适用上诉审程序外，即使是按照普通程序、简易程序审理的案件，如果经过第一审程序的审理，当事人达成了调解协议，或者在上诉期限内当事人没有上诉，也不会引起上诉审程序的发生，也就不需要经过第二审程序。

二、上诉审程序的意义或目的

（1）有利于保护当事人的合法权益。审判人员在依法执行职务时，理应作出公正判决，但由于受客观条件及主观认识水平的限制，不可能完全避免错判，有了上诉审程序，当事人就可以在不服第一审法院判决、裁定的时候，行使法律赋予的上诉权利，要求上一级法院对第一审判决、裁定的合法性和正确性进行审查。上诉审法院通过对上诉请求的有关事实和适用的法律进行审查，可以发现第一审判决在认定事实和适用法律上是否正确。原判决、裁定正确的，予以维持；原判决、裁定错误的，可以及时得到纠正。案件经过两级法院审理，就可以尽量避免当事人的合法权益因法院的错误裁判而受到损害。

（2）有利于上级法院监督和检查下级法院的审判工作。上级法院通过对上诉案件的审理，可以发现下级法院在认定事实、适用法律和审判作风中存在的问题，帮助下级法院总结审判工作的经验，提高审判工作水平和办案质量。下级法院也可以从上级法院的审判工作中，对照分析、找出差距，从中吸取经验教训，提高自己的审判工作水平。

（3）有利于国家法律的统一适用。关于上诉制度的这一目的（这里的目的与我们所说的意义基本同义），日本学者三月章教授曾认为，允许上诉的各种事件，顺次接受呈金字塔状的各级法院的审判（这称为审级制度），而最终则以接受唯一的最高法院的审判为原则。以此来避免不同的法院对法令作出不同的解释或适用的问题。因此，上诉制度还具有统一法令的解释，谋求安定的法律生活的使命。在称为第二个事实审的第二审中，上诉的第一目的（即纠正错误裁判）比较突出；而到了所谓的法律审的第三审，则第二目的（即法律的统一适用）明显优先。① 在我国，上诉审程序也有统一法律适用的功能。但是，由于我国审级制度存在的问题，在一定程度上影响了上诉审程序该功能的发挥。

三、上诉审程序的性质

（1）复审制（又称更新主义）。上诉审法院应全面地重新收集一切诉讼资料，当事人亦得无限制地提出新事实及新证据，并在此基础上作出裁判。从诉讼经济的角度看，民事诉讼不宜采取这一原则。

（2）事后审制（又称限制主义）。与复审制相对立。在事后审制中，上诉审法院专以审理第一审法院裁判内容及其诉讼程序有无错误为目的。上诉审法院仅能就第一审所适用诉讼资料及当事人之主张为审查，不许在上诉审提出新事实新证据为审判。

（3）续审制（亦称续审主义）。是复审制和事后审制的折中，即上诉审是一审的继续和

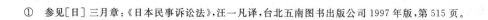

① 参见［日］三月章：《日本民事诉讼法》，汪一凡译，台北五南图书出版公司1997年版，第515页。

发展,因此,上诉审的诉讼资料并不限于第一审原有的诉讼资料。当事人在第二审还可以提出新事实及新证据。

目前世界上大多数国家的上诉审(第二审)程序采用续审制。我国确立了证据适时提出主义,从而使得我国的上诉制主要是续审制。

第二节　上诉的提起和受理

一、上诉的概念和种类

上诉,是指民事诉讼当事人对于下级法院"不利己"的未确定或未生效的裁判,向上级法院声明不服,请求撤销或变更该裁判的诉讼行为。

上诉,在西方国家有不同的分类,比较有代表性的是德国、日本等国的民事诉讼法对上诉的分类。德国、日本民事诉讼法将上诉分为两类。

(一) 对判决的上诉

在大陆法系,判决的首次上诉(启动第二审程序)称为"控诉",对判决的第二次上诉(启动第三审程序)称为"上告"。控诉审多为"法律审"和"事实审",即从法律和事实两方面对一审判决予以审理和判决。上告审主要是"法律审",即仅从法律方面对二审判决予以审理和判决。对一审判决中的事实,双方当事人没有争议或者双方当事人书面协商不提起控诉,而直接提起上告的,被称为"飞跃上告"。

在英美法系,一审法院称为"审理法院",其对案件是从事实和法律两个方面进行审理并作出判决。上诉审法院一般不进行事实审,主要是法律审,所以二审程序与三审程序的区别没有大陆法系那样明显。①

(二) 对裁定的上诉

在大陆法系,对裁定的上诉通常称为"抗告"。抗告,是指对判决以外的裁定和命令独立提起的简易上诉。并非所有有关程序法事项的裁定和命令均允许抗告,只限于法律有特别规定的情形。

抗告,以是否规定有抗告期间为标准,可分为通常抗告与即时抗告两种。通常抗告,是指法律没有明文规定抗告期间的抗告,只要具有请求废弃原判的利益,随时均可提起。即时抗告,是法律明文规定期间的抗告。即时抗告,对裁判要求迅速确定,所以在时间上加以限制。如《德国民事诉讼法》第557条中规定,即时抗告,应在两周的不变期间提起。《日本民事诉讼法》第332条中规定,即时抗告,应在一周的不变期间提起。

抗告,以审级为标准,还可以区分为最初的抗告和再抗告。最初的抗告,亦称第一次抗告,是向原裁定法院之上级法院请求救济的诉讼行为。再抗告,亦称第二次抗告,是对抗告法院裁定提起的抗告。对提起再抗告法律往往都有较严格的限制性规定。如《德国民事诉讼法》第568条规定,对于抗告法院的裁判,如果其中没有新的独立的抗告理由,不允许提起

---

① 参见苏力:《上诉法院与级别管辖》,载《在人大法学院听讲座》(第一辑),中国法制出版社2007年版。

再抗告。《日本民事诉讼法》第330条规定,对抗告法院的裁定,只有以该裁定对宪法的解释有错误或有其他违背宪法的事项或使裁定受到影响的事项是明显违背法令事项为理由时,才可以再提起抗告。

抗告通常应先向原裁定法院提出,原裁定法院认为抗告有理由时,应更正原裁定。如果原裁定法院拒绝改正,应将抗告送交受理抗告的高一级法院。这一点不同于对判决的上诉,对判决的上诉,原审法院即使认为上诉有理由,也无权予以更正。同时,抗告程序比控诉、上告程序简单得多。原则上,不管是原法院还是抗告法院对抗告作出决定时都可以不经过言词辩论。

我国《民诉法》对判决与裁定均适用同一上诉程序,而不像德、日等国家那样对裁定的上诉规定了专门的程序,也没有上述国家对判决、裁定上诉的分类。由于裁定的上诉解决的仅仅是程序问题,相对于判决来说审理程序要简便一些。例如,上诉审法院对判决的上诉原则上要开庭审理,而对裁定的上诉一般不需要开庭审理,即可作出裁定。

二、上诉的提起

上诉审是法律赋予当事人的一项重要的诉讼权利,是上一级法院开始上诉审程序的依据。但提起上诉必须具备一定的条件,即通常所说的上诉要件。只有符合法律规定的上诉条件,才能引起上诉审程序的发生。上诉的条件如下。

1. 提起上诉的客体必须是依法允许上诉的判决或裁定

上诉只能就法律规定可以上诉的裁判提起。对法律规定不准上诉的裁判,当事人无权上诉,上诉程序也无从发生。根据《民诉法》的规定,可以上诉的裁判包括:地方各级法院适用普通程序、简易程序作出的未生效一审判决以及法律规定可以上诉的裁定(不予受理、驳回起诉、管辖权异议等裁定)。对终审判决(地方法院二审判决、最高人民法院一审判决和二审判决)、最高人民法院和上诉法院的裁定以及非讼判决等,不得提起上诉。

2. 提起上诉的主体必须是依法享有上诉权的人

根据《民诉法》的规定,享有上诉权的人是第一审程序中的当事人,包括原告、被告、共同诉讼人、群体诉讼的诉讼代表人、有独立请求权的第三人和判决其承担民事责任的无独立请求权第三人。他们在案件中是具有民事实体权利或者义务的人,依法可以提起上诉。在特殊情况下,具有提起上诉权的双方当事人,不服第一审判决,都在上诉期限内,依法提起上诉的,只要都享有上诉权,应当都列为上诉人,并互以对方为被上诉人。

必要共同诉讼人的一人或者部分人提起上诉的:(1)上诉仅对与对方当事人之间权利义务分担有意见,不涉及其他共同诉讼人利益的,对方当事人为被上诉人,未上诉的同一方当事人依原审诉讼地位列明;(2)上诉仅对共同诉讼人之间权利义务分担有意见,不涉及对方当事人利益的,未上诉的同一方当事人为被上诉人,对方当事人依原审诉讼地位列明;(3)上诉对双方当事人之间以及共同诉讼人之间权利义务承担有意见的,未提起上诉的其他当事人均为被上诉人(《解释》第319条)。

3. 必须符合法定的上诉期限

当事人对第一审法院的判决、裁定提起上诉,必须在法律规定的期限内进行,超过法律规定的上诉期限,当事人就丧失了上诉权。《民诉法》第164条规定:"当事人不服地方人民法院第一审判决的,有权在判决书送达之日起15日内向上一级人民法院提起上诉。当事人不服地方人民法院第一审裁定的,有权在裁定书送达之日起10日内向上一级人民法院提起上诉。"上诉期限应从判决书、裁定书送达当事人的第二日起算。当事人各自接受裁判书的,从各自的起算日开始。任何一方均可在自己的上诉期限内提起上诉。上诉期届满后,所有当事人均未上诉的,裁判才发生法律效力。

4. 必须递交上诉状

上诉状是上诉人表示不服第一审法院裁判,而请求上诉审法院变更原审法院裁判的诉讼文书。上诉状和起诉状的目的都是引起一定诉讼程序的开始,以保护自己的合法权益。上诉人不仅同被上诉人在民事权利上有争执,而且对第一审裁判有异议,所以上诉状与起诉状不同的是,上诉状的内容不仅包括要求对自己民事权益的确认,而且包括要求改变第一审裁判的请求。

依据《民诉法》第165条的规定,当事人提起上诉,应递交上诉状,上诉状包括下列内容:(1)当事人的姓名,法人的名称及其法定代表人的姓名或者其他组织的名称及其主要负责人的姓名;(2)原审法院名称、案件的编号和案由;(3)上诉的请求和理由。上诉请求应明确表明要求上诉审法院全部或部分变更原审裁判的态度,因为这关系到法院在二审程序中的审理范围。上诉理由则是上诉人提出上诉请求的具体根据,上诉人应当提出自己认为一审裁判认定事实和适用法律不当或者错误所根据的事实和理由,包括在第一审未提供的新事实和新证据。

提起上诉必须同时具备以上四个条件,上诉才能成立,才能引起上诉审程序的发生。此外,依法应交纳诉讼费的。上诉案件受理费由上诉人向法院提交上诉状时预交。双方当事人都上诉的,分别预交。上诉人在上诉期内未预交诉讼费用的,法院应当通知其在7日内预交。上诉人无正当理由仍然逾期不交或少交的,视为撤回上诉。

三、上诉的受理

《民诉法》第166条和第167条分别规定了怎样提起上诉和法院怎样受理上诉。

(1)当事人提起上诉,原则上应通过原审法院提出上诉状,并按照对方当事人人数提出上诉状副本。这样既便于当事人提出上诉,又便于原审法院进行审查。法院经审查,如有不符合之处,可以通知上诉人及时修改或补正。对已逾上诉期限的,可直接作出裁定驳回上诉。但是,有些当事人由于某种原因,不愿通过原审法院提起上诉,而直接向上诉审法院提起,也是允许的。对此,二审法院应予接受,并依法将收到的上诉状及其副本,在5日内移交原审法院。

(2)原审法院收到上诉状,应当在5日内将上诉状副本送达对方当事人,对方当事人在收到之日起15日内提出答辩状。法院应当在收到答辩状之日起5日内将副本送达上诉人。对方当事人不提出答辩状的,不影响法院审理。

原审法院收到上诉状、答辩状,应当在5日内连同全部案卷和证据,报送二审法院。

四、上诉的撤回

《民诉法》第173条规定:"第二审人民法院判决宣告前,上诉人申请撤回上诉的,是否准许,由第二审人民法院裁定。"《解释》第337条规定,二审程序中,当事人申请撤回上诉,法院经审查认为一审判决确有错误,或者当事人之间恶意串通损害国家利益、社会公共利益、他人合法权益的,不应准许。

《解释》第338条规定,二审程序中,原审原告申请撤回起诉,经其他当事人同意,且不损害国家利益、社会公共利益、他人合法权益的,法院可以准许。准许撤诉的,应当一并裁定撤销一审裁判;原审原告在二审程序中撤回起诉后重复起诉的,法院不予受理。

第三节 上诉案件的审理

《民诉法》第174条规定:"第二审人民法院审理上诉案件,除依照本章规定外,适用第一审普通程序。"因此,上诉审法院审理上诉案件所适用的程序,既有与第一审普通程序相同的地方,也有自己的特点。

一、上诉案件的审前准备

根据《民诉法》的规定,二审法院在审理上诉案件前,应做好以下几项准备工作。

(1) 组成合议庭。上诉审法院应当由法官组成合议庭。合议庭组成后,法院应当在3日内告知当事人。二审之所以由法官组成合议庭,一是为了体现上诉审法院对初审法院案件的审判监督;二是为了体现上诉审裁判的权威性,一个法官去审查特别是改变另一个法官的裁判,显然权威性是不够的。

(2) 调阅和审查案卷。二审合议庭组成后,应当审查案卷,了解上诉请求及其事实证据、答辩意见及其事实证据。

(3) 确定举证期限和组织交换证据。当事人应当在二审开庭前或开庭审理时提出新证据,不需开庭审理的则在法院指定的期限内提出。法院应当根据当事人申请来收集证据或者依职权收集证据。对新证据,应当组织双方当事人交换。

(4) 整理争点。在以上准备工作的基础上,整理本案争点。整理争点的结果,经法官确认后,应明确记入笔录,当事人和法官均受其拘束。

二、上诉案件的审理方式

根据《民诉法》第169条的规定,第二审法院审理上诉案件,以开庭审理为原则,径行判决为例外。所谓开庭审理,是指直接传唤当事人和其他诉讼参加人到庭,开庭调查、辩论、合议庭进行评议和作出判决。所谓径行审理,是指合议庭经过阅卷、调查、询问当事人,在全部事实核实后,认为不需要开庭审理的,直接作出裁判的审理方式。这里应当明确的是:

(1) 开庭审理是上诉审法院审理上诉案件的主要方式,不开庭审理而"径行判决"的只能是少数案件,是开庭审理的例外。依据《解释》第333条的规定,第二审人民法院对下列上诉案件,依照《民事诉讼法》第169条规定可以不开庭审理:① 不服不予受理、管辖权异议和驳回起诉裁定的;② 当事人提出的上诉请求明显不能成立的;③ 原判决、裁定认定事实清楚,但适用法律错误的;④ 原判决严重违反法定程序,需要发回重审的。①

(2)《民诉法》规定的"径行审理"同一些西方国家民事诉讼法规定的"书面审理"是不相同的。所谓"书面审理"是指不开庭,也不调查,不询问当事人、证人,只通过审查一审案卷材料即作出裁判的审理方式。而径行判决的案件,审判人员必须和当事人见面,亲自听取当事人陈述,并询问当事人。

三、上诉案件的审理范围

在大陆法系,"禁止不利益变更原则"作为民事上诉程序的基本原则,是指在一方当事人上诉的情况下,上诉法院不得作出比一审判决更不利于上诉人的判决。该原则在立法上表现为,上诉法院只能在当事人上诉请求范围内作出判决。与"禁止不利益变更原则"相伴的是"禁止利益变更原则",即根据"没有申请就没有救济"的司法消极性原则,上诉判决不得超出上诉请求范围增加上诉人的利益。这两个原则从正反两方面限定上诉法院只能在上诉请求范围内作出判决。② 英美法系虽无"禁止不利益变更原则"之名,却有其实。英美法系奉行"没有申请就没有救济"的司法消极性原则,上诉法院只在当事人上诉请求或者对一审判决不服的范围内进行审判。

《民诉法》第168条规定:"第二审人民法院应当对上诉请求的有关事实和适用法律进行审查。"《解释》第323条规定:第二审人民法院应当围绕当事人的上诉请求进行审理。当事人没有提出请求的,不予审理,但一审判决违反法律禁止性规定,或者损害国家利益、社会公共利益、他人合法权益的除外。

四、上诉案件的审理地点和审理期限

《民诉法》第169条第2款规定:第二审法院审理上诉案件,可以在本院进行,也可以到案件发生地或者原审法院所在地进行。从审判实践来看,开庭审理的,可依具体情况,在本院审理,或者到案件发生地或原审法院进行;书面审理或径行裁判的,在本院进行。

关于上诉案件的审理期限,对判决的上诉案件,应当在二审法院立案之日起3个月内审结。有特殊情况需要延长的,由本院院长批准,可以延长3个月;对裁定的上诉案件,应当在二审法院立案之日起30日内作出终审裁定,不得申请延长。

五、上诉案件的调解

《民诉法》第172条规定:上诉审法院审理上诉案件,可以进行调解。上诉审法院对经过调解达成协议的案件,应当制作调解书,由审判人员、书记员署名,并加盖法院印章。调解书送达后,原审法院的判决即视为撤销。

需要注意的是,在上诉审法院的调解书上不能写上"撤销原判"几个字,因为民事诉讼法

① 《解释》第325条规定:下列情形,可以认定为民事诉讼法第170条第1款第4项规定的严重违反法定程序:(1)审判组织的组成不合法的;(2)应当回避的审判人员未回避的;(3)无诉讼行为能力人未经法定代理人为诉讼的;(4)违法剥夺当事人辩论权利的。
② 例如,《德国民事诉讼法》第536条规定:"对于第一审的判决,只能在申请变更的范围内变更之。"《日本民事诉讼法》第304条规定:"撤销或变更第一审判决,只在声明不服的范围可以进行。"

已明确规定,调解书送达后,原审法院的判决即视为撤销。同时"撤销原判"与"视为撤销"的含义也有区别:"撤销原判"必须以原审法院的判决有错误为前提,而调解协议的内容是双方当事人在自愿的基础上,通过互谅互让达成的,并不等于原判有错误。它们一个是法院行使审判权的结果,一个是当事人行使处分权的结果。不能用当事人行使处分权的结果来撤销法院行使审判权的结果。"视为撤销",不是上诉审法院撤销了第一审法院的判决,而是上诉审法院的调解书生效后,第一审法院的判决书就失去了法律效力。

第四节　上诉案件的裁判

根据《民诉法》第170条和《解释》等规定,二审法院对上诉案件经过审理,应分别情况,做出如下处理。

(一) 驳回上诉,维持原判

上诉审法院对上诉案件经过审理,认为原判决、裁定认定事实清楚,适用法律正确,上诉无理的,以判决、裁定方式驳回上诉,维持原判决、裁定。这种处理方式,否定了上诉人提出的上诉理由,肯定了第一审法院判决的合法性和正确性,承认了第一审判决的法律效力。

《解释》第334条还规定:原判决、裁定认定事实或者适用法律虽有瑕疵,但裁判结果正确的,二审法院可以在判决、裁定中纠正瑕疵后,依照《民诉法》第170条第1款第1项规定予以维持。

(二) 上诉审法院自行改判

上诉审法院对上诉案件经过审理,可以自行改判的有两种情况:(1)原判决、裁定认定事实错误或者适用法律错误的,以判决、裁定方式依法改判、撤销或者变更;(2)原判决认定基本事实不清的,裁定撤销原判决,发回原审法院重审,或者查清事实后改判。所谓基本事实,根据解释的规定,是指用以确定当事人主体资格、案件性质、民事权利义务等对原判决、裁定的结果有实质性影响的事实。

(三) 撤销原判,发回重审

将判决发回原审法院重审有两种情况。

第一,一审判决认定事实错误,或者事实不清、证据不足的。对此,自行改判还是发回重审,由二审法院自由裁量。对于自行改判或是发回重审,有学者认为,原则上都应发回重审,但对二审法院容易查清的事实,也可以查清事实后自行改判。笔者认为,上述法律规定似有不妥,与此相应的观点也值得商榷。

在上诉制度采事后审主义国家,当事人在上诉审不得提出新的证据,遇有认定事实错误或有事实不清的情况,只有撤销原判决并将案件发回一审法院重审。《民诉法》上诉审程序采续审主义,既是法律审又是事实审,遇有事实错误或不清,完全可以自行调查后改判或作其他处理,没有发回重审的必要。再者,发回重审,在实践中也容易造成法院之间互相踢皮球、影响案件的及时审理等弊端。

第二,原判决遗漏当事人或者违法缺席判决等严重违反法定程序的,裁定撤销原判决,发回原审法院重审。依据《解释》第325条的规定,上诉审法院发现第一审法院有下列法定情形之一的,可以认定为原判决严重违反法定程序,发回第一审法院重审:(1)审判组织的组成不合法的;(2)应当回避的审判人员未回避的;(3)无诉讼行为能力人未经法定代理人代为诉讼的;(4)违法剥夺当事人辩论权利的。

二审法院裁定撤销一审判决,发回一审法院重审的,应当在裁定书中载明裁定的理由。发回重审的案件,原审法院应当按照一审程序另行组成合议庭,原审判法官和陪审员不得参加。"重审"并非完全重新审理,只是对上诉请求及其相关事实证据或有正当理由提出的新证据进行审判,原审程序中当事人的认诺和自认依然有效(合法撤销的除外)。原审法院对发回重审的案件所作的判决,仍属一审判决,可以提起上诉。

根据《解释》第326～329条的规定,对于如下特殊情况,是否发回重审,二审法院应当分别不同情况做出处理。

(1)对当事人在一审中已经提出的诉讼请求,一审法院未作审理、判决的,二审法院可以根据当事人自愿的原则进行调解,调解不成的,发回重审。

(2)必须参加诉讼的当事人在一审中未参加诉讼,二审法院可以根据当事人自愿的原则进行调解,调解不成的,发回重审。发回重审的裁定书不列应当追加的当事人。

(3)二审程序中,一审原告增加独立的诉讼请求或一审被告提出反诉的,二审法院可以就新增加的诉讼请求或反诉进行调解,调解不成的,告知当事人另行起诉。双方当事人同意由二审法院一并审理的,二审法院可以一并裁判。

(4)一审判决不准离婚的案件,上诉后,二审法院认为应当判决离婚的,可以与子女抚养、财产分割问题一并调解,调解不成的,发回重审。双方当事人同意由二审法院一并审理的,二审法院可以一并裁判。

(5)二审法院认为依法不应由法院受理的,直接撤销原判,驳回起诉,不应发回重审。

(6)法院依照第二审程序审理案件,认为一审法院受理案件违反专属管辖规定的,应当裁定撤销原裁判并移送有管辖权的法院。

(7)二审法院查明一审法院作出的不予受理裁定有错误的,应当在撤销原裁定的同时,指令一审法院立案受理;查明一审法院作出的驳回起诉裁定有错误的,应当在撤销原裁定的同时,指令一审法院审理。

二审法院对下列上诉案件,依照《民诉法》第169条规定可以不开庭审理:(1)不服不予受理、管辖权异议和驳回起诉裁定的;(2)当事人提出的上诉请求明显不能成立的;(3)原判决、裁定认定事实清楚,但适用法律错误的;(4)原判决严重违反法定程序,需要发回重审的。

【思考题】

1. 上诉审程序的概念和意义。
2. 上诉审程序与第一审程序的区别与联系?
3. 提起上诉必须具备哪些条件?
4. 上诉案件的审理特点有哪些?
5. 上诉审法院对上诉案件应如何裁判?

第十五章
再审程序

【本章要点】
　　再审的本质是对既判案件的再次审判。确定判决存在严重的程序违法和实体错误的,为再审理由。我国现行再审程序的主要阶段:(1)启动与审查阶段。法院审查再审事由成立且符合申请再审条件的,裁定再审。(2)实体审判阶段。即对原裁判或调解书实体事实认定是否错误和实体法律适用是否违法进行审理并作出裁判。

第一节　再审程序概述

一、再审程序的概念

　　再审程序,是为了纠正已经发生法律效力裁判中的错误而对案件再次进行审理的程序。再审程序并不是每一个民事案件必经的程序,只是对于已经发生法律效力而且符合再审条件的判决、裁定、调解协议才能适用的一种特殊审判程序。
　　再审程序是民事诉讼程序制度中的一项补救制度,是民事诉讼程序制度中不可缺少的一个组成部分。各国民事诉讼法对此都作了规定,不过称谓不一,实施与获得补救的途径和程序也有所区别。根据发动再审的主体和程序的不同,大体上可分为三类:一类是基于当事人的诉权,由当事人提起再审之诉引起对案件的再行审理。德国、法国、日本等资本主义国家的民事诉讼法一般只设立这种补救方式。一类是基于法定机关、组织和人员行使监督权引起再审程序的发生而对案件再行审理。还有一类,同时适用上述两种补救方式。如苏联的民事诉讼法,既有审判监督程序,又有案件参加人发现新事实的再审程序。后者只有在法律严格规定的条件下才能进行,而这种条件实际上是比较少见的。①
　　我国现行再审程序的启动方式有四:法院提起再审、当事人申请再审、检察院抗诉和案

---

① 参见[苏]阿·阿·多勃罗沃里斯基:《苏维埃民事诉讼》,李衍译,法律出版社1985年版,第439页。

外人申请再审①。

二、再审程序与第二审程序的关系

再审程序和第二审程序,虽然都是为了保证判决、裁定的正确性,纠正原判决、裁定错误的法定程序,但确有明显的不同。

(1) 审理的对象不同。依再审程序审理的对象是已经发生法律效力的判决、裁定、调解协议。它既包括第二审法院生效的判决、裁定、调解协议,也包括第一审法院生效的判决、裁定、调解协议;而第二审程序审理的对象,只能是地方各级法院尚未发生法律效力的第一审判决、裁定。

(2) 提起的主体不同。按照《民诉法》的规定,有权提起再审程序的,是各级法院院长和审判委员会,最高人民法院和上级法院,最高人民检察院和上级检察院以及符合申请再审条件的当事人;而有权提起上诉程序的,则是原一审程序中的双方当事人和有独立请求权的第三人以及一审裁判中被确定负有实体义务的无独立请求权的第三人。

(3) 提起的期限不同。再审程序的发动,除当事人申请再审,必须在判决、裁定、调解协议生效后6个月内提出外,法院和检察院按照审判监督程序提起再审,不受时间限制,任何时候发现已生效的判决、裁定、调解协议有错误,都可以提起。而上诉人提起上诉则必须在第一审判决、裁定尚未生效期限内提起。

(4) 审理的法院不同。按照再审程序审理案件的,不仅有上级法院,而且还包括原审法院和其他同级法院。而按照第二审程序审理案件的,只能是第一审法院的上一级法院。

三、再审程序的意义

在我国的民事诉讼中,法院行使国家审判权作出的判决和裁定,一经发生法律效力,任何机关、团体、单位和个人都无权变更和撤销,以维护法律的严肃性,确认当事人之间权利义务关系的稳定性。但生效裁判的稳定性应当建立在正确性的基础上。由于民事案件的复杂性和其他原因,如司法人员的工作失误或有意偏袒一方当事人等等,都在客观上决定了生效裁判即使经过了第一审、第二审,仍有可能出错。如果确实有错误并达到了必须纠正的程度,就应当通过再审程序来改变它,而没有理由去维护这种错误裁判的稳定性。

就一定意义而言,再审程序与上诉审程序两种复审程序设立的目的有共同之处,二者都是为了保证判决、裁定的正确性,纠正原裁判错误的法定程序。但是,再审程序的特殊价值在于:它是针对已经发生法律效力的判决、裁定中的错误发生的,因而它使发生法律效力裁判中的错误,仍有通过法律程序得到纠正的机会,是对合法民事权益的更完善的保护。值得注意的是,再审是一种特殊的复审程序,是在生效裁判有严重瑕疵的情况下不得已而采取的补救措施,因此,再审程序的启动一定要特别慎重。

---

① 根据《民诉法》第227条和《解释》第423条的规定,执行过程中,案外人对执行标的提出异议,法院裁定驳回,案外人对裁定不服,认为原判决、裁定、调解书内容错误损害其民事权益的,可以自裁定送达之日起6个月内,向作出原判决、裁定、调解书的法院申请再审。

法院裁定再审后,案外人属于必要共同诉讼当事人的,依照《解释》第422条第2款的规定处理。案外人不是必要共同诉讼当事人的,法院仅审理原判决、裁定、调解书对其民事权益造成损害的内容,再审请求成立的则撤销或者改变原判决、裁定、调解书。

第二节 当事人申请再审

一、当事人申请再审的概念和条件

当事人申请再审,亦称再审之诉,是指民事诉讼的当事人,对已经发生法律效力的判决、裁定、调解协议,认为有错误,向原审法院或者上一级法院申请再行审理的行为。

申请再审和起诉一样,均属于当事人的诉讼权利,只要符合法定条件,就可以引起诉讼程序的发生。但申请再审所针对的毕竟是已经生效的判决、裁定、调解协议,因此,申请再审的条件理应比起诉、上诉的条件更为严格,以防当事人滥用申请再审的权利,轻易动摇已确定的判决、裁定、调解协议。根据民事诉讼法和最高人民法院的司法解释,当事人申请再审必须同时具备以下条件。

(1) 当事人申请再审的对象必须是已经发生法律效力且准予提出再审申请的判决、裁定、调解协议。这是对当事人申请再审的对象和范围的限制。如果判决、裁定、调解协议尚未发生法律效力,则只能通过其他途径解决。判决裁定、调解协议虽已生效,但属于法定不准提出申请再审的,当事人也不得申请再审。《民诉法》第202条规定:"当事人对已经发生法律效力的解除婚姻关系的判决调解书不得申请再审。"其理由是,夫妻关系是以爱情为基础的,不能靠用强制的方法使已经解除了婚姻关系的男女再结合在一起。况且,进行再审,还可能出现再审判决与现实婚姻冲突等一系列无法解决的问题。①

此外,根据《解释》第380条的规定,适用特别程序、督促程序、公示催告程序、破产程序等非讼程序审理的案件,当事人不得申请再审。

(2) 当事人申请再审,应当在判决、裁定发生法律效力后6个月内提出,特殊情形应延长当事人申请再审期间。这是对当事人申请再审的时间限制。其目的主要是为了促使当事人及时行使申请再审的权利,以利于再审工作的顺利进行,防止当事人无休止的缠讼,维护民事法律关系的稳定性。但在司法实践中,有的再审事由可能6个月后才发现,作为例外,以下四种情形当事人可以自知道或者应当知道之日起6个月内申请再审:① 有新的证据,足以推翻原判决、裁定的;② 原判决、裁定认定事实的主要证据是伪造的;③ 据以作出原判决、裁定的法律文书被撤销或者变更;④ 发现审判人员在审理该案件时有贪污受贿,徇私舞弊,枉法裁判行为的。

(3) 当事人申请再审,主要向作出发生法律效力的判决、裁定的上一级法院提出。这是对当事人申请再审管辖法院的限制。按照民事诉讼法原来的规定,当事人申请再审,应当向上一级法院提出。而修正后的《民诉法》第199条规定:当事人对已经发生法律效力的判决、裁定,认为有错误的,可以向上一级法院申请再审;当事人一方人数众多或者当事人双方

---

① 对上述理由稍加分析就能看出,这些理由不足以支持剥夺婚姻案件当事人的申请再审之诉权。试想,当事人伪造证据导致法院作出离婚判决,或者应该回避的法官没有回避,将不符合法定离婚条件的当事人判决离婚,又不允许对方当事人申请再审,这合理吗?至于出现对方再婚等和现实婚姻冲突的情况,则完全可以通过作出"无纠正可能的案件不能再审"的规定来解决,而不能以此来否定属于这类情况的当事人的再审之诉权。

为公民的案件,也可以向原审法院申请再审。这里对上述两类案件,法律用的是"也可以",立法机关实际上是将选择权交给了当事人,申请再审的当事人如果相信原审法院能够实施有效救济,也可以选择向原审法院申请再审;否则,他们仍然可以向上一级法院申请再审。如果向原审法院申请再审,法院审查后决定再审的,再审审理也由原审法院进行。

(4)当事人申请再审必须符合法定情形。这是对当事人申请再审理由的限制,也是法院审查的重点。《民诉法》第200条对再审事由作出了明确规定,这些规定将哪些裁判需要再审具体化,既便于掌握,也与国际上通行的做法更为接近。

上述当事人申请再审的四个条件,缺一不可,只有同时具备,申请再审才能成立。

当事人向法院申请再审的,应当提交申请书,并附上原审法院的判决书、裁定书、调解书。申请书应当写明下面几项内容:一是再审申请人与被申请人及原审其他当事人的基本信息。二是申请再审的诉讼请求。诉讼请求是申请人申请再审想要达到的目的,是要求变更原审裁判的意思表示。申请人是要求全部变更还是要求部分变更,应在申请书的诉讼请求中标明。三是提出再审申请所依据的事实和理由以及证据材料。由于《民诉法》规定符合法定情形之一的法院才能再审。因此,申请书所提事实和理由应同法定情形联系起来,以利于引发再审程序。

二、法院对申请的受理、审查和处理

法院应当自收到符合条件的再审申请书等材料之日起五日内向再审申请人发送受理通知书,并向被申请人及原审其他当事人发送应诉通知书、再审申请书副本等材料。①

法院受理申请再审案件后,应当依法对当事人主张的再审事由进行审查。再审申请人提供的新的证据,能够证明原判决、裁定认定基本事实或者裁判结果错误的,应当认定为《民诉法》第200条第1项规定的情形。对于符合前款规定的证据,法院应当责令再审申请人说明其逾期提供该证据的理由;拒不说明理由或者理由不成立的,依照《民诉法》第65条第2款和《解释》第102条处理。即当事人因故意或者重大过失逾期提供的证据,法院不予采纳;但该证据与案件基本事实有关的,法院应当采纳,并依法予以训诫、罚款。

当事人非因故意或者重大过失逾期提供的证据,法院应当采纳,并对当事人予以训诫。当事人一方要求另一方赔偿因逾期提供证据致使其增加的交通、住宿、就餐、误工、证人出庭作证等必要费用的,法院可予支持。

再审申请人证明其提交的新的证据符合下列情形之一的,可以认定逾期提供证据的理由成立:(1)在原审庭审结束前已经存在,因客观原因于庭审结束后才发现的;(2)在原审庭审结束前已经发现,但因客观原因无法取得或者在规定的期限内不能提供的;(3)在原审庭审结束后形成,无法据此另行提起诉讼的。

再审申请人提交的证据在原审中已经提供,原审法院未组织质证且未作为裁判根据的,视为逾期提供证据的理由成立,但原审法院依照《民事诉讼法》第65条规定不予采纳的除外。

当事人对原判决、裁定认定事实的主要证据在原审中拒绝发表质证意见或者质证中未对证据发表质证意见的,不属于《民诉法》第200条第4项规定的未经质证的情形。

有下列情形之一,导致判决、裁定结果错误的,应当认定为《民诉法》第200条第6项规

---

① 《解释》对申请的审查和处理作了非常详细的规定,该部分就是审查和处理的主要内容,参见其第385~395条。

定的原判决、裁定适用法律确有错误:(1)适用的法律与案件性质明显不符;(2)确定民事责任明显违背当事人约定或者法律规定;(3)适用已经失效或者尚未施行的法律;(4)违反法律溯及力规定;(5)违反法律适用规则;(6)明显违背立法原意。

原审开庭过程中有下列情形之一的,应当认定为《民诉法》200条第9项规定的剥夺当事人辩论权利:(1)不允许当事人发表辩论意见的;(2)应当开庭审理而未开庭审理;(3)违反法律规定送达起诉状副本或者上诉状副本,致使当事人无法行使辩论权利;(4)违法剥夺当事人辩论权利的其他情形。

《民诉法》第200条第13项规定的审判人员审理该案件时有贪污受贿、徇私舞弊、枉法裁判行为,是指已经由生效刑事法律文书或者纪律处分决定所确认的行为。

当事人主张的再审事由成立,且符合《民诉法》和《解释》规定的申请再审条件的,法院应当裁定再审。

当事人主张的再审事由不成立,或者当事人申请再审超过法定申请再审期限、超出法定再审事由范围等不符合《民诉法》和《解释》规定的申请再审条件的,法院应当裁定驳回再审申请。

第三节　法院决定再审

法院决定再审是法院内部对自己的审判工作行使检查监督权,也是发动再审程序的三个途径之一。

一、法院决定再审的条件

根据《民诉法》第198条的规定,法院决定再审,必须具备以下条件。

(1)判决、裁定和调解协议已经发生法律效力。这是对再审对象的限制。如果是尚未生效的判决、裁定确有错误的,应当通过上诉程序来纠正,而不能提起再审程序。

(2)判决、裁定和调解协议确有错误。这是对法院提起再审理由的限制。这一理由过于笼统、概括,在实践中难以掌握和运用。应当对法院提起再审的理由同检察院、当事人提起再审的理由一样作出比较具体的规定。同时,为避免重复,对各类主体提起再审的相同理由,前面的法条列举后,后面的法条只要明确具有某条款至某条款的情形(理由)即可。

二、法院提起再审的程序

由于有权提起再审程序的法定机关、组织和人员不同,提起再审程序的方法和步骤也不一样。根据《民诉法》的规定,法院提起再审的程序如下。

(1)各级法院院长发现本院作出的已生效的判决、裁定确有错误提起再审的程序。按照我国现行法律的规定,各级法院享有审判监督权的是法院院长和审判委员会,他们对本院审判人员和合议庭的审判工作进行监督。因此,当院长发现本院已生效的判决、裁定确有错误时,应当提交审判委员会讨论,由审判委员会决定是否再审,这是民主集中制原则在审判监督程序中的体现。

(2)最高人民法院对地方各级法院已经发生法律效力的判决、裁定,发现确有错误,提审或者指令下级法院再审的程序。最高人民法院是国家的最高审判机关,对地方各级法院的审判工作享有审判监督权。因此,最高人民法院发现地方各级法院已生效的判决、裁定确有错误时,应当行使审判监督权,根据具体情况决定将案件提到本院自行审判,或者指令下级法院再审。自己提审时,应在提审的裁定中同时写明中止原判决、裁定的执行,并向原审法院调取案卷,进行再审。指令下级法院再审的,下级法院接到指令后,应当依法再审,并将审判结果上报最高人民法院。

(3) 上级法院对下级法院已经发生法律效力的判决、裁定发现确有错误的,提审或指令再审的程序。根据法律规定,上级法院对下级法院的审判工作享有审判监督权。因此,上级法院发现辖区内的下级法院的生效判决、裁定确有错误,既可以调取案卷自行审理,也可以指令下级法院再审,具体程序与最高人民法院提审或指令再审的程序相同。

第四节 检察院抗诉提起再审

一、民事抗诉的概念

抗诉,是指检察院对法院的判决或裁定认为符合法定抗诉条件,依法提请法院对案件重新进行审理的一种诉讼行为。抗诉通常包括对未生效裁判的抗诉和对生效裁判的抗诉两种情况。目前,我国民事诉讼中的抗诉仅限于对生效民事裁判的抗诉,对未生效的民事裁判,检察院没有抗诉权。我国现行民事抗诉是指检察院对法院已经生效的判决、裁定发现有提起抗诉的法定情形,提请法院对案件重新进行审理的诉讼活动。

二、提起民事抗诉的条件

根据《民诉法》的规定,检察院提起民事抗诉应具备以下条件。

(1) 法院的判决、裁定已经生效。判决、裁定已经生效是发动再审程序的一个共性条件,也是民事诉讼法对抗诉对象的限制。

(2) 发现生效判决、裁定有法定的抗诉情形,或者发现调解书损害国家利益、社会公共利益的。这是民事诉讼法对抗诉理由的限制。根据《民诉法》的规定,检察机关抗诉提起再审与当事人申请再审的法定情形完全一致。即符合《民诉法》第200条规定情形之一的,检察机关可在法定权限范围内依审判监督程序提出抗诉。

三、当事人向检察院申请检察建议或者抗诉

根据《民诉法》第209条的规定,有下列情形之一,当事人可以向检察院申请检察建议或者抗诉:(1) 法院驳回再审申请的;(2) 法院逾期未对再审申请作出裁定的;(3) 再审判决、裁定有明显错误的。

依据《人民检察院民事诉讼监督规则(试行)》(2013年),检察院认为当事人的监督申请不符合抗诉条件的,应当作出不支持监督申请的决定,并在决定之日起15日内制作《不支持监督申请决定书》,发送当事人。下级检察院提请抗诉的案件,上级检察院可以委托提请抗

诉的检察院将《不支持监督申请决定书》发送当事人。

四、民事抗诉的提出与受理

民事抗诉的提出,是指哪一级的检察院对哪一级法院的生效裁判,可以提出抗诉。根据《民诉法》第 187 条的规定,民事抗诉的提出主要有下述几种情况。

(1) 最高人民检察院对各级法院已经发生法律效力的判决、裁定提出抗诉。最高人民检察院作为最高法律监督机关,对全国各级法院(包括最高人民法院)的民事审判活动享有监督权,有权对具有法定抗诉情形的判决、裁定提出抗诉,要求法院对案件进行再审。

(2) 上级检察院对下级法院已经发生法律效力的判决、裁定提出抗诉。这里的抗诉,体现的是上级检察院对下级法院的监督,而不同于上诉程序的抗诉体现的是同级检察院对同级法院的监督。上述检察监督中,自上而下的监督是对生效裁判检察监督的普遍方式。而最高检察院对最高人民法院生效裁判提出的抗诉,则是对生效裁判自上而下检察监督的例外,这种特定的例外,是为了保证检察监督的完整性。

地方各级检察院不得对同级法院的生效裁判提出抗诉,但它发现同级法院的生效裁判具有法定的抗诉事实和理由的,可以建议同级法院再审或提请上级检察院按照审判监督程序提出抗诉,这是检察机关实现其监督职能的上下结合。

与当事人的再审申请不同,对检察院依法提起抗诉的案件,法院必须进行再审,不存在驳回的问题。法律关于抗诉与再审关系的这种规定,充分体现了作为国家审判机关的法院与作为国家法律监督机关的检察院的相互制约关系。

五、民事抗诉案件的审理

检察院决定对法院的判决、裁定、调解书提出抗诉的,应当制作抗诉书。抗诉书是检察院对法院生效裁判提出抗诉的法律文书,也是引起对案件再审的法律文书。

根据《民诉法》第 211 条的规定,检察院提出抗诉的案件,接受抗诉的法院应当自收到抗诉书之日起 30 日内作出裁定再审;有本法第 200 条第 1 款第 1 至 5 项规定情形之一的,可以交下一级法院再审,但经该下一级法院再审的除外。

法院开庭审理抗诉案件,应当在开庭 3 日前通知检察院、当事人和其他诉讼参与人。同级检察院或者提出抗诉的检察院应当派员出庭。

检察院因履行法律监督职责向当事人或者案外人调查核实的情况,应当向法庭提交并予以说明,由双方当事人进行质证。

第五节 再审案件的审判

一、再审案件的审理

(一) 裁定中止原判决的执行

凡进行再审的案件,法院均应作出裁定,中止原判决的执行。法律之所以要"中止原判决"的执行,是因为再审的案件,有可能在审结后撤销或者变更原判决,为了避免因继续履行或强制执行可能给当事人的合法权益造成更大的损害,减少和制止由于错判造成的不良后果,所以在再审期间要中止原判决的执行。至于法律规定决定再审的案件,只"中止原判决"的执行,而不是"撤销原判",主要是为了慎重。因为尽管决定再审时已经"发现"原判决有错误,但不经实体审理就撤销原判,是不符合诉讼程序的,也是不严肃的。只有经过再审程序审理后才决定是撤销原判决,还是维持原判决;撤销原判决的是部分撤销,还是全部撤销并予以改判。

(二)另行组成合议庭

根据民事诉讼法的规定,法院审理再审案件,一律实行合议制,而不允许实行独任制。若原审法院再审,还应另行组成合议庭,原合议庭成员或独任审判员不得参加新组成的合议庭,以防止其先入为主,保证对案件的公正审判。

(三)分别适用第一、二审程序审理

再审的案件,原来是第一审审结的,再审时适用第一审普通程序进行审理(最高人民法院或上级法院提审的例外),经过再审后所作的判决、裁定,仍是第一审的判决、裁定,当事人不服可以上诉。

再审的案件,原来是第二审审结的,再审时仍适用第二审程序进行审理,审理终结所作的裁判是终审裁判,当事人不得上诉。

最高人民法院或上级法院提审的再审案件,不论原来是第一审还是第二审,一律按第二审程序审理,所作的判决、裁定是终审的判决、裁定,当事人不得上诉。

(四)可以进行调解

适用再审程序审理的案件,可以进行调解。调解时仍遵照第一、第二审程序有关调解的规定进行。不同的是,适用第一审程序达成调解协议的案件有些可不制作调解书,而再审程序中的调解,均应制作调解书。调解书送达后,原判决即视为撤销。

二、再审案件的裁判

法院经再审审理认为,原判决、裁定认定事实清楚、适用法律正确的,应予维持;原判决、裁定认定事实、适用法律虽有瑕疵,但裁判结果正确的,应当在再审判决、裁定中纠正瑕疵后予以维持。

原判决、裁定认定事实、适用法律错误,导致裁判结果错误的,应当依法改判、撤销或者变更。

按照二审程序再审的案件,法院经审理认为不符合《民诉法》规定的起诉条件或者符合《民诉法》第124条规定不予受理情形的,应当裁定撤销一、二审判决,驳回起诉。

法院对调解书裁定再审后,按照下列情形分别处理:(1)当事人提出的调解违反自愿原则的事由不成立,且调解书的内容不违反法律强制性规定的,裁定驳回再审申请;(2)检察院抗诉或者再审检察建议所主张的损害国家利益、社会公共利益的理由不成立的,裁定终结再审程序;前款规定情形,法院裁定中止执行的调解书需要继续执行的,自动恢复执行。

一审原告在再审审理程序中申请撤回起诉,经其他当事人同意,且不损害国家利益、社会公共利益、他人合法权益的,法院可以准许。裁定准许撤诉的,应当一并撤销原判决;一审

原告在再审审理程序中撤回起诉后重复起诉的,法院不予受理。

当事人提交新的证据致使再审改判,因再审申请人或者申请检察监督当事人的过错未能在原审程序中及时举证,被申请人等当事人请求补偿其增加的交通、住宿、就餐、误工等必要费用的,法院应予支持。

部分当事人到庭并达成调解协议,其他当事人未作出书面表示的,法院应当在判决中对该事实作出表述;调解协议内容不违反法律规定,且不损害其他当事人合法权益的,可以在判决主文中予以确认。

【思 考 题】

1. 再审程序与第二审程序的联系与区别。
2. 我国再审程序的特点。
3. 申请再审与申诉的关系。
4. 当事人申请再审的条件。
5. 检察建议与抗诉有何不同?

第五编

特别审判程序

第十六章
特别程序

【本章要点】
我国现行特别（审判）程序是相对于通常诉讼程序而言的，是法院审判选民资格案件和民事非讼案件所适用的程序。民事非讼程序具有非讼性和简捷性，由多个不同程序组成，有相应的基本原理或基本原则（非讼法理）。

第一节 特别程序总论

一、特别程序的概念

我国现行特别（审判）程序是相对于通常诉讼程序而言的，是法院审判选民资格案件和民事非讼案件所适用的程序。民事非讼案件是指利害关系人或起诉人在没有民事权益争议的情况下，请求法院确认某种事实或权利是否存在，从而引起一定的民事法律关系发生、变更或消灭的案件。

从程序的性质上讲，特别程序属于非讼程序。"非讼"与"争讼"相对，"非讼"有其特定的含义，即"无争议"。通常"非讼案件"与"诉讼案件"相对应，"非讼程序"与"诉讼程序"相对应。非讼案件的处理用非讼程序，诉讼案件的处理用诉讼程序，体现了程序设置与解决案件的需要相适应的原则。

《民诉法》规定的特别程序，属于狭义、典型的非讼程序，适用该程序的案件包括：选民资格案件；宣告公民失踪、死亡案件；认定公民无行为能力、限制行为能力案件；认定财产无主案件；确认调解协议案件；实现担保物权案件。

选民资格案件并非严格意义上的非讼案件，首先它不具有"民事性"，涉及的不是公民的人身权、财产权，而是选民的选举资格以及正常的选举秩序；其次，选民资格案件因具备双方当事人（即起诉人与选举委员会）而不具备非讼案件的基本特征，因此民事诉讼法虽将其规定在特别程序中，只是立法技术的需要，而缺乏理论上的合理性与科学性。

其他几类非讼案件为典型的非讼案件，符合非讼案件的特征，应当适用特别程序审理。

《民诉法》第十五章针对不同的非讼案件分别规定了相应的审理程序,这些程序统称为特别程序。

二、我国特别程序的共同规则

根据《民诉法》第十五章第一节的规定,特别程序的共同规则主要如下。

1. 优先适用特别程序

特别程序是相对于通常诉讼程序而言的,具有"特别法"的性质,应当优先适用,只有在特别程序没有规定的情况下,才适用民事诉讼法的其他规定,例如回避、期间、期日、送达的规定。

2. 审判组织适用特别规定

按照特别程序审理案件,审判组织原则上采用独任制,只有选民资格案件和重大疑难的非讼案件,在法律有明文规定的情况下,才由审判员组成合议庭进行审理。这是因为非讼案件一般比较简单,请求解决的事项单一,有关法律规定了较为明确的条件及处理原则,法官依此审理和裁判的难度不大,独任制一般能够保证办案质量。

3. 实行一审终审

按照特别程序审理案件,实行一审终审,判决书一经送达,立即发生法律效力,申请人或起诉人不得提起上诉。不论哪一种非讼案件的审理程序,均未设置上诉审,这正是案件的非讼性质决定的。

4. 不适用再审程序

非讼裁判一般不具有既判力(除权判决、支付令等除外)。适用特别程序作出的判决、裁定虽然不能适用上诉程序和再审程序,但是《民诉法》(第186、190、193条)和《解释》(第374条第1款)①等规定了相应的救济程序或纠正途径。

5. 案件审结期限较短

按照特别程序审理案件,审理期限一般较短。例如,选民资格案件,必须在选举日前审结;宣告公民失踪、死亡等非讼案件,应当自立案之日起1个月内或者公告期满后1个月内审结。督促程序也是以简洁、快速地解决债权债务问题为其特点的。

6. 实行特殊的诉讼费用规定

根据《费用办法》的规定,按《民诉法》第十五章特别程序审理的案件,一律免交诉讼费用。主要是因为非讼案件只是确认一种法律事实,不解决民事权益之争,申请人请求法院确认某种事实,并不完全是为了自己的利益,因此理应与诉讼案件采取不同的诉讼费用规定。

三、特别程序的基本法理

处理非讼案件需要适用相应的非讼程序及其基本原理。非讼程序的具体构造应当遵行非讼案件的非讼性。民事非讼程序的基本原理或基本原则,不包括对审原则,即由于民事非讼案件和非讼程序中不存在对立的双方当事人或不存在明确的双方当事人对立状态,所以在民事非讼程序中,对审原则没有适用的可能性和必要性。

---

① 此款规定:"适用特别程序作出的判决、裁定,当事人、利害关系人认为有错误的,可以向作出该判决、裁定的人民法院提出异议。人民法院经审查,异议成立或者部分成立的,作出新的判决、裁定撤销或者改变原判决、裁定;异议不成立的,裁定驳回。"

关于非讼程序具有何种性质，国外程序法理论对此有不同看法。有人认为，特别程序具有形成司法秩序的性质；有人认为它具有预防私法上权利纷争的性质；还有人认为它具有司法行政性质。① 总之，特别程序在性质上与通常诉讼程序有着明显的区别。特别程序在原则与制度上有自己的独到之处，主要表现在以下几方面。

1. 以职权主义为主

特别程序中，由于处理的案件为非讼案件，不存在私权之争以及对立的双方，所需处理的事项往往直接涉及的是他人权益甚至公益，申请人或起诉人无权行使实体法上的处分权，因此原则上限制当事人主义而采用职权主义。具体说，(1) 法院可以变更或超出申请人请求的内容和范围作出裁判(即职权干预主义)；(2) 法院依职权主动收集证据和调查事实(即职权探知主义)；(3) 尽管非讼程序因申请人申请而开始，申请人也可依法撤回该申请，但是非讼程序事项更多地由法院决定(即职权进行主义)。

2. 以书面审理主义为主

在特别程序中，非讼案件不具备对立的双方当事人，也无私权之争，客观上不存在法官听取双方辩论与陈述的可能和必要，法官只需在申请人或起诉人提供的书面材料及有关证据的基础上依法进行形式审查，并且按照特别程序设置的具体步骤(如公告、送达等)完成审判行为，即可达到特别程序设置的目的。当然，在特别程序中，书面审理原则并不绝对排除言词原则，在选民资格案件的审理中，言词原则的适用也是有意义的，因此总体上讲，特别程序以书面审理为原则，以言词审理原则为补充。

3. 以不公开审理主义为主

一般来说，公开审理原则与言词审理紧密相关，而不公开审理原则与书面审理密切联系。由于特别程序无需言词辩论而多采取书面审理，所以对非讼案件原则上无需公开审理。事实上，特别程序无需利用公开审理就能够认定案件事实。

4. 以自由证明为主

相对于诉讼程序中的严格证明，特别程序采用自由证明。特别程序中，当事人并未提出实体权益争议意义上的主张，因而当事人只需提供满足其非讼请求的书面材料，而并非要求其证明某一事实确实发生和存在。例如，申请宣告公民死亡的利害关系人，只需提供该公民有失踪的事实并已达到法定年限的材料，而不必提供该公民确已死亡的证据。除当事人提供必要的证据材料外，法院也可以依职权调查证据及有关事实，并大量使用推定的方法对有关法律事实及权利状态作出确认判决。

第二节　选民资格案件的审理程序

一、选民资格案件的概念

选民资格案件，是指公民不服选举委员会对选民资格的申诉所作的处理决定，而向法院

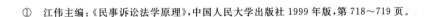

① 江伟主编：《民事诉讼法学原理》，中国人民大学出版社1999年版，第718～719页。

提起诉讼的案件。

选民资格案件是一种独立的案件种类。在这种案件中,处于非正常状态的法律关系并非民事法律关系,而是选举法律关系;起诉人诉请法院保护的并非私人的民事权益,而是选民的选举资格和正常的选举秩序;起诉人与选举委员会之间事实上存在着直接的冲突与对抗,因而它具有不同于一般的诉讼案件和非讼案件的特点。在一些西方国家,选民资格案件是一种公法诉讼案件或民众诉讼案件,审理这类案件的机构也各有不同,法国规定由行政法院审理,德国规定由宪法法院或行政法院审理。① 根据《民诉法》的规定,法院审理选民资格案件,依照民事诉讼法规定的特别程序审理。

选举权和被选举权是我国《宪法》赋予公民的一项政治权利。根据《选举法》(2010年修正)第26、27条的规定,选民登记按选区进行;选民名单应在选举日的20日以前公布。第28条规定:"对于公布的选民名单有不同意见的,可以在选民名单公布之日起五日内向选举委员会提出申诉。选举委员会对申诉意见,应在三日内作出处理决定。申诉人如果对处理决定不服,可以在选举日的五日以前向人民法院起诉,人民法院应在选举日以前作出判决。人民法院的判决为最后决定。"

公民对选民资格名单有不同意见,是指公民认为选举委员会公布的选民资格名单有错误,如应当列入选民资格名单的人没有列入,不应列入选民资格名单的人却列入了选民资格名单。根据我国《选举法》的规定,我国公民中有两种人没有选民资格:一种是未满18岁的公民;一种是依法被剥夺政治权利的人。此外,无法行使选举权的精神病患者,不能列入选民资格名单。如果公民认为选举委员会公布的选民资格名单有错误,就可依法申诉并可向法院起诉,最后由受诉法院来判决某公民有无选民资格。可见,法院审理选民资格案件,是通过审判程序解决选举委员会公布的选民资格名单有无错写、漏写的问题,不解决对有破坏选举的违法犯罪行为予以制裁的问题。对于破坏选举的违法犯罪行为,应当根据《选举法》和《刑法》的有关规定,按照刑事诉讼程序处理。

选举权和被选举权是我国公民依法享有的一项参与国家事务管理的庄严的政治权利。法院及时审理选民资格案件,有利于保护有选举资格的公民享有选举权和被选举权,使他们能够依法参加选举活动,行使神圣的选举权利,有利于保障选举工作的顺利进行。

二、起诉、审理和判决

1. 申诉和起诉

根据我国《选举法》和《民诉法》的有关规定,公民对选举委员会公布的选民资格名单有不同意见,应当先向选举委员会提出申诉,选举委员会应在3日内对申诉作出决定。申诉人对处理决定不服的,可以在选举日的5日以前向法院起诉。选民资格案件的起诉人既可以是选民本人,也可以是有关的组织或其他公民。

2. 管辖

根据《民诉法》第181条的规定,选民资格案件由选区所在地的基层法院管辖。这样规定不仅方便公民起诉,而且便于受诉法院与选举委员会取得联系,及时向选举委员会和有关

① 王洪俊主编:《中国审判理论研究》,重庆出版社1993年版,第252页。

公民进行调查,查明情况,作出正确的判决。

3. 审理和判决

根据《民诉法》第178条的规定,依照该章程序审理的案件,实行一审终审。选民资格案件或者重大、疑难的案件,由审判员组成合议庭审理;其他案件由审判员一人独任审理。法院受理选民资格案件后,必须在选举日前审结,否则就不能保障公民选举权的行使和选举工作的顺利进行,审判就会失去意义。

开庭审理时,起诉人、选举委员会的代表和有关公民必须参加。法院在充分听取意见、查明事实的基础上进行评议和判决。法院的判决书应当在选举日前送达选举委员会和起诉人,并通知有关公民。判决书一经送达立即发生法律效力。

当事人、利害关系人认为判决有错误的,可以依据《解释》第374条第1款向作出该判决的法院提出异议。

第三节 宣告公民失踪案件的审理程序

一、宣告公民失踪案件

宣告公民失踪案件,是指公民离开自己的住所下落不明,经过法律规定的期限仍无音讯,经利害关系人申请,法院宣告该公民为失踪人的案件。

公民长期下落不明,与其相关的各种民事法律关系必然处于不稳定状态,这对社会生活的稳定与发展是不利的。法律设立宣告公民失踪制度具有多方面的意义:(1) 有利于保护失踪人的合法权益。公民失踪以后,其财产无人管理,因而难免会造成毁损、流失或者被他人侵犯。宣告公民失踪以后,即可为其指定财产代管人,以保护失踪人的合法权益;(2) 有利于保护与失踪人有利害关系的第三人的利益。财产代管人有权依法清理与失踪人有关的债权债务,例如,财产代管人可以从失踪人的财产中支付其所欠的债款或其他费用(如扶养费、抚育费等),这就避免了因公民失踪而对有关利害关系人的合法权益造成损害。

二、申请、公告和判决

1. 申请条件

(1) 必须有公民下落不明满2年的事实。所谓下落不明,是指公民最后离开自己住所或居所地后,去向不明,杳无音信。认定公民下落不明的起算时间,应当从公民离开自己的最后住所地或居所地之日起,连续计算满2年,中间不能间断,如有间断,应从最后一次出走或最后一次来信时计算;战争期间下落不明的,从战争结束之日起计算;因意外事故下落不明的,从事故发生之日起计算;登报寻找失踪人的,从登报之日起计算。

(2) 必须是与下落不明的公民有利害关系的人向法院提出申请。利害关系人,是指与下落不明的公民有人身关系或者民事权利义务关系的人。包括失踪公民的配偶、父母、子女、祖父母、外祖父母、成年兄弟姐妹以及其他与之有民事权利义务关系(如债权债务关系)的人。

(3) 必须采用书面形式提出申请。申请书应写明失踪的事实、时间和申请人的请求,并附有公安机关或者其他有关机关关于该公民下落不明的书面证明。其他有关机关,是指公安机关以外的能够证明该公民下落不明的机关。

宣告失踪案件,法院可以根据申请人的请求,清理下落不明人的财产,指定案件审理期间的财产代管人。

2. 管辖

根据《民诉法》第183条的规定,宣告公民失踪的案件由下落不明人住所地的基层法院管辖。这样便于受诉法院就近调查被申请人下落不明的事实,便于法院发出寻找失踪人的公告,也便于法院审理案件。

3. 公告

根据《民诉法》第185条的规定,法院受理宣告失踪案件后,应当发出寻找失踪人的公告。公告期为3个月。公告期间是寻找该公民、等待其出现的期间。公告寻找失踪人,是法院审理宣告公民失踪案件的必经程序。因为宣告失踪是一种推定,而这一推定又将给宣告失踪的公民带来重大的影响。所以,为了充分保护该公民的民事权益,使判决建立在慎重、准确的基础上,法院必须发出公告。

4. 判决

公告期满,该公民仍然下落不明的,法院应确认该公民失踪的事实存在,并依法作出宣告该公民为失踪人的判决。如公告期内该公民出现或者查明下落,法院则应作出判决,驳回申请。

三、宣告失踪的法律后果

宣告失踪的判决并不消灭失踪人的民事权利能力和民事行为能力。不管失踪人在其原住所地或居住地,还是在其生存地,仍具有民事权利能力和民事行为能力。比如,与失踪人人身有关的民事法律关系(如婚姻关系、收养关系等)也不发生变化。例如,在宣告失踪以后涉及继承问题时,仍然应当为失踪人保留其应继承的份额。

判决宣告失踪的法律后果主要是,为失踪人指定财产管理人(或称财产代管人)。我国财产管理人可以是失踪人的配偶、父母、成年子女或者关系密切的亲戚朋友代管。如果没有上述管理人或者对管理人有争议的,应由法院指定代管人。根据《解释》第344条的规定,失踪人的财产管理人经法院指定后,代管人申请变更代管的,应比照《民诉法》特别程序的有关规定进行审理。申请有理的,裁定撤销申请人的代管人身份,同时另行指定财产代管人;申请无理的,裁定驳回申请。失踪人的其他利害关系人申请变更代管的,法院应告知其以原指定的代管人为被告起诉,并按普通程序进行审理。

财产管理人有权保管失踪人的财产,有权代理失踪人有关民事活动和其他法律活动,如以失踪人的财产支付失踪人所欠的税款、债务等,有权以形式当事人的身份提起或参加有关诉讼或仲裁等纠纷解决活动。

四、宣告失踪判决的撤销

法院宣告失踪的判决,是根据法定的条件所作的法律上的判定,因而被宣告失踪的人有重新出现的可能。被宣告失踪的公民重新出现或者确知了他的下落的,宣告失踪的判决就不能继续有效。该公民本人或其他利害关系人有权申请法院撤销原判决,以恢复该公民失踪前的事实和法律状态。法院查证属实后,应当作出新判决、撤销原判决。原判决撤销后,财产管理人的职责终止,他应当把代管人的财产及时返还给该公民。

第四节 宣告公民死亡案件的审理程序

一、宣告公民死亡案件的概念

宣告公民死亡案件,是指公民下落不明满法定期限,法院根据利害关系人的申请,依法宣告该公民死亡的案件。

公民的死亡对于其民事权利能力,以及他所参与的各种民事法律关系具有十分重要的影响。尽管根据我国法律规定,可以将下落不明满法定期间的公民宣告为失踪人,但是,宣告失踪的法律后果并不能结束下落不明的公民所参与的各种民事法律关系,财产代管人对财产的代管也只是一项临时性措施,失踪人的权利义务仍处于不确定状态。因此,我国法律规定了宣告公民死亡制度。这一制度的意义在于,通过宣告失踪人死亡,结束因公民长期下落不明而使某些法律关系不稳定的状态,从而保护该公民及利害关系人的合法权益,维护正常的社会秩序和生活秩序。

二、宣告公民死亡案件的成立条件

根据《民诉法》第184条和相关实体法规定(《民法通则》第23条),宣告公民死亡案件必须具备下列条件。

(1) 公民失踪后必须下落不明。公民最后离开自己的住所后,去向不明、生死未卜、杳无音讯。如果确知该公民健在或者已经死亡,都不能宣告该公民死亡。被申请宣告为死亡的公民,可以是已被宣告为失踪的人,也可以是未经宣告失踪的失踪人。

(2) 下落不明的状态须达到法定的期限。宣告死亡的期限有三种:① 在通常情况下,公民下落不明满4年的。其期间的计算,从该公民最后离开自己的住所地之日起,连续4年生死未卜、杳无音讯。② 因意外事故下落不明满2年的。意外事故包括:交通事故,如海难、空难等;自然灾害,如地震、山洪暴发等。期间从意外事故发生之日起计算,下落不明的状态持续时间须满2年。因意外事故下落不明的公民,其死亡的可能性比第一种情况要大,因而法定的期限相对较短。因战争下落不明的,期间应从战争结束之日起计算,期间也为2年。③ 因意外事故下落不明,经有关机关证明该公民不可能生存的。在这种情况下,死亡的可能性最大,因而可不受"4年"或"2年"法定期间的限制。

三、申请、审理和判决

1. 申请

宣告公民死亡案件必须由利害关系人提出书面申请。利害关系人包括:被宣告死亡人的配偶、父母、子女、兄弟姐妹、祖父母、外祖父母、孙子女、外孙子女以及其他与申请人有利害关系的人(比如该公民的债权人和债务人、受遗赠人、人寿保险合同的受益人等)。符合法律规定的多个利害关系人提出宣告死亡申请的,列为共同申请人。但能够列为共同申请人的是顺序在前的同一顺序的数个申请人。

书面申请的内容包括:申请人的姓名、性别、年龄、与被申请人的关系;被申请人下落不明的事实、时间;申请人的请求;公安机关或者其他有关机关关于该公民下落不明的书面证明。如果被申请人已经被法院宣告为失踪人,申请人应附上法院宣告失踪的判决。

宣告失踪不是宣告死亡的必经程序,只要符合宣告死亡的条件,利害关系人可以不经宣告失踪而直接向法院申请宣告其死亡。另外,同一顺序的利害关系人,有的申请宣告死亡,有的不同意宣告死亡的,法院应当按照宣告死亡案件审理。

2. 管辖

宣告死亡案件由下落不明人住所地的基层法院管辖。这样规定便于法院调查案件事实,寻找失踪人,及时作出判决。

3. 公告

根据《民诉法》第185条的规定,法院受理宣告公民死亡案件后,必须发出寻找下落不明公民的公告,公告期间为1年;因意外事故下落不明,经有关机关证明其不可能生存的,公告期间为3个月。

根据《解释》第345条的规定,法院判决宣告公民失踪后,利害关系人向法院申请宣告失踪人死亡,从失踪之日起满4年的,法院应当受理,宣告失踪的判决即是该公民失踪的证明,审理中仍然应依照《民诉法》第185条进行公告。

4. 判决

在公告期间,如果失踪人出现,或者确知其下落的,法院应作出驳回申请的判决,终结案件的审理。如果公告期间届满,失踪人仍然下落不明的,法院应依法作出宣告失踪人死亡的判决。判决书除应送达申请人外,还应在被宣告死亡公民住所地和法院所在地公告。判决一经宣告,即发生法律效力,并以判决宣告的这一天为该公民的死亡日期。

四、宣告公民死亡的法律后果

公民被宣告死亡与自然死亡的法律后果基本相同。表现在:宣告死亡结束了该公民以自己的住所地或经常居住地为活动中心所发生的民事法律关系,该公民的民事权利能力因宣告死亡而终止,与其人身有关的民事权利义务也随之终结,如原有的婚姻关系自然消灭,继承因宣告死亡而开始。但是,宣告死亡与自然死亡毕竟不同,如果该公民在异地生存,他仍然享有民事权利能力,仍可在那里进行民事活动,因为公民的民事权利能力与人身是不可分割的。也正因为如此,被宣告死亡的公民有重新出现的可能。

五、宣告公民死亡判决的撤销

宣告公民死亡,是法院依照法定的条件和程序对失踪人作出的死亡推定,并不意味着失踪人确已死亡,如果被宣告死亡的公民重新出现或者查有下落,经本人或利害关系人申请,法院应当作出新判决、撤销原判决。

新判决生效后,被宣告死亡公民的民事权利随之恢复。被撤销死亡宣告的公民有权请求返还财物,原物在的应当返还原物;原物不在或者原物受损的,应给予适当的补偿。该公民因死亡宣告而消灭的人身关系,有条件恢复的,可以恢复;原配偶在该公民被宣告死亡期间,尚未再婚的,夫妻关系从撤销宣告死亡判决之日起自行恢复;如果原配偶再婚,或者再婚后又离婚及再婚后配偶又死亡的,其夫妻关系不能自行恢复。如果其子女为他人收养,宣告死亡的判决撤销后,该公民不得单方面解除收养关系,但收养人与被收养人以此为由同意解除收养关系的,不在此限。

第五节 认定公民无民事行为能力和限制民事行为能力案件的审理程序

一、认定公民无民事行为能力、限制民事行为能力案件的概念

认定公民无民事行为能力案件,是指法院根据利害关系人的申请,按照法定程序,确定并宣告因精神病或其他疾病而全部丧失民事行为能力的公民无民事行为能力的案件。

限制民事行为能力案件,是指法院根据利害关系人的申请,按照法定程序,确定并宣告因精神病或其他疾病而部分丧失民事行为能力的公民为限制民事行为能力人的案件。

主要案由有:申请宣告公民无民事行为能力、申请宣告公民限制民事行为能力、申请宣告公民恢复限制民事行为能力、申请宣告公民恢复全部民事行为能力、申请确定监护人、申请撤销监护人资格。

具有完全民事行为能力的公民,因为精神病或其他疾病,全部或部分丧失民事行为能力,法院以法定程序宣告该公民为无民事行为能力或限制民事行为能力人,并为其指定监护人,有利于保护该公民及其有关利害关系人的合法权益;有利于保障民事活动的安全,进而维护社会的正常经济秩序。

二、申请、审理和判决

1. 申请

根据《民诉法》第187条的规定,申请法院认定公民无民事行为能力、限制民事行为能力,必须具备下列条件。

(1) 必须由近亲属或者其他利害关系人提出申请。包括:被申请人的配偶、父母、子女、兄弟姐妹、祖父母、外祖父母、孙子女、外孙子女,或者与其关系密切的其他亲属、朋友,愿意承担监护责任,经其所在单位或所在居民委员会、村民委员会同意的。

(2) 申请必须采用书面形式。申请书的内容应包括:申请人的姓名、性别、年龄、住所,与被认定为无民事行为能力、限制民事行为能力人的关系;被申请认定为无民事行为能力、限制民事行为能力人的姓名、性别、年龄、住所,该公民无民事行为能力或限制民事行为能力的事实和根据。如果有医院出具的诊断证明或鉴定结论,也应当一并提交法院。

根据《解释》第349条的规定,在诉讼程序中,如当事人的利害关系人提出该当事人患有

精神病,要求宣告该当事人无民事行为能力或限制民事行为能力的,应由利害关系人向法院提出申请,由受诉法院按照特别程序立案审理,并裁定中止原诉讼程序。

2. 管辖

认定公民无民事行为能力或限制民事行为能力案件,由该公民住所地的基层法院管辖。这样规定便于法院就近调查该公民的健康状况和日常表现,收集有关证据,作出正确的判决,以保护该公民的合法权益。

3. 鉴定

根据《民诉法》第188条的规定,法院受理申请后,必要时应当对被请求认定为无民事行为能力或限制民事行为能力的公民进行医学鉴定;申请人已提供鉴定意见的,应当对鉴定意见进行审查,如对鉴定意见有怀疑的,可以重新鉴定。

4. 审理

法院审理认定公民无民事行为能力或限制民事行为能力的案件,应由该公民的近亲属担任代理人,但申请人除外,因为他可能与该公民有利害冲突。近亲属互相推诿的,由法院指定其中一人为代理人。该公民健康状况许可的,还应当询问本人意见,以便进一步了解该公民的患病情况和精神状态,从而作出正确的判决。

5. 判决

法院经审理,认定申请有事实根据的,判决该公民为无民事行为能力或者限制民事行为能力人;认定申请没有事实根据的,应当判决予以驳回。

根据《解释》第351条的规定,被指定的监护人不服指定,应当在接到通知的之日起30日内向法院提出异议。经审理,认为指定并无不当的,裁定驳回异议;指定不当的,判决撤销指定,同时另行指定监护人。判决书应当送达异议人、原指定单位及判决指定的监护人。

三、认定公民无民事行为能力、限制民事行为能力判决的撤销

公民被宣告为无民事行为能力或限制民事行为能力的人后,如经治疗病情痊愈,精神恢复正常,该公民或其监护人有权向法院申请撤销原判决。申请时,应当向法院提交部分或全部恢复民事行为能力的证明材料。法院经查证后,证实该公民无民事行为能力或者限制民事行为能力的原因已经消除的,应作出新判决、撤销原判决,从法律上恢复该公民的部分或全部民事行为能力,同时撤销对他的监护。判决一经宣告,立即发生法律效力。

第六节 认定财产无主案件的审理程序

一、认定财产无主案件的概念

认定财产无主案件,是指法院根据公民、法人或者其他组织的申请,依照法定程序将某项归属不明的财产认定为无主财产,并将其判归国家或集体所有的案件。

对权属不明的财产,除实体法上的取得实效等制度外,法律还设立认定财产无主程序,将确认的无主财产收归国家或集体所有,有利于对社会财富的保护和利用。

二、申请、审理和判决

1. 申请

凡是知道财产无主情况的公民、法人或其他组织,均有权向法院提出申请。申请认定财产无主必须具备这一要件:某项有形财产的权利主体不明或者不存在的状态须持续一段期间(这一期间多由实体法规定)。

申请应采用书面形式,申请书应当写明:申请人的基本情况;请求事项;财产的种类、数量和所在地;支持请求的事实理由。

2. 管辖

认定财产无主的案件,应当由无主财产所在地的基层法院管辖。这样规定有利于法院调查该项财产的状况,寻找财产所有人,及时审理和判决。

根据《民诉法》第192条的规定,法院受理认定财产无主案件后,应发出财产认领公告,寻找该财产的所有人。公告期限为1年。在公告期间,因财产仍处于无主状态,法院可根据财产的具体情况,指定专人看管,或委托有关单位代管。

3. 公告

法院受理申请后,经审查核实,应当发出财产认领公告,寻找该财产的所有人。公告期为1年。在公告期间,因为财产仍处于无主状态,法院可根据财产的具体情况,指定专人看管,或委托有关单位代管。

4. 判决

在公告期间,如果财产所有人出现,法院应作出裁定,驳回申请,并通知财产所有人认领财产。公告期满仍无人认领的,法院即应作出判决,认定该项财产为无主财产,并判归国家或集体所有。

在公告期间,如果有人对财产提出请求,法院应裁定终结特别程序,告知申请人另行起诉,适用普通程序审理。

三、认定财产无主判决的撤销

认定财产无主的判决生效后,原财产所有人或者继承人出现,在《民法通则》规定的诉讼时效期间,可以对该财产主张权利。法院查证属实后,应当作出新判决,撤销原判决。原判决撤销后,已被国家或集体取得的财产,应将其返还原主。原财产尚在的,应返还原财产;原财产不存在的,可以返还同类财产,或者按原财产的实际价值折价返还。

第七节 调解协议的司法确认程序

一、调解协议司法确认程序的概念

调解协议司法确认程序,是指法院根据双方当事人的申请,对人民调解委员会主持下达成的解决纠纷的调解协议,依法予以确认并赋予其强制执行力的程序。

人民调解是我国多元化纠纷解决机制的重要组成部分。根据《人民调解法》及相关司法解释,经人民调解委员会调解后,双方当事人达成的解决纠纷的调解协议,具有合同效力,对纠纷双方具有约束力。但该调解协议不具有司法上的效力,没有强制执行力。为了更好地发挥人民调解制度在化解民事纠纷方面的作用,巩固调解组织解决纠纷的成果,提升调解协议的约束力,我国《人民调解法》《民诉法》规定,经人民调解委员会调解达成协议的,双方当事人可以自调解协议生效之日起30日内共同向法院申请司法确认,法院经审查,可依法确认调解协议的效力并赋予其强制执行力。

调解协议的司法确认程序具有非讼性质。双方当事人共同向法院申请对调解协议进行司法确认,表明当事人对民事纠纷的解决已无争议,民事纠纷事实上已不复存在,法院只需对当事人达成的调解协议是否自愿与合法进行审查,对符合法律规定的予以确认并赋予强制执行力;对不符合法律规定的不予确认并裁定驳回。驳回后,当事人可以通过调解方式变更原调解协议或者达成新的调解协议,也可以向法院提起诉讼,以普通程序或简易程序解决当事人之间的民事纠纷。

二、司法确认的具体程序

根据《民诉法》第194条、第195条以及最高人民法院《关于人民调解协议司法确认程序的若干规定》《解释》,法院对调解协议进行司法确认,应当按下列程序进行。

1. 申请

根据《人民调解法》《民诉法》的规定,司法确认须由达成调解协议的双方当事人共同申请,只有一方当事人申请的,不能产生启动司法确认程序的效果。

《解释》第357条规定,当事人不得对下列调解协议申请司法确认:(1)不属于法院受理范围的;(2)不属于收到申请的法院管辖的;(3)申请确认婚姻关系、亲子关系、收养关系等身份关系无效、有效或者解除的;(4)涉及适用其他特别程序、公示催告程序、破产程序审理的;(5)调解协议内容涉及物权、知识产权确权的。受理申请后发现有上述情形之一的,应当裁定驳回当事人的申请。

2. 管辖

确认调解协议案件的级别管辖为基层法院,地域管辖为主持当事人达成调解协议的调解组织所在地的法院。故此,当事人请求对调解协议进行司法确认的,应当向调解组织所在地的基层法院或者派出法庭提出申请。两个以上调解组织参与调解的,各调解组织所在地基层法院均有管辖权。双方当事人可以共同向其中一个调解组织所在地基层法院提出申请;双方当事人共同向两个以上调解组织所在地基层法院提出申请的,由最先立案的法院管辖。

3. 期限

当事人申请确认调解协议,须在自调解协议生效之日起30日内向有管辖权的法院提出申请。逾期提出申请的,法院不予受理。

经审查,调解协议符合法律规定的,裁定调解协议有效;调解协议有下列情形之一的,法院应当裁定驳回申请:违反法律强制性规定的;损害国家利益、社会公共利益、他人合法权益的;违背公序良俗的;违反自愿原则的;内容不明确的;其他不能进行司法确认的情形。

三、司法确认的裁定及其效力

法院作出的确认调解协议有效的裁定,具有以下三方面的效力。

(1)止争效力。非讼调解协议的合法性一经法院确认,就产生了司法意义上的止争效力,任何一方当事人都不得对该调解协议已解决的民事纠纷另行向法院起诉。

(2)形成力。亦即使原民事法律关系变更或使新民事法律关系产生的效力。对于司法确认能否产生形成力的问题,学界存在着不同的观点。但从实践的角度审视,当事人通过调解协议改变或者消灭现存的法律关系的事实一经法院司法确认,就应当产生形成力。

(3)执行力。司法确认的执行力表现在,对于具有给付内容的调解协议,一方当事人逾期拒绝履行或者未全部履行的,对方当事人可以向法院申请执行。赋予司法确认裁定以执行力,不仅能够提升非讼调解协议解决民事纠纷的力度,而且有利于及时保护当事人的合法权益。

法院驳回确认调解协议申请的裁定,意味着法院拒绝对调解协议的合法性进行确认,当事人对同一调解协议不得再行申请司法确认。但当事人可以通过调解方式变更原调解协议或者达成新的调解协议,也可以就该纠纷向法院提起诉讼。

第八节 实现担保物权的特别程序

一、实现担保物权特别程序的概念

实现担保物权的特别程序,是指担保物权人以及其他有权请求实现担保物权的人依照《物权法》等法律,向法院申请拍卖或变卖担保财产,法院审查并作出裁定的程序。

《民诉法》规定的实现担保物权的特别程序,旨在实现与《物权法》相关规定的程序衔接。担保物权,是指为确保债权的实现,在债务人或者第三人的物上设定的以直接取得或者支配其交换价值为内容的权利。① 担保物权不以对标的物的占有、使用、收益、处分为目的,而在于以标的物的价值确保债权的实现,因此,担保物权最终是以标的物的交换价值能够由债权人取得或支配为目的。至于担保物权的实现方式可以由当事人约定,一般为以标的物折价、拍卖或变卖的价款优先受偿。《物权法》规定,当事人如果未就担保物权的实现方式达成协议的,可以直接申请法院拍卖或变卖担保财产。但是,无论是当事人之间的担保协议还是当事人的执行申请,都不是民事执行的根据,不能直接启动民事执行程序。因此,《民诉法》设专章规定了实现担保物权的特别程序,根据本章规定,特定当事人有权向法院提出拍卖或变卖担保财产的申请,经审查,符合法律规定的,法院可依法作出拍卖、变卖担保财产的裁定,该裁定即可成为法院的执行根据。

实现担保物权的特别程序,不同于以诉讼方式和其他方式实现担保物权,其特点是:

(1)申请实现担保物权的案件在性质上为非讼案件,法院受理这类案件后,主要是根据

---

① 魏振瀛主编:《民法》(第四版),北京大学出版社、高等教育出版社2010年版,第301页。

物权法、担保法、合同法审查申请人与被申请人之间关于抵押、质押的约定是否符合法律的规定,申请人行使留置权是否符合法律的规定。符合法律规定的,法院可直接作出拍卖、变卖的裁定,申请人可依据该裁定申请强制执行。

(2)实现担保物权的特别程序没有对立的双方当事人,没有他们之间对实体问题的争议,而是由特定当事人一方向法院提出拍卖、变卖担保财产的申请,由法院审查并作出裁定。在程序进行中,如果被申请人对实现担保物权的主张提出抗辩或异议,从而形成了对实现担保物权的争议,则该特别程序不能继续进行,争议双方当事人可通过诉讼程序寻求纠纷的解决。

确立实现担保物权的特别程序,目的在于将当事人之间设立私权的担保协议通过司法确认的方式获得执行的效力,相比诉讼程序而言,该程序免去了复杂的开庭、辩论及证据的调查审核认定等环节,可以迅速、高效、简易地实现担保物权,节约了司法资源和当事人的成本投入。

二、实现担保物权程序的具体规则

1. 申请

由具有申请权的当事人提出申请。担保物权的种类不同,法律赋予直接向法院申请实现担保物权的主体也不同。根据《物权法》的规定,如果欲实现的是抵押权,由抵押权人享有申请权;如果欲实现的是质权或留置权的,享有申请权的则分别是出质人和债务人。法律之所以如此规定,是因为抵押物不转移占有,抵押权人无法掌控抵押权的实现,而质物必须转移占有,质权的实现由质权人掌控,一旦质权人不行使质权,就有可能给出质人造成损失。同样,留置物由债权人占有,也可能因其不行使权利而给债务人造成损失。其他有权请求实现担保物权的人,包括抵押人、出质人、财产被留置的债务人或者所有权人等。

根据《物权法》的规定,直接申请实现担保物权的法定情形有:(1)抵押权人与抵押人未就抵押权实现方式达成协议的;(2)债务履行期限届满后,债务人请求质权人及时行使质权,但质权人不行使质权的;(3)债务履行期限届满后,债务人请求留置权人行使留置权,但留置权人不行使留置权的。值得注意的是,依照我国《物权法》的规定,申请法院对质物或留置物进行拍卖或变卖的,须以出质人或债务人已经请求质押权人或留置权人行使权利为前提条件。

当事人申请实现担保物权,应当向法院提交申请书。申请书的内容主要有:申请人和被申请人的基本情况;申请实现担保物权的具体请求;申请实现担保物权的事实和理由。同时,申请人应当提交相关资料:(1)证明担保物权存在的材料,包括主合同、担保合同、抵押登记证明或者他项权利证书,权利质权的权利凭证或者质权出质登记证明等;(2)证明实现担保物权条件成就的材料;(3)担保财产现状的说明;(4)法院认为需要提交的其他材料。

2. 管辖

申请实现担保物权的案件由担保财产所在地或者担保物权登记地的基层法院管辖。实现票据、仓单、提单等有权利凭证的权利质权案件,可以由权利凭证持有人住所地法院管辖;无权利凭证的权利质权,由出质登记地法院管辖。

3. 审判组织和审判方式

实现担保物权案件可以由审判员一人独任审查。担保财产标的额超过基层法院管辖范围的,应当组成合议庭进行审查。

4. 对实现担保物权审查的内容

法院对实现担保物权的案件进行审查,主要包括下列内容:主合同的效力、期限、履行情况,担保物权是否有效设立、担保财产的范围、被担保的债权范围、被担保的债权是否已届清偿期等担保物权实现的条件,以及是否损害他人合法权益等。

三、实现担保物权案件的裁定及其效力

法院对实现担保物权案件经过审查,应当根据审查的结果依法作出裁定。

1. 裁定准许拍卖或变卖担保财产

法院经过审查,认定申请人的申请符合法律规定的,应当裁定拍卖或变卖担保财产。符合法律的规定一般是指:(1)申请实现的担保物权所依据的主债合同以及担保合同合法有效;(2)担保物权的实现条件已经成就;(3)申请实现的担保物权所担保主债的范围和数额清楚明确。

根据《民诉法》第197条的规定,法院作出拍卖或变卖担保财产的裁定后,该裁定产生下列法律效力。

(1)实现担保物权的程序结束。实现担保物权的案件实行一审终审,且拍卖或变卖担保财产的裁定不能直接启动执行程序,因而拍卖或变卖担保财产的裁定一经作出,该裁定即发生法律效力,实现担保物权的案件就告审结。当事人日后申请执行的,应当持该裁定另行按照执行案件立案。

(2)对当事人产生约束力。拍卖或变卖担保财产的裁定生效后,当事人须按照法院所裁定的方式和期限实现担保物权。

(3)执行力。一方当事人拒绝按照法院的裁定实现担保物权的,另一方当事人有权向法院申请对担保财产进行执行。

2. 裁定驳回申请

有下列情形之一的应当裁定驳回申请。

(1)申请不符合法律规定。法院经过审查,认定申请人的申请不符合法律规定的,应当裁定驳回申请。不符合法律规定的情形主要有三种:一是主债合同和担保合同均无效,或者担保合同无效;二是担保物权的实现条件尚未成就;三是申请实现的担保物权所担保主债的范围和数额不明确。

(2)被申请人对申请人实现担保物权的主张提出抗辩或者异议。抗辩,是指一方当事人针对对方主张的事实而主张不同的事实,用以排斥对方当事人主张的法律效果。被申请人对申请人主张实现担保物权的抗辩主要有:主债合同或担保合同效力抗辩;担保物权消灭抗辩;抵押权顺位抗辩等等。异议,是指被申请人对担保物权所担保的主债的范围和债务数额或者债务人清偿债务的情况持有不同的事实主张,并已提供相应的证据材料。无论被申请人对实现担保物权的主张是提出抗辩还是提出异议,都意味着双方当事人对担保物权的实现存在争议。从实现担保物权的程序定性来看,实现担保物权程序属于非讼程序,不具有解决民事纠纷的功能,如当事人之间出现上述争议,法院应当裁定驳回申请。

法院裁定驳回申请的,具有终结实现担保物权程序的效力。驳回申请的裁定生效后,原

则上具有阻止申请人对同一担保物权再行向法院提出申请的效力。但是，裁定驳回申请后，当事人之间的民事纠纷可以向法院提起诉讼。

【思考题】

1. 甲县法院受理居住在乙县的成某诉居住在甲县的罗某借款纠纷案。诉讼过程中，成某出差归途所乘航班失踪，经全力寻找仍无成某生存的任何信息，主管方宣布机上乘客不可能生还，成妻遂向乙县法院申请宣告成某死亡。对此，下列哪一说法是正确的？①

   A. 乙县法院应当将宣告死亡案移送至甲县法院审理
   B. 借款纠纷案与宣告死亡案应当合并审理
   C. 甲县法院应当裁定中止诉讼
   D. 甲县法院应当裁定终结诉讼

2. 关于《民诉法》规定的特别程序的表述，下列哪一选项是正确的？②

   A. 适用特别程序审理的案件都是非讼案件
   B. 起诉人或申请人与案件都有直接的利害关系
   C. 适用特别程序审理的案件都是一审终审
   D. 陪审员通常不参加适用特别程序案件的审理

3. 李云将房屋出售给王亮，后因合同履行发生争议，经双方住所地人民调解委员会调解，双方达成调解协议，明确王亮付清房款后，房屋的所有权归属王亮。为确保调解协议的效力，双方约定向法院提出司法确认申请，李云随即长期出差在外。下列哪一说法是正确的？③

   A. 本案系不动产交易，应向房屋所在地法院提出司法确认申请
   B. 李云长期出差在外，王亮向法院提出确认申请，法院可受理
   C. 李云出差两个月后，双方向法院提出确认申请，法院可受理
   D. 本案的调解协议内容涉及物权确认，法院不予受理

4. 甲公司与银行订立了标的额为8 000万元的贷款合同，甲公司董事长美国人汤姆用自己位于W市的三套别墅为甲公司提供抵押担保。贷款到期后甲公司无力归还，银行向法院申请适用特别程序实现对别墅的抵押权。关于本案的分析，下列哪一选项是正确的？④

   A. 由于本案标的金额巨大，且具有涉外因素，银行应向W市中院提交书面申请
   B. 本案的被申请人只应是债务人甲公司
   C. 如果法院经过审查，作出拍卖裁定，可直接移交执行庭进行拍卖
   D. 如果法院经过审查，驳回银行申请，银行可就该抵押权益向法院起诉

---

① 2015年国家司法考试卷三，参考答案：C。
② 2012年国家司法考试卷三，参考答案：C。
③ 2015年国家司法考试卷三，参考答案：D。
④ 2014年国家司法考试卷三，参考答案：D。

第十七章 督促程序

> 【本章要点】
> 督促程序实际上就是督促还债程序,即在债务人负有金钱和有价证券为标的的给付义务且该债务无争议时,法院根据债权人的申请向债务人发出支付令,支付令生效后即可获得执行的根据。督促程序具有简单、迅捷、费用低廉等特点。该程序包括支付令的申请、支付令的审查和受理、支付令的发出、支付令的异议、支付令的效力等内容。

第一节 督促程序总论

一、督促程序的概念和意义

督促程序,是指法院根据债权人提出的要求债务人给付一定的金钱或者有价证券的申请,向债务人发出附有条件的支付命令,以催促债务人限期履行义务;如果债务人在法定期间不提出异议又不履行支付义务的,该支付命令即具有执行力的一种程序。督促程序又称支付令程序。

督促程序设立的目的在于通过比较简便的方式督促债务人偿还债务。它要解决的不是当事人之间的权利义务纠纷,而是权利义务明确却没有得到履行的法律问题。所以属于非讼程序。

督促程序的意义,首先是扩大了当事人利用司法资源的途径和方式,使司法资源得到更加充分的发挥和利用。督促程序在不需询问债务人和开庭审理的情况下可发出支付命令,从而取得执行的名义。这对于法院来说,简化了诉讼程序和办案手续;对于当事人来说,减轻了讼累,达到了当事人和法院双方力求迅速受偿和提高办案效率的目的。

其次,有利于及时、便捷地保护债权人的合法权益。现实存在的债务案件,其主要问题往往在于债务人拖欠债权人的债款或怠于履行债务,给债权人造成不必要的经济损失。而督促程序则是专门规定归还金钱、有价证券的法律程序,它使得这一问题简单化、明朗化,便于债权人掌握并且用来维护自己的合法权益。

最后,有利于预防纠纷,稳定社会主义经济秩序。因债权债务的及时清结,有利于稳定当事人之间的民事法律关系,保证民事法律关系的安全,从而保障社会主义的经济秩序,预防纠纷的发生。

二、督促程序与简易程序的关系

督促程序与一审简易程序均具有简便、快速的特点,都追求程序的效率,从广义上讲,督促程序也是一种简易程序。但是二者有诸多不同,表现如下。

1. 适用的案件性质不同

一审简易程序以诉讼法理为基础,是普通程序的简化,审理的是当事人之间存在争议的民事法律关系。督促程序以非讼法理为基础,是法院以非讼的方式处理并不存在争议的法律问题,督促程序以当事人之间不存在债权债务纠纷为前提,法院依债权人单方面提出的请求数额和证据材料发出支付令,双方当事人在督促程序中不直接进行诉讼对抗。债务人收到支付令后,若未提出合法的异议,支付令就发生法律效力;债务人若提出合法的异议,督促程序则因出现了相关争议而结束。

2. 二者适用范围和条件不同

督促程序适用于请求给付金钱、有价证券的非讼案件,并有其特殊的适用条件;一审简易程序适用于简单的民事争讼案件,包括给付之诉、确认之诉和变更之诉;并且没有督促程序适用条件的限制。

3. 二者审理和处理方式不同

督促程序只要求债权人按法律规定的方式提出申请,法院对此主要进行程序上的审查,并不开庭进行实质审理就可发出支付命令,以书面审理为其特点。一审简易程序具有争讼性,有对立的双方当事人,采取直接言词审理原则,法院要对当事人之间争执的实体权利义务关系作出评判,并需依法作出裁判。

第二节 支付令的申请与受理

一、支付令的申请

债权人申请支付令,应具备下列条件。

(1) 债权人的请求必须是以金钱、有价证券为标的物。督促程序仅适用于债权人请求给付金钱、有价证券的案件。金钱,是指作为流通手段和支付手段的货币,如我国的人民币。有价证券包括本票、汇票、支票、股票、债券、国库券及可转让的存单、提货单、抵押单等。这类请求较之其他请求更有尽快清偿的可能性和必要性,同时顾及督促程序不进行实体审理,不询问债务人就可直接发出支付命令的特点,故限于以金钱、有价证券为限。

因支付拖欠劳动报酬、工伤医疗费、经济补偿或者赔偿金达成调解协议,用人单位不履行的,劳动者可以持调解协议书依法申请支付令(《劳动争议调解仲裁法》第16条)。依据《关于人民法院进一步深化多元化纠纷解决机制改革的意见》(法发〔2016〕14号),债权人可以持以金钱或者有价证券给付为内容的调解协议(包括和解协议),依法申请支付令。

(2)请求给付的金钱或者有价证券已到期且数额确定。债权人申请支付令时,请求给付的金钱或有价证券应当已到期且数额确定,并向法院说明其请求所根据的事实、证据。督促程序的非讼性、非对抗性决定了这是申请支付令的必要前提。

(3)债权人与被债务人之间没有其他债务纠纷。债权人与债务人之间应当无其他债务纠纷,否则不仅债权债务关系不易明确,而且法院以支付令命债务人向债权人为给付难免有失公平,其他债务纠纷的存在还容易导致债务人提出异议,从而导致督促程序的终结,不能达到迅速解决纠纷的目的。因此,债权人与债务人存在其他债务纠纷的,不能申请支付令。

(4)支付令能够送达债务人。能够送达债务人,一般是指按法律规定的直接送达的方式客观上能实际送达到债务人。这是因为,支付令是以债权人的请求为基础,不经询问债务人而发出的。直接送达有利于债务人在法定期限内及时提出对支付令的异议。基于这个原理,如果债务人不在我国领域内,或者债务人下落不明的,不能适用督促程序。

(5)债权人应当向有管辖权的法院提出申请并交纳申请费。有管辖权的法院,是指被申请的债务人所在地的基层法院,即被申请的债务人为公民的,由债务人住所地基层法院管辖,债务人住所地与经常居住地不一致的,由经常居住地基层法院管辖;被申请的债务人为法人或者其他组织的,由其主要办事机构所在地的基层法院管辖。

债权人申请支付令一般应提交申请书,并记明下列事项:(1)债权人和债务人的基本情况;(2)请求给付金钱或者有价证券的数量和所根据的事实、证据或证据来源;(3)应发支付令的陈述。法院收到债权人的支付令申请书后,认为申请书不符合要求的,可以通知债权人限期补正。法院应当自收到补正材料之日起5日内通知债权人是否受理。

债权人在提出支付令申请的同时,应当依照《费用办法》,比照财产案件受理费标准的1/3交纳申请费。债务人对支付令未提出异议的,申请费由债务人负担。债务人对支付令提出异议致使督促程序终结的,申请费由申请人负担。

二、支付令申请的受理

支付令申请的受理,是指有管辖权的法院对债权人要求签发支付命令的申请,予以接收立案的行为。债权人提出支付令的申请后,有管辖权的法院应当按照民事诉讼法规定的申请条件,由独任审判员对申请进行书面审查。

经审查,债权人的申请符合上述条件的,应当在5日内予以受理;不符合上述条件的应当在5日内通知不予受理,并说明理由。《解释》第430条规定,有下列情形之一的,法院应当裁定驳回申请:(1)申请人不具备当事人资格的;(2)给付金钱或者有价证券的证明文件没有约定逾期给付利息或者违约金、赔偿金,债权人坚持要求给付利息或者违约金、赔偿金的;(3)要求给付的金钱或者有价证券属于违法所得的;(4)要求给付的金钱或者有价证券尚未到期或者数额不确定的。

第三节 支付令的发出及效力

一、支付令的发出

(一) 发出支付令的条件

法院受理符合条件的支付令申请后,应当进行审查,法律规定对债权债务关系明确合法的,即可向债务人发出支付令。因此"债权债务关系明确合法",是法院发出支付令的法定条件。债权债务关系明确,是指债权人与债务人的债权债务关系事实清楚、数额确定,双方没有实质争议,债权的存在无须确认,债务人对债权人有给付的义务;债权债务关系合法,是指引起债权债务关系发生的事实以及债权债务关系的内容不违反法律的规定。

对于不符合条件的,法院应于受理申请后15日内裁定驳回申请,不予签发支付令。法院驳回债权人申请的裁定,应附理由,依职权送达于债权人,而不必送达债务人。债权人对此不得上诉,并应承担督促程序的申请费用。

(二) 发出支付令的程序和支付令的内容

法院受理债权人提出的申请后,无须询问债务人和开庭审理,仅就债权人提供的事实、证据进行审查,只要债权人提出申请的程序和内容符合法律要求和条件,债权债务关系明确、合法,法院并不对债权的内容进行其他实质性的审查,就可以自受理申请之日起15日内发出支付令,督促债务人履行债务。

支付令应载明以下事项:(1) 债权人、债务人姓名或名称等基本情况;(2) 债务人应当给付的金钱、有价证券的种类、数量;(3) 清偿债务或者提出异议的期限;(4) 债务人在法定期间不提出异议的法律后果。支付令由审判员、书记员署名,加盖法院印章。法院应将支付命令及时送达债权人和债务人。在送达债务人后,法院还应通知债权人支付命令送达于债务人的日期,以方便债权人确定申请执行的时间。

二、支付令的效力

支付令一经送达债务人,即发生法律上的效力,这些效力体现在:

(1) 具有督促力。即督促债务人限期清偿债务或者提出异议的效力。督促力自债务人收到支付令之日始发生。根据《民诉法》第216条第2款的规定,债务人自收到支付令之日起15日内应当清偿债务,或者向法院提出书面异议。

(2) 具有执行力。《民诉法》第216条第3款规定,债务人自收到支付令之日起15日内,既不提出异议,又不清偿债务的,债权人有权向法院申请强制执行。申请执行的期限为2年。

债务人在收到支付令后,不在法定期间提出书面异议,而向其他法院起诉的,不影响支付令的效力。债权人基于同一债权债务关系,在同一支付令申请中向债务人提出多项支付请求,债务人仅就其中一项或者几项请求提出异议的,不影响其他各项请求的效力。债权人基于同一债权债务关系,就可分之债向多个债务人提出支付请求,多个债务人中的一人或者几人提出异议的,不影响其他请求的效力。

第四节 支付令的异议和督促程序的终结

一、支付令异议

支付令异议,是指债务人就支付命令所记载的债务,向发出支付令的法院提出不同意见,旨在使支付令不发生确定效力的行为。

支付令异议是债务人维护自己合法权益的一项法律手段。由于支付令是法院以债权人一方提出的主张和理由为根据,未经债务人答辩而发出的,所以法律允许债务人以异议的方式对支付令提出自己的不同意见。支付令异议可以不附实体理由,即债务人不必提供事实和证据来证明异议的成立,只要在异议书中针对该债权作出异议的陈述即可。

(一) 异议成立的条件

异议成立的条件,是指债务人对法院的支付令提出异议的程序要件,包括以下几个方面。

(1) 异议应在法定期限内提出。债务人收到法院发出的支付令,如认为不应当清偿债务的,应在收到支付令之日起 15 日内向法院提出异议。超过法定期限提出异议的,异议不能成立,法院可以裁定驳回。《民诉法》规定 15 日异议期限为不变期间,法院不得任意变更,债务人也必须遵守。

(2) 债务人的异议必须针对债权人的请求,即异议应针对债务关系提出。如果债务人对债务本身没有异议,只是陈述自己无力偿还债务,或者对清偿期限、清偿方式等提出不同意见的,异议不能成立。债权人基于同一债权债务关系,向债务人提出多项支付请求,债务人仅就其中一项或几项请求提出异议的,不影响其他各项请求的效力。债权人基于同一债权债务关系,就可分之债向多个债务人提出支付请求,多个债务人中的一人或几人提出异议的,不影响其他请求的效力。

(3) 异议必须以书面方式提出,债务人以口头方式提出的异议无效。因为支付令异议关系到支付令能否产生强制执行力和督促程序是否终结的问题,所以以书面异议为宜。

(二) 异议的效力

支付令异议的效力,是指债务人对支付令提出异议在法律上所产生的后果。债务人在法定期间提出异议,经法院审查符合异议条件的,产生以下效力。

(1) 支付令失效。债务人无须根据支付令为给付,申请人也不能要求法院强制执行。

(2) 督促程序终结。支付令异议成立,意味着债务人对该债务与债权人存在争议,法院不能适用督促程序来解决当事人之间的纠纷,而应当依法作出终结督促程序的裁定。对于这个裁定,当事人不得提出上诉,也不得申请复议。

(3) 转入诉讼程序。《民诉法》第 217 条规定,异议成立的,支付令失效,转入诉讼程序,但申请支付令的一方当事人不同意提起诉讼的除外。对此,《解释》作出如下具体规定。

支付令失效后，申请支付令的一方当事人不同意提起诉讼的，应当自收到终结督促程序裁定之日起7日内向受理申请的法院提出；申请支付令的一方当事人不同意提起诉讼的，不影响其向其他有管辖权的法院提起诉讼（第440条）。

支付令失效后，申请支付令的一方当事人自收到终结督促程序裁定之日起7日内未向受理申请的法院表明不同意提起诉讼的，视为向受理申请的法院起诉；债权人提出支付令申请的时间，即为向法院起诉的时间（第441条）。

关于支付令失效后转入诉讼程序的规定不适用于以下情形：法院受理支付令申请后，债权人就同一债权债务关系又提起诉讼的（第432条）；虽然对设有担保的债务的主债务人发出了支付令，但是债权人就担保关系单独提起诉讼的（第436条）。

依据《解释》第195条的规定，支付令失效后转入诉讼程序的，债权人应当按照《费用办法》补交案件受理费；支付令被撤销后，债权人另行起诉的，按照《费用办法》交纳诉讼费用。依据《费用办法》第36条的规定，债权人或申请人另行起诉的，可以将申请费列入诉讼请求。债务人若败诉的（通常是判决内容与支付令内容基本一致），申请费由债务人负担，在一定程度上可以制约债务人随意或恶意提出支付令异议。

对发生法律效力的支付令，债务人在收到支付令之日起15日内不履行支付令的，债权人可以向作出支付令的法院或者与其同级的被执行财产所在地的法院申请执行；债权人申请强制执行支付令的期间，适用《民诉法》第239条。

二、督促程序的终结

督促程序的终结，是指在督促程序中，因发生法律规定的情况或某种特殊原因而结束督促程序。有下述情况之一的，法院应裁定终结督促程序。

（1）法院受理督促程序申请后，经审查认为不符合适用督促程序的条件，裁定驳回申请，从而导致督促程序的终结。

（2）债务人在法定期间提出书面异议。债务人在法定期间对支付令提出书面异议的，支付令自行失效，法院应当直接裁定终结督促程序。

（3）支付令无法送达债务人。支付令发出之日起30日无法送达债务人的，督促程序无法进行，法院依职权裁定终结督促程序。

（4）支付令的撤销。《解释》第443条规定：法院院长发现本院已经发生法律效力的支付令确有错误，认为需要撤销的，应当提交本院审判委员会讨论决定后，裁定撤销支付令，驳回债权人的申请。

（5）法院受理支付令申请后，债权人就同一债权债务关系又提起诉讼的。在同时符合和具备督促程序适用范围和条件时，当事人可以自由选择适用督促程序还是诉讼程序，但是只能择一适用，应该尊重当事人的选择权，及时终结督促程序。

（6）债务人收到支付令前，债权人撤回申请的。

【思 考 题】

1. 甲向乙借款20万元，丙是甲的担保人，现已到偿还期限，经多次催讨未果，乙向法院申请支付令。法院受理并审查后，向甲送达支付令。甲在法定期间未提出异议，但以借款不成立为由向另一法院提起诉讼。关于本案,下列哪一说法是正确的?①

　　A. 甲向另一法院提起诉讼,视为对支付令提出异议
　　B. 甲向另一法院提起诉讼,法院应裁定终结督促程序
　　C. 甲在法定期间未提出书面异议,不影响支付令效力
　　D. 法院发出的支付令,对丙具有拘束力

2. 黄某向法院申请支付令,督促陈某返还借款。送达支付令时,陈某拒绝签收,法官遂进行留置送达。12天后,陈某以已经归还借款为由向法院提起书面异议。黄某表示希望法院彻底解决自己与陈某的借款问题。下列哪一说法是正确的?②

　　A. 支付令不能留置送达,法官的送达无效
　　B. 提出支付令异议的期间是10天,陈某的异议不发生效力
　　C. 陈某的异议并未否认二人之间存在借贷法律关系,因而不影响支付令的效力
　　D. 法院应将本案转为诉讼程序审理

3. 甲公司因乙公司拖欠货款向A县法院申请支付令,经审查甲公司的申请符合法律规定,A县法院向乙公司发出支付令。乙公司收到支付令后在法定期间没有履行给付货款的义务,而是向A县法院提起诉讼,要求甲公司承担因其提供的产品存在质量问题的违约责任。关于本案,下列哪些选项是正确的?③

　　A. 支付令失效
　　B. 甲公司可以持支付令申请强制执行
　　C. A县法院应当受理乙公司的起诉
　　D. A县法院不应受理乙公司的起诉

---

① 2015年国家司法考试卷三,参考答案:C。
② 2014年国家司法考试卷三,参考答案:D。
③ 2011年国家司法考试卷三,参考答案:AC。

第十八章 公示催告程序

【本章要点】

公示催告程序是一种便捷的非讼程序,适用于解决可以背书转让的票据被盗、遗失或灭失后的公示催告及除权问题。包括公示催告利害关系人申报权利和作出除权判决两个阶段。除权判决作出后,利害关系人可以提起撤销除权判决之诉来获得救济。撤销除权判决之诉是公示催告程序以外的争讼程序。

第一节 公示催告程序总论

一、公示催告程序的概念

公示催告程序,是指法院根据当事人的申请,以公示的方法,催告利害关系人在法定期间申报权利,逾期无人申报的,即依法作出除权判决的程序。

我国民事诉讼中的公示催告程序,主要指可以背书转让的票据持有人,因票据被盗、遗失或者灭失,而向法院提出申请,法院以公示的方法,催促不明利害关系人在一定期间申报权利,若无人申报权利或申报无效的,法院根据申请作出除权判决,宣告票据无效的程序。依照法律规定可以申请公示催告的其他事项,也适用这一程序。

在现实生活中,票据的持有人可能因票据被盗、遗失或者灭失而丧失对票据的实际占有,从而不得行使票据上的权利,相关的财产权难免受到损害;另一方面还可能出现非法持有票据的人向负有支付义务的人主张权利的情况,从而获得不应有的利益。票据持有人丧失对票据的占有后,通常不知道票据被盗、遗失后由谁实际控制,被告如何确定,因而难以通过诉讼的方式主张权利。因此,设立公示催告程序对于保护有关权利人的合法权益、保障票据法律关系的安全,维护正常的经济关系具有重要意义。法院通过公示催告程序,宣告票据无效,及时解决因失去票据造成的法律关系不稳定的问题,使正当权利人的票据权利得以行使,免受因票据被盗、遗失或者灭失而可能遭受的财产损失。

二、公示催告程序的特点

与民事诉讼的其他程序相比,公示催告程序具有以下特点。

(1) 公示催告程序的目的具有特定性。公示催告程序的主要目的是使持票人在丧失票据的情况下,能够重新取得票据权利。公示催告不同于挂失。挂失是指遗失票据时,失主向有关单位办理声明遗失、宣布遗失物无效的手续。而公示催告程序是在持票人与票据分离的情况下,向法院提出申请,其目的在于通过公示催告程序,用法律手段即由法院作出判决,排除其他利害关系人的权利,使失票人重新获得票据上的权利。法院根据公示催告程序作出的判决,是一种除权性质的判决,消除票据因被盗、遗失和灭失而导致的票据关系不稳定状态,维护票据当事人的合法权益。

(2) 公示催告程序适用案件的非讼性。公示催告程序本质上是一种非讼程序,其解决的案件不属于民事权益争议的案件,具有非讼性。公示催告程序的申请人是票据最后持有人,没有特定的对方当事人,申请公示催告的目的,在于催促利害关系人在一定期间申报权利,并在无人申报权利的情况下宣告票据无效。如果申请人知道利害关系人,则应以其为被告提起诉讼,以诉讼的方式解决他们之间的票据纠纷,而不能适用公示催告程序。

(3) 公示催告程序适用范围的特定性。根据《民诉法》第218条的规定,公示催告程序适用于因可以背书转让的票据被盗、遗失或者灭失引起的非讼事件以及法律规定可以申请公示催告的其他事项。除此之外的其他民事纠纷,不能适用公示催告程序。

(4) 公示催告程序审理方式的特殊性。公示催告程序无需开庭审理,法院仅就申请人单方面提供的材料进行书面审查,并依照法律规定的条件和程序发出公告,寻找利害关系人并催促其申报权利。若在公示催告期间有人申报权利,即利害关系人出现,法院对此审查后即作出终止公示催告程序的裁定;只有无人申报权利,法院才可以依申请人的申请和法律规定作出除权判决。公示催告程序分为两个不同的阶段,即公示催告阶段和作出除权判决阶段,其中前者是必经阶段,未经公示催告不得作出除权判决,只有经公示催告无人申报权利,才可依申请人的申请进入除权判决阶段。

第二节 公示催告的申请与受理

公示催告程序是非讼程序,具有简便易行的特点,依申请人的申请而开始,法院不开庭审理,只根据申请人提供的事实、证据进行书面和形式审查。

一、公示催告的申请

公示催告的申请,是指票据的最后持有人依照法律规定,向有管辖权的法院提出公示催告的请求,从而引起公示催告程序发生的行为。

申请公示催告必须具备以下条件。

(1) 申请对象。公示催告的申请对象必须是可以背书转让的票据或法律规定的其他事项。票据是指以无条件支付一定金额为目的发行的有价证券,分为汇票、支票和本票。背书转让,是指票据权利人(背书人)在所持票据上记载应记事项,然后将票据交付相对人(被背书人),从而将票据上的权利转让给相对人的一种行为。

法律规定的其他事项,则取决于有关实体法的规定。如记名股票被盗、遗失或者灭失,股东可以请求法院宣告该股票失效(然后可以向公司申请补发股票)(《公司法》第143条);提单等提货凭证持有人,因提货凭证失控或者灭失,可以向货物所在地海事法院申请公示催告(《海事诉讼特别程序法》第100条)等。

(2)申请事由。申请公示催告的事由必须是可以背书转让的票据或其他事项被盗、遗失或者灭失,并且因为以上事由导致票据是否为他人持有不明,即利害关系人不明。公示催告程序的目的,是在没有利害关系人申报权利的情况下,依法宣告票据无效。所以,如果不是票据被盗、遗失或者灭失使相对人不明确,而是当事人在票据关系中产生的争议,就不得适用公示催告程序。

(3)申请主体。有权申请公示催告的只能是可以背书转让的票据或法律规定的其他事项的最后持有人(又称失票人),即在票据被盗、遗失、灭失之前最后持有该票据的人,包括记名票据的权利人以及依票据手续取得的无记名票据的占有人。票据关系中的其他人无权申请公示催告。

(4)申请法院。申请人依法应当向有管辖权的法院提出申请。根据《民诉法》第218条的规定,申请公示催告应向票据支付地的基层法院提出,其他法院无权管辖。票据支付地,是指票据上载明的付款机构所在地或票据付款人的住所地。由票据支付地的基层法院管辖,便于法院及时通知支付人停止支付,也便于利害关系人及时了解公告内容,及时申报权利。

(5)依法交纳申请费用。申请公示催告的,每件交纳申请费100元。公示催告的申请费由申请人负担。

申请人向法院申请公示催告,应当提出书面申请。申请书包括以下内容:(1)票面金额。即票据上记载的,付款人应支付的金钱数额。(2)发票人或称出票人。发票人是指制成票据并交付收款人,而使收款人得以向付款人请求支付票据票面金额的人。(3)持票人。(4)背书人。背书人是指在票据上记明应记事项从而转让票据权利的人。(5)其他票据主要内容。如汇票的收款人、付款的账号、开户银行、到期日、汇票号码等。(6)申请的理由、事实。包括款项的主要用途,票据被盗、遗失或灭失的时间、地点、经过以及证据材料等。

二、公示催告的受理

(一)审查和受理

受理,是指法院接到申请人的公示催告申请后,经审查认为符合申请条件的,予以接受的行为。适用公示催告程序审理的案件,可由审判员一人独任审理;判决宣告票据无效的,应当组成合议庭审理。

法院接到申请人的申请后,应当立即审查,并决定是否受理。根据《民诉法解释》的规定,法院应该结合票据存根、丧失票据的复印件、出票人关于签发票据的证明、申请人合法取得票据的证明、银行挂失止付通知书、报案证明等证据,决定是否受理。认为符合受理条件的,通知予以受理并同时通知支付人停止支付;认为不符合受理条件的,七日内裁定驳回申请。

(二) 通知支付人停止支付

为了防止非法持有人向支付人主张权利,保证公示催告的正常进行,根据《民诉法》第219条的规定,法院在决定受理申请人申请的同时,向支付人发出通知,令其停止支付。法院发出的停止支付通知,支付人必须执行。根据《解释》第456条的规定,支付人收到停止支付通知后拒不停止支付的,除可以依照《民诉法》采取强制措施外,在判决后,支付人仍应承担支付义务。公示催告程序终结,停止支付通知的保全措施自行解除。

第三节 公示催告案件的审理

一、公告

(一) 公告的涵义

公告,是指法院决定受理申请人的申请后,向社会发出的催促利害关系人在法定期间向法院申报权利的告示。根据《民诉法》第219条的规定,法院决定受理申请人的申请的,应当在3日内发出公告,催促利害关系人申报权利。

公示催告程序处理的是权利人处于不明确状态的特殊案件,法院在受理申请时没有证据可以证明持票人与权利人分离的事实,以及申请人即为权利人的事实,因此只有发布公告,催促利害关系人申报权利。这样,如果在一定期间无人申报权利,就可推定票据归申请人所有,从而作出除权判决。因此公告是公示催告程序中的关键环节和必经程序。

(二) 公告的内容

(1) 申请人的姓名或名称,即表明谁申请公示催告。自然人应记载其姓名及住所,法人及其他组织应记载其名称和主要管理机构所在地。

(2) 被盗、遗失或灭失的票据的种类、号码、票面金额、出票人、持票人、背书人、付款人及付款日期、收款人以及其他可以申请公示催告的权利凭证的种类、号码、权利范围、权利人、义务人、行权日期等事项。

(3) 申报权利的期间以及在期间内应为申报的催告。利害关系人应当在公示催告期间申报权利。公示催告的期间不得少于60日且公示催告期间届满日不得早于票据付款日后15日。期间的计算,应从公告张贴或者登载于报纸之日起计算。期间届满后法院将根据申请人的申请作出判决,宣告票据无效。

(4) 在公告期间转让票据权利和利害关系人不申报权利的法律后果。

(三) 公告的方式

根据《解释》的有关规定,公告应在有关报纸或其他宣传媒介上刊登,并于同日公布于法院公告栏内;法院所在地有证券交易所的,还应当同日将公告张贴于证券交易所。

(四) 公告的效力

法院在公示催告程序中发布的公告具有以下效力。

(1) 禁止票据权利转让。公示催告期间,转让票据权利的行为无效,票据不得承兑、贴现和转让。

(2) 公告具有诉讼法上的推定效力。公告期间无人申报权利的,法院可以根据当事人的申请作出除权判决,宣告票据无效。申请人自除权判决公告之日起有权向支付人请求支付。实际上公告期间无人申报权利的,法院即可据此推定被申请公示催告的票据归申请人所有,因而作出除权判决。由此可见公告具有推定效力。

二、申报权利

申报权利,是指票据的利害关系人在公示催告期间向法院主张票据权利的行为。利害关系人,是指当前持有申请人认为已经被盗、遗失或灭失的票据的人。根据票据法的一般原理,持票人即是债权人。因此,如果法院依申请人的申请,宣告票据无效,那么利害关系人持有票据并享有的票据权利就会消灭,申请人将获得票据上的权利。这将直接影响到利害关系人的利益,并可能产生新的纠纷。

利害关系人申报权利,应同时符合以下条件。

(1) 利害关系人应当是当前持有申请人认为已经被盗、遗失或灭失的票据的人,且具有诉讼行为能力或者由其代理人代为申报。

(2) 利害关系人应当以书面形式申报权利,同时应向法院提交所催告的票据。

(3) 利害关系人应在公示催告期间申报权利。

法院收到利害关系人申报权利的书面材料后,应通知申请人在指定的期间到法院阅览该票据。申请人阅览票据后,认为该票据确系被盗、遗失的票据的,法院即作出裁定,终结公示催告程序。当事人之间有争议的,可以向法院起诉。如果申请人申请公示催告的票据与申报人提交的票据不一致的,法院应裁定驳回利害关系人的申报。

第四节 除权判决与撤销除权判决之诉

一、除权判决

(一) 除权判决的概念和条件

除权判决,也叫宣告票据或其他事项无效的判决,是指法院在公示催告期间届满后,由于无人申报权利或者申报被驳回的,根据申请人的申请作出的宣告失票或其他事项不再具有法律效力的判决。除权,即消除票据或其他事项所记载的权利,除权之后的票据或其他事项不再具有支付凭证的功能。法院作出除权判决,必须根据公示催告申请人的申请,法院不能依职权主动作出除权判决。

根据《民诉法》第222条和《解释》第452条的规定,法院作出除权判决应具备以下条件。

(1) 公示催告期间届满无人申报权利或者申报被驳回的。无论是否有利害关系人,只要公示催告期间届满没有人申报权利,或者虽申报权利但被法院依法驳回的,即符合法定条件。

(2) 申请人在法定期间提出申请。申请人应从申报权利期间届满之日起 1 个月内向法院提出除权判决申请,逾期不申请的,终结公示催告程序,并应当通知申请人及支付人。

(二) 审理和作出除权判决

申请人提出申请除权判决申请的,法院应当组成合议庭,审理是否具备作出除权判决的法定要件。经审理,认为不具备作出除权判决的申请要件的,应裁定驳回申请;认为具备作出除权判决的申请要件的,法院应当作出判决宣告票据无效。法院的判决应当公告,并通知支付人。除权判决的公告方式与公示催告的方式相同。

(三) 除权判决的法律效力

(1) 除权判决作出后,该票据不再具有法律效力。即持有该票据的任何人不能行使票据上的权利。

(2) 申请人重新获得票据权利。如果票据已经到期的,申请人从除权判决生效起即可向支付人请求付款;如果票据尚未到期,待票据到期后,申请人有权向支付人请求付款。

(3) 停止支付的通知失去效力,申请人有权依据法院的判决向负有票据义务的人主张票据上的权利,请求支付。申请人以外的人不再享有票据上的任何权利。

(4) 公示催告程序实行一审终审制,除权判决作出后,公示催告程序结束,当事人不得提起上诉。

二、撤销除权判决之诉

利害关系人在公示催告期间和作出除权判决之前,未申报权利的,丧失了公示催告的票据上的权利。法院作出判决后,利害关系人不得再申报权利,也不能上诉。但在利害关系人有正当理由未能在作出判决前申报权利的情况下,应当有相应的救济措施。

针对这种情况,《民诉法》第 223 条规定:"利害关系人因正当理由不能在判决前向人民法院申报的,自知道或者应当知道判决公告之日起 1 年内,可以向作出判决的人民法院起诉。"超过法定期间,票据利害关系人的诉讼请求不再受法律保护。利害关系人向法院起诉的,法院可按票据纠纷适用普通程序审理。

根据此条,在除权判决作出后,利害关系人可以向法院起诉的法定条件,是因有正当理由不能在判决前向法院申报权利。何谓正当理由,一般指两种情况:其一是由于客观上的原因致使利害关系人未申报权利;其二是指法院工作中的差错。具体包括以下情形:(1) 因发生意外事件或者不可抗力致使利害关系人无法知道公告事实的;(2) 利害关系人因被限制人身自由而无法知道公告事实,或者虽然知道公告事实,但无法自己或者委托他人代为申报权利的;(3) 不属于法定申请公示催告情形的;(4) 未予公告或者未按法定方式公告的;(5) 其他导致利害关系人在判决作出前未能向法院申报权利的客观事由。

利害关系人向法院起诉的期间是自知道或者应当知道判决公告之日起 1 年内。提起诉讼的法院是作出除权判决的法院。利害关系人向法院起诉,应以原公示催告申请人为被告,起诉请求的事项是要求法院撤销宣告票据无效的判决,恢复自己享有的票据上的权利。法院接到利害关系人的起诉后,应当认真进行审查,认为没有正当理由的,裁定驳回起诉;有理由的,法院应予以受理,并作出新判决,撤销宣告无效的判决。判决撤销以后,票据上的权利自行恢复。

【思考题】

1. 甲公司财务室被盗，遗失金额为 80 万元的汇票一张。甲公司向法院申请公示催告，法院受理后即通知支付人 A 银行停止支付，并发出公告，催促利害关系人申报材料。在公示催告期间，甲公司按原计划与材料供应商乙企业签订购货合同，将该汇票权利转让给乙企业作为付款。公告期满，无人申报，法院即组成合议庭作出判决，宣告该汇票无效。关于本案，下列哪些说法是正确的？①

A. A 银行应当停止支付，直至公示催告程序终结

B. 甲公司将该汇票权利转让给乙企业的行为有效

C. 甲公司若未提出申请，法院可以作出宣告该汇票无效的判决

D. 法院若判决宣告汇票无效，应当组成合议庭

2. 甲公司因票据遗失向法院申请公示催告。在公示催告期间届满的第 3 天，乙向法院申报权利。下列哪一说法是正确的？②

A. 因公示催告期间已经届满，法院应当驳回乙的权利申报

B. 法院应当开庭，就失票的权属进行调查，组织当事人进行辩论

C. 法院应当对乙的申报进行形式审查，并通知甲到场查验票据

D. 法院应当审查乙迟延申报权利是否具有正当事由，并分别情况作出处理

---

① 2015 年国家司法考试卷三，参考答案：AD。
② 2012 年国家司法考试卷三，参考答案：C。

第六编

强制执行程序

第十九章
执行总论与一般规定

【本章要点】
　　民事执行程序总论主要包括民事执行(程序)的目的和性质、审判程序与执行程序相异处和共通性、民事执行(程序)的立法体例和基本原则(执行基本法理)等。
　　民事执行程序一般规定(总则),被规定在《民诉法》第三编第十九章"一般规定"之中,系指强制执行中具有共同适用性的规则。

第一节　民事执行的目的·分类·基本原则

一、民事执行的分类

　　民事强制执行(民事执行)是法院以确定判决等执行名义为依据,按照适当和迅速、经济的理念,依照法定程序,采取执行措施,强制债务人或被执行人履行执行名义所确定的民事义务,从事实上实现债权人债权。① 我国应当依据实体请求权(或执行债权),设置相应的执行程序和执行措施,以实现执行目的。
　　1. 终局执行与中间执行(分类标准是执行效果)
　　终局执行(满足执行)是指使债权人的权利能够获得最终实现或满足的执行。实际上,终局执行是对终局执行名义的执行,比如对法院的确定判决书、调解书、支付令;仲裁的裁决书、公证债权文书等的执行。民事执行主要是指终局执行。
　　中间执行(保全执行)通常以保全将来终局执行为目的,暂时维持债务人财产(权)的现

---

　　① 民事执行中,债权人债权能否实现除取决于法院有效执行外,还取决于被执行人的履行能力等多个因素(比如《民诉法》第257条规定的终结执行情形)。法院只有按照法定程序,适时采取妥当的、充分的执行措施之后,才能裁定终结执行程序,此谓执行穷尽原则。换言之,法院只要按照法定程序,适时采取妥当的、充分的执行措施之后,即使债权人债权未能实现,也应视为法院已经履行了执行之责。

状或价值或者暂时保持申请人与被申请人之间实体法律关系的现状①,比如对财产保全通常只能采取查封或扣押等控制性措施。

2. 金钱债权的执行和非金钱债权的执行(分类标准是执行债权)

债权的类型和性质决定了应予采取何种执行措施。金钱债权是指以给付一定数额金钱为内容的债权,所以金钱债权的执行是将被执行人的金钱交付给债权人即完成执行。

非金钱债权包括交付物和完成行为。前者无须将执行标的物货币化,仅需将执行标的物交付给债权人即可。后者是强制被执行人实施一定的行为来满足债权人的债权。

3. 对物执行与对人执行(分类标准是执行标的)

对物执行是以被执行人的财产为执行标的,旨在满足金钱给付债权或物之交付债权。对物执行包括:对金钱的执行;对非金钱财产的执行(包括对动产、不动产和权利的执行)。

对人执行是以被执行人或应为被执行人清偿债务之人的身体、自由、劳力或行为等为执行标的。基于对人格和人权的尊重,对人执行限于间接执行、替代执行的情形。

4. 直接执行、间接执行与替代执行(分类标准是执行方法)

直接执行是对被执行人的财产直接实施执行措施。比如,将被执行人的金钱或物直接交付给债权人;对被执行人的财物采取查封、拍卖等措施。

间接执行是对不可替代行为的执行,通常是法院以罚款或拘留等方法迫使被执行人履行债务;若被执行人拒不履行债务而给债权人造成损害的,则承担赔偿责任(将对不可替代行为的执行转换为对被执行人财产的执行)。

替代执行是对可替代行为的执行,即法院委托第三人代被执行人履行行为债务,所产生的费用由被执行人负担(即被转换为对被执行人财产的执行)。

二、民事执行的基本性质和基本原则

(一) 民事执行的基本性质

民事执行程序处理的是"民事执行案件",由于执行当事人的权利和义务已被法院确定判决、仲裁裁决等执行名义所确定,所以民事执行程序并非确定当事人之间有争议的民事法律关系,不存在言词辩论程序,属于广义的非讼案件。但是,民事执行程序又不属于民事非讼审判程序。因为民事执行程序在于"执行"并非"审判"。

民事执行属于个别执行,即以被执行人的部分财产满足个别债权人的债权,其前提是被执行人的财产能够清偿到期债务(即不存在破产原因)。债权人的债权业已确定,由此民事执行的宗旨是适当和迅速、经济地实现债权人的债权,强调效率和遵循优先原则。

(二) 民事执行的基本原则

由民事执行所处理的事项、民事执行的目的和性质决定民事执行程序拥有自己的基本原理和基本原则。民事执行原则应当包括合法执行原则、公开执行原则、当事人不平等原则、优先执行原则等。当然,民事执行还应当遵行诚实信用原则和检察监督原则等。

合法执行即民事执行既要遵循程序法又要符合实体法。在程序方面,合法执行原则要

① 比如《德国民事诉讼法》第 940 条规定:"因避免重大损害,或防止急迫的强暴行为,或因其他理由,对于争执的法律关系,特别是继续的法律关系,有必要规定其暂时状态时,可以实施假处分。"

求法院严格按照执行名义和执行程序采取执行措施,无权就当事人之间的债权债务关系重新作出裁判,并须遵循执行标的有限性要求。民事执行也得遵循实体法,例如对被查封的不动产享有抵押权的人,在该不动产拍卖时,就其担保债权有优先受偿权,这就要求法院在拍卖不动产时应遵循相应的实体法规范。

执行公开是指法院将案件执行过程和执行程序予以公开,除对当事人及其他利害关系人公开外,特别强调对社会的公开。法院应当通过通知、公告或者法院网络、新闻媒体等方式,依法公开案件执行各个环节和有关信息,但涉及国家秘密、商业秘密等法律禁止公开的信息除外。有关规定主要有最高人民法院《关于人民法院执行公开的若干规定》(法发〔2006〕35号)、《关于推进司法公开三大平台建设的若干意见》(法发〔2013〕13号)、《关于人民法院执行流程公开的若干意见》(法发〔2014〕18号)等。

执行程序的基本构造是"不等腰三角形",即法官中立;债权人与债务人程序地位不平等。执行程序中,对债权人与债务人享有的程序权利和承担的程序义务作出差别规定的,则为当事人不平等主义,例如许多国家规定,债务人负担向执行法院按时真实申报其财产的义务强制执行是法院在执行名义的前提下从事实上实现债权人的债权,强制执行的基点应当是实现债权人的债权,自不宜使债务人与债权人处于平等程序地位。

在债权人之间适用优先执行原则,是指除享有抵押权、质权等法定优先权外,根据合法申请执行或者法院受理申请的时间先后,申请或者受理在先的债权人优先受偿。实施民事执行和其优先执行原则的一个重要前提是被执行人的财产足以偿还其所有债务。采用优先执行原则体现了民事执行为个别执行的性质,①可以满足先申请者先实现债权的期望和努力,尊重先申请执行的债权人支出的程序成本。

第二节 执行名义、执行标的和执行主体

一、执行名义

(一) 执行名义的含义和构成要件

执行名义是指法院据以强制执行的各类法律文书,我国通常称为执行依据或执行根据,其他国家称为债务名义、执行令状等。

能够成为执行名义的法律文书应当具备以下要件:(1)执行名义须是法律规定可以强制执行的法律文书;(2)执行名义须是确定的或生效的;(3)执行名义所载的权利义务主体明确;(4)执行名义所载的给付内容须明确,若执行名义确定继续履行债务的则应明确继续履行的具体内容。

(二) 执行名义的种类

法院制作的执行名义主要有:(1)我国法院制作的民事判决书、民事裁定书、法院调解

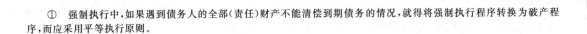

① 强制执行中,如果遇到债务人的全部(责任)财产不能清偿到期债务的情况,就得将强制执行程序转换为破产程序,而应采用平等执行原则。

书、支付令;刑事附带民事诉讼中,法院制作的上述执行名义。①(2) 我国法院裁定承认和执行的外国法院判决等司法裁判书和国外仲裁裁决等司法外裁决书。(3) 在我国大陆地区(或内地)法院裁定承认和执行的港、澳、台地区司法裁判书和司法外裁决书。

其他主体制作的执行名义(非司法执行名义)主要有:(1) 我国国内仲裁机构和涉外仲裁机构作出的仲裁裁决书和仲裁调解书。(2) 有给付内容并载明被执行人愿意接受强制执行承诺的公证债权文书。(3) 法律规定可以民事执行的其他法律文书,比如根据《合同法》第286条的规定,建设工程承包人对工程款的优先受偿权具有法定抵押权的性质,可以不通过审判程序,而是申请法院拍卖的方式实现其优先权。

二、执行标的

(一) 执行标的含义

执行标的(执行客体、执行对象)是指按照执行程序、用以实现债权人债权的、被执行人有权处分的财产(权)或其应履行的行为。

构成执行标的之财产(权)或行为应当是:(1) 被执行人有权处分的财产(权)或其应履行的行为;(2) 被记载在执行名义之中,或者法院合法裁定为执行标的;(3) 用以履行执行债权。

在我国,成为执行对象的财产(权),包括金钱、物和民事权利,可以是有形财产和无形财产;成为执行对象的行为,包括作为和不作为,可以是可替代行为和不可替代行为。

(二) 执行标的有限性

(1) 为尊重人权,禁止或限制对人采取直接执行(禁止对被执行人或应为被执行人清偿债务之人的身体、自由进行执行),对人执行限于间接执行或替代执行。

(2) 攸关被执行人及其所扶养家属基本权益的被执行人财产(权)为执行豁免财产(权)。比如,衣服、家具、炊具、餐具及其他家庭生活必需物品②;必需生活费用(当地有最低生活保障标准的,必需的生活费用依照该标准确定);完成义务教育所必需物品;用于身体缺陷所必需辅助工具、医疗物品;被执行人所得勋章及其他荣誉表彰物品③等。

(3) 为维护公共利益,法律规定下列财产(权)不能成为执行标的:土地所有权;耕地、宅基地、自留地、自留山等集体所有的土地使用权(法律规定可以执行的除外);学校、幼儿园、医院等以公益为目的的事业单位、社会团体的教育设施、医疗卫生设施和其他社会公益设施;金融机构的营业场所;金融机构交存在人民银行的存款准备金和备付金;社会保险基金;不融通物(如黄金白银、毒品赃物、国家文物等)等。

不能成为执行标的之财产(权)还有:被执行人未公开的发明或者未发表的著作;所有权、使用权不明的财产;我国缔结或参加的国际条约中规定免于查封、扣押、冻结的财产;我国法律或者司法解释禁止执行的其他财产(权)。

---

① 诉讼费决定书和罚款决定书,并非对债务的处理,可视为特殊的执行名义,对此执行不受申请执行期限和债权消灭时效的限制。

② 对生活所必需的居住房屋,法院可以查封,但不得拍卖、变卖或抵债。不过,对被执行人所有的已经依法设定抵押的房屋,为维护抵押权人的权利,根据抵押权人的申请,可依法拍卖、变卖或抵债(《关于人民法院执行设定抵押的房屋的规定》(法释〔2005〕14号)第1条)。

③ 参见易继明、周琼:《论具有人格利益的财产》,载《法学研究》2008年第1期;冷传莉:《论人格物之实体与程序制度的建构》,载《法学评论》2010年第3期。

(三) 执行标的变更

执行标的变更是指执行名义确定或生效后,执行名义中所确定的执行标的发生变易或灭失后,法院裁定以被执行人的(其他)财产来执行。执行标的变更主要是变更作为执行标的之特定物和不可替代行为。[①] 我国关于执行标的变更的情形,主要有:

(1) 执行标的物为特定物的,应执行原物,但是,原物确已变质、损坏或灭失的,应当裁定折价赔偿或按标的物的价值执行被执行人的其他财产。

(2) 有关单位或公民持有执行名义指定交付的财物或票证,因其过失被毁损或灭失的,法院可责令其赔偿;拒不赔偿的,法院可按被执行的财物或者票证的价值强制执行。

(3) 对不可替代行为的执行,被执行人拒不实施而给债权人造成损害的,则承担损害赔偿的民事责任,从而将不可替代行为的执行转换为对被执行人财产的执行。

判决确定后发生客观变化致使判决的内容与客观情况不符,比如判决确定后诉讼标的物发生位移,执行标的物确已变质、损坏或灭失等,不属于判决本身的错误,基于顺利执行的考虑,当事人可以申请或者法院依职权裁定变更执行标的。

三、执行主体

执行主体包括执行机构和执行当事人及其他执行参与人(比如协助执行人、执行见证人等)。执行主体之间存在着强制执行法律关系,属于广义民事诉讼法律关系的范畴。

(一) 执行法院或执行机构

执行机构系指行使国家民事执行权,负责民事执行工作的职能机构。执行机构所属的法院可称为执行法院。民事执行权的性质和构成决定了执行机构的组织构造和运作方式。

依据《关于执行权合理配置和科学运行的若干意见》(法发〔2011〕15号),执行权是法院依法采取执行措施以及对执行异议、复议、申诉等事项进行审查的权力,包括执行实施权和执行审查权(或执行裁决权)。

我国执行机构的设置以审执分立为原则(以审执合一为例外)。在法院体制方面,审执分立体现为审判机构与执行机构分立。与审执合一相比,审执分立更能减少司法不公。审执合一体现为人民法庭执行其审结的案件,但是复杂、疑难或被执行人不在本法院辖区的案件除外(《执行规定》第4条)。

目前我国在四级法院内部均设置专门的执行机构,上级法院执行机构监督、指导和协调下级法院的执行工作。执行机构一般包括:执行裁决部门、执行实施部门和执行综合部门。必要时,司法警察参加执行。

(二) 执行当事人

1. 执行当事人的含义和程序权利义务

执行当事人主要包括债权人和债务人。向法院申请执行的债权人,可称为申请执行人,对方当事人则称为被申请执行人。债务人和被申请执行人,又可称被执行人。

---

① 金钱和种类物作为执行标的可能发生数量(执行标的额)的变化,但无须变更执行标的。例如,《关于审理人身损害赔偿案件适用法律若干问题的解释》(法释〔2003〕20号)第34条第1款规定:"人民法院应当在法律文书中明确定期金的给付时间、方式以及每期给付标准。执行期间有关统计数据发生变化的,给付金额应当适时进行相应调整。"

许多情况下,执行当事人即审判当事人。但是,审判当事人以外的主体也可能成为执行当事人,比如本案言词辩论终结后审判当事人的承继人、被追加的被执行人、仲裁当事人、公证当事人等。

执行当事人原则上依执行名义来确定。若执行当事人是本案言词辩论终结后审判当事人的承继人,须由相关证据来释明。在执行过程中,发生法定当事人变更的则需以证据来释明,并由法院裁定是否变更。

执行当事人除了程序参与权、申请回避权和委托代理权等之外,还有如下主要权利:① 执行申请权(执行请求权)、达成执行契约权(比如达成执行和解协议等)、执行豁免权、执行异议权和申请变更执行法院权等。

执行当事人应当遵行诚实信用原则,不得滥用执行申请权、执行异议权等诉讼权利,不得妨害执行。债务人比债权人履行更多的程序义务(比如按时真实申报财产、不得妨害执行等)。当事人不履行义务的,将产生诉讼行为无效、承担诉讼费用等法律后果,并被施以妨害民事诉讼的强制措施等。

2. 执行当事人变更和追加

(1) 执行当事人变更

执行当事人变更属于民事诉讼当事人变更的范畴,包括法定的当事人变更和任意的当事人变更。在执行中,作为被执行人的法人或者其他组织名称变更的,法院裁定变更后的法人或者其他组织为被执行人,不属于执行当事人变更。

法定的当事人变更(执行承受)主要是因为执行过程中,当事人实体权利义务发生转移。其具体事由或主要情形有:

其一,作为被执行人的公民死亡的,其遗产继承人没有放弃继承的,法院裁定变更被执行人,由该继承人在遗产的范围内偿还债务。继承人放弃继承的,法院直接执行被执行人的遗产(《民诉法》第 232 条、《解释》第 475 条)。

其二,被执行人的法人或者其他组织分立、合并的,法院裁定变更后的法人或者其他组织为被执行人;被注销的,如果依照有关实体法的规定有权利义务承受人的,裁定该承受人为被执行人(《民诉法》第 232 条、《解释》第 472 条)。

其三,当事人将其债权或债务合法移转给第三人,原当事人退出执行程序,该第三人以原当事人身份继续进行原执行程序。

任意的当事人变更,即将无当事人资格或不适格的"当事人"更换为有当事人资格或适格的当事人。"债权人"申请执行的,法院认定其无当事人资格或不适格的,应当裁定驳回申请。"被执行人"无当事人资格或不适格的,法院应当依据执行名义或法律规定裁定更换为有当事人资格或适格的债务人。

(2) 执行当事人追加

执行当事人的追加是在执行过程中,在原当事人不变的前提下,依法将其他特定的公民、法人和非法人组织追加为当事人。追加执行当事人的主要原因是:被执行人没有履行债务能力的,由与被执行人有着民事利害关系的其他主体来履行该债务。其具体情形主要有:

---

① 当事人、案外人(第三人)提起执行异议之诉,此项权利为诉权,非当事人执行程序权利。

其一,其他组织在执行中不能履行法律文书确定的义务的,法院可以裁定执行对该其他组织依法承担义务的法人或者公民个人的财产(《解释》第473条)。

其二,对被执行人到期债权执行的情形中,第三人在履行通知指定的期限内没有提出异议又不履行的,法院裁定追加第三人为被执行人。

其三,被执行人履行债务确有困难的,可以向法院提供担保人,暂缓执行或执行担保期限届满后,被执行人仍无履行能力,法院则将担保人追加为被执行人,执行该担保人的财产。

其四,有充分证据证明被执行人通过离婚析产、不依法清算、改制重组、关联交易、财产混同等方式恶意转移财产规避执行的,法院可以通过依法变更追加被执行人或者告知申请执行人通过诉讼程序追回被转移的财产(《制裁规避执行》第20条)。

(3) 执行当事人的变更和追加程序

当出现当事人变更或追加的情形时,原当事人或第三人可以向法院的执行机构申请变更或追加,并提交证据予以证明。法律允许的,法院可以主动裁定变更或追加当事人。

法院裁定变更或追加当事人前,应当给予当事人或第三人提出异议的机会。被变更或追加后的债务人在其应承担的债务或财产责任范围内履行债务。

(三) 其他执行参与人

其他执行参与人是指除了执行法院和执行当事人以外的参与执行的人,比如执行第三人、协助执行人(参见下文)、执行见证人、诉讼代理人、证人和翻译人等。

此处所谓执行第三人,专指执行当事人以外的,因法院执行行为而认为自己权利受到侵害的第三人。执行第三人主要有两种情况:(1) 虽是案外人但对执行标的之全部或一部拥有所有权或其他足以排除执行的权利(可以通过案外人异议和案外人异议之诉等获得救济);(2) 法院执行程序违法而导致第三人受到损害的,比如法院将第三人违法变更或追加为当事人等(第三人有权提出执行异议来请求法院撤销违法裁定)。

被执行人的工作单位或被执行财产所在地的基层组织,按照法院的通知,应当指派其工作人员作为执行见证人。被执行人为未成年人的,其成年家属为执行见证人。见证人有权了解见证事项,要求补偿因见证所支出的必要费用和受到的损失(由债务人承担)。见证人应当及时到达执行现场,如实见证,并在执行笔录上签名或盖章。

第三节 执行管辖、委托执行、执行和解与执行担保

一、执行管辖

执行管辖与审判管辖存在着一些相通之处,法律对执行管辖没有规定的,除与民事执行的性质和目的相冲突外,可适用审判管辖的相应规定,比如共同管辖、移送管辖、指定管辖、管辖权移转等。审判机构与执行机构分立的体制中,审判管辖与执行管辖无须同一,为实现执行目的,应以被执行财产所在地或者被执行人住所地的法院为执行(管辖)法院。

(一) 级别管辖和地域管辖

我国是根据执行目的并按照执行名义种类来确定执行管辖法院(包括级别管辖法院和

地域管辖法院)。

(1) 我国法院民事判决书、裁定书、调解书和刑事判决书、裁定书中的财产部分,由一审法院或者与一审法院同级的被执行财产所在地法院执行。① 被执行的财产在与一审法院同级的多个法院的辖区内,应由主要财产所在地的法院执行,若被执行的数项财产价值差距不大的则由不动产所在地的法院执行。

(2) 我国法院实现担保物权裁定书、确认调解协议裁定书、支付令,由作出裁定书、支付令的法院或者与其同级的被执行财产所在地的法院执行。认定财产无主的判决,由作出判决的法院将无主财产收归国家或者集体所有(《解释》第462条)。

(3) 我国法院财产保全、行为保全、先予执行的裁定书,民事制裁决定书,由作出裁定书、决定书的法院执行。②

(4) 我国通常仲裁裁决书和仲裁调解书,由被执行财产所在地或者被执行人住所地的中级法院执行。③ 农村土地承包经营纠纷仲裁调解书、仲裁裁决书,由被执行人住所地或者被执行财产所在地的基层法院执行。

(5) 我国公证债权文书,通常由被执行人住所地或者财产所在地的基层法院执行。

(6) 外国司法文书和非司法文书,经我国法院承认并须在我国执行的,由被执行财产所在地或者被执行人住所地的中级法院执行(《民诉法》第281条、第283条)。

(7) 港澳台地区司法文书和非司法文书,经内地或大陆地区法院承认并须在内地或大陆地区执行的,由被执行财产所在地或者被执行人住所地的中级法院执行。

(二) 管辖冲突和管辖异议

对两个以上法院都有管辖权的执行案件,法院在立案前发现其他有管辖权的法院已经立案的,不得重复立案。立案后发现其他有管辖权的法院已经立案的,应当撤销案件;已经采取执行措施的,应当将控制的财产交先立案的法院处理(《执行解释》第2条)。

法院之间因执行管辖权发生争议的,由双方协商解决;协商不成的,报请双方共同的上级法院指定管辖(《执行规定》第16条)。基层法院和中级法院管辖的执行案件,因特殊情况需要由上级法院执行的,可以报请上级法院执行(《执行规定》第17条)。

法院受理执行申请后,当事人对管辖权有异议的,应当自收到执行通知书之日起10日内提出。异议成立的,应当撤销执行案件,并告知当事人向有管辖权的法院申请执行;异议不成立的,裁定驳回。当事人对裁定不服的,可以向上一级法院申请复议。管辖权异议审查和复议期间,不停止执行(《执行解释》第3条)。

二、委托执行

(一) 委托执行的含义和要件

委托执行是指有管辖权的法院(委托法院)调查发现被执行财产或被执行人不在本法院

---

① 《关于刑事裁判涉财产部分执行的若干规定》(法释〔2014〕13号)第2条规定:"刑事裁判涉财产部分,由第一审人民法院执行。第一审人民法院可以委托财产所在地的同级人民法院执行。"
② 《执行解释》第4条规定:对法院采取财产保全措施的案件,申请执行人向采取保全措施的法院以外的其他有管辖权的法院申请执行的,采取保全措施的法院应当将保全的财产交执行法院处理。
③ 《关于适用〈中华人民共和国仲裁法〉若干问题的解释》(法释〔2006〕7号)第29条。

辖区内,依法委托被执行财产或被执行人所在地的同级法院(受托法院)代为执行。

根据《民诉法》第229条和《关于委托执行若干问题的规定》(法释〔2011〕11号)等,委托执行应当符合下列要件:(1)被执行人或者被执行的财产在外地。(2)受托法院应是被执行人住所地或者被执行财产所在地的同级法院。

符合以上情形的,委托法院一般是委托执行,也可直接到外地执行(异地执行)。执行法院赴异地执行时,应当持有其所在辖区高级法院的批准函件,可以请求当地法院协助执行。

(二)受托法院立案

委托执行案件应当由委托法院直接向受托法院办理委托手续,并层报各自所在的高级法院备案。受托法院收到委托执行函后,应当在7日内予以立案。委托法院应当在收到受托法院的立案通知书后作委托结案处理。

委托执行后,委托法院对被执行人财产已经采取查封、扣押、冻结等措施的,视为受托法院的查封、扣押、冻结措施。

受托法院如发现委托执行的手续、材料不全,可以要求委托法院补办。委托法院既不补办又不说明原因的,视为撤回委托,受托法院可以将委托材料退回委托法院(并作销案)。委托法院在案件退回原因消除之后可以再行委托。

(三)受托法院执行

受托法院收到委托函件后,必须在15日内开始执行。执行完毕后,应当将执行结果及时函复委托法院。在30日内如果还未执行完毕,也应将执行情况函告委托法院。

受托法院自收到委托函件之日起15日内不执行的,委托法院可以请求受托法院的上级法院责令其执行。受托法院无正当理由未能在6个月内执结的,申请执行人有权请求其上一级法院提级执行或指定执行,该上级法院应当责令限期执行,或者裁定提级执行或指定执行。

高级法院统一管理跨省、自治区、直辖市辖区的委托和受托执行案件(包括协调委托和受托执行争议);承办需异地执行的有关案件的审批事项等。

三、执行和解

(一)执行和解的要件

执行和解协议属于法定的诉讼契约(《民诉法》第230条)。在执行中,双方当事人可以自愿变更执行名义所确定的履行义务主体、标的物及其数额、履行期限和履行方式等。执行和解的要件如下。

(1)执行当事人应有诉讼行为能力,若无则应由其法定代理人为之,若委托代理人为执行和解的则须有特别明确的授权。

(2)执行和解应当遵循基本合法原则、基本自愿公平原则。执行和解协议违反前者则无效,违反后者则可被撤销或变更。

执行和解协议通常采用书面形式,并应当附卷。无书面协议的,执行人员应将和解协议的内容做成笔录,并由双方当事人签字后附卷。

(二)执行和解协议的效力

执行和解协议能够产生如下程序效力和实体效力:(1)合意变更执行名义所确定的实

体权利义务关系;(2)当事人达成和解协议后请求中止执行或者撤回执行申请的,法院可以裁定中止执行或者终结执行;(3)法院恢复执行原执行名义的,和解协议已履行的部分应当扣除;(4)和解协议已经履行完毕的,法院不予恢复执行。

执行和解协议在性质上仅是当事人之间达成的协议,没有既判力和执行力,不是执行名义。因此,有下述情形之一,申请执行人可以申请恢复执行原执行名义:(1)申请执行人因受欺诈、胁迫与被执行人达成协议的;(2)被执行人不履行或者不完全履行协议的。

申请恢复执行原执行名义,适用申请执行期间的规定。申请执行期间因达成执行和解协议而中断,自和解协议约定履行期限的最后一日起重新计算(《解释》第468条)。

四、执行担保或暂缓执行

(一)执行担保的要件

根据《民诉法》第231条的规定,债务人或被执行人因履行债务困难,以向法院提供担保的方式,请求暂缓执行,以恢复履行能力。若债务人逾期仍不履行的,对债务人的担保财产或其担保人的财产予以执行。执行担保的要件如下。

(1)债务人须向法院提出执行担保的申请。

(2)债务人须提供充分可靠的担保。担保方式主要有:① 债务人向法院提供充分的财产担保;② 他人提供财产担保或提供保证。

(3)须经申请执行人或债权人同意。担保成立后债权人的债权将被迟延实现,所以法院不能依职权强制债权人接受担保。

法院应当审查认定是否具备执行担保的合法要件,若具备则裁定暂缓执行及其期限。

(二)执行担保的效力

(1)暂缓执行。在暂缓执行期限内或执行担保期限内,执行名义中止执行。担保有期限的,暂缓执行的期限应当与担保期限一致,但最长不得超过1年。执行担保未设定期限的,一般情况下不得超过1年。

在暂缓执行期间,债务人可以主动履行债务;被执行人或者担保人对担保的财产有转移、隐藏、变卖、毁损等行为的,法院可以恢复强制执行。

(2)在暂缓执行的期限届满后被执行人仍不履行义务的,法院可以直接执行担保财产,或者裁定执行担保人的财产(以担保人应当履行义务部分的财产为限)。被执行人在暂缓执行期间履行了部分债务的,法院就未履行部分强制执行。

第四节　程序救济与实体救济

《民诉法》规定的执行救济包括:(1)程序上的执行救济,主要有执行异议(第225条)、责令限期执行或者变更执行法院(第226条)。(2)实体上的执行救济,主要有案外人异议(第227条)、执行异议之诉和执行回转(第233条)。

在我国,执行异议之诉包括案外人(第三人)执行异议之诉、债权人(申请执行人)执行异议之诉、参与分配方案异议之诉等。国外还包括债务人执行异议之诉等。按照我国现行法,案外人执行异议之诉和债权人执行异议之诉以案外人异议为前提条件。

一、执行异议

根据《民诉法》第 225 条的规定,执行异议是当事人、利害关系人认为法院执行行为违反法律规定的,在执行程序结束前,请求执行法院变更或撤销该违法行为,并做出相应的合法行为。

提出执行异议的主体有:(1)执行当事人,包括执行名义中所记载的债权人和债务人;执行法院依法变更或追加为当事人的公民、法人或其他组织。(2)利害关系人,即执行当事人以外的因法院违法执行行为而受到侵害或受到法律上不利影响的公民、法人和其他组织。

执行异议的理由是法院执行行为违反法律规定,比如违反有关申请执行条件、执行期间、执行管辖、公告、终结执行、不予执行、执行依据的范围、执行标的有限性、当事人变更或追加、执行措施(如违法查封、违法拍卖和违法限制出境等)、搜查、制作或送达执行文书法院要求协助执行的事项超出其协助范围等程序规范。

根据《执行异议复议》的规定,被执行人或债务人以债权消灭、丧失强制执行效力等执行依据生效之后的实体事由提出排除执行异议的,法院应当参照《民诉法》第 225 条的规定进行审查。

异议人对不予受理或者驳回申请裁定不服的,可以自裁定送达之日起 10 日内向上一级法院申请复议。上级法院审查后认为符合受理条件的,裁定撤销原裁定,指令原法院立案或者审查执行异议。

法院应当自收到书面异议之日起 15 日内审查并作出裁定。理由成立的,裁定撤销或者改正执行行为。理由不成立的,裁定驳回异议。当事人、利害关系人对裁定不服的,可以自裁定送达之日起 10 日内向上一级法院书面申请复议。法院对执行异议作出裁定时,应当告知相关债权人申请复议的权利和期限。

执行异议审查期间和复议期间,不停止执行。被执行人、利害关系人提供充分、有效的担保请求停止相应处分措施的,法院可以准许;申请执行人提供充分、有效的担保请求继续执行的,应当继续执行。

二、责令限期执行或者变更执行法院

根据《民诉法》第 226 条的规定,责令限期执行或者变更执行法院之申请事由是:法院自收到申请执行书之日起超过 6 个月未执行的。《执行解释》第 11 条规定,有下列情形之一,上一级法院可以根据债权人的申请,责令原法院限期执行或者变更执行法院。

(1)债权人申请执行时被执行人有可供执行的财产,执行法院自收到申请执行书之日起超过 6 个月对该财产未执行完结的;

(2)执行过程中发现被执行人有可供执行的财产,执行法院自发现财产之日起超过 6 个月对该财产未执行完结的;

(3)对法律文书确定的行为义务的执行,执行法院自收到申请执行书之日起超过 6 个月未依法采取相应执行措施的;

(4)其他有条件执行超过 6 个月未执行的。

上述"6个月"的期间不是从立案之日而是从收到申请执行书之日起算(以防止法院拖延立案),并且不包括执行中的公告期间、鉴定评估期间、管辖争议处理期间、执行争议协调期间、暂缓执行期间和中止执行期间等。

上一级法院责令执行法院限期执行的,应当向其发出督促执行令,并将有关情况书面通知申请执行人。上一级法院决定由本院执行或者指令本辖区其他法院执行的,应当作出裁定,送达当事人并通知有关法院。

上一级法院责令原法院限期执行,原法院在指定期间无正当理由仍未执行完结的,上一级法院应当裁定由本院执行或者指令本辖区其他法院执行。

三、案外人异议

按照《民诉法》第227条的规定,案外人异议(案外人排除执行的异议)是执行中案外人认为对执行标的之全部或一部享有民事权益,向执行法院提出不应执行的异议(即排除执行)。案外人是指执行当事人以外的因执行标的之执行而认为自己民事权益受到损害的第三人。

异议理由是案外人对执行标的之全部或一部拥有民事权益而足以排除对执行标的之执行,大体有两类:(1)原判决、裁定错误或违法地将案外人的财产作为债务人的财产;(2)执行法院采取执行措施,使案外人不得实现对执行标的之所有权、承包经营权、建设用地使用权、宅基地使用权、地上权、质权、抵押权、留置权等权利。

依据《执行异议复议》的规定,案外人基于实体权利既对执行标的提出排除执行异议又作为利害关系人提出执行行为异议的,法院应当依照《民诉法》第227条的规定进行审查。案外人既基于实体权利对执行标的提出排除执行异议又作为利害关系人提出与实体权利无关的执行行为异议的,法院应当分别依照《民诉法》第227条和第225条的规定进行审查。

案外人对执行标的应当以书面形式提出异议,还应当符合如下条件:(1)有权提出执行异议的主体只限于案外人。(2)存在异议理由。(3)提出异议的时间应在执行过程中,通常是执行程序开始后在异议指向的执行标的的执行终结之前提出;执行标的由当事人受让的,应当在执行程序终结之前提出(《执行异议复议》第6条第2款)。

案外人撤回异议或者被裁定驳回异议后,再次就同一执行标的提出异议的,法院不予受理(《执行异议复议》第15条第2款)。

对案外人异议分两步处理:

(1)法院执行机构初步审查。执行法院应当自收到书面异议之日起15日内进行初步审查。案外人对执行标的不享有足以排除强制执行的权益的,裁定驳回其异议。案外人对执行标的享有足以排除强制执行的权益的,裁定中止执行。

(2)对异议的裁定不服的,按照争讼程序审判对执行标的之实体争议。对异议的裁定不服的,若案外人、当事人认为原判决、裁定错误的则适用审判监督程序,若与原判决、裁定无关的则案外人、当事人可自裁定送达之日起15日内向执行法院提起异议之诉。再审之诉或异议之诉因不合法或无理由而被驳回的,执行程序继续进行。

在对执行标的之实体争议审判期间,法院应当裁定中止执行(防止继续执行给案外人或被执行人造成损害)。债权人提供充足担保的,可以继续执行。再审之诉或异议之诉因不合法或无理由而被驳回的,执行程序继续进行。

四、执行异议之诉

《民诉法》和《解释》(第 304～316 条)等所规定的执行异议之诉,主要包括案外人(第三人)执行异议之诉、债权人(申请执行人)执行异议之诉等。

(一) 起诉和立案

案外人提起执行异议之诉,除符合《民诉法》第 119 条的规定外,还应当具备下列条件:

(1) 案外人的执行异议申请已经被法院裁定驳回;

(2) 有明确的排除对执行标的执行的诉讼请求,且诉讼请求与原判决、裁定无关;

(3) 自执行异议裁定送达之日起 15 日内提起;

(4) 由执行法院管辖。

案外人提起执行异议之诉的,以申请执行人为被告。被执行人反对案外人异议的,被执行人为共同被告;被执行人不反对案外人异议的,可以列被执行人为第三人。

申请执行人提起执行异议之诉,除符合《民诉法》第 119 条的规定外,还应当具备下列条件:

(1) 依案外人执行异议申请,法院裁定中止执行;

(2) 有明确的对执行标的继续执行的诉讼请求,且诉讼请求与原判决、裁定无关;

(3) 自执行异议裁定送达之日起 15 日内提起;

(4) 由执行法院管辖。

申请执行人提起执行异议之诉的,以案外人为被告。被执行人反对申请执行人主张的,以案外人和被执行人为共同被告;不反对申请执行人主张的,可以列被执行人为第三人。

申请执行人对中止执行裁定未提起执行异议之诉,被执行人提起执行异议之诉的,法院告知其另行起诉。

法院对执行标的裁定中止执行后,申请执行人在法律规定的期间未提起执行异议之诉的,法院应当自起诉期限届满之日起 7 日内解除对该执行标的采取的执行措施。

法院应当在收到起诉状之日起 15 日内决定是否立案。

(二) 适用普通程序审判

案外人或者申请执行人提起执行异议之诉的,案外人应当就其对执行标的享有足以排除强制执行的民事权益承担证明责任。

对案外人执行异议之诉:(1) 案外人就执行标的享有足以排除强制执行的民事权益的,判决不得执行该执行标的,执行异议裁定失效;(2) 案外人就执行标的不享有足以排除强制执行的民事权益的,判决驳回诉讼请求。案外人同时提出确认其权利的诉讼请求的,法院可以一并判决。

对申请执行人执行异议之诉:(1) 案外人就执行标的不享有足以排除强制执行的民事权益的,判决准许执行该执行标的,执行异议裁定失效,法院可以根据申请执行人的申请或者依职权恢复执行;(2) 案外人就执行标的享有足以排除强制执行的民事权益的,判决驳回诉讼请求。

案外人执行异议之诉审理期间,法院不得对执行标的进行处分。申请执行人请求法院继续执行并提供相应担保的,法院可以准许。

被执行人与案外人恶意串通,通过执行异议、执行异议之诉妨害执行的,法院应当依照

《民诉法》第113条的规定处理(属于滥用诉讼)。申请执行人因此受到损害的,可以提起诉讼要求被执行人、案外人赔偿。

五、执行回转

(一) 执行回转的含义

根据《民诉法》第233条和《解释》第476条的规定,执行回转是指执行完毕后,原执行名义被撤销后,由法院采取强制措施,将已被执行的财产交还原债务人。

执行完毕后,原执行名义因确有错误而被依法撤销,从而使已完成的执行成为无效执行,原债权人依原执行名义取得的财产则为不当得利。

执行回转实质是再执行,旨在维护原债务人的合法权益。在执行回转中,债权人是原债务人,债务人则是原债权人。

(二) 执行回转的要件

(1) 原执行名义已经(全部或部分)被执行。
(2) 原执行名义已被依法(全部或部分)撤销。
(3) 有新执行名义。新执行名义应当明确否定原执行名义,重新确定执行当事人之间的民事权利义务关系。同时,法院还应当作出执行回转的裁定,责令取得财产的人返还。
(4) 原债权人拒不返还的,或者不主动履行新执行名义和执行回转的裁定。

(三) 执行回转的程序

执行回转由当事人申请或法院移送开始,法院应当重新立案。已执行的财产系特定物的,应当退还原物,不能退还原物的,应当折价抵偿。需回转的财产有孳息的,应一并返还。

执行回转程序中,原申请执行人迟延履行金钱给付义务的,应当按照《关于执行程序中计算迟延履行期间的债务利息适用法律若干问题的解释》(法释〔2014〕8号)的规定承担加倍部分债务利息。

【思考题】

1. 民事执行程序中,是否存在"言词辩论"?
2. A依据确定判决请求法院强制执行甲的财产。在法院对甲的财产采取强制执行措施之前,B依据另一确定判决申请同一法院强制执行甲的财产,此后C依据生效仲裁裁决申请同一法院强制执行甲的财产。在法院对甲的财产采取强制执行措施之时,B和C提出异议,认为他们与A同为甲的普通债权人,应当同时执行而不应先满足A的债权。法院经过调查,认为甲的财产能够清偿到期债务,于是裁定先满足A的债权。

法律问题:法院没有同意B和C同时受偿的请求,是否合理?
3. 分析执行名义与执行标的之间的关系。
4. 根据当事人不平等原则,分析执行当事人的程序权利和程序义务。
5. 甲请求法院强制被执行人乙迁出现在居住的房屋。法院受理该申请后,乙申请法院暂缓执行,理由是乙及其所扶养家属现在没有其他的住处,待找到别的住处,再迁出现在居住的房屋。

法律问题:法院应否强制乙及时迁出现在居住的房屋?

第二十章 一般执行程序

【本章要点】

本章主要阐释民事强制执行的一般程序,主要包括执行程序的开始、续行和终结。同时,还阐释参与分配、执行竞合、执行中止、执行终结等问题。

第一节 执行程序的开始

民事执行程序依何种方式开始,我国是以当事人申请执行为主,辅以法院职权启动执行。

一、债权人申请执行

债权人享有强制执行请求权,即在债务人拒绝履行债务的情况下,债权人有权向法院申请强制执行。申请执行条件主要有:

(1) 存在合法的执行名义,并且应当向法院提交。

(2) 债务人在执行名义确定的履行期限内或者执行名义确定或生效后未履行债务,并且无阻碍强制执行的事由(比如债务人被宣告破产等)。

(3) 申请人须适格,即申请人须是执行名义所确定的债权人或其合法承继人。

(4) 须向有执行管辖权的法院申请。

(5) 债权人的强制执行请求权没有失效,即债权人须在法定的申请执行期限内(申请执行时效)提出申请。申请执行期限为2年;申请执行时效的中止、中断,适用法律有关诉讼时效中止、中断的规定(《民诉法》第239条第1款)。

在申请执行时效期间的最后6个月内,因不可抗力或者其他障碍不能行使请求权的,申请执行时效中止。从中止时效的原因消除之日起,申请执行时效期间继续计算(《执行解释》第27条)。申请执行时效期间因申请执行、当事人达成和解协议、当事人一方提出履行要求或者同意履行义务而中断,从中断时起申请执行时效期间重新计算(《执行解释》第28条)。

申请执行的期间从法律文书规定履行期间的最后一日起计算;法律文书规定分期履行的,从规定的每次履行期间的最后一日起计算;法律文书未规定履行期间的,从法律文书生效(笔者认为应是"确定")之日起计算。生效法律文书规定债务人负有不作为义务的,申请执行时效期间从债务人违反不作为义务之日起计算(《执行解释》第29条)。

申请执行人超过申请执行时效期间向法院申请执行的,法院应予受理。被执行人对申请执行时效期间提出异议,法院经审查异议成立的,裁定不予执行。被执行人履行全部或者部分义务后,又以不知道申请执行时效期间届满为由请求执行回转的,法院不予支持(《解释》第483条)。

法院采取本法第242~244条规定的执行措施后,被执行人仍不能偿还债务的,应当继续履行义务;债权人发现被执行人有其他财产的,可以随时请求法院执行(《民诉法》第254条),即不受申请执行时效期间的限制(《解释》第517条)。

(6)申请人应当提出合法的申请书,并提交其身份证明。申请书应当写明执行当事人及其诉讼代理人的基本情况、申请执行的权利、执行标的、申请执行的理由,以及申请人所了解的被执行人的财产状况等。

申请人向被执行的财产所在地法院申请执行的,应当提供该法院辖区有可供执行财产的证明材料(《执行解释》第1条)。

申请人撤回申请的,法院裁定终结执行。因撤销申请而终结执行后,当事人在法定的申请执行时效期间内再次申请执行的,法院应当受理(《解释》第520条)。

二、法院职权开始执行

在我国,对于某些执行名义,法律或司法解释规定,不经当事人申请,法院依职权主动开始执行,包括法院移送执行和直接执行。

(一)法院移送执行

法院移送执行,是指法院立案机构、审判机构将其作出的一定范围内的执行名义主动交付执行机构及时执行。

依据《执行规定》第19条的规定,这类执行名义主要有:(1)具有给付赡养费、扶养费、抚育费内容的判决书;(2)审判庭作出的(对妨害审判的)制裁决定书;(3)立案机构作出的诉前、执行前的财产保全的裁定,审判机构作出的诉中财产保全、先予执行的裁定,移交执行机构执行;(4)刑事附带民事判决书、裁定书、调解书。

依据《关于审理环境民事公益诉讼案件适用法律若干问题的解释》(法释〔2015〕1号)第32条的规定,发生法律效力的环境民事公益诉讼案件的裁判,需要采取强制执行措施的,应当移送执行。

法院审判机构应当移送给有管辖权的执行机构,即一审法院或者与一审法院同级的被执行的财产所在地法院的执行机构;对于民事制裁决定书,则应移送给制作法院的执行机构。

(二)法院直接执行

法院直接执行,是指对于一定范围内的执行名义,不经当事人申请,审判庭或执行机构主动开始执行,及时采取执行措施。这类执行名义主要有:

（1）人民法庭作出的具有给付赡养费、扶养费、抚育费内容的判决书，由人民法庭直接执行（复杂、疑难或被执行人不在本法院辖区的案件除外）。

（2）执行机构作出的（对妨害执行的）制裁决定书，诉讼费用裁判书等，由该执行机构直接执行。①

应当注意的是，法院移送执行或直接执行的，若被执行人主动履行了义务或者执行名义所确定的债权已届消灭时效，则有权提出执行异议，请求法院终结或撤销执行。

三、关于执行立案的规定

依据《执行立案结案》《登记立案》等，执行案件统一由法院立案机构进行审查立案。立案机构立案后，应当依照法律、司法解释的规定向申请人发出受理通知书。执行案件应当纳入审判和执行案件统一管理体系，任何案件不得以任何理由未经立案即进入执行程序。

法院不得人为拆分执行实施案件和执行协调案件。执行协调案件的情形，比如不同法院因执行程序、执行与破产、强制清算、审判等程序之间对执行标的产生争议，经自行协调无法达成一致意见，向共同上级法院报请协调处理的；跨省、自治区、直辖市的执行争议案件报请最高人民法院协调处理的。

四、执行程序转为破产程序

依据《解释》第 513～516 条的规定，在执行中，作为被执行人的企业法人符合《破产法》第 2 条第 1 款的②，法院经申请执行人之一或者被执行人同意，应当裁定中止对该被执行人的执行，将执行案件相关材料移送被执行人住所地法院。

被执行人住所地法院应当自收到执行案件相关材料之日起 30 日内，将是否受理破产案件的裁定告知执行法院。不予受理的，应当将相关案件材料退回执行法院，执行法院应当恢复执行。

被执行人住所地法院裁定受理破产案件的，执行法院应当解除对被执行人财产的保全措施。被执行人住所地法院裁定宣告被执行人破产的，执行法院应当裁定终结对该被执行人的执行。

当事人不同意移送破产或者被执行人住所地法院不受理破产案件的，执行法院就执行变价所得财产，在扣除执行费用及清偿优先受偿的债权后，对于普通债权，按照财产保全和执行中查封、扣押、冻结财产的先后顺序清偿。

第二节 执行程序的续行

执行程序启动以后，需要进行执行准备，之后实施执行措施。本节主要阐释执行准备、

---

① 不过，法院对妨害审判或执行的行为作出拘留的决定书，由作出该决定书的审判庭或执行机构直接交公安机关执行。

② 被执行人为公民或者其他组织，在执行程序开始后，被执行人的其他已经取得执行依据的债权人发现被执行人的财产不能清偿所有债权的，可以向法院申请参与分配（《解释》第 508 条）。

执行时间,以及在执行过程中发生的一些问题,比如参与分配、执行竞合、执行中止等。下一章专门阐述执行措施及其实施问题。

一、执行通知和裁定立即执行

执行员接到申请执行书或者移交执行书,应当向被执行人发出执行通知,并可以立即采取强制执行措施(《民诉法》第240条)。法院在执行通知中,可以给予被执行人履行义务之宽限期,也可以在向被执行人发出执行通知后裁定立即执行。

法院应当在收到申请执行书或者移交执行书后10日内发出执行通知;执行通知中除应责令被执行人履行法律文书确定的义务外,还应通知其承担《民诉法》第253条规定的迟延履行利息或者迟延履行金(《解释》第482条)。

二、执行调查

执行调查主要是查明被执行人的财产状况和履行能力,其主要方法有被执行人报告、申请执行人提供和法院调查。

（一）被执行人报告其财产状况

《民诉法》第241条规定了被执行人财产报告制度,将被执行人向法院按时真实报告自己财产作为一项法定义务。对此,《执行解释》(第31～35条)有具体规定。

法院责令被执行人报告财产情况的,应当向其发出报告财产令。被执行人在报告财产期间履行全部债务的,法院应当裁定终结报告程序。

被执行人报告的财产范围是报告当前以及收到执行通知之日前1年的自己财产情况。被执行人自收到执行通知之日前1年至当前财产发生变动的,应当对该变动情况进行报告。①

对被执行人报告的财产情况,申请执行人请求查询的,法院应当准许。申请执行人对查询的被执行人财产情况,应当保密。对被执行人报告的财产情况,法院可以依申请执行人的申请或者依职权调查核实。

对必须接受调查询问的被执行人及其法定代表人、负责人或者实际控制人,经依法传唤无正当理由拒不到场的,法院可以拘传其到场(在本辖区以外的,法院可以将被拘传人拘传到当地法院)。法院应当及时调查询问被拘传人,调查询问不得超过8小时;情况复杂,依法可能采取拘留措施的,调查询问不得超过24小时(《解释》第484条)。

被执行人拒绝报告或者虚假报告的,法院可以根据情节轻重对被执行人或者其法定代理人、有关单位的主要负责人或者直接责任人员予以罚款、拘留。

（二）申请执行人提供被执行人的财产状况

申请执行人应当提供有可供执行财产的证明材料(《执行解释》第1条)。承办人应当在收到案件材料后3日内通知申请执行人提供被执行人财产状况或财产线索(《执行期限》第5条)。法院应在收到有关线索后尽快决定是否调查,决定不予调查的,应当告知债权人具体

---

① 财产报告不以一次为限。执行期间,被执行人报告财产后可能有新增财产,除以前报告的财产能够清偿其债务外,可以通知被执行人报告其新增的财产。

理由。

各地法院也可根据本地的实际情况,探索尝试以调查令、委托调查函等方式赋予代理律师法律规定范围内的财产调查权(《制裁规避执行》第2条)。

民事证明责任制度是民事审判争讼程序中重要的正当性原理,确定由谁承担提供证据证明实体事实的责任。由此可见,证明责任并不适用于民事执行程序,是民事审判争讼程序与民事执行程序相区别的一个重要的制度性原理。①

(三) 法院调查被执行人的财产状况

除上述法院根据申请执行人提供的被执行人财产线索来调查债务人财产状况外,申请执行人有正当理由无法提供债务人财产状况或线索的,可以申请法院调查债务人财产状况(《执行期限》第6条)。

法院在调查结束后,应当及时将调查结果告知申请执行人。法院调查被执行人财产状况时,可传唤被执行人到法院接受询问。被执行人拒绝按法院要求提供有关财产状况及其证据材料的,法院可以依法进行搜查。

被执行人未履行法律文书确定的义务,且有转移隐匿处分财产、投资开设分支机构、入股其他企业或者抽逃注册资金等情形的,法院可以根据申请执行人的申请,委托中介机构审计被执行人财产。

法院建立财产举报机制。法院可以依据申请执行人的悬赏执行申请,向社会发布举报被执行人财产线索的悬赏公告。举报人提供的财产线索经查证属实并实际执行到位的,可按申请执行人承诺的标准或者比例奖励举报人,奖励资金由申请执行人承担。

(四) 判断被执行人的财产

判断被执行人财产主要采取形式化规则。对于是否为被执行人的财产,德国和日本等由执行人员依据民法典尤其是物权法,直接参照物权法上的物权公示原则作出形式判断。

不动产登记簿是物权归属和内容的根据,不动产权属证书是债权人享有该不动产物权的证明(《物权法》第16条、第17条)。法院查封时,土地、房屋权属的确认以国土资源、房地产管理部门的登记或者出具的权属证明为准;权属证明与权属登记不一致的,以权属登记为准。②

未登记的建筑物和土地使用权,依据土地使用权的审批文件和其他相关证据确定权属;对于第三人占有的动产或者登记在第三人名下的不动产、特定动产及其他财产权,第三人书面确认该财产属于被执行人的,法院可以查封、扣押、冻结。③

四、参与分配

(一) 我国现行参与分配程序

被执行人或债务人为公民或者其他组织,在执行程序开始后,被执行人的其他已经取得

---

① 依据《执行解释》第1条的规定,许多人认为,这是规定申请执行人在执行阶段的举证责任。但是,笔者认为,上述规定的并不是执行中的举证责任或证明责任问题。在民诉法中,证明责任有其特定的内涵、功能和适用范围。
② 《关于依法规范人民法院执行和国土资源房地产管理部门协助执行若干问题的通知》(法发〔2004〕5号)第5条第1款。
③ 《关于人民法院民事执行中查封、扣押、冻结财产的规定》(法释〔2004〕15号)第2条。

执行依据的债权人发现被执行人财产不能清偿所有债权的,可以向法院申请参与分配;对法院查封、扣押、冻结的财产有优先权、担保物权的债权人,可以直接申请参与分配,主张优先受偿权。

我国《破产法》采用有限破产主义,即债务人主要是企业法人,才可适用破产制度。《解释》第508~512条规定了参与分配制度,其目的是在公民或其他组织的财产不能清偿所有债权时,为其所有债权人提供一条公平受偿的途径。采取一般破产主义的国家或地区,各债权人通过参与分配利用同一执行程序受偿以节省执行成本。

在我国,法院适用参与分配制度或债权人申请参与分配应当具备下列要件。

(1) 被执行人(债务人)是公民或其他组织。根据《破产法》第135条的规定,债务人是企业法人以外组织的,法律规定参照适用破产法进行破产清算的,则不适用参与分配制度。

(2) 被执行人的财产不能清偿所有债权。这是由我国现行参与分配制度的目的所决定的。

(3) 申请参与分配的债权人已经取得执行依据。对法院查封、扣押、冻结的财产有优先权、担保物权的债权人,可以直接申请参与分配,主张优先受偿权。

(4) 债权人的债权均为金钱债权或者已经转换为金钱债权。① 若非如此,则应采用执行竞合来处理。

(5) 在执行程序开始后,被执行人的财产执行终结前,申请参与分配。

(6) 申请人应当提交申请书。申请书应当写明参与分配和被执行人不能清偿所有债权的事实、证据,并附有执行依据。

执行法院应当制作财产分配方案,并送达各债权人和被执行人。参与分配执行中,执行所得价款扣除执行费用并清偿应当优先受偿的债权后,对于普通债权,原则上按照其占全部申请参与分配债权数额的比例受偿。应当先清偿执行依据确定的金钱债务,再清偿加倍部分债务利息,但当事人对清偿顺序另有约定的除外。清偿后的剩余债务,被执行人应当继续清偿。债权人发现被执行人有其他财产的,可以随时请求法院执行。

(二) 参与分配中的执行救济

我国参与分配中的执行救济主要包括对分配方案的异议、异议之诉。但是,对于参与分配异议之诉,我国法律没作规定,实有弥补的必要。

1. 对分配方案的异议和对分配方案的异议之诉

债权人或者被执行人对分配方案有异议的,应当自收到分配方案之日起15日内向执行法院提出书面异议,执行法院应当通知未提出异议的债权人、被执行人。

未提出异议的债权人、被执行人自收到通知之日起15日内未提出反对意见的,执行法院依异议人的意见对分配方案审查修正后进行分配。提出反对意见的,应当通知异议人;异议人可以自收到通知之日起15日内,以提出反对意见的债权人、被执行人为被告,向执行法院提起诉讼(此为对分配方案的异议之诉);异议人逾期未提起诉讼的,执行法院按照原分配方案进行分配。诉讼期间进行分配的,执行法院应当提存与争议债权数额相应的款项。

① 与破产清算相同,唯是金钱债权才可计算出各债权间的比例,然后将变价为金钱的债务人全部(责任)财产,按债权比例分配给各债权人(平等清偿主义或平等执行原则)。

2. 参与分配异议之诉

对没有执行名义或者没有起诉或没有申请仲裁的债权人申请参与分配,债务人或已参加执行的债权人提出异议的,申请参与分配的债权人提起参与分配异议之诉来确定其债权是合法的。

申请参与分配的债权人向执行法院证明已合法起诉的,执行法院应当准许其参与分配。不过,对其分配数额应予提存。申请人胜诉判决确定的,将该提存的分配数额交付申请人;申请人败诉判决确定的,应视情况将提存的分配数额交还债务人或再次分配。

五、执行竞合

执行竞合包括民事执行竞合、民事执行与行政执行竞合、民事执行与刑事执行竞合等。

(一) 民事执行竞合的含义和构成要件

【案例】 甲有一幅名画,将之以重金卖与乙。乙依约交付了价款,但甲交付乙的是该画的复制品。乙提起诉讼,请求法院判决甲交付该画的真迹,法院判决乙胜诉。但是,该判决确定后,甲迟迟不交付该画的真迹,于是乙申请法院强制执行。在法院采取执行措施前,丙以基于所有权获得胜诉的确定判决为根据,请求法院强制甲将该画真迹返还给丙。法律问题:法院应当如何执行?

民事执行竞合是不同民事执行依据之间的执行竞合,是指多个债权人在同一时期以不同的民事执行依据,请求法院执行同一债务人的同一特定财产,从而在不同执行依据之间产生了排斥执行。排斥执行表现为同一债务人的同一特定财产不足以同时满足所有执行依据,仅部分执行依据能够得到满足。

根据我国现行法,若债务人不能偿还到期债务,则应将所有的特定物交付请求权变换为金钱债权,并将债务人全部(责任)财产变价为金钱(拥有特定物给付债权的债权人应当享有优先购买权),依照破产程序或参与分配程序进行公平清偿。

民事执行竞合有特定物与特定物交付之间的执行竞合;特定物交付与金钱债权给付之间的执行竞合。执行竞合有终局执行竞合(如法院判决与法院判决的执行竞合、法院判决与仲裁裁决的执行竞合等);中间执行竞合(如财产保全裁定与财产保全裁定的执行竞合);终局执行与中间执行竞合。

执行竞合的构成要件有:(1) 须有两个或两个以上不同的执行依据(同一执行依据通常不会相互排斥给付执行);(2) 须有两个或两个以上的债权人(单一债权人即使有数个不同的执行依据并针对同一债务人的同一特定财产,虽得不到全部执行,但因在同一债权人处并不产生各请求权间的排斥,也就不会发生执行竞合);(3) 执行标的须是同一债务人的同一特定财产且该财产无法同时满足所有执行依据;(4) 数个执行依据的执行须发生在对债务人某特定财产的执行期间。

根据我国现行法,若债务人不能偿还到期债务,则应将所有的特定物交付请求权变换为金钱债权,并将债务人全部(责任)财产变价为金钱(拥有特定物给付债权的债权人应当享有优先购买权),依照破产程序或参与分配程序进行公平清偿。

(二) 民事执行竞合的解决原则和方法

在遵循优先执行原则的基础上,有时需要运用一些变通方法处理执行竞合问题。解决执行竞合应当遵循优先执行原则,即按照债权人对其执行名义申请执行或法院受理的时间先后满足其执行名义。终局执行名义和中间执行名义在法律上均有其存在的价值。

终局执行依据和中间执行依据在法律上均有其存在的价值。解决执行竞合应当遵循优先执行原则,即按照债权人对其执行依据申请执行或法院受理的时间先后满足其执行依据。在遵循优先执行原则的基础上,有时需要运用一些变通方法处理执行竞合问题。

对于中间执行竞合,原则上申请或者受理在先的保全裁定获得优先执行;在无碍先行保全裁定目的之前提下,可对同一保全财产施以轮候查封、扣押等保全方法(先行的保全裁定被撤销后,后行的轮候查封、扣押等才依次正式生效)。

对于终局执行在先而中间执行在后的竞合,案件进入终局执行程序后,执行法院尚未对被执行人财产采取控制性执行措施,或者虽已采取控制性执行措施但由于程序瑕疵或其他原因而未实际控制的,终局执行不得对抗保全执行。

对于中间执行在先而终局执行在后的竞合,在无碍先行保全的前提下,对先行保全的财产,允许后行终局执行的债权人申请查封、扣押;若先行保全被撤销,则可做出拍卖、变卖、移转所有权等最终处分以满足终局执行。保全债权人在取得终局执行依据后,可直接申请法院将保全执行程序变更为终局执行程序,此即形成终局执行竞合。

对于终局执行竞合,多个债权人的债权种类不同的,基于所有权和担保物权而享有的债权优先于金钱债权受偿,当有多个担保物权时则按照各担保物权成立的先后顺序清偿;多个债权人的债权均为金钱债权且均无担保物权的,按照执行法院采取执行措施的先后顺序受偿。

(三) 民事执行与行政执行、刑事执行竞合

对于民事执行与行政执行竞合、民事执行与刑事执行竞合,《侵权责任法》第4条第2款规定:"因同一行为应当承担侵权责任和行政责任、刑事责任,侵权人的财产不足以支付的,先承担侵权责任。"

根据《刑法》(第36条、第60条)和《最高人民法院关于刑事裁判涉财产部分执行的若干规定》(法释〔2014〕13号)(第13条)的规定,被执行人财产不足以支付赔偿罚款的,按照下列顺序执行:人身损害赔偿医疗费用、退赔被害人损失、其他民事债务、罚金、没收财产。

其他现行法规定还有《食品安全法》第147条、《公司法》第215条、《证券法》第232条、《产品质量法》第64条、《税收征收管理法》第45条等。

六、首先查封法院与优先债权执行法院处分查封财产

依据《关于首先查封法院与优先债权执行法院处分查封财产有关问题的批复》(法释〔2016〕6号)的规定,执行过程中,应当由首先查封、扣押、冻结(简称查封)法院负责处分查封财产。

但是,已进入其他法院执行程序的债权对查封财产有顺位在先的担保物权、优先权(简称优先债权)[①],自首先查封之日起已超过60日,且首先查封法院就该查封财产尚未发布拍卖公告或者进入变卖程序的,优先债权执行法院可以要求将该查封财产移送执行。[②]

[①] 优先债权具体包括各种担保物权担保的债权及各类型优先权担保的债权,比如抵押权、质押权、留置权和船舶优先权担保的债权;建设工程价款优先权(《合同法》第286条)等。

[②] "一般而言,60日不足以完成从查封到拍卖公告的整个程序,所以这里的60日并非要给首先查封法院留出足够的处分财产时间,而是要给首先查封法院一个缓冲期,避免某些很快就能进入拍卖或者变卖程序的财产变更处分法院。"《最高法解析首先查封法院与优先债权执行法院处分查封财产司法解释》,http://news.xinhuanet.com/2016-04/12/c_1118601955.htm。

首先查封法院应当在收到优先债权执行法院商请移送执行函之日起15日内出具移送执行函,将查封财产移送优先债权执行法院执行,并告知当事人。

首先查封法院与优先债权执行法院就移送查封财产发生争议的,可以逐级报请双方共同的上级法院指定该财产的执行法院。

七、执行中止

(一)执行中止的含义和原因

执行中止(中止执行)是指在已经开始的执行中,由于出现了特殊情形,需要暂时停止执行程序,待该情形消失后,执行程序继续进行。

执行中止包括整个案件执行程序的中止,也包括可以分离的部分或个别执行程序的中止(如对部分执行客体的中止执行、给付金钱债权执行中中止查封程序等)。

根据《民诉法》第256条和《执行规定》第102和103条的规定,有下列原因或情形之一,法院应当裁定中止执行:

(1)债权人表示可以延期执行的;
(2)案外人对执行标的提出确有理由的异议的;
(3)作为一方当事人的公民死亡,需要等待继承人继承权利或者承担义务的;
(4)作为一方当事人的法人或者其他组织终止,尚未确定权利义务承受人的;
(5)法律和司法解释规定或者法院认为应当中止执行的其他情形(比如《破产法》第19条、第134条等)。

(二)执行中止的裁定

中止执行的原因一发生,法院就应依职权裁定中止执行,当事人也可申请中止执行。中止执行须制作裁定书,写明中止执行的事实理由和法律依据,并送达当事人和协助执行人等。

中止执行的裁定,送达当事人后立即生效,其效力主要是执行程序暂时停止。在中止执行期间,法院通常不得进行本案执行,当事人及其他执行参与人也不得实施与执行中止相悖的行为(如债权人不得要求债务人履行债务等)。

中止执行的原因一消失,法院就应依职权恢复执行,当事人也可申请恢复执行。恢复执行的,法院应当书面通知当事人。恢复执行是原执行程序的继续,此前的执行仍然有效。

第三节 执行程序的终结

一、终结情形

执行程序的终结有正常终结和非正常终结两种情形。对此,《民诉法》《解释》《执行期限》和《执行立案结案》等作出了具体规定。当事人、利害关系人有权依照《民诉法》第225条规定对终结执行行为提出异议。

(一)正常终结

正常终结系指执行名义的内容全部执行完毕,或者是当事人达成执行和解协议并履行完毕,故可称为执行完毕。

法院应在立案之日起 6 个月内执结,非讼案件应在立案之日起 3 个月内执结。有特殊情况需延长执行期限的,应在期限届满前 5 日内,向本院院长或副院长申请批准。法院未能按期完成执行的,应当及时向债权人说明原因。

下列期间不计入执行期限:处理当事人管辖权异议的期间;处理法院之间的管辖争议的期间;公告送达执行名义的期间;专业机构审计、评估、清理债务人财产的期间;中止执行的期间;拍卖、变卖被执行财产的期间等。

执行完毕应当制作结案通知书并发送当事人。双方当事人书面认可执行完毕或口头认可执行完毕并记入笔录的,无需制作结案通知书。执行和解协议应当附卷,没有签订书面执行和解协议的,应当将口头和解协议的内容做成笔录,经当事人签字后附卷。

(二)非正常终结

非正常终结主要是法院对执行名义的内容没有执行完毕而结束执行程序,即在执行过程中,由于出现了特殊情况,无法或无须继续执行而结束执行程序。比如,法院裁定执行终结、销案、终结本次执行程序、不予执行等。

在执行终结 6 个月内,被执行人或者其他人对已执行的标的有妨害行为的,法院可以依申请排除妨害,并可以依照《民诉法》第 111 条进行处罚;因妨害行为给债权人或者其他人造成损失的,受害人可以另行起诉(《解释》第 521 条)。

二、执行终结

作为专门的概念或制度,执行终结或终结执行特指在执行过程中,由于出现了特殊情况而使执行程序无法或无须继续进行,法院裁定结束执行,不再恢复执行。

根据《民诉法》第 257 条等规定,具有下列情形或原因之一,法院裁定终结执行:

(1) 申请人撤销执行申请的;①

(2) 执行名义被依法撤销的;

(3) 作为债务人的公民死亡,无遗产可供执行,又无义务承担人的;②

(4) 追索赡养费、扶养费、抚育费案件的债权人死亡的;

(5) 作为被执行人的公民因生活困难无力偿还借款,无收入来源,又丧失劳动能力的(即永久丧失履行能力的);

(6) 法律和司法解释规定或者法院认为应当终结执行的其他情形。

法院裁定终结执行之前,应当公开听证,债权人没有异议的除外。终结执行应当制作裁定书,其中应当写明终结执行的理由和法律依据。裁定书送达当事人时生效。

三、销案和终结本次执行程序

依据《执行立案结案》第 18 条的规定,执行实施案件立案后,有下列情形之一,可以以

---

① 《解释》第 520 条规定:因撤销申请而终结执行后,当事人在《民诉法》第 239 条规定的申请执行时效期间内再次申请执行的,法院应当受理。

② 在执行中,债务人死亡的但有遗产可供执行,法院可以直接执行其遗产;没有遗产但有债务承担人的,则由该人来履行债务。

"销案"方式结案:(1)被执行人提出管辖异议,经审查异议成立,将案件移送有管辖权的法院或申请执行人撤回申请的;(2)发现其他有管辖权的法院已经立案在先的;(3)受托法院报经高级法院同意退回委托的。

《执行立案结案》对终结本次执行程序具体情形作出规定,比如被执行人确无财产可供执行,申请执行人书面同意法院终结本次执行程序的;经法院穷尽财产调查措施,被执行人确无财产可供执行或虽有财产但不宜强制执行,当事人达成分期履行和解协议,且未履行完毕的等。终结本次执行程序应当制作裁定书,送达申请执行人。此后,申请执行人发现被执行人有可供执行财产的,可以再次申请执行,不受申请执行时效期间的限制。

四、不予执行

当事人申请裁定不予执行仲裁裁决或公证债权文书,应在执行终结前向法院提出。

(一)裁定不予执行仲裁裁决

根据《民诉法》第237条和《仲裁法》第63条的规定,执行过程中,被申请人提出证据证明(国内)仲裁裁决有下列情形之一的,经法院组成合议庭审查核实,裁定不予执行:①

(1)当事人在合同中没有订有仲裁条款或者事后没有达成书面仲裁协议的;
(2)裁决的事项不属于仲裁协议的范围或者仲裁机构无权仲裁的;
(3)仲裁庭的组成或者仲裁的程序违反法定程序的;
(4)裁决所根据的证据是伪造的;
(5)对方当事人向仲裁机构隐瞒了足以影响公正裁决的证据的;
(6)仲裁员在仲裁该案时有贪污受贿,徇私舞弊,枉法裁决行为的。

法院认定执行仲裁裁决违背公共利益的,应当依职权主动裁定不予执行,无需被申请人或债务人提出申请。

农村土地承包经营纠纷仲裁裁决、劳动争议仲裁裁决不予执行的情形与上述基本一致,但不包括上述第1种情形(这两种特殊仲裁没有要求有仲裁协议)。

不予执行的裁定书应当送达双方当事人和仲裁机构。当事人对该裁定提出执行异议或者复议的,法院不予受理(《解释》第478条)。对于劳动争议,当事人可以自收到裁定书之日起15日内,向法院起诉。对于其他民事纠纷,当事人可以重新达成书面仲裁协议申请仲裁,也可以向法院起诉。

(二)裁定不予执行公证债权文书

根据《民诉法》第238条和《公证法》第37条的规定,作为执行名义的公证债权文书确有错误之处的,法院裁定不予执行,并将裁定书送达双方当事人和公证机构。

依据《解释》第480条的规定,有下列情形之一,可以认定为公证债权文书"确有错误":

(1)公证债权文书属于不得赋予强制执行效力的债权文书的;
(2)被执行人一方未亲自或者未委托代理人到场公证等严重违反法律规定的公证程序的;
(3)公证债权文书的内容与事实不符或者违反法律强制性规定的;

---

① 《民诉法》第274条和《仲裁法》第71条就涉外仲裁裁决不予执行作了规定。

（4）公证债权文书未载明被执行人不履行或者不完全履行义务时同意接受强制执行的。

法院认定执行该公证债权文书违背公共利益的，裁定不予执行。

公证债权文书被裁定不予执行后，当事人、公证事项的利害关系人可以就债权争议提起诉讼。

【思 考 题】

1. 如何调查被执行人的财产？
2. 比较起诉要件与申请执行要件。
3. 根据执行中止和执行终结的原因，分析两者为什么有不同的程序效力。

第二十一章 执行措施

【本章要点】

执行措施是法院依法强制实现执行名义内容的具体方法和手段。执行措施包括金钱(给付)债权的执行措施、非金钱(给付)债权的执行措施、对特殊财产权和人身权的执行措施。采用执行措施是法院的职权行为,应当遵循程序参与、程序比例、优先执行等原则和法定程序(比如法院采取执行措施应当制作裁定书并应送达当事人)。

第一节 金钱债权的执行措施

一、总则

金钱债权的执行是强制被执行人以给付金钱的方式来满足债权人的金钱债权,包括对被执行人金钱的执行措施和对被执行人非金钱财产(如动产、不动产、财产权益)的执行措施。根据比例原则,被执行人有金钱的,执行其金钱;没有金钱或其金钱不足以满足债权的,执行其动产、不动产或债权等(须变价为金钱)。

法院可以网络查询、冻结、扣划、处置被执行人银行账户、银行卡、存款及其他金融资产等。对被执行的财产,法院非经查封、扣押、冻结不得处分,但是对银行存款等可以直接扣划的财产,法院扣划裁定即有冻结效力。

法院冻结被执行人的银行存款不得超过 1 年,查封、扣押动产不得超过 2 年,查封不动产、冻结其他财产权不得超过 3 年;申请执行人申请延长期限的,续行期限不得超过前述期限;法院也可以依职权办理续行查封、扣押、冻结手续(《解释》第 487 条)。

二、对被执行人金钱的执行措施

被执行人所有或有权处分的金钱包括现金、存款、资金和货币收入等。在我国,金钱债权一般要求被执行人支付人民币,法律和司法解释允许的也可以是外币。

被执行人所有或有权处分的金钱包括现金、存款、资金和货币收入等。在我国,金钱债权一般要求被执行人支付人民币,法律和司法解释允许的也可以是外币。

对现金的执行措施是:可由被执行人直接交付给债权人;若需法院转交债权人的现金、需再分配的现金,或法院认为确有必要先存入执行款专户的现金,应当划进执行款专户。

对存款和资金等的执行措施是:查询、冻结、划拨存款或资金不得超出被执行人应当履行义务的范围;法院不得冻结、扣划金融机构交存在人民银行的存款准备金和备付金,不得查封、冻结或扣划社会保险基金,不得冻结、扣划对证券公司缴存于中国证券登记结算有限责任公司的结算备付金等。

对收入的执行措施是:法院有权扣留、提取被执行人应当履行义务部分的收入(包括全职和兼职的收入,如工资、奖金、其他劳动报酬);法院可以裁定先扣留后提取,也可以直接提取;可以裁定一次性扣留、提取,也可以定期或定额扣留、提取。

三、对被执行人非金钱财产的执行措施

被执行人的非金钱财产不能直接用以满足金钱债权,故须将其变价(拍卖或变卖)为金钱。对被执行的财产,法院非经查封、扣押、冻结不得处分(《解释》第486条)。

(一)查封、扣押:控制性执行措施

根据比例原则,只有被执行人确无金钱可供执行,才能查封、扣押其动产、不动产等非金钱财产;符合执行标的有限性要求;禁止超额查封、扣押①;不得无限期查封、扣押;查封、扣押无必要时,应当及时裁定解除。

一般是就地查封,即法院采用封条或公告就地封存被执行人财产,禁止被执行人转移或处分该财产;一般是易地扣押,即法院将被执行人财产移送异地,禁止被执行人占有、使用和处分该财产。有时也得就地扣押,如在船舶上张贴扣押令,令船舶不得离开原地。

扣押动产的,应当在该动产上加贴封条或者采取其他足以起到公示效果的方式;查封不动产的,法院应当张贴封条或者发布公告,并可以提取保存有关财产权证照;应当通知有关登记机关办理登记手续。②

查封、扣押的财产不宜由法院保管的,法院可以指定被执行人负责保管。法院指定被执行人保管的财产,如果继续使用对该财产的价值无重大影响,可允许其继续使用。因被执行人的过错造成的损失,由被执行人承担。不宜由被执行人保管的,可由法院保管,法院也可委托第三人或者债权人保管。查封、扣押担保物权人占有的担保财产,一般应指定该担保物权人为保管人。法院保管或者委托第三人、债权人保管的财产,任何人不得使用。

查封、扣押的对物效力主要是:查封、扣押的效力及于被查封、扣押的财产,其从物和天

① 法院查封或扣押债务人财产,应以其价额足以清偿债权额和执行费用为限。若超标的额查封、扣押的,法院根据债务人的申请或者依职权,及时解除对超标的额部分财产的查封、扣押,但该财产为不可分物且债务人无其他可供执行的财产或者其他财产不足以清偿债务的除外。法院对可以分割处分的房屋应当在执行标的额的范围内分割查封,不可分割的房屋可以整体查封。

② 法院查封、扣押财产应当公示,即在财产上加贴封条、张贴公告和进行登记等。没有公示的,不得对抗其他法院的查封、扣押,不得对抗善意第三人,不得对抗其他已经公示的查封、扣押。

然孳息,其替代物、赔偿款等。查封、扣押的财产灭失或毁损的,法院应当裁定查封或扣押其替代物或赔偿款。

查封、扣押的对人效力主要是:(1)对已被查封、扣押的财产,其他法院只能进行轮候查封、扣押;(2)被执行人对查封、扣押的自己财产,丧失处分权;(3)债权人因查封、扣押而获得对该项财产的优先执行权,但不得优先于此前在该项财产上存在的担保物权或其他法定优先权,但是查封或扣押没有公示的,不得对抗善意第三人。

有下列情形之一,法院应当裁定解除查封、扣押:(1)查封、扣押案外人财产的;(2)债权人撤回执行申请或者放弃债权的;(3)查封、扣押的财产流拍或变卖不成,债权人不同意抵债的;(4)债务已经清偿的;(5)被执行人提供担保,债权人同意解除查封、扣押的;(6)法院认为应当解除查封、扣押的其他情形。

解除查封、扣押的裁定,应当送达当事人及有关案外人,并且应当公示。对一般动产,法院应揭去封条或撤除公告,必要时另行公告解除查封、扣押的事实。对有产权证照或登记过的财产,需管理机关或登记机关注销查封、扣押的登记。

(二)拍卖、变卖等:处分性执行措施

查封或扣押后,被执行人在指定期间没有履行债务的,则进行拍卖或变卖,但以拍卖为先(即拍卖优先原则)。法定情形中,还可采取以物抵偿和强制管理等措施。被执行人的财产需要评估的,应当按照《资产评估法》(2016年)等进行。

1. 拍卖

拍卖是指法院将被执行人的财产以公开竞价的方式卖与出价最高者,并将所得价金偿还给债权人。网络司法拍卖是指法院依法通过互联网拍卖平台,以网络电子竞价方式公开处置财产的行为。

依据《关于人民法院网络司法拍卖若干问题的规定》(法释〔2016〕18号),法院以拍卖方式处置财产的,应当采取网络司法拍卖方式,但法律、行政法规和司法解释规定必须通过其他途径处置,或者不宜采用网络拍卖方式处置的除外。执行程序中委托拍卖机构通过互联网平台实施网络拍卖的,参照本规定执行。

最高人民法院建立全国性网络服务提供者名单库。起拍价及其降价幅度、竞价增价幅度、保证金数额和优先购买权人竞买资格及其顺序等事项,应当由法院依法组成合议庭评议确定。网络服务提供者对拍卖形成的电子数据,应当完整保存不少于10年,但法律、行政法规另有规定的除外。

实施网络司法拍卖的,下列机构和人员不得竞买并不得委托他人代为竞买与其行为相关的拍卖财产:(1)负责执行的法院;(2)网络服务提供者;(3)承担拍卖辅助工作的社会机构或者组织;(4)第(1)~(3)项规定主体的工作人员及其近亲属。

网络司法拍卖应当先期公告。网络司法拍卖的事项应当在拍卖公告发布3日前以书面或者其他能够确认收悉的合理方式,通知当事人、已知优先购买权人。权利人书面明确放弃权利的,可以不通知。无法通知的,应当在网络司法拍卖平台公示并说明无法通知的理由,公示满5日视为已经通知。优先购买权人经通知未参与竞买的,视为放弃优先购买权。

网络司法拍卖不限制竞买人数量。一人参与竞拍,出价不低于起拍价的,拍卖成交。网络司法拍卖成交的,由网络司法拍卖平台以买受人的真实身份自动生成确认书并公示。拍卖财产所有权自拍卖成交裁定送达买受人时转移。

网络司法拍卖竞价期间无人出价的,本次拍卖流拍。流拍后应当在30日内在同一网络司法拍卖平台再次拍卖并应在拍卖前公告。再次拍卖的起拍价降价幅度不得超过前次起拍价的20%。再次拍卖流拍的,可以依法在同一网络司法拍卖平台变卖。

当事人、利害关系人提出异议请求撤销网络司法拍卖,符合下列情形之一的,法院应当支持:

(1) 由于拍卖财产的文字说明、视频或者照片展示以及瑕疵说明严重失实,致使买受人产生重大误解,购买目的无法实现的,但拍卖时的技术水平不能发现或者已经就相关瑕疵以及责任承担予以公示说明的除外;

(2) 由于系统故障、病毒入侵、黑客攻击、数据错误等原因致使拍卖结果错误,严重损害当事人或者其他竞买人利益的;

(3) 竞买人之间,竞买人与网络司法拍卖服务提供者之间恶意串通,损害当事人或者其他竞买人利益的;

(4) 买受人不具备法律、行政法规和司法解释规定的竞买资格的;

(5) 违法限制竞买人参加竞买或者对享有同等权利的竞买人规定不同竞买条件的;

(6) 其他严重违反网络司法拍卖程序且损害当事人或者竞买人利益的情形。

当事人、利害关系人认为网络司法拍卖行为违法侵害其合法权益的,可以提出执行异议。案外人对网络司法拍卖的标的提出异议的,法院应当依据《民诉法》第227条及相关司法解释的规定处理,并决定暂缓或者裁定中止拍卖。

网络司法拍卖被法院撤销,当事人、利害关系人、案外人认为法院的拍卖行为违法致使其合法权益遭受损害的,可以依法申请国家赔偿;认为其他主体的行为违法致使其合法权益遭受损害的,可以另行提起诉讼。

当事人、利害关系人、案外人认为网络司法拍卖服务提供者的行为违法致使其合法权益遭受损害的,可以另行提起诉讼;理由成立的,法院应当支持,但具有法定免责事由的除外。

2. 变卖

被执行人的财产无法拍卖、不适宜拍卖或双方当事人同意变卖的,则以市场价格变卖。对国家禁止自由买卖的物品(黄金、文物、毒品、赃物等),应当按照国家法律规定处理。

法院可以交由有关单位变卖或者法院直接变卖(《解释》第490条)。法院通过互联网平台以变卖方式处置财产的,参照适用《关于人民法院网络司法拍卖若干问题的规定》。被执行人可以申请对法院查封的财产自行变卖。法院或者其工作人员不得买受变卖的财产。

变卖后所得价款,在偿付执行费用(其中包括查封、扣押、变卖财产所发生的实际费用)和优先债权后,清偿普通债权,并将剩余的价款退还被执行人。

被执行人的财产无法变卖的,经申请执行人同意,且不损害其他债权人合法权益和社会公共利益的,法院可以将该项财产作价后交付申请执行人抵偿债务,或者交付申请执行人管理;申请执行人拒绝接收或者管理的,退回被执行人。

3. 以物抵债

经申请执行人和被执行人同意,且不损害其他债权人合法权益和社会公共利益的,法院可以不经拍卖、变卖,直接将被执行人的财产作价交申请执行人抵偿债务(《解释》第491~493条)。

被执行人的财产无法拍卖或者变卖的,经申请执行人同意,且不损害其他债权人合法权益和社会公共利益的,法院可以将该项财产作价后交付申请执行人抵偿债务;申请执行人拒绝接收的,退回被执行人。

依法定程序裁定以物抵债的,标的物所有权自抵债裁定送达买受人或者接受抵债物的债权人时转移。抵偿债务后,对剩余的债务,被执行人应当继续清偿。

4. 强制管理

开始强制管理程序,法院应作出裁定。在我国,被执行人的财产不论是动产还是不动产,只要是无法拍卖或变卖的,就可由债权人管理。在其他国家和地区,法院可以选任自然人、法人(如信托公司等)或者其他组织担任管理人。

强制管理旨在以强制管理被执行人财产所得的收益来实现债权人的金钱债权。强制管理符合比例原则的要求,既能实现债权人的权利,又能减免被执行人财产的损失。管理人负责对被执行人的财产进行管理,有权获得报酬,并对其过错管理承担赔偿责任。

第二节 非金钱债权的执行措施

一、交付物的执行措施

与金钱债权的执行不同,交付物的执行是以实现物的交付请求权为目的,所以无须将执行标的物货币化,仅需将执行标的物交付给申请执行人即可。

(一) 交付动产的执行

交付的动产或者票据等若由被执行人持有的,法院可裁定双方当事人当面交付,或者由执行员转交①,并由被交付人签收。

执行标的物为特定物的,应当执行原物。原物、票证确已毁损或者灭失的,经双方当事人协商,可以折价赔偿;不能协商一致的,法院应当终结执行,申请执行人可以另行起诉(《解释》第494、495条)。

占有或持有被执行财产的其他单位或公民,应当根据法院协助执行通知书予以交付,并由被交付人签收;拒不转交的,可以强制执行(并可依照《民诉法》第114和115条处理)。他人主张合法持有财物或者票证的,可以根据《民诉法》第227条提出执行异议。

(二) 交付不动产的执行

交付不动产的执行主要是强制被执行人迁出房屋或者退出土地,将房屋或土地交付债权人。交付不动产的执行,首先应当作出裁定。采取执行措施前,法院院长应当签发公告,

---

① 法院代收的,应不少于2名执行员在场,即时向债务人出具收据,并将代收及转交情况记入笔录,并由债务人签名。

责令被执行人在指定期间履行(宽限期)。被执行人逾期不履行的,法院强制执行。

执行名义确定被执行人交付居住的房屋,自执行通知送达之日起,已经给予3个月的宽限期,被执行人以该房屋系本人及所扶养家属维持生活的必需品为由提出异议的,法院不予支持(《执行异议复议》第20条)。

强制执行时,法院应当通知当事人、见证人等到场。被执行人是公民的,其工作单位或者房屋、土地所在地的基层组织应当派人参加。拒不到场的,不影响执行。执行员应当将强制执行情况记入笔录,由在场人员签名或盖章。

强制迁出房屋被搬出的财物,由法院派人运至指定处所,交给被执行人。被执行人是公民的,也可以交给他的成年家属。因拒绝接收而造成的损失,由被执行人承担。

二、完成行为的执行措施

(一)对可替代履行行为的执行

对于可以替代履行的行为,其执行方法除了责令被执行人亲自实施之外,还可以替代执行,即请第三人代为完成,由此产生的费用由被执行人承担。依据《解释》第503和504条,该第三人可由法院选定,必要时可以通过招标的方式来确定;申请执行人可以在符合条件的人中推荐代履行人,也可以申请自己代为履行;代履行费用的数额由法院根据案件具体情况确定,由被执行人在指定期限内预先支付,被执行人未预付的则可以对该费用强制执行;代履行结束后,被执行人可以查阅、复制费用清单以及主要凭证。

(二)对不可替代履行行为的执行

对于不可替代履行的行为,其执行方法除了责令被执行人亲自实施之外,还可以采用间接执行。间接执行是指法院根据《民诉法》第111条第1款第6项以罚款或拘留等方法,迫使被执行人履行债务的执行;被执行人在法院确定的履行期间仍不履行的,法院可以根据《民诉法》第111条第1款第6项再次处理;被执行人拒不履行义务给债权人造成损害的,应当承担损害赔偿民事责任(转换为对被执行人财产的执行)。

第三节 对特殊财产权和人身权的执行措施

一、对被执行人到期债权的执行措施

申请执行人和被执行人均可申请对被执行人到期债权的执行(《执行规定》第61条)。被执行人不能清偿债务但对他人享有到期债权的,申请执行人(或债权人)可以代被执行人申请法院执行该到期债权(以实现申请执行人的债权),此谓代位(申请)执行,但是被执行人申请对其到期债权的执行不属于代位申请执行。

(一)对被执行人债权执行的条件

代位执行是一种特殊的(申请)执行制度,除应当具备通常的申请执行条件外,还须具备如下特殊条件:

(1)被执行人暂时无履行能力,或者只有部分履行能力。

(2) 被执行人对他人享有到期债权。①

(3) 被执行人对他人享有的债权是可以代位执行的,即该债权可作为执行标的且非专属于被执行人行使的债权。

(4) 被执行人怠于行使其对他人享有的债权或者虽行使但未达到目的。

在执行过程中,若被执行人申请对其到期债权的执行,只需具备前两个要件即可。

(二) 对被执行人债权的执行程序

对被执行人到期债权的执行,应由申请执行人或被执行人提出申请。法院在执行中发现被执行人有到期债权的,应告知申请执行人,由其决定是否申请代位执行。

法院审查后,认为具备上述申请条件,可以作出冻结债权的裁定,并通知该他人向申请执行人履行(《解释》第501条第1款)。该履行通知应当直接送达该他人和被执行人。

该他人收到法院履行通知后,擅自向被执行人履行,除在自己履行的债务范围内与被执行人承担连带清偿责任外,还可追究其妨害执行的责任。

该他人对到期债权有异议,申请执行人请求对异议部分强制执行的,法院不予支持(《解释》第501条第2款)。该他人应当书面提出异议,口头异议的则由书记员记入笔录。该他人提出无履行能力、与债权人无直接债权债务关系的,异议无效。

利害关系人对到期债权有异议的,法院应当按照《民诉法》第227条规定处理;对生效法律文书确定的到期债权,该他人否认的,法院不予支持(《解释》第501条第3款)。

(三) 对被执行人债权的执行措施

该他人在履行通知指定的期限内没有提出异议或者异议被驳回,又不履行的,法院裁定对其债权强制执行。此际,该他人(被执行人的债务人)的程序地位实际上是被执行人。该他人对债务部分否认的,可对其承认的部分强制执行。

该他人在其对被执行人的债务范围内,可以直接向申请执行人为给付,或者通过法院转付给申请执行人。该他人向债权人履行债务或被强制执行后,法院应当出具有关证明。

该他人确无财产可供执行,不得强制执行该他人的债权,并且按照执行标的有限性要求,不得执行该他人执行豁免财产(权),否则该他人有权提出异议。

二、对被执行人知识产权、股权等的执行措施

关于对知识产权的执行措施。被执行人不履行执行名义确定的债务,法院有权裁定禁止被执行人转让其专利权、注册商标专用权、著作权(财产权部分)。法院采取拍卖、变卖等执行措施将被执行人知识产权换价成金钱,以满足债权人的金钱债权,或者作价抵偿债权人的债权。

关于对投资权益或股权的执行措施。被执行人在其独资开办的法人企业中拥有的投资权益被冻结后,法院可以直接裁定予以转让,以转让所得清偿其对债权人的债务。对被执行人在有限责任公司中被冻结的投资权益或股权,法院可以依据公司法的有关规定,予以拍卖、变卖或以其他方式转让,将其所得清偿债权。对被执行人在中外合资、合作经营企业中的投资权益或股权,在征得合资或合作他方的同意和对外经济贸易主管机关的批准后,可以对冻结的投资权益或股权予以转让。

---

① 《制裁规避执行》第13条规定:对依法保全被执行人的未到期债权,执行法院可以依法冻结,待债权到期后参照到期债权予以执行。

关于对上市公司国有股和社会法人股的执行措施。按照《关于冻结、拍卖上市公司国有股和社会法人股若干问题的规定》，冻结股权的期限不得超过1年。股权持有人或者所有权人在限期内提供了方便执行的其他财产，应当首先执行此类财产，不足以清偿债务的，方可执行股权。法院执行股权，必须进行拍卖。

关于对股权凭证的执行措施。对被执行人在其他股份有限公司中持有的股份凭证（股票），法院可以扣押，并强制被执行人按照公司法的有关规定转让，也可以直接采取拍卖、变卖的方式进行处分，或者取得债权人的同意，直接将股票抵偿给债权人。

关于对交易席位的执行措施。法院对交易席位进行财产保全或终局执行时，应依法裁定不得自行转让该交易席位，但不停止该交易席位的使用。法院认为需要转让该交易席位的，按交易所的有关规定应转让给有资格受让席位的法人。

三、对探望权的执行措施

根据《婚姻法》第48条的规定，对拒不执行有关探望子女等判决或裁定的，由法院依法强制执行；有关个人和单位应负协助执行的责任。

所谓"由法院依法强制执行"，是指对拒不履行协助另一方行使探望权的有关个人和单位采取拘留、罚款等强制措施，不能对子女的人身进行强制执行。

所谓"协助执行的责任"，是指直接抚养子女一方的父或母应该按照双方协议约定的或判决的探望方式、时间，来协助探望权人探望子女，不得拒绝其探望。

法院在具体执行探望权时，应当遵守有利于子女健康成长的原则。父或母探望子女，不利于子女身心健康的，法院依法中止探望。若子女拒绝探望的，享有探望权的父或母不得强行探望。但是，子女拒绝探望的主张一般只对当次探望有效。

探望权具有不可恢复性、不可替代性。探望权人丧失了在特定时期内的探望权，也无法再行恢复，更无法替代。探望权的执行，实际上是采用适当措施实现探望权人下一次的探望，并非恢复或替代上一次的探望。

第四节 民事执行的保障措施

我国民事执行的现行保障措施有：执行联动（包括协助执行）、法院搜查、强制交付迟延履行利息或迟延履行金、国家执行威慑机制、对妨害执行的强制措施和刑事制裁等。

一、执行联动、法院搜查、强制交付迟延履行利息或迟延履行金

（一）执行联动机制（包括协助执行）

除需要相关公民、法人和其他组织协助执行外，还需要党和国家相关机关部门协助执行①。

---

① 参见《关于对失信被执行人实施联合惩戒的合作备忘录》（2016年国家发展改革委员会和最高人民法院等44家中央单位签署）（2016年）、《关于人民法院与银行业金融机构开展网络执行查控和联合信用惩戒工作的意见》（法〔2014〕266号）、《关于加强信息合作规范执行与协助执行的通知》（法〔2014〕251号）、《关于建立和完善执行联动机制若干问题的意见》（法发〔2010〕15号）等。

依据《关于对失信被执行人实施联合惩戒的合作备忘录》的规定，各签署单位把失信被执行人名单信息作为重要参考依据，实现信息共享，联合落实55项惩戒措施。

被执行人依法履行了执行名义确定的义务或者申请执行人同意解除执行联动措施的，法院经审查，认为符合有关规定的，应当解除相应措施。被执行人提供担保请求解除执行联动措施的，由法院审查决定。

（二）法院搜查

在执行中，被执行人隐匿财产、会计账簿等资料的，法院除可依照《民诉法》第111条第1款第6项对其处理外，还应责令被执行人交出隐匿的财产、会计账簿等资料。被执行人拒不交出的，法院可以采取搜查措施（《民诉法》第248条）。

1. 法院搜查的合法性要求：具备搜查的条件

（1）执行名义确定的债务履行期已届至。

（2）被执行人不履行执行名义确定的债务。

（3）被执行人隐匿财产、会计账簿等资料。被执行人拒绝提供有关财产状况的证据材料的，法院可依法进行搜查，被执行人拒不报告财产状况的即可认为符合该条件。

2. 法院搜查的合法性要求：遵行法定的程序

（1）法院决定采取搜查措施，由院长签发搜查令。

（2）搜查时，搜查人员必须按规定着装并出示搜查令和工作证件。

（3）对被执行人及其住所或者财产隐匿地进行搜查。对被执行人可能隐匿财物、会计账簿等资料的住处、箱柜等，搜查人员责令被执行人开启而拒不配合的，可以强制开启。

（4）搜查时，禁止无关人员进入搜查现场；搜查对象是公民的，应当通知被执行人或者他的成年家属以及基层组织派员到场；搜查对象是法人或者其他组织的，应当通知法定代表人或者主要负责人到场。拒不到场的，不影响搜查。

（5）搜查中，发现应当依法采取查封、扣押措施的财产，依照《民诉法》第245条第2款和第247条办理。

（6）制作搜查笔录，由搜查人员、被搜查人及其他在场人签名、捺印或者盖章。拒绝签名、捺印或者盖章的，应当记入搜查笔录。

（三）强制交付迟延履行利息或迟延履行金

被执行人迟延履行的，迟延履行期间的利息或者迟延履行金自判决、裁定和其他法律文书指定的履行期限届满之日起计算（《解释》第508条）。

被执行人未按执行名义指定的期间履行给付金钱义务的，应当加倍支付迟延履行期间的债务利息。"加倍支付迟延履行期间的债务利息"包括迟延履行期间的一般债务利息和加倍部分债务利息。[①] 被执行人的财产不足以清偿全部债务的，应当先清偿执行名义确定的金钱债务，再清偿加倍部分债务利息（当事人另有约定除外）。执行回转中，原申请执行人迟延履行金钱给付义务的，应当承担加倍部分债务利息。

被执行人未按执行名义指定的期间履行非金钱给付义务的，无论是否已给申请执行人造成损失，都应当支付迟延履行金；已经造成损失的，双倍补偿申请执行人已经受到的损失；

---

① 《关于执行程序中计算迟延履行期间的债务利息适用法律若干问题的解释》（法释〔2014〕8号）。

没有造成损失的,迟延履行金可以由法院根据具体案件情况决定(《解释》第507条)。

二、国家执行威慑机制

《民诉法》第255条确立了"国家执行威慑"机制,即"被执行人不履行法律文书确定的义务的,人民法院可以对其采取或者通知有关单位协助采取限制出境,在征信系统记录、通过媒体公布不履行义务信息以及法律规定的其他措施。"

(一) 限制出境

被限制出境的原因是"被执行人不履行法律文书确定的义务"。根据《公民出境入境管理法》和《外国人入境出境管理法》的规定,应当限制的是被执行人因私事出境。

限制被执行人出境,应当由申请执行人向法院提出书面申请;必要时,法院可以依职权决定(《执行解释》第36条)。法院决定限制被执行人出境的,应当制作裁定书,并应送达被执行人,同时向入境出境管理机关发出协助执行通知。

在限制出境期间,被执行人履行法律文书确定的全部债务的,法院应当及时解除措施;被执行人提供充分、有效的担保或者申请执行人同意的,可以解除措施。

(二) 记入征信系统与媒体公布

依据《解释》第518条、《关于公布失信被执行人名单信息的若干规定》(法释〔2013〕17号)和《关于对失信被执行人实施联合惩戒的合作备忘录》等具体规定,法院应当将失信被执行人名单信息准确、完整、及时地录入最高人民法院失信被执行人名单库,在国家征信系统中共享信息,并通过该名单库统一向社会公布。

被执行人具有履行能力而不履行生效法律文书确定的义务,并具有下列情形之一,法院应当将其纳入失信被执行人名单:以伪造证据、暴力、威胁等方法妨碍、抗拒执行的;以虚假诉讼、虚假仲裁或者以隐匿、转移财产等方法规避执行的;违反财产报告制度的;违反限制高消费令的;无正当理由拒不履行执行和解协议的等。

被执行人认为将其纳入失信被执行人名单错误的,可以向法院申请纠正。失信被执行人符合下列情形之一,法院应当将其有关信息从失信被执行人名单库中删除:全部履行了生效法律文书确定义务的;与申请执行人达成执行和解协议并经申请执行人确认履行完毕的;法院依法裁定终结执行的。

(三) 限制被执行人高消费

根据《关于限制被执行人高消费的若干规定》(法释〔2015〕17号)的规定,被执行人未按执行通知书指定的期间履行生效法律文书确定的给付义务的,经申请执行人书面申请,必要时法院可以依职权,向被执行人发出限制消费令。纳入失信被执行人名单的被执行人,法院应当对其采取限制消费措施。

限制高消费主要是针对那些有清偿能力却拒不履行义务的被执行人。限制高消费是一种补充性、间接性的执行措施,不影响其他直接执行措施的适用。如果通过处置被执行人的财产,足额清偿了申请执行人的债权,法院应当及时解除限制高消费令。

三、对妨害民事执行的强制措施和刑事制裁

对妨害执行的行为采取强制措施,属于对妨害民事诉讼的强制措施。妨害执行的行为

比如,被执行人不履行执行名义确定的债务;被执行人恶意隐匿、转移财产;被执行人拒绝或虚假报告财产;被执行人或第三人伪造、隐藏、毁灭有关被执行人财产状况、履行能力的重要证据;被执行人或第三人妨碍法院调查被执行人财产状况等。

在执行前或执行中,被执行人恶意或故意将其财产转移,或者被执行人与第三人恶意串通转移被执行人财产,致使债权人的权利无法通过执行程序获得实现的,在保护善意第三人的前提下,应当撤销被执行人恶意或故意处分其财产的行为。

在执行终结6个月内,被执行人或者其他人对已执行的标的有妨害行为的,法院可以依申请排除妨害,并可以依照《民诉法》第111条的规定进行处罚。因妨害行为给债权人或者其他人造成损失的,受害人可以另行起诉(《解释》第521条)。

被执行人、协助债务人、担保人等负有执行义务的人对法院判决、裁定有能力执行而拒不执行,情节严重的,应当依照《刑法》第313条的规定,以拒不执行判决、裁定罪处罚。拒不执行支付赡养费、扶养费、抚育费、抚恤金、医疗费用、劳动报酬等判决、裁定的,可以酌情从重处罚。①《刑法》第314条规定:"隐藏、转移、变卖、故意毁损已被司法机关查封、扣押、冻结的财产,情节严重的,处三年以下有期徒刑、拘役或者罚金。"

【思 考 题】

1. 比较金钱债权的执行措施与非金钱债权的执行措施之间的不同。
2. A与B自愿离婚,并协议家庭财产全部归B所有。不久,C以A为被执行人申请强制执行,但是查明A因为离婚协议已无财产可供执行。

法律问题:本案如何执行?

3. 论我国民事执行威慑机制。
4. 运用利益衡量方法,分析法院搜查制度的合理性。

---

① 《颁行关于审理拒不执行判决、裁定刑事案件适用法律若干问题的解释》(法释〔2015〕16号)。

第七编

涉外民事诉讼程序和民事司法协助

第二十二章
涉外民事诉讼程序的特别规定

【本章要点】

涉外民事诉讼是以国内司法权解决涉外民事案件的程序或活动,因其解决涉外民事案件而具有不同于国内民事诉讼的特点和程序制度。本章内容主要有:涉外民事诉讼和涉外民事诉讼程序的特点;审理涉外民事案件应遵循的一般原则;关于管辖、期间、送达和保全的特别规定。

第一节 涉外民事诉讼程序总论

一、涉外民事案件的含义

涉外民事案件,是指具有涉外因素的民事案件。即具有下列情形之一,并且由我国法院审理的涉外民事案件:

(1) 民事主体之涉外,即当事人一方或者双方是外国人、无国籍人、外国企业或者组织的;

(2) 经常居所地之涉外,即当事人一方或者双方的经常居所地在我国领域外的;

(3) 标的物之涉外,即标的物(比如合同标的物)在我国领域外的;

(4) 民事法律事实之涉外,即产生、变更或者消灭民事关系的法律事实发生在我国领域外的,比如合同在外国签订或履行、侵权行为发生在我国领域外等;

(5) 可以认定为涉外民事案件的其他情形。①

涉外民事诉讼是以国内司法权解决涉外民事案件的程序或活动。涉外民事诉讼具有民事诉讼的一般特征,同时又因为具有涉外因素而在审理程序和法律适用方面有自己的特点。

---

① 《关于适用〈中华人民共和国涉外民事关系法律适用法〉若干问题的解释(一)》(法释〔2012〕24号)第1条和《解释》第522条。

法院审理涉外民事案件,在实体法方面,根据国际私法中的法律适用原则,既有可能适用中国法律,也有可能适用外国法律;但在程序法方面,根据国际上公认的原则,只能适用法院地法,即我国的民事诉讼法。《民诉法》第 4 条明确规定:凡在我国领域内进行民事诉讼,必须适用我国的民事诉讼法。

二、涉外民事诉讼程序的特点

涉外民事诉讼程序,是指一国司法机关受理、审判和执行具有涉外因素的民事案件所适用的程序。《民诉法》第四编对涉外民事诉讼程序作了特别规定。

民事诉讼法之所以对涉外民事诉讼作出特别规定,是因为涉外民事诉讼具有与国内民事诉讼不同的特点,这些特点主要表现为:

(1) 涉外民事诉讼往往涉及国家主权,当事人之间民事纠纷的解决可能会涉及几个主权国家,而非仅仅依靠一国所能完成。世界各国应当在相互尊重对方国家主权和当事人利益的前提下,进行司法协助;而在国内民事诉讼中,由于完全由法院在行使国家审判权的前提下,依靠国内力量解决,因此依照民事诉讼法的一般规定即可。

(2) 涉外民事诉讼由于涉及外国因素,在诉讼文书的送达、当事人的传唤等程序上,所花费的时间相对于国内民事诉讼而言更长,所需要采取的方式也更为特殊,因此需要作出一些特殊规定,比如在期间、送达等问题上就需作出不同于国内民事诉讼的规定。

(3) 涉外民事案件的审判在法律的适用上,会涉及准据法问题,即在法律的选择上,既可能涉及选择适用程序法的问题,又会涉及选择适用实体法的问题。而国内民事诉讼在法律的适用上不存在这些问题,一律适用我国统一的实体法和程序法。

三、我国涉外民事诉讼程序的法律渊源

(一) 国内法渊源

国内法渊源即国内法关于涉外民事诉讼程序的规定。主要有:(1)《民诉法》第四编"涉外民事诉讼程序的特别规定"及最高人民法院的有关司法解释(比如《解释》"涉外民事诉讼程序的特别规定"等)。(2)《外交特权与豁免条例》和《领事特权与豁免条例》等有关规定。法院在审理涉外民事案件时,应当首先适用涉外民事诉讼程序的特别规定;没有特别规定的,适用民事诉讼法其他各编中的有关规定。

(二) 国际法渊源

国际法渊源主要指国际条约中关于国际民事诉讼程序的规定。主要有:(1) 双边条约。比如我国缔结的有关(民事)司法协助方面的双边条约;其他双边条约中有关涉外民事诉讼程序的规定〔如《中美贸易关系协定》(第 8 条)和《中美领事条约》(第 13、26～29、33 条)等〕。(2) 多边条约。例如《民事诉讼程序公约》《国际司法救助公约》以及我国参加的《维也纳外交关系公约》《承认及执行外国仲裁裁决公约》(简称《纽约公约》)、《关于向国外送达民事或商事司法文书和司法外文书公约》(简称《海牙送达公约》)、《关于从国外调取民事或商事证据的公约》(简称《海牙取证公约》)等。同时我国法律也明确规定了对国际惯例的适用,因此,在特定情况下,国际惯例也可作为国际法渊源。

我国法院在处理涉外民事案件时,有关民事诉讼程序规范的选择适用,首先适用国际条

约；其次适用《民诉法》《解释》和其他法律等特别规定；没有特别规定的程序事项则适用《民诉法》《解释》和其他法律等一般规定。

第二节　涉外民事诉讼程序的一般原则

涉外民事诉讼程序的一般原则，是指对涉外民事诉讼有指导意义并必须遵循的原则，是根据《民诉法》的基本原则和对外政策的基本精神，参考国际惯例、国家之间的司法协助及互惠关系，结合涉外民事诉讼的某些特殊情况制定的。

《民诉法》第四编第二十三章对涉外民事诉讼程序的一般原则作了规定。这些原则包括：适用我国民事诉讼法原则；信守有关国际条约原则；尊重外交特权与豁免原则；使用我国通用的语言文字原则；委托律师代理诉讼必须委托中国律师的原则。这些原则，虽然各有其不同的内容，具有各自的相对独立性，但都是建立在维护国家主权这个原则的基础之上的，是维护国家主权原则在诉讼上的具体体现。

主权原则是涉外民事诉讼程序的根本原则，是一般原则的核心。我国法院对涉外民事案件行使审判权，正是基于国家主权独立的原则进行的，法院审理涉外民事案件，从根本上讲就是维护国家主权和人民利益，而一般原则则是从不同的方面起着维护国家主权的作用。

一、适用我国民事诉讼法原则

根据国际惯例，审理涉外民事案件，原则上适用法院所在地国家的民事诉讼法。根据《民诉法》第259条的规定，涉外民事案件的当事人及其他诉讼参与人的诉讼活动，要以我国民事诉讼法的规定为依据；法院审理涉外民事案件，要以我国的民事诉讼法为准则。由此，可以说适用我国民事诉讼法的原则反映了《民诉法》对涉外民事诉讼的效力，这种效力主要体现在以下三个方面。

（1）任何外国人，包括无国籍人、国籍不明的人以及外国企业和组织，在我国领域内进行民事诉讼，均应按照《民诉法》规定的程序进行。

（2）凡属我国法院管辖的案件，我国均有司法管辖权，由我国具有管辖权的法院管辖。根据《民诉法》的规定，由我国专属管辖的案件，任何外国法院均无权进行审判。

（3）任何外国法院的裁判，在我国领域内均不直接发生法律效力。只有经我国法院依法进行审查并裁定予以承认后，才具有效力，有执行内容的裁判才能够按照我国法律规定的执行程序予以执行。

二、信守国际条约原则

《民诉法》第260条规定："中华人民共和国缔结或者参加的国际条约同本法有不同规定的，适用该国际条约的规定，但中华人民共和国声明保留的条款除外。"这一规定确立了信守国际条约、条约优先的国际法原则。

条约必须信守，是国际关系中公认的一项基本原则。但信守条约规定的义务，往往又与独立行使司法权、适用本国法律相龃龉，从而引起维护国家主权与保证国际条约实施的矛盾。对此矛盾，国际上一般的解决办法是变国际法为国内法，然后按国内法的有关内容执行。

这种变换方式有两种：(1) 凡承认一个国际条约，就在国内制定相应的法律，使国际条约的内容以国内法的形式出现，适用了国内法就等于适用了国际条约；(2) 在国内法中确立承认和适用国际条约的原则，凡符合原则的就承认其效力，并付诸实施。现在世界上多数国家采用后一种形式。

从《民诉法》第260条看，我国采用后一种形式。该条规定凡是我国缔结或者参加的国家条约，包括多边的国际公约和双边的条约，我国法律即确认其效力；如果该国际条约同《民诉法》有不同规定的，应当适用国际条约的规定，但是我国声明保留的条款除外。

三、诉讼权利同等和对等原则

诉讼权利同等原则，指一国当事人在另一国进行民事诉讼，只要遵守诉讼法院国家的法律，就能够根据法律的规定，同等地享有诉讼权利，承担诉讼义务，受诉法院应该对其与本国人一样，给予同等对待。这一原则是国际法上"国民待遇原则"在民事诉讼领域的体现，是国家间基于平等互惠关系普遍采用的诉讼原则。《民诉法》第5条第1款确立了这一原则。

对于同等原则，应从两个方面加以理解：一是外国当事人有无诉讼权利能力和诉讼行为能力，依照我国法律来确定，而不以其本国法律来确定他的当事人资格。二是外国当事人在我国进行起诉、应诉等诉讼活动，与我国公民、法人和其他组织享有同等诉讼权利，承担同等的诉讼义务，不因为他们不具有中国国籍而限制其某些诉讼权利或者对其增加诉讼义务。

诉讼权利对等原则，是指外国法院对我国公民、企业和组织的诉讼权利予以限制或增加诉讼义务的，我国法院对该国公民、企业和组织也采取相应的限制措施。《民诉法》第5条第2款确立了这一原则。在国际关系中，由于各国对外政策的不同有时会出现一国对他国公民、企业和组织的诉讼权利予以限制和增加诉讼义务的现象，在这种情况下，受限制的一方可以采取有限的回击措施，这就是对等的含义。实行对等原则，以限制抵消限制，是得到国际法认可的通行的一种做法，其目的仍然在于追求平等互惠。

同等原则和对等原则，不仅适用于处理与一般外国人、外国企业和组织的关系，而且也是处理司法豁免权问题的准则。

四、司法豁免原则

司法豁免原则，是指一国或国际组织派驻他国的外交代表免受驻在国司法管辖的一种制度，又称司法豁免或司法豁免权。司法豁免权最早只适用于外交代表，以后逐步扩大到其他主体以及某些国家的组织和国际组织。

《民诉法》第261条规定：对享有司法豁免权的外国人、外国组织或者国际组织提起的民事诉讼，法院应当根据我国法律和我国缔结或者参加的国际条约的规定办理。该规定所指我国有关法律，主要指《外交特权与豁免条例》和《领事特权与豁免条例》。该规定所指国际条约主要有《维也纳外交关系公约》《维也纳领事关系公约》等。

民事司法豁免权是建立在国与国之间平等基础上的一种外交特权，在涉外民事诉讼领域，民事司法豁免主要体现如下。

1. 外交特权与豁免

凡依照我国有关法律和国际条约的规定，享有司法豁免权的外交代表，我国法院不受理对他们提起的民事诉讼。但下列情况除外：(1) 派遣国明示放弃豁免的；(2) 外交代表以私人身份进行的遗产诉讼，对与本诉有关的反诉不享有豁免权；(3) 外交代表在中国境内从事公务范围以外的职业或者商业活动引起的诉讼的；(4) 享有司法豁免权者提起民事诉讼，对方反诉的。

2. 国家及其财产的民事司法豁免

国家及其财产的豁免是公认的国际法原则，其主要内容包括：(1) 管辖豁免。一个国家不得对另一个国家行使审判权，即"平等者之间无管辖权"，这是国家主权原则和平等原则在司法方面的具体体现。(2) 诉讼程序豁免。即使一国放弃司法豁免权，在诉讼中未经其同意不得对其财产采取保全措施，也不得强制其出庭作证或实施其他诉讼行为。(3) 执行豁免。在外国政府同意应诉的情况下，如被判决败诉，非经外国政府的同意，不得对其国家财产强制执行。

国家及其财产的民事司法豁免，存在以下例外情况：(1) 外国明确表示放弃豁免权的；(2) 根据条约的规定某些事项尚不享有司法豁免权；(3) 采取报复措施，即一国未根据公认的国际法原则或国际惯例尊重另一国的司法豁免权，另一国有权采取对等的报复性措施，也不给其司法豁免权。

在审判实践中，法院要注意严格区分国家的行为和作为独立法人的企业、组织的商业活动。对于我国具有独立法人资格的国有企业、国有公司在外国进行商业活动引起的诉讼，我国也不主张主权豁免。

五、使用我国通用的语言文字的原则

外国人、外国企业和组织在我国境内进行民事诉讼，应当使用我国通用的语言文字，这是我国独立行使司法权的内容之一，也是国家主权的体现。在涉外民事诉讼中，外国当事人提出的诉讼文书，或者外国法院委托我国法院代为送达、协助执行的诉讼文书，必须附有中文译本。

根据《民诉法》第262条的规定，当事人要求提供翻译的，可以提供，费用由当事人承担，即按照《费用办法》的规定负担翻译费。

六、委托中国律师代理诉讼的原则

委托中国律师代理诉讼原则，是指外国当事人在我国法院起诉、应诉，如果需要委托律师代理诉讼，必须委托中国律师。律师制度是一国司法活动的组成部分，主权国家一般不允许外国律师代理诉讼，不允许外国律师干预国内司法事务。

根据《解释》第528条的规定，在涉外民事诉讼中，外籍当事人需要委托代理人进行诉讼的，可以委托本国人为诉讼代理人，也可以委托本国律师以非律师身份担任诉讼代理人。外国驻华使、领馆官员，受本国公民的委托，可以个人名义担任诉讼代理人，但在诉讼中不得享有外交或领事特权与豁免。

国务院《外国律师事务所驻华代表机构管理条例》(2002年)规定：经国务院批准，外国

律师事务所可以在我国设立代表机构、派驻代表,但只能从事一些法律咨询、委托中国律师事务所办理中国法律事务、提供有关中国法律环境影响的信息等活动。

第三节 涉外民事诉讼的管辖

一、涉外民事诉讼管辖权

涉外民事诉讼管辖权,是指一国法院受理涉外民事案件的范围或权限。在涉外民事诉讼中,管辖的含义与国内民事诉讼管辖并不完全相同,其首先要解决一国法院受理涉外民事案件的权限,即本国法院有无管辖权,确定有管辖权之后,再确定在本国法院系统内部由哪一个法院管辖。涉外民事诉讼管辖是一种特殊的管辖制度。

《民诉法》依据我国缔结和参加的国际条约,参照国际惯例,并结合我国的审判实践经验,在《民诉法》第四编第二十四章中对涉外民事案件的管辖作出了明确的规定。在确定涉外民事案件管辖权时,应当优先适用国际条约;其后适用《民诉法》第二十四章对涉外民事案件管辖的特别规定;第二十四章没有规定的,适用本法第二章"管辖"的一般规定。

二、涉外民事诉讼管辖的原则

各国在确定涉外民事诉讼管辖时,一般都要求案件同本国必须具有某种联系因素(或联结因素)。由于各国所强调的联系因素不同,因此形成了不同的涉外民事诉讼管辖权的确定原则。主要有以下三种。

(一) 属地管辖权原则

属地管辖权原则,是指由当事人住所地、争议的标的物所在地、私法关系及法律事实发生地的法院行使本案管辖权。上述因素中有一个因素存在于一国境内,该国法院就有管辖权。

属地管辖权原则以国家主权原则为基础,特别强调在涉外民事案件管辖权问题上国家的领土主权,强调有关法律行为的地域性质或属地性质,侧重于有关案件及其双方当事人与有关国家的地域联系,强调一国法院对于涉及其所属国境内的一切人和物以及法律事件和行为的诉讼案件都具有司法管辖权。在属地管辖权的原则中,通常以被告的住所地作为行使管辖权的依据。采取属地管辖权原则的国家主要有德国、日本、奥地利、希腊以及亚洲的泰国、缅甸、巴基斯坦等国。

(二) 属人管辖权原则

属人管辖权原则,是指以当事人的国籍作为联结因素确定管辖权。即在某一涉外民事案件中,只要当事人一方具有本国国籍,无论他是原告还是被告,也不论他现在居住在何处,该国法院对此有管辖权。

(三) 实际控制管辖权原则

实际控制管辖权原则又叫"有效原则",是指以被告或诉讼标的物能够被本国实际控制为依据确定管辖法院。法院对涉外民事案件中的被告或其财产实行有效的控制,能够作出有效的判决,就享有管辖权。

根据《民诉法》第 265 条的规定,我国在确定涉外案件的管辖时,主要考虑案件与我国法院所在地是否存在实际联系,即我国将诉讼标的物所在地、可供扣押财产所在地、代表机构所在地为联结因素确定法院管辖,包含了属地因素和对物的实际控制因素。同时,为方便诉讼,也承认以当事人意志为确定管辖的依据,如协议管辖。

三、我国涉外民事诉讼管辖的特别规定

(一) 级别管辖

根据《民诉法》第二章的规定,涉外民事案件可由基层法院管辖,重大的涉外案件由中级法院管辖。重大涉外案件包括争议标的额大的案件、案情复杂的案件,或者一方当事人人数众多等具有重大影响的案件。

《关于涉外民商事案件诉讼管辖若干问题的规定》(法释〔2002〕5 号)就涉外民事案件作出集中管辖的规定。一审涉外合同和侵权纠纷案件、信用证纠纷案件,申请撤销、承认与执行国际仲裁裁决的案件,审查有关涉外民商事仲裁条款效力的案件,申请承认和执行外国法院民商事判决、裁定的案件等,由下列法院管辖:国务院批准设立的经济技术开发区法院;省会、自治区首府、直辖市所在地的中级法院;经济特区、计划单列市法院;最高人民法院指定的其他中级法院;高级法院。

上述集中管辖的规定,在实务中已给当事人诉讼带来不方便,在对外交往比较发达的地区更是如此。自 2004 年以来,已有不属于上述规定集中管辖范围内的法院,获得涉外民事案件的管辖权。①

(二) 地域管辖

涉外民事诉讼中的地域管辖,分为一般地域管辖和特殊地域管辖。一般地域管辖以被告住所地来确定管辖法院,即该被告在我国领域内有住所,无论其是本国人还是外国人,我国法院对该案件享有管辖权。

特殊地域管辖是以行为地、财产所在地来确定管辖法院。《民诉法》第 265 条规定:对在我国领域内没有住所的被告提起的诉讼,如果合同在我国领域内签订或者履行,或者诉讼标的物在我国领域内,或者被告在我国领域内有可供扣押的财产,或者被告在我国领域内设有代表机构,可以由合同签订地、合同履行地、诉讼标的物所在地、可供扣押财产所在地、侵权行为地或者代表机构住所地法院管辖。

(三) 专属管辖

专属管辖,是指法律强制性规定某些特殊类型的案件专属于本国法院管辖,其他任何国家的法院不得行使管辖权,也不允许当事人协议管辖。但允许当事人协议选择仲裁机构。

我国现行法律中有关专属管辖的规定主要有:

---

① 相关规定有最高人民法院《关于加强涉外商事案件诉讼管辖工作的通知》(法释〔2004〕265 号)、《关于指定湖南省张家界市、永州市中级人民法院管辖一审涉外民商事案件的批复》(2005 年)、《关于指定湖南省株洲市、岳阳市、衡阳市中级人民法院受理一审涉外民商事案件的批复》(2007 年)、《关于指定湖南省长沙县人民法院管辖一审涉外民商事案件的批复》(2007 年);广东省高级人民法院《关于重新确定我省第一审涉外涉港澳台民商事案件的区域管辖和级别管辖事项的通知》(粤高法〔2004〕212 号)等。

(1)《民诉法》第266条规定:因在我国履行中外合资经营企业合同、中外合作经营企业合同、中外合作勘探开发自然资源合同提起的诉讼,由我国法院管辖。

(2)《民诉法》第34条规定的专属管辖的案件,若含有涉外因素,由我国法院专属管辖。

(3)《海事诉讼特别程序法》第7条规定的案件含有涉外因素的,由我国海事法院专属管辖。

四、涉外民事诉讼管辖冲突及其解决

(一)涉外民事诉讼管辖冲突

涉外民事诉讼管辖(权)的冲突包括:(1)消极冲突,主要是指对某个案件有管辖权的国家法院均不行使管辖权,或者某个案件处于无管辖权的状态;(2)积极冲突,主要是指对某个案件两个以上国家法院竞相行使管辖权。

共同管辖的案件才会发生管辖权的积极冲突,但是,专属管辖的案件既不存在管辖权的积极冲突,又不允许当事人选择或挑选法院。

在维护国家主权的基础上,对涉外管辖积极冲突的解决原则主要有:国际礼让原则、最密切联系原则和当事人意思自治原则等①,对涉外管辖积极冲突的解决方法主要有:平行管辖、不方便法院、当事人协议管辖等。

(二)平行管辖

非专属管辖的情形中,平行管辖(诉讼竞合、平行诉讼)是指相同当事人基于同一纠纷事实在两个以上国家法院进行诉讼的情形,主要有以下两种类型。

(1)原告被告共通型,又称重复诉讼(属于一事多诉),是指就同一纠纷事实,同一原告在两个以上国家针对同一被告提起诉讼的情形。比如,基于同一案件事实,原告在一国提起侵权之诉,而针对同一被告在另一国提起侵权之诉或违约之诉。

(2)原告被告逆转型,又称对抗诉讼,是指基于同一纠纷事实,A对B在一国法院起诉,同时B对A在另一国法院起诉。比如,在国际货物买卖合同中,一方当事人在一国提起给付之诉,而对方当事人在另一国提起确认该合同无效之诉。

对于平行诉讼,法院往往是根据本国立法确定其是否行使管辖权。这是因为:(1)各国均有平等独立的司法主权,不存在互相移送案件的义务(国际条约另有规定的除外);(2)要求受诉法院调查是否平行诉讼也是过分要求;(3)若发生不承认和不执行外国判决时,本国肯定平行诉讼则是给予当事人司法救济的机会。

依据《解释》第533条的规定,一方当事人向外国法院起诉,另一方当事人向我国法院起诉的,我国法院作出判决后,外国法院申请或者当事人请求我国法院承认或执行该外国法院判决的,不予准许(但是双方共同缔结或者参加的国际条约另有规定的除外);外国法院判决已经被我国法院承认的,当事人就同一争议向我国法院起诉的,不予受理。

(三)不方便法院

共同管辖中,既然允许当事人选择法院,原告就可选择对己有利而对被告不利的国家法院起诉。但是,如果原告选择法院或挑选法院(forum shopping)将给被告或审判带来显著不

① 参见徐卉:《涉外民商事诉讼管辖权冲突研究》,中国政法大学出版社2001年版,第116~121页。

便的,被选择的法院或受诉法院就可以其是不方便法院并且存在更方便的他国法院为由,拒绝行使管辖权。

依据《解释》第532条的规定,同时符合下列情形的,我国法院可以裁定驳回原告起诉,告知其向更方便外国法院提起诉讼:(1)被告提出案件应由更方便外国法院管辖的请求,或者提出管辖异议;(2)当事人之间不存在选择我国法院管辖的协议;(3)案件不属于我国法院专属管辖;(4)案件不涉及我国国家、公民、法人或者其他组织的利益;(5)案件争议的主要事实不是发生在我国境内,且案件不适用我国法律,我国法院审理案件在认定事实和适用法律方面存在重大困难;(6)外国法院对案件享有管辖权,且审理该案件更加方便。

受诉法院以自己是不方便法院为由,拒绝行使管辖权,目的在于平衡原告与被告之间利益,谋求当事人方便诉讼和法院方便审判的统一,避免国际民事管辖权发生冲突,促成国际民事司法合作(因为一个不方便法院作出的判决往往很难得到有关国家法院的承认与执行)。

第四节 涉外民事诉讼的期间和送达

一、涉外民事诉讼的期间

(一)涉外民事诉讼期间的特点

涉外诉讼期间,是指受诉法院、当事人和其他诉讼参与人进行涉外民事诉讼活动所必须遵守的时间。涉外诉讼期间与一般诉讼期间相比,具有自身的特点,即由于有些涉外案件当事人居住在国外,诉讼文书的往来、办理委托诉讼和代理人代为诉讼等事项,都需要较长的时间;同时,为了便于当事人了解受诉法院所在国的有关法律规定,便于进行诉讼,涉外民事诉讼中所规定的期间较国内民事诉讼期间要长,如有特殊情况需要延长,还可向受诉法院申请延长。

在涉外民事诉讼中,当事人在我国领域内有住所的,适用《民诉法》总则中关于期间的一般规定;当事人在我国领域内没有住所的,适用《民诉法》第四编第二十五章有关期间的特别规定。

(二)涉外民事诉讼期间的特别规定

(1)答辩期间。《民诉法》第268条规定:被告在我国境内没有住所的,法院应当将起诉状副本送达被告,并通知被告在收到起诉状副本后30日内提出答辩状。被告申请延期的,是否准许,由法院决定。《民诉法》第269条规定:被上诉人在收到上诉状副本后,应当在30日内提出答辩状。被上诉人不能在法定期限内提出答辩状而申请延期的,是否准许由法院决定。

由此可见,一审被告和二审被上诉人提出答辩的期间均为30日,比国内当事人提出答辩的期间要长,并且在必要时还可以申请延长。

(2)上诉期间。《民诉法》第269条规定:在我国境内没有住所的当事人,不服第一审法院判决、裁定的,有权在判决书、裁定书送达之日起30日内提起上诉。当事人不能在30日内提出上诉而申请延期的,是否准许,由法院决定。

(3) 审理期间。《民诉法》第 270 条规定:"人民法院审理涉外民事案件的期间,不受本法第 149 条、第 176 条的限制。"即不受国内民事诉讼审理期限的限制。由于审理涉外民事案件常常需与外国发生联系,所需周期较长,为保障案件的正确处理,有必要适当放宽对涉外案件审理期限的限制。《解释》还规定,法院对涉外民事案件的当事人申请再审审查的期间也不受再审案件立案审查期间的限制。

二、涉外送达

涉外送达,是指在涉外民事诉讼中,法院依照法定程序,将诉讼文书送交当事人或者其他诉讼参与人的行为。

在涉外民事诉讼中,法院送达诉讼文书较国内民事诉讼更为复杂,作为受送达人的诉讼主体,既可能是中国公民、法人和其他组织,也可能是外国人、无国籍人以及外国的企业和组织;受送达人既可能居住在中国境内,也可能居住在国外。法院应当根据案情以及受送达人的具体情况,依法选用送达方式。

(一) 对在我国领域内居住的当事人的一般送达

在涉外民事诉讼中,不论受送达人是中国当事人还是外国当事人,只要在我国领域内有住所的,应当按照《民诉法》总则规定的送达方式进行送达,也就是分别采用直接送达、留置送达、委托送达、转交送达、邮寄送达、电子送达、公告送达。

(二) 对在我国领域内没有住所的当事人的特殊送达

根据《民诉法》第 267 条的规定,对在我国领域内没有住所的当事人,包括中国籍当事人和外国籍当事人,送达诉讼文书需根据当事人所在国以及当事人本人的不同情况,选用下列送达方式。

1. 依照条约规定的方式送达

受送达人所在国与我国有缔结或者共同参加的国际条约的,可依照该国际条约中规定的方式送达。这种送达方式以双方缔结或共同参加的国际条约为基础,可以直接采用条约中规定的方式送达。

《海牙送达公约》规定,各缔约国和参加国都要指定一个机关作为中央机关和有权接受外国通过领事途径转递的文书的机关。我国法院向其他缔约国或参加国的当事人送达诉讼文书,可依该公约的规定,将请求书及需送达的诉讼文书送交发往国的中央机关,由其安排一适当的机构送达。如果我国与其他国家签订了司法协助条约或协定的,可依司法协助条约或协定中约定的方式送达,例如我国与波兰、法国等国签订的司法协助条约及协定中,就有关于代为互相送达诉讼文书以及送达方式的规定。

2. 通过外交途径送达

在受送达人所在国与我国没有订立双边司法协助条约,也不是《海牙送达公约》的缔约国或参加国时,则可通过外交途径送达。

通过外交途径送达,是国际公认最正规的一种送达方式。其前提是:两国之间已经建立了外交关系。其过程是:(1) 由省、自治区、直辖市高级法院对需送达的诉讼文书进行审查;(2) 将需要送给当事人的诉讼文书交我国外交部领事司,由其负责转递给我国驻当事所在国的外交机构,再由其转交该国外交机关;(3)由该国外交机关转交该国司法机关送达当事人。法院应将需送达的诉讼文书准确注明受送达人的姓名、性别、年龄、国籍及其在国外的详细外文地址,需送达的诉讼文书应附有该国文字或者该国同意使用的第三国文字的译文。这种送达方式的具体操作手续繁复,费时较长,在诉讼实践中实际上用得较少。

3. 委托我国驻外使、领馆代为送达

对于具有我国国籍的受送达人,可以委托我国驻受送达人所在国的使领馆代为送达。这种送达方式是《维也纳领事关系公约》所承认的。我国驻外使、领馆可以接受我国司法机关的委托,向所在国的中国籍当事人送达诉讼文书。如果受送达人所在国不是该公约的成员国,但根据该国法律的规定允许我国使领馆直接送达的,也可委托我国驻该国使领馆代为送达。

4. 向受送达人委托的代理人送达

这种送达方式通常用在受送达人所在国与我国没有外交关系的情况下。受送达人委托的有权代理其接受送达的诉讼代理人,是以个人身份接受我国法院送达的诉讼文书,因而这种方式不仅方便有效,而且可以避免某些国际争端的发生,这是我国审判实践中长期运用的一种送达方式。法院向受送达人委托有权代表其接受送达的诉讼代理人送达,视为向受送达人送达。

5. 向受送达人在我国设立的代表机构、分支机构、业务代办人送达

在涉外民事诉讼中,受送达人是外国企业和组织,并在我国领域内设有代表机构,或者虽没有代理机构,但委托了接受送达的分支机构、业务代办人的,可以适用这类送达方式。我国法院向受送达人在我国境内设立的代表机构或有权接受送达的分支机构、业务代办人送达,视为向受送达人送达,但送达日期应当以代表机构或分支机构、业务代办人转交受送达人的日期为准。

6. 邮寄送达

受送达人所在国的法律允许邮寄送达的,可以邮寄送达。现今许多国家已经不再反对邮寄送达,所以邮寄送达已被普遍使用。运用这种方式应十分慎重,在并不确知受送达人所在国法律允许邮寄送达的情况下,不要轻易使用这种送达方式。以邮寄送达方式送达诉讼文书,自邮寄之日起满3个月,送达回证没有退回,但根据各种情况可以认定已经送达的,期间届满之日即视为送达。

7. 电子送达

电子送达,即采用传真、电子邮件等能够确认受送达人收悉的方式进行的送达。《关于涉外民事或商事案件司法文书送达问题若干规定》(法释〔2006〕5号)第10条明确规定了这种送达方式,在司法实践中已经取得了较好的效果。

8. 公告送达

在不能用上述七种方式送达的情况下,受诉法院可以将需要送达的有关诉讼文书的内容,在出口报纸上或其他适宜的场所进行公告,向受送达人送达。自公告之日起满3个月,即视为送达。

根据《解释》第534条的规定,对在我国领域内没有住所的当事人,经用公告方式送达诉讼文书,公告期满不应诉,法院可缺席判决,缺席判决后,仍应将裁判文书依照《民诉法》第

267条第8项的规定公告送达。自公告送达裁判文书满3个月的次日起,经过30日上诉期当事人没有上诉的,一审判决即发生法律效力。

【思 考 题】

1. 2012年1月,中国甲市公民李虹(女)与美国留学生琼斯(男)在中国甲市登记结婚,婚后两人一直居住在甲市B区。2014年2月,李虹提起离婚诉讼,甲市B区法院受理了该案件,适用普通程序审理。关于本案,下列哪些表述是正确的?①

　A. 本案的一审审理期限为6个月

　B. 法院送达诉讼文书时,对李虹与琼斯可采取同样的方式

　C. 不服一审判决,李虹的上诉期为15天,琼斯的上诉期为30天

　D. 美国驻华使馆法律参赞可以个人名义作为琼斯的诉讼代理人参加诉讼

2. 住所位于我国A市B区的甲公司与美国乙公司在我国M市N区签订了一份买卖合同,美国乙公司在我国C市D区设有代表处。甲公司因乙公司提供的产品质量问题诉至法院。关于本案,下列哪些选项是正确的?②

　A. M市N区法院对本案有管辖权

　B. C市D区法院对本案有管辖权

　C. 法院向乙公司送达时,可向乙公司设在C市D区的代表处送达

　D. 如甲公司不服一审判决,应当在一审判决书送达之日起15日内提起上诉

---

① 2014年国家司法考试卷三,参考答案:BD。
② 2010年国家司法考试卷三,参考答案:ABCD。

第二十三章 国际民事司法协助

【本章要点】
  国际民事司法协助以国际条约或互惠关系为根据或基础,国家间相互给予司法协助。国际民事司法协助包括一般民事司法协助和特殊民事司法协助。

第一节 国际民事司法协助总论

一、国际司法协助的含义和种类

国际民事司法协助(或称涉外民事司法协助),是指不同国家的法院或其他国家机关根据本国缔结或参加的国际条约,或者按照互惠原则,为他国法院代为民事诉讼行为或与民事诉讼有关的行为。

国际民事司法协助包括两类:(1)一般或普通国际民事司法协助,主要有送达司法文书和司法外法律文书、代为调查取证、提供有关法律资料等。(2)特殊国际民事司法协助,主要是指承认并执行对方法院的判决、裁定、支付令、调解书,外国仲裁裁决及公证债权文书等。

国际民事司法协助是国与国之间必要的和有益的协作,通过这种协作,有利于保障我国的涉外民事诉讼顺利进行,有利于我国法院以及仲裁机关作出的生效判决或裁决在国外得到承认和执行,从而使当事人的合法权益得到及时有效的保护,并因此而更好地促进对外交往。

二、国际司法协助的根据

不同国家法院之间的这种司法上的协作关系,必须存在一定的根据,否则没有协作的义务。司法协助的根据如下。

1. 国与国之间存在有关司法协助的国际条约

有关司法协助的国与国之间缔结或者参加的国际条约是最正式的依据。我国参加的有关司法协助的国际条约,有1954年的《民事诉讼程序公约》、1968年的《关于国际管辖权和执行法院判决的公约》、1958年的《承认及执行外国仲裁裁决公约》等。我国还先后与法国、波兰、蒙古等国签订了双边司法协助协定。这些国际条约对司法保护和协助的范围、文书送达和调查取证、法院裁判和仲裁裁决的承认与执行等问题作出了规定。

2. 国与国之间存在事实上的互惠关系

互惠关系是进行司法协助的另一重要根据。国与国之间如果没有订立司法协助条约,又没有共同参加的国际条约,那么国家间的司法协助就只能依据互惠原则进行。根据互惠原则,一国法院为他国法院代为一定的诉讼行为,他国法院也应当为对方法院代为一定的诉讼行为。《民诉法》第276条和第280条明确规定了我国法院和外国法院可以在没有国际条约的情况下,按照互惠原则相互提供司法协助。

第二节 一般国际民事司法协助

一、送达诉讼文书

(一)涉外送达的含义

涉外送达是国际民事司法协助的重要内容,包括我国法院向域外当事人送达、外国法院向在我国领域内当事人的送达。

根据《关于涉外民事或商事案件司法文书送达问题若干规定》(法释〔2006〕5号)的规定,涉外送达的文书包括:起诉状副本、上诉状副本、反诉状副本、答辩状副本、传票、判决书、裁定书、调解书、支付令、决定书、通知书、证明书、送达回证以及其他司法文书。

上述文书的送达在涉外民事诉讼中具有十分重要的意义,是涉外民事诉讼能够顺利进行的重要保障。例如,送达起诉状副本将关系到被告应诉和答辩;送达传票或出庭通知书,关系到当事人以及有关诉讼参与人的出庭、辩论。目前,在我国已有的司法协助实践中,代为送达诉讼文书所占的比例最大。

(二)送达方式

我国法院进行涉外送达分两种情形:一种是涉外民事诉讼的当事人或其他受送达人在我国领域内有住所的,其送达方式按照《民诉法》总则规定的送达方式进行送达;另一种是受送达人在我国领域内没有住所的,其送达方式按照《民诉法》第267条规定的送达方式进行送达。

外国法院向在我国领域内的当事人或其他受送达人进行送达,应采取下列方式。

(1)按照外国与我国共同缔结或参加的双边或多边国际条约所规定的途径进行。多边条约目前主要是《海牙公约》。

(2)没有条约关系的,通过外交途径送达。需遵行《关于我国法院与外国法院通过外交途径相互委托送达法律文书若干问题的通知》。

(3)外国驻我国使、领馆可以向该国公民送达文书。但是,不得违反我国法律,不得采取强制措施。

除以上方式外,未经我国主管机关许可,任何外国机关或者个人不得在我国领域内送达文书。

二、调查取证

(一)调查取证的含义

在国际民事司法协助中,调查取证包括询问当事人、证人和鉴定人,进行鉴定和司法勘验,以及收集书证和视听资料等。

国外调查取证,一般有直接取证和间接取证两种。前者,如我国外交和领事人员在驻在国取证;当事人及其诉讼代理人到国外自行取证等。后者,则是委托证据所在国法院或者有关机关代为取证。

关于调查取证,我国与外国缔结的司法协助条约中多有协定,并且我国 1997 年加入了《海牙取证公约》,《民诉法》对此也作了一些规定。

(二)《海牙取证公约》

在民商事案件中,每一缔约国的司法机关可以根据该国的法律规定,通过请求书的方式,请求另一缔约国主管机关调取证据或者履行某些其他司法行为。"其他司法行为"不包括司法文书的送达或颁发执行判决或裁定的任何决定,或采取临时措施或保全措施的命令。

我国指定司法部为负责接收来自另一缔约国司法机关的请求书,并将其转交给执行请求的主管机关的中央机关。如果司法部认为请求书不符合该公约的规定,应立即通知其送交请求书的请求国机关,指明对该请求书的异议。

《海牙取证公约》第 9 条规定:"执行请求书的司法机关应适用其本国法规定的方式和程序。但是,该机关应采纳请求机关提出的采用特殊方式或程序的请求,除非其与执行国国内法相抵触或因其国内惯例和程序或存在实际困难而不可执行,请求书应迅速执行。"

(三)调查取证的方式

(1)《民诉法》第 276 条规定:根据国际条约或者按照互惠原则,我国法院和外国法院可以相互请求,代为调查取证。但是外国法院请求协助的事项有损于我国的主权、安全或者社会公共利益的,我国法院不予执行。

(2)外交官或者领事代表调查取证。此种方法往往要求有条约为依据或存在互惠关系。根据《海牙取证公约》第 15 条和《民诉法》第 277 条的规定,每一缔约国的外交官或领事代表在另一缔约国境内执行职务的区域内,可以向他所代表的国家的国民在不采取强制措施的情况下调查取证。除此之外,未经我国主管机关准许,任何外国机关或者个人不得在我国领域内调查取证。

(3)外交途径调查取证。我国法院和外国法院通过外交途径调查取证,可以参照《关于我国法院与外国法院通过外交途径相互委托送达法律文书若干问题的通知》办理。

三、提供法律资料

我国与许多国家缔结的双边司法协助条约规定,缔约双方应当根据请求相互提供本国的法律情报,以及本国民事方面司法实践的情报及其他法律情报。

根据涉外案件审理的需要,对法律资料宜作广义理解。因为某个外国的法律规则并非是孤立的,而是与该国的法律文化以及法律解释和推理规则构成一个不可分割的整体。因此,有关外国法律资料的提供,应当包括该法律规则本身及其在民事司法方面的实践资料、准确理解适用该规则所必需的其他资料。

第三节 特殊国际民事司法协助

一、特殊国际民事司法协助的含义

特殊司法协助,是指不同国家的法院之间,根据本国缔结或参加的国际条约,或者按照互惠原则,相互承认并且执行对方法院的判决、裁定和仲裁机关的仲裁裁决。在我国,特殊国际民事司法协助包含两个方面的内容:一是我国承认和执行外国民事司法裁判和司法外民事裁决;二是请求外国承认和执行我国民事司法裁判和司法外民事裁决。承认和执行外国民事司法裁判和司法外民事裁决,包含两个方面的含义:(1)承认和认可外国司法文书和司法外文书在本国境内有法律效力;(2)执行已被承认的具有法律效力的外国司法文书和司法外文书。

不同国家的法院之间相互协助代为执行生效的法律文书,是一个十分重要的法律问题。一个主权国家,所作出的生效法律文书本应只在本国领域内生效,而要在境外生效就必须得到有关国家的承认,并在此基础上获得该国法院的协助执行。同样,一个主权国家不能允许外国法院直接在本国境内执行该外国法院或仲裁机构作出的生效法律文书。因此,不同国家的法院之间实施这种特殊的司法协助就显得非常必要。

《民诉法》第四编第二十七章中有关特殊民事司法协助的规定,是我国特殊民事司法协助的基本法律规定。《解释》《执行规定》等司法解释也对此作出了具体规定。目前,在国际条约方面,我国加入了多边的《纽约公约》,并且与许多国家签订了双边司法协助协议。

根据我国缔结的司法协助条约,相互给予特殊司法协助的法律文书包括:(1)司法裁判或司法文书。主要有法院民商事判决、具有赔偿损失和返还财产的刑事判决书、法院对诉讼费用的裁决等。(2)司法外裁决和司法外文书。主要有仲裁裁决书、仲裁调解书等。基于国际司法合作的考虑,对我国法律或我国参加的国际条约没有规定的其他法律文书是否可承认和执行,应作宽泛要求,比如公证债权文书可作为特殊司法协助的法律文书。

二、承认和执行外国法院的判决和裁定

我国法院承认和执行外国法院判决、裁定,应当依照下列条件和程序进行。

(1) 委托法院所在国必须与我国有条约关系或互惠关系。这是承认与执行外国法院判决、裁定的基础,否则我国人民法院没有协助的义务。

(2) 申请承认和执行的外国法院的判决、裁定,已经确定或生效。外国法院的判决、裁定是否已经确定或生效,应当根据作出该文书的外国的诉讼法或其他程序法来判断。

(3) 外国法院的判决、裁定,不得违反我国法律的基本原则,不得有损于我国的主权、安全和社会公共利益。

（4）外国法院的判决、裁定程序合法。外国法院对判决、裁定事项拥有国际司法管辖权；若败诉当事人未经合法传唤而缺席判决，或在无诉讼行为能力时未得到合法代理等，则被认定程序不公正和不合法而不予承认。

（5）承认和执行的申请，必须向中国有管辖权的中级法院提出。有管辖权的中级法院，是指被执行人住所地或被执行财产所在地的中级法院。

（6）外国法院或当事人的申请书及其所附文件，应当附有中文译本或者有关国际条约规定的其他文字文本。

我国法院接到申请书或请求书后，应根据我国法律及我国缔结或参加的国际条约，或者根据互惠原则进行审查。我国法院对外国法院的裁判，应组成合议庭进行审查，重点审查外国法院的裁判是否符合我国法律规定的承认和执行外国法院裁判的条件，即只进行程序上的审查。对外国法院裁判中的事实认定和法律适用是否正确不予审查，不能要求该裁判符合被执行国的法律，这是国际上通行的做法。

经审查，外国法院的判决、裁定符合上述条件的，我国法院应作出裁定，承认其效力，然后将我国法院作出的裁定作为执行的根据。从理论上讲，法院执行的是我国法院的裁定，而内容则是外国法院的判决、裁定。这是国家主权原则的具体体现。需在承认的基础上协助执行的，依照《民诉法》第三编执行程序进行。

经审查，承认与执行的申请不符合上述条件的，应当裁定驳回申请，并说明理由。此外，根据有关国际条约和双边协定，如果存在排除承认和执行的情形，也应当予以拒绝。例如，我国参加的相互承认与执行外国法院判决内容的《国际油污损害民事责任公约》，我国与波兰、法国等国签订的司法协助协定，都有排除承认和执行的条款。

三、我国法院判决、裁定在外国的承认与执行

根据《民诉法》第280条的规定，我国法院作出的发生法律效力的判决、裁定，如果被执行人或者其财产不在我国领域内，当事人请求执行的，可以由当事人直接向有管辖权的外国法院申请承认和执行，也可以由我国法院依照我国缔结或者参加的国际条约，或者按照互惠原则，请求外国法院承认和执行。

我国法院的判决和裁定委托外国法院执行，应当符合以下条件：

（1）判决和裁定是已经发生法律效力的终审判决和裁定，在国内已经具有强制执行效力。

（2）必须由申请人提出强制执行的申请。

（3）被申请人或者被要求执行的财产不在我国境内。

（4）由当事人直接向有管辖权的外国法院申请承认和执行，或者由我国有执行权的法院根据我国与被申请执行国之间的条约规定，或依照互惠原则请求外国法院的承认和执行。但有下列情形之一的，应当由当事人直接申请。

（1）我国与该外国既不存在司法协助的条约关系，又无互惠关系；

（2）我国与该外国的司法协助协定明确规定应由当事人申请的，如我国与法国的司法协助就是这样规定的；

（3）该外国法院将申请承认和执行法院裁决作为当事人诉权的内容的。

请求外国法院执行本国法院的判决和裁定,按照国际惯例,一般有三种途径:(1)外交途径。即委托法院将委托书提交外交部,由外交部将其交给被请求国的外交机构,再由被请求国的外交机构交管辖法院。(2)领事途径。委托法院把委托书寄给中国驻被请求国的领事馆,再由领事馆交给驻在国的管辖法院。这种方式在国际条约中采用较多。(3)法院途径。由法院直接将委托书寄给被请求国法院。这种方式一般只有在两国间有司法协助条约的情况下才能适用。

外国法院接到申请或请求后,应按照与我国签订的国际条约或者按照互惠原则进行审查。经审查同意承认和执行的,按其本国法律程序进行。

四、对涉外仲裁裁决的承认和执行

涉外仲裁裁决的承认和执行,包括我国仲裁机构的仲裁裁决在外国的承认和执行,也包括我国法院对外国仲裁裁决的承认和执行。协助执行的依据包括三个方面:(1)我国的民事诉讼法、仲裁法等国内法;(2)《纽约公约》、司法协助的协议;(3)实际上存在的互惠关系。

请求外国法院承认和执行我国涉外仲裁机构的裁决,其条件和程序是:被执行人或者其财产不在我国领域内,只能由当事人向有管辖权的外国法院提出申请。如果该外国是《纽约公约》的缔约国,缔约国法院应当按公约给予承认和执行;如果该外国是非《纽约公约》缔约国,则应根据共同参加的国际条约和司法协助协议及互惠关系给予承认和执行。

我国法院对外国仲裁裁决的承认和执行,其条件和程序是:应当由当事人直接向被执行人住所地或者财产所在地的中级法院提出申请。我国法院是否办理,应根据我国缔结或参加的国际条约,或按互惠原则决定。

我国法院对外国仲裁裁决一般只审查程序问题,不审查实质内容。外国法院对我国仲裁裁决的审查也应如此。这是仲裁的民间性和自治性所决定的,也是《纽约公约》的规定。

【思考题】

1. 中国公民甲与外国公民乙因合同纠纷诉至某市中级法院,法院判决乙败诉。判决生效后,甲欲请求乙所在国家的法院承认和执行该判决。关于甲可以利用的途径,下列哪些说法是正确的?①

A. 可以直接向有管辖权的外国法院申请承认和执行

B. 可以向中国法院申请,由法院根据我国缔结或者参加的国际条约,或者按照互惠原则,请求外国法院承认和执行

C. 可以向司法行政部门申请,由司法行政部门根据我国缔结或者参加的国际条约,或者按照互惠原则,请求外国法院承认和执行

D. 可以向外交部门申请,由外交部门向外国中央司法机关请求协助

---

① 2009年国家司法考试卷三,参考答案:AB。

第二十四章
我国区际民事司法协助

【本章要点】

在我国统一主权下,"四法域"即大陆地区、香港特别行政区、澳门特别行政区和台湾地区,在遵循"一国两制"、各法域平等、遵守各法域公共秩序、保护当事人合法权益、程序审查等原则基础上,相互平等给予一般民事司法协助和特殊民事司法协助。区际民事司法协助的具体事项适用被请求方或本法域的程序法。

第一节 区际民事司法协助的概念与根据

一、区际民事司法协助的概念

大陆或内地法院审理涉及港澳台湾民事案件,可以参照适用涉外民事诉讼程序的特别规定(《解释》第551条)。有下列情形之一,为涉港澳台民事案件:(1)民事主体之涉港澳台,即当事人一方或者双方是港澳台的人、企业或者组织的;(2)经常居所地之涉港澳台,即当事人一方或者双方的经常居所地在港澳台的;(3)标的物之涉港澳台,即标的物(比如合同标的物)在港澳台的;(4)民事法律事实之涉港澳台,即产生、变更或者消灭民事关系的法律事实发生在港澳台的,比如合同在港澳台签订或履行、侵权行为发生在港澳台等;(5)可以认定为涉港澳台民事案件的其他情形。

在统一的国家主权下,区际民事诉讼不存在主权冲突问题。区际民事司法协助是指大陆或内地与港澳台地区相互给予民事司法协助。

"区际"的"区"并非仅具有地理意义,且更具有法律意义,是指法域,即有着独立的法律制度的区域。在我国统一主权和"一国两制"下,存在着"四法域",即大陆地区(内地)、香港特别行政区、澳门特别行政区和台湾地区,各自享有独立的立法权、行政权和司法权,但不存在主权冲突问题。

在我国统一主权和"一国两制"下,各法域间既相对独立又相互平等,所以各法域法院不得在别的法域直接实施司法行为和采取诉讼措施,各法域的司法文书和司法外文书也不能在别的法域直接发生法律效力。因此,各法域间需要相互给予民事司法协助。

《香港特别行政区基本法》第95条规定:"香港特别行政区可与全国其他地区的司法机关通过协商依法进行司法方面的联系和相互提供协助。"《澳门特别行政区基本法》第93条规定:"澳门特别行政区可与全国其他地区的司法机关通过协商依法进行司法方面的联系和相互提供协助。"

我国区际民事司法协助的内容包括:(1)一般民事司法协助,即相互送达诉讼文书或法律文书、调取证据、提供法律资料等;(2)特殊民事司法协助,即相互承认(或认可)和执行司法文书和司法外文书。本书主要阐释"大陆或内地"与"香港特别行政区、澳门特别行政区、台湾地区"之间的民事司法协助。

二、我国区际民事司法协助的根据或基础

(一)区际民事法律冲突是区际民事司法协助产生的必要条件

《中华人民共和国香港特别行政区基本法》第18条规定:在香港特别行政区实行的法律为本法及本法第8条规定的香港原有法律和香港特别行政区立法机关制定的法律。《中华人民共和国澳门特别行政区基本法》第18条规定:在澳门特别行政区实行的法律为本法及本法第8条规定的澳门原有法律和澳门特别行政区立法机关制定的法律。

内地法律与香港法律不仅性质不同,而且具体内容亦差别甚大。这种差别不仅表现为民事法律的不同,也表现为刑事、行政法律等的不同,而且还表现为民事诉讼、刑事诉讼等程序法方面的重大差异。

区际民事实体法律冲突是区际民事司法协助的必要条件,但并不是唯一条件。区际法律冲突的存在增加了开展区际民事司法协助的必要性,但并非必然导致区际民事司法协助的产生。由于区际法律冲突的存在,对同一民事案件,适用不同法域的法律,作出的判决内容可能有重大不同,因此需要各法域本着积极主动的态度进行合作,开展区际民事司法协助。但这只是一种必要性,而非必然性。

如果将民事实体法律冲突作为司法协助的唯一条件,就会得出如下结论:没有民事实体法律冲突,就没有司法协助。这一结论对一些特殊情况无法作出合理的解释。从国际司法协助和外国区际司法协助情况来看,有的国家之间或一国内部各区域之间不存在民事实体法律冲突或者冲突甚少,但仍然需要进行司法协助。如英美两国同属普通法系国家,其民事实体法律制度差别不大,但仍需开展司法协助;又如美国各州之间的法律差异更小,但因属于相互独立的法域,区际司法协助依然存在。

总之,区际或国际是否存在民事实体法律冲突,是司法协助过程中应当考虑的重要因素,但不必然决定区际或国际司法协助的存在,仅有这一项条件,还不足以导致区际民事司法协助的产生。

(二)"一国两制"是区际民事司法协助在我国产生的前提条件

"一国两制"是人类历史上从未有过的伟大构想,不仅是完成祖国统一大业的需要,其实施的结果也必然对我国的法律体系、立法和司法制度产生深远影响。

实行"一国两制"并未改变我国原有的单一制国家结构形式,香港和澳门特别行政区是

属于中央人民政府所管辖的地方行政区域,基本法也明确规定,香港和澳门特别行政区是中华人民共和国不可分离的部分。

"一国两制"突破了我国原来的单一法律体系,从而形成了在一国范围内多种法律体系并存的局面。特别行政区设有立法机关,立法机关所制定的法律只要符合基本法和法定程序,均属有效。"一国两制"下,特别行政区实行不同于内地的法律,因而引起香港和澳门与内地民事法律冲突,这是区际司法协助得以产生的前提条件。

(三)区际司法权冲突是区际民事司法协助产生的直接条件

"一国两制"下,香港和澳门特别行政区依法享有独立的司法权和终审权,因而引起香港与内地的司法权冲突,这是区际民事司法协助得以产生的直接条件。

这里要注意的是,"独立的司法权"与"司法独立"是有区别的。前者明确的是特别行政区与中央之间的司法关系,即特别行政区享有独立于中央的司法权,不受中央最高司法机关管辖,特别行政区的高等法院和终审法院不隶属于中华人民共和国最高人民法院。"司法独立"主要反映特别行政区内部的政治体制,即司法机构相对独立于行政机构、立法机关等。

香港和澳门的特别行政区基本法规定了香港特别行政区享有终审权。终审权则是法院对案件进行最后一级审判的权力,是司法权的重要内容。基本法将终审权与司法权并列,是为了强调终审权,并不意味着终审权是司法权之外的权力。一个国家只能有一个最高法院,我国的最高法院是设在北京的中华人民共和国最高人民法院,故在香港设立一个"终审法院",受理对香港各级法院的最后一级上诉,但不能称之为"最高法院"。香港和澳门特别行政区享有终审权,其诉讼案件以终审法院为最高审级,案件上诉到终审法院为止。

第二节 区际民事司法协助的原则

一、"一国两制"原则

我国区际民事司法协助首先必须严格遵守"一国两制"原则。该原则的主要内容是:(1)"一国",即维护我国统一主权或国家统一;(2)"两制",即维护大陆(或内地)和港澳台地区各自现行的政治、经济、社会和法律制度,并且各"法域"间相互平等。①

在法律领域,"一国两制"意味着香港和澳门特别行政区的法律制度根本不同于内地的法律制度,而且两种法律制度并存的局面将长期存在。因此,在解决区际民事司法协助问题时,既不能简单地采取统一各法域的实体法和程序法的方法,也不能采取由中央立法制定一部区际司法协助法的方法,否则,就违背了"一国两制"的根本要求,强行消除了各法域已上升为法律制度的社会制度、经济制度和生活方式之间的差别,是对香港和澳门特别行政区依法享有的立法权、独立的司法权和终审权的侵犯,其后果是直接危及"一国两制"的顺利实施。所以,只能通过各法域相互协商,达成区际民事司法协助协议,在原则问题上求同,具体

---

① 各"法域"间相互平等并非指各法域享有平等主权,因为各法域是地方性的,主权仅属国家,由中央国家机关行使。

问题上可以存异,这样才符合"两种制度"的要求,也才能为各法域所接受。

在区际民事司法协助中坚持"两种制度"原则还体现为允许各法域适用公共秩序保留制度。我国各法域之间的法律差异超过任何其他国家各地区间的法律差异,如果无视这种差异的存在,强行要求各法域相互无条件地提供司法协助,其实质是限制了各法域的司法权,既不符合特别行政区高度自治原则,也违背了开展区际民事司法协助的初衷。

二、各法域平等原则

根据"一国两制"原则,在法律上,"四法域"之间既相对独立又相互平等,彼此间应当平等协商。在民事司法协助方面,"四法域"之间存在着平等的司法合作关系,只能以"平等协商"的方式达成民事司法协助的文件,相互间平等给予民事司法协助。各法域平等原则具体表现如下。

(1) 各法域平等原则在区际司法协助领域首先表现为各法域的平等协商。各法域在法律制度方面存在着客观的、重大的差异,就区际司法协助问题达成协议的难度很大,这就要求各法域在完全平等的基础上进行充分的协商,任何一个法域都无权强迫其他法域接受自己的法律制度或观念,任何法域也都有权就区际司法协助问题提出自己的看法。

(2) 各法域平等原则还要求各法域在区际司法协助过程中平等对待。是否提供司法协助、以什么程序和方式提供司法协助,由各法域自行决定,任何其他法域不能强迫。各法域更不能未经许可,擅自到其他法域行使司法权力,进行司法活动。各法域要相互尊重对方法律,需要其他法域协助时,应当以请求书的形式提出请求,而不能以命令、威吓等方式强行要求对方提供协助。

(3) 各法域平等原则还要求各法域互相提供司法协助。无论是在国家之间还是一国内部不同区域之间,司法协助从来都是相互的行为。单方面的区际司法协助,即一方给另一方提供司法协助,而另一方却不给对方提供司法协助,导致一方处于只承担义务而不享有权利的地位,而另一方则享有特权,这与各法域平等原则是相违背的,也不是真正意义上的司法协助。各法域互相提供司法协助,既是各法域平等原则的基本要求,也是各法域间建立长期稳定的司法合作关系的前提条件。

三、保护当事人合法权益原则

民事诉讼直接目的是维护当事人的合法权益。当民事案件涉及另一法域,需要对方法域提供司法协助,如能及时得到协助,则当事人的利益就能得到保障。如不能得到另一法域的协助,当事人也就不能达到诉讼的目的。因此,各法域应当最大限度地满足司法合作的需要,采取尽可能灵活简便的程序和方式提供协助,才能及时、有效地保障当事人的合法权益。

随着国家的逐步统一,大陆(或内地)、香港、澳门、台湾四个法域之间的经济、贸易和普通民事交往更加频繁,一法域受理的涉及另一法域的民事案件也相应增多。各法域在审理这类案件的过程中,常常需要有关法域的司法机关给予协助,才能完成诉讼过程。法院作出的裁决,有的还需要在其他法域得到承认与执行。只有加强各法域间的司法合作关系,才能保证诉讼的顺利进行,才能使裁决得到及时承认与执行,才能切实保障当事人的合法权益。

四、程序审查原则

区际民事司法协助虽然也涉及实体法律问题，如承认与执行外法域判决意味着当事人实体权利的实现，但一般来说只具有程序方面的意义。一方面，司法协助的事项以程序为主，即协助送达文书、调查取证、承认与执行对方的裁决。如果请求的事项是实体问题，被请求方有权予以拒绝。另一方面，对协助请求的审查也以程序为主。

内地与香港和澳门的法律制度差异在一定时期内必然存在，开展区际民事司法协助就会遇到实体法上的冲突，如果各法域坚持适用自己的实体法，则区际民事司法协助将无法进行。因此，被请求方接到协助请求后，只就请求本身进行程序和形式上的审查，只要程序上符合本法域规定，就依法提供司法协助。

第三节 区际民事司法协助中的公共秩序保留

公共秩序保留制度能否适用于区际民事司法协助，有三种主张：(1) 排除适用论，即绝对地排除在区际民事司法协助中适用公共秩序保留制度；(2) 完全适用论，即区际民事司法协助与国际民事司法协助一样，完全适用公共秩序保留制度；(3) 有限适用论，即在区际民事司法协助中可以适用公共秩序保留制度，但必须予以限制。我们同意第三种主张。

一、区际民事司法协助中适用公共秩序保留的必要性

鉴于我国各法域间存在的政治、经济、法律及文化道德方面的重大差异，在区际民事司法协助中适用公共秩序保留是非常必要的。

(一) 政治原因

政治方面的原因主要是指政治意识形态和政治结构模式的不同。从政治意识形态来说，我国内地实行的是社会主义制度，香港和澳门则保持资本主义制度。不同的政治意识形态和政治结构模式支配下的社会意识形态的其他各个方面也不相同。各法域的政治利益自然存在差异。既要保证两种社会制度并存，不以一种制度取代另一种制度，又要保证各区域的政治利益，只能是在维护全国利益一致的前提下，最大限度地维护内地和各特别行政区的利益。这种关系体现在区际民事司法协助领域，就是各法域在积极协助的前提下，拥有适当运用本法域公共秩序保留的权力。

(二) 经济原因

为维持香港和澳门特别行政区的繁荣，香港和澳门特别行政区实行独立的财政制度、税收制度和货币制度，有权制定符合本区域经济利益的政策。再者，内地与香港和澳门的人均国民生产总值悬殊，存在经济利益冲突是一种正常的现象，故应当允许各法域在区际民事司法协助中有限制地运用公共秩序保留制度来维护各自的经济利益。

(三) 法律原因

根据"一国两制"原则，我国现实存在两种法律制度即社会主义法律制度和资本主义法律制度，各法域法律之间的冲突，既有两种社会制度的冲突，又有中西方法律文化的冲突。

内地法律以建设有中国特色的社会主义基本理论为指导,香港法律大体上是以个人自由主义思想为指导。法律文化、法律观念的差异是巨大的,需要相当长时期的融合过程,这一融合过程不是一个强制的过程,其间的摩擦是必然的,而公共秩序保留正是这种摩擦的调节器。

(四)文化道德原因

内地具有中华传统文化的深厚基础,有数千年的人文资源;香港和澳门虽然也受中华传统文化的影响,但随着市场经济的发展和英国、葡萄牙的影响,在文化背景、世风道德等方面与内地均有较大差异,这也是适用公共秩序保留的重要方面。

二、区际民事司法协助中对公共秩序保留的限制

虽然我国各法域间存在较大冲突,但也有相互借鉴的一面。从政治上看,内地与香港和澳门都深受中国政治文化观念中积淀甚深的大一统观念的影响。从经济上看,各法域具有深刻的共同经济利益。法律方面的冲突也同时是创造新中华法系的必备因素和条件。香港和澳门的法律吸收了西方法律的精华,并已形成建设法治社会的经验,这是值得内地借鉴的;香港和澳门应吸取植根于内地的中国传统文化中的有益因素,促进法制的进一步发展,这也是十分迫切与现实的问题。正是因为存在上述因素,区际民事司法协助中的公共秩序保留必然是有一定限制的。这种限制具体表现在以下几方面。

1. 对公共秩序范围的限制

区际民事司法协助中的"公共秩序"应包括哪些内容,尚是一个见仁见智的问题。笔者认为,区际民事司法协助中的公共秩序包括三个层次的内容:(1)各法域共同的公共秩序,主要是指宪法和特别行政区基本法的基本原则,具体指国家主权、安全和国家的根本利益。(2)内地各行政区域的权力和香港、澳门特别行政区的自治权。特别行政区享有行政管理权、立法权和独立的司法权和终审权。(3)各法域内部的公共秩序,主要是指各法域法律的基本原则、善良风俗等,其范围不宜过宽。

2. 对公共秩序保留适用范围的限制

在区际民事司法协助中适用公共秩序保留制度,并不意味着在司法协助的各个方面均可适用,更不意味着各法域可以无节制地适用。承认与执行另一法域的法院裁决或仲裁裁决,直接涉及一法域及其当事人的利益。但在适用公共秩序保留时仍应严格予以限制,只在极少数情况下才能适用。一般而言,区际民事诉讼文书的协助送达本身,不等于承认其后进行的有关诉讼及其后所作出的判决,因此,既不涉及各法域共同的公共秩序,也不涉及各法域内部的公共秩序问题,所以在这一领域,除非因地址不详予以退回外,不得以公共秩序保留为由拒绝协助。调查取证的区际协助,同样不意味着对另一法域诉讼程序及其后所作判决的承认,一般情况下不适用公共秩序保留。但如果要求协助调取的证据内容涉及国家安全或重大利益,或者涉及一法域的根本利益,如将之公开必将使国家安全或本法域根本利益遭受重大损害时,被请求方可以适用公共秩序保留予以拒绝。

3. 对公共秩序保留适用标准的限制

区际民事司法协助中,有关适用公共秩序保留适用标准,我们主张采用客观说。因为它不仅强调外法域法律或法院判决及仲裁裁决的内容是否妥当,而且更加注重提供司法协助

的客观结果是否违反本法域公共秩序。外法域法律或裁决的内容违反本法域公共秩序,但并不一定妨碍提供司法协助;只有外法域法律的适用结果或承认与执行裁决的结果危及本法域公共秩序时,才能适用公共秩序保留。客观说重视案件的实际情况,注意区分是外法域法律或裁决的内容本身违反本法域公共秩序,还是其适用或执行的结果违反本法域公共秩序。因此,客观说既能维护被请求方的公共秩序,又有利于个案的公正合理解决。以客观说为标准适用公共秩序保留制度,往往使这项制度的运用更为合理,从而减少区际民事司法协助中的不必要的摩擦,有利于创造宽松良好的区际司法协助环境。

4. 对公共秩序保留适用目的的限制

在国际私法的法律适用中,当外国法院无理拒绝承认我国有关法律的效力时,我国也可以运用公共秩序保留来拒绝适用相应的外国法。同样,在国际民事司法协助中,当外国法院无理拒绝承认与执行我国法院的判决时,我国法院可以使用公共秩序保留作为报复手段拒绝承认与执行该外国法院的相关判决。但在区际民事司法协助中,各法域不能以报复为目的而适用公共秩序保留,这是应当明确的。因为一国之内各法域间相互提供民事司法协助是原则,不予协助是例外,适用公共秩序保留应当以维护本法域的公共秩序为真正唯一的目的,而不能将其作为一种报复的手段。

第四节 区际民事司法协助的现行规定

一、一般区际民事司法协助

目前,内地与香港特别行政区、澳门特别行政区在一般民事司法协助方面的规范文件,有《关于涉港澳民商事案件司法文书送达问题若干规定》(法释〔2009〕2号)、《关于内地与香港特别行政区法院相互委托送达民商事司法文书的安排》(法释〔1999〕9号)、《关于内地与澳门特别行政区法院就民商事案件相互委托送达司法文书和调取证据的安排》(法释〔2001〕26号)。

目前,大陆与台湾地区在一般民事司法协助方面的规范文件,有《关于涉外民事或商事案件司法文书送达问题若干规定》(法释〔2008〕4号)和《关于人民法院办理海峡两岸送达文书和调查取证司法互助案件的规定》(法释〔2011〕15号)。

大陆与台湾地区一般民事司法协助也可通过民间途径进行的,此类民间途径均需两地有关机关的授权。依据《司法部关于办理涉台法律事务有关事宜的通知》(1990年)的规定,涉台法律事务需要在台湾地区办理的,一般委托台湾地区的律师办理。按照汪辜会谈达成的《两岸公证书使用查证协议》(1993年),通过海峡两岸关系协会(海协会)、中国公证员协会与财团法人海峡交流基金会(海基会),就两岸公证书使用查证进行协助。[①]

[①] 为此,司法部制定了《海峡两岸公证书使用查证协议实施办法》(1993年)、台湾地区制定了"法院及公证人办理两岸公证书使用查证协议注意要点"(2001年修正)。我国台湾地区"台湾地区与大陆地区人民关系条例"(2003年修正)第8条规定:"应于大陆地区送达司法文书或为必要之调查者,司法机关得嘱托或委托第四条之机构或民间团体为之。"

2014年6月20日和2015年6月30日,最高人民法院公布了"人民法院涉台司法互助典型案例"(为司法解释性质文件),包括送达文书案件和调查取证案件。

二、特殊区际民事司法协助

对多法域国家而言,在区际民商事判决承认与执行中扩充礼让规则的内涵,既是一国宪法性的要求,又是建立共同市场消除各种区际贸易障碍的要求。目前,中国之内以四个法域为基础的共同市场呈加速发展态势。出于共同市场利益的考虑,尤其是着眼于民商事案件当事人利益的保障和维护,仍需在司法互信和司法礼让方面继续努力。

目前,内地与香港特区相关规范文件有《关于内地与香港特别行政区相互执行仲裁裁决的安排》(法释〔2000〕3号)和《关于内地与香港特别行政区法院相互认可和执行当事人协议管辖的民商事案件判决的安排》(法释〔2008〕9号)等。

目前,内地与澳门特区相关规范文件有《关于内地与澳门特别行政区关于相互认可和执行民商事判决的安排》(法释〔2006〕2号)、《关于内地与澳门特别行政区相互认可和执行仲裁裁决的安排》(法释〔2007〕17号)等。

目前,大陆与台湾地区相关规范文件有《关于认可和执行台湾地区法院民事判决的规定》(法释〔2015〕13号)、《关于认可和执行台湾地区仲裁裁决的规定》(法释〔2015〕14号)。

2014年6月20日和2015年6月30日,最高人民法院公布了"人民法院涉台司法互助典型案例"(为司法解释性质文件),包括认可台湾地区有关法院民事判决、支付命令、民事和解笔录、有关仲裁机构裁决案件。

【思 考 题】

1. 分析我国区际民事司法协助存在的原因。
2. 讨论我国区际民事司法协助的基本原则。
3. 案例:王某某申请认可台湾地区有关法院支付命令案(2014年6月20日最高人民法院公布)(本书做了一些技术改动)

2009年3月11日,台湾居民王某某以台湾居民夏某某欠其借款港币120 100元,经多次催告仍不返还为由,向台湾士林地方法院申请对夏某某签发支付命令。2009年3月17日,台湾士林地方法院作出2009年度促字第4560号支付命令。2009年5月20日,台湾士林地方法院作出支付命令确定证明书,证明前述支付命令经于2009年3月24日送达,业于2009年4月13日确定。2010年7月,王某某向广东省中山市中级人民法院申请认可台湾士林地方法院前述支付命令。

中山中院经审查查明:1. 申请人王某某于2008年2月购买了位于广东省中山市的房屋并在该房屋居住。2. 被申请人夏某某对台湾士林地方法院2009年度促字第4560号支付命令的真实性没有提出异议。3. 双方均明确确认就本案申请认可支付命令所涉事项,双方既未订有仲裁协议,也未向大陆人民法院或仲裁机构提起相同之诉讼或仲裁。

中山中院认为:申请人王某某经常居住地为广东省中山市,依据《关于人民法院认可台湾地区有关法院民事判决的规定》第三条之规定,中山中院对本申请案有管辖权。台湾士林地方法院2009年度促字第4560号支付命令的效力已于2009年4月13日确定,该支付命令确认之事项非属大陆人民法院专属管辖案件,且申请认可的支付命令确认之内容未违反国家法律的基本原则,也未损害社会公共利益,不具有《最高人民法院关于人民法院认可台湾地区有关法院民事判决的规定》第九条所列不予认可之情形。综上,依照有关法律及民事诉讼法、《关于人民法院认可台湾地区有关法院民事判决的规定》和《最高人民法院关于人民法院认可台湾地区有关法院民事判决的补充规定》的有关规定,该院于2011年4月25日作出(2010)中中法民四初字第12号民事裁定,对台湾士林地方法院2009年度促字第4560号支付命令的法律效力予以认可。

法律问题: 分析大陆法院认可台湾地区司法文书的条件。

图书在版编目(CIP)数据

民事诉讼法/江伟主编.—3版.—上海:复旦大学出版社,2016.8
(复旦博学·法学系列)
ISBN 978-7-309-12496-5

Ⅰ.民… Ⅱ.江… Ⅲ.民事诉讼法-中国-高等学校-教材 Ⅳ.D925.1

中国版本图书馆 CIP 数据核字(2016)第 189640 号

民事诉讼法(第三版)
江 伟 主编
责任编辑/张 炼

复旦大学出版社有限公司出版发行
上海市国权路 579 号 邮编:200433
网址:fupnet@fudanpress.com   http://www.fudanpress.com
门市零售:86-21-65642857   团体订购:86-21-65118853
外埠邮购:86-21-65109143
上海春秋印刷厂

开本 787×1092   1/16   印张 21.25   字数 478 千
2016 年 8 月第 3 版第 1 次印刷

ISBN 978-7-309-12496-5/D·832
定价:45.00 元

如有印装质量问题,请向复旦大学出版社有限公司发行部调换。
版权所有   侵权必究